Festschrift
für Ulrich Scharf
zum 70. Geburtstag

D1642000

Herausgegeben von

Stephan Göcken
Thomas Remmers
Volkert Vorwerk
Christian Wolf

Carl Heymanns Verlag 2008

Bibliografische Information der Deutschen Bibliothek:
Die Deutsche Bibliothek verzeichnet diese Publikation in der
Deutschen Nationalbibliografie; detaillierte bibliografische
Angaben sind im Internet über http://dnb.ddb.de abrufbar.

© Carl Heymanns Verlag GmbH; Köln, München 2008
Ein Unternehmen von Wolters Kluwer Deutschland

ISBN 978-3-452-26940-9
Satz: schwarz auf weiss, Berlin
Druck: Drukkerij Wilco, NL-Amersfoort

Gedruckt auf säurefreiem und alterungsbeständigem Papier

Ulrich Scharf
zum 14. Juli 2008

Reinhardt Berner
Hans Joachim Brand †
Wolfgang Burrack
Herrmann Butzer
Markus Creutz
Reinhard Gaier
Margarete Gräfin von Galen
Stephan Göcken
Peter Götz von Olenhusen
Micha Guttmann
Elisabeth Heister-Neumann
Martin W. Huff
Joachim Jahn
Matthias Kilian
Christoph Knauer
Gerhard Kreft
Axel Plankemann

Thomas Remmers
Jürgen Restemeier
Ekkehart Schäfer
Herbert P. Schons
Hans Christian Schwenker
Anke Stachow
Jutta Stender-Vorwachs
Ulrich Stobbe
Peter Ströbel
Alfred Ulrich
Volkert Vorwerk
Norbert Westenberger
Thomas Westphal
Klaus Wilde
Christian Wolf
Brigitte Zypries

Vorwort

Mit dieser Festschrift wollen Autoren und Herausgeber Ulrich Scharf zu seinem siebzigsten Geburtstag ehren und gratulieren. Die Themen, die in der Festschrift behandelt werden, sind so weit gesteckt wie das Wirken Ulrich Scharfs. Ulrich Scharf hat sich bis heute in erster Linie als Rechtsanwalt verstanden. Dem Anwalt Ulrich Scharf und damit dem Kampf ums Recht sind deshalb eine Reihe von Beiträgen gewidmet, die sich mit seiner anwaltlichen Tätigkeit auseinandersetzen. Ulrich Scharf hat, wie kaum ein Präsident vor ihm, die Rechtsanwaltskammer Celle und deren Ansehen im OLG Bezirk Celle, in Niedersachsen, in der Bundesrepublik und in Europa geprägt. Als Vizepräsident der Bundesrechtsanwaltskammer und als Präsident des Verbandes Europäischer Rechtsanwaltskammern (FBE = Fédération des Barreaux d'Europe) erstreckte er seine ehrenamtliche Tätigkeit weit über Celle hinaus. Dem engagierten Berufspolitiker, der sich stets um eine Verbindung von BRAK und DAV bemühte, sind daher die Beiträge im Abschnitt »Rechtsanwalt und Ehrenamt« gewidmet. Teil seines berufspolitischen Engagements war die Öffentlichkeitsarbeit der BRAK. Hier hat Ulrich Scharf nicht nur für die Bundesrechtsanwaltskammer Pionierarbeit geleistet. Er half auch mit, dass das Thema Recht und Rechtspolitik in den Medien in zunehmendem Umfang den Stellenwert bekommt, dem das Thema »Recht und Öffentlichkeit« gebührt. Nicht zu Unrecht nimmt das Thema »Recht und Kunst« den ersten Platz in dieser Festschrift ein. Ulrich Scharf ist nicht *auch* Kunstsammler und Kenner, sondern stellt als Karikaturenexperte manchen Fachkollegen, der diese Passion ausschließlich betreibt, in den Schatten.

Herausgeber und Autoren sind Ulrich Scharf auf unterschiedliche Weise zu vielfältigem Dank verpflichtet. Stephan Göcken u.a. über die langjährige Zusammenarbeit mit dem Präsidium der BRAK und der Öffentlichkeitsarbeit der BRAK. Thomas Remmers über die Zusammenarbeit in Vorstand und Präsidium der Rechtsanwaltskammer Celle. Volkert Vorwerk u.a. über die kollegiale Zusammenarbeit aus ihrer gemeinsamen Zeit als Rechtsanwälte beim Oberlandesgericht in Celle und später bei der Begründung und Mitwirkung an den »Hannoveraner ZPO-Symposien«. Hierfür ist auch Christian Wolf dem Kammerpräsidenten Ulrich Scharf ebenso zu Dank verpflichtet, wie für die Unterstützung des Instituts für Prozess- und Anwaltsrecht der Leibniz Universität Hannover u.a. als Vorsitzender des Institutsbeirats. Die Herausgeber sind der BRAK und der RAK Celle für die großzügige finanzielle Unterstützung zu Dank verpflichtet.

Ad multos annos Ulrich Scharf.

Berlin, Hannover, Karlsruhe
Im Juli 2008

Stephan Göcken, Thomas Remmers, Volkert Vorwerk, Christian Wolf

Ulrich Scharf
zum 70. Geburtstag

VON RECHTSANWALT AXEL C. FILGES,
PRÄSIDENT DER BUNDESRECHTSANWALTSKAMMER

Wer Ulrich Scharf kennt weiß, dass er ein Mann der Tat ist. 8 Jahre Vizepräsident und Pressesprecher der Bundesrechtsanwaltskammer – Ulrich Scharf hat diese Zeit wirkungsvoll genutzt, um durch seine Tätigkeit in diesem höchsten Gremium der Selbstverwaltung der Anwaltschaft durch seinen uneigennützigen Einsatz Vieles zu geben, und in schwierigen Zeiten Verantwortung zu zeigen. Vor allem ist Ulrich Scharf Anwalt: Einer, der keine Auseinandersetzung scheut und seine Positionen kämpferisch vertritt. Seine Vorstellungen sind präzise und seine Meinungen vertritt er eloquent. Dies geschieht höflich, manchmal auch hartnäckig, aber mit Respekt vor der anderen Meinung. Die Freude an seiner Arbeit ist ihm dabei anzumerken; es gelingt ihm zu überzeugen und auch in schwierigen Situationen das Augenmaß für Kompromisse zu behalten. Für die Arbeit im Präsidium der BRAK waren diese Eigenschaften wichtig, gerade dann, wenn es galt, das durch Präsidium und Hauptversammlung vorgegebene gemeinsame Ziel zu vertreten und durchzusetzen. Und es gab in den zurückliegenden Jahren einige äußerst umstrittene Gesetzgebungsvorhaben, die eines Anwalts, wie Scharf es ist, bedurften.

Da ist zunächst die hochumstrittene große ZPO-Novelle der damaligen Bundesjustizministerin Prof. Dr. Herta Däubler-Gmelin. In einer sehr kritischen Situation verantwortete Scharf die Öffentlichkeitsarbeit der BRAK, die in ganzseitigen Protestanzeigen der Anwaltschaft in FAZ, Handelsblatt, Süddeutscher Zeitung und Der Spiegel mündete, und suchte zugleich in gemeinsamen Gesprächen von BRAK und DAV eine Annäherung der völlig gegensätzlichen Interessen von Anwaltschaft und Bundesjustizministerium. Eine nicht einfache Konstellation, dennoch gelang es Scharf in langwierigen Gesprächen eine für beide Seiten tragbare Lösung mitzugestalten. Auch bei den zukunftsweisenden Reformen der BRAGO und des RBerG war das besondere Vermittlungsgeschick von Scharf gefragt. Seine bis ins Detail reichende Fachkenntnis und seine Freude am ehrenamtlichen Engagement, seine Überzeugungskraft und sein schier unbändiger Wille, das Ziel auch bei kontrovers geführten Diskussionen zu erreichen, waren die Schlüssel für Lösungen, mit denen die Anwaltschaft gut leben kann. Auch bei den schwierigen Verhandlungen zu diesen Gesetzes steckte er die Ziele weit und gestaltete mit hohem persönlichen Einsatz in manchmal aussichtslos erscheinenden Situationen. Dem RVG und dem RDG drückte er dadurch seinen Stempel auf und setzte entscheidende Korrekturen im Interesse der Anwaltschaft durch.

Ulrich Scharf und die BRAK. Das ist auch ein Synonym für »Öffentlichkeitsarbeit und BRAK«. Zu Recht betitelte Westenberger in seiner Laudatio für Scharf das Editorial des BRAKMagazins »Der Grandseigneur unserer Öffentlichkeitsarbeit«. Schon das BRAKMagazin gäbe es nicht ohne Ulrich Scharf. Als Vorsitzender des PR-Gremiums der BRAK setzte er gegen viele Skeptiker das zu Anfangs belächelte bunte Blättchen durch. Die Kritiker sind zwischenzeitlich verstummt und das BRAKMagazin hat sich nachweislich als effektiver Informationsträger der Berufspolitik der BRAK in der Anwaltschaft erwiesen. Scharf gelang es damit, ein von ihm selbst hochgestecktes Ziel zu erreichen: Die Information der Mitglieder über die Tätigkeit ihrer Selbstverwaltung durch eine zeitgemäße Einbeziehung in die rechtspolitischen Entwicklungen. Auch die Initiative »Anwälte – mit Recht im Markt« ist Kennzeichen des Weitblicks von Ulrich Scharf. Bereits frühzeitig in seinem Amt als Vizepräsident der BRAK befasste er sich intensiv mit der Zukunft der kleinen und mittelständischen Anwaltskanzlei. Seine Erkenntnis, dass die absehbaren Öffnungen des RDG für nicht-anwaltliche Berater den Wettbewerbsdruck auf diese Kanzleien deutlich erhöhen werden, war Anlass für diesen ungewöhnlichen Vorschlag einer nach innen gerichteten PR-Initiative. Diese äußerst erfolgreiche Initiative bestätigt deren Initiator. Überhaupt ist Scharf ein Freund der Innovation, immer auf der Suche nach neuen Wegen und Alternativen. Die Verleihung des Karikaturpreises, das bei den Journalisten hoch angesehene jährlich stattfindende Journalistenseminar, die regelmäßigen Treffen mit Rechtspolitikern auf deren Parteitagen sind Aktionen, die seine Handschrift tragen und zu festen Einrichtungen der BRAK geworden sind. Ulrich Scharf war schließlich über acht Jahre die Stimme der BRAK. Als Pressesprecher war er ständiger Ansprechpartner der Journalisten und genoss deren Vertrauen und Achtung. Im sensiblen Bereich der Presseberichterstattung gelang es ihm, die BRAK als festen Ansprechpartner zu etablieren.

Konsequent, wie Ulrich Scharf ist, kündigte er frühzeitig an, dass er spätestens mit Vollendung seines 70. Lebensjahres kein Ehrenamt mehr in der Anwaltschaft ausüben wolle. Er wolle ein Signal für Jüngere setzen! Ulrich Scharf wäre aber nicht der, den wir kennen, wenn er seinen Abschied nicht mit einer zukunftweisenden Erklärung für die Selbstverwaltung gekrönt hätte. Unter enormem Einsatz gelang es ihm als Vorsitzender einer Arbeitsgruppe der Präsidenten der Rechtsanwaltskammern ein Positionspapier zu erarbeiten, das sich mit der Bedeutung der anwaltlichen Selbstverwaltung für unsere Gesellschaft, die Anwaltschaft und deren Mandanten in zukunftsgerichteten Programmsätzen befasst. Die Thesen der Rechtsanwaltskammern zur anwaltlichen Selbstverwaltung wurden in der 37. Präsidentenkonferenz am 28. Februar 2008, einstimmig beschlossen.

Damit verabschiedet sich der Rechtspolitiker Ulrich Scharf. Der Anwalt Ulrich Scharf geht nicht, denn er bleibt aktiv im Berufsleben.

Inhalt

Vorwort VII

Geleitwort IX

1. TEIL RECHT UND KUNST

WOLFGANG BURRACK
Beutekunst in Russland und Polen 3

MARGARETE GRÄFIN VON GALEN
Kunstförderung – ein Thema für die Anwaltschaft? 13

AXEL PLANKEMANN / HANS CHRISTIAN SCHWENKER
Baukunst versus Baukunst
– Die Entstellung von Kunst durch weitere Kunst – 27

PETER STRÖBEL
Gebrauchsgegenstände - Nachahmungen – Urheberrecht 41

KLAUS WILDE
Der Kunstverein Celle und die Künstlersozialkasse
– Anatomie eines verlorenen Prozesses – (für Herrn Colshorn) 47

BRIGITTE ZYPRIES
Mit Kompetenz und Humor im Dienst von Recht und Anwaltschaft 61

2. TEIL RECHT UND ÖFFENTLICHKEIT

MARCUS CREUTZ
Wie Juristen mit öffentlichem Druck umgehen 67

MICHA GUTTMANN
Sprache und Prestige – Rechtsanwälte und ihr Kommunikationsimage – 71

ANKE STACHOW / MARTIN W. HUFF
Keine Angst vor dem Umgang mit Rechtsjournalisten 79

JOACHIM JAHN
Das Bild der Anwaltschaft in der Öffentlichkeit 87

INHALT

JUTTA STENDER-VORWACHS
Das Telemediengesetz (TMG) – Eine kritische Betrachtung
der Chancen und Risiken 93

3. TEIL RECHTSANWALT UND EHRENAMT

REINHARDT BERNER
Was dürfen Rechtsanwaltskammern? 107

HANS JOACHIM BRAND
Anwalt und Ehrenamt 115

HERMANN BUTZER
Wider den Ratschlag »Willst Du froh und glücklich leben,
lass' kein Ehrenamt Dir geben!«
– Der Unfallversicherungsschutz nach § 2 Abs. 1 Nr. 10a, Nr. 10b
SGB VII für ehrenamtliches Engagement – 119

EKKEHART SCHÄFER
5 Tage im April – ein Tagebuch 151

ALFRED ULRICH
Rückblick auf die Arbeit der Satzungsversammlung 161

NORBERT WESTENBERGER
Pro bono und Ehrenamt 173

THOMAS WESTPHAL
Die Rechtsanwaltskammer Celle im europäischen Kontext
– Zugleich ein Beitrag zur Zulässigkeit eingeschränkten
grenzüberschreitenden Handels vor Rechtsanwaltskammern 185

4. TEIL KAMPFS UMS RECHT

REINHARD GAIER
Das »in camera«-Verfahren in der Hauptsache 201

STEPHAN GÖCKEN
Vertrauen in den Anwalt 211

PETER GÖTZ VON OLENHUSEN
Mediation und Anwaltschaft
– Entwicklungen aus Sicht eines Richtermediators – 217

INHALT

ELISABETH HEISTER-NEUMANN
Der Rechtsanwalt im Spannungsfeld zwischen organschaftlicher
Unabhängigkeit und wirtschaftlicher Abhängigkeit 229

MATTHIAS KILIAN
Die Bedeutung des RDG für den Rechtsdienstleistungsmarkt
– Gesetzgebung auf dem Prüfstand oder: Der Versuch eines Blicks
in die Zukunft – 235

GERHART KREFT
Der Bundesgerichtshof und seine Rechtsanwälte im gemeinsamen Kampf
ums Recht 249

THOMAS REMMERS
Der freie Beruf des Rechtsanwalts 273

JÜRGEN RESTEMEIER
Zum Vertretungsverbot bei widerstreitenden Interessen 281

HERBERT P. SCHONS
RVG – Gerichtsstandsvereinbarung des Rechtsanwaltes –
Negativer Kompetenzkonflikt
– Ein neues »Problem«-triumvirat in der Rechtsprechung – 297

ULRICH STOBBE
Der Selbstbehalt
– Ein Beispiel für den Reformbedarf der Berufshaftpflichtversicherung
der Rechtsanwälte – 307

VOLKERT VORWERK
Anwendungsvorrang des Europarechts
– Erinnerung an eine in Vergessenheit geratene (?) Rechtsprechung
des Bundesverfassungsgerichts 317

CHRISTIAN WOLF / CHRISTOPH KNAUER
Richterliche Erkenntnis oder Erkenntnisverfahren
– zur Rolle der Rechtsanwälte für die Rechtsfindung 329

Lebenslauf Ulrich Scharf 341

Autorenverzeichnis 343

1. Teil   Recht und Kunst

Beutekunst in Russland und Polen

WOLFGANG BURRACK

A.

Stets haben Kriege nicht nur zu erheblichen Menschenverlusten unter den unmittelbar an den Kampfhandlungen Beteiligten und unter der Zivilbevölkerung, zu flächendeckenden Devastierungen ganzer Landstriche und damit zu Verlusten herausragender Stadtensembles oder einzelner Gebäude geführt; immer sind auch mobile Kulturgüter der Besiegten – Werke der bildenden Kunst, ganze Bibliotheken – Beute der jeweiligen Sieger geworden. Herausragendes Beispiel hierfür aus der Zeit des 30-jährigen Krieges ist der codex argenteus, die in die gotische Sprache übersetzten Evangelien des Bischofs *Wulfila*, der 1648 von den Schweden in der westfälischen Abtei Werden erbeutet und über Holland nach Schweden verbracht worden ist, wo er heute in der Bibliothek der Universität Uppsala aufbewahrt wird, sowie die berühmte Palatina, die zur damaliger Zeit wohl großartigste Bibliothek Europas, die nach der Einnahme Heidelbergs durch die ligistischen Truppen 1623 in die vatikanische Bibliothek überführt worden ist, wo sie sich – nachdem Teile auf Umwegen zurück nach Heidelberg gelangt sind – mit ihrem Kernbestand noch heute befindet. Handelte es sich bei der Verlagerung dieser Kunstwerke wohl noch um die Ausnutzung sich im Zuge kriegerischer Ereignisse bietender Gelegenheiten, wurde der Kunstraub durch Napoleon erstmals organisiert. Gebildet wurde eine Kommission unter Leitung von *Vivant Denon*, seit 1804 Generalinspekteur der Museen in Paris, die planmäßig die besetzten Länder nach solchen Kunstwerken zu durchsuchen hatte, die es lohnte, in französische Museen verbracht zu werden. Selbst die Quadriga des Brandenburger Tores in Berlin wurde nach Paris geschafft, von wo sie – entsprechend der im Frieden von Paris Frankreich auferlegten Verpflichtung zur Rückgabe aller geraubten Kunstwerke – 1815 nach Berlin zurückgebracht wurde. Trotz vertraglich auferlegter Rückgabepflicht verblieb eine große Zahl der geraubten Kunstwerke in Frankreich, weil sie von der von den Siegermächten eingesetzten Rückführungskommission nicht entdeckt wurden.

Eine bisher nie dagewesene Dimension gewann der Kunstraub während des zweiten Weltkrieges. Die Nazis enteigneten in ihrem Herrschaftsbereich jüdischen Kunstbesitz und plünderten in großem Umfange ausländische Museen. *Hitler* benötigte Spitzenwerke für das geplante Museum in Linz, Reichsmarschall *Göring* stattete seine Diensträume und insbesondere sein Jagdschloss »Karinhall« in der Schorfheide mit erlesenen, überwiegend geraubten Gemälden aus. Gegen Ende des Krieges, als die Russen auf das Territorium des Reiches vorgedrungen waren, waren

3

es die »Trophäenkommissionen« der Roten Armee, die in großem Umfange mit dem Abtransport von Kunstwerken begannen und nach Kriegsende fortsetzten. Auf diesem Wege sind Kulturgüter ungeheuren Ausmaßes in das Gebiet der ehemaligen Sowjetunion verlagert worden.[1]

Etwas anders stellt sich die Ausgangslage im Verhältnis zu Polen dar. Während der Zeit des zweiten Weltkrieges waren vor allem die wertvollsten Bestände der Preußischen Staatsbibliothek in Berlin, um sie vor den Gefahren des Bombenkrieges zu schützen, abtransportiert und auf eine Reihe von für sicher gehaltenen Orten im ganzen Reichsgebiet ausgelagert worden. Dabei handelte es sich um mehr als drei Millionen Druck- und Handschriften. Mehrere der Auslagerungsorte lagen in Schlesien, u. a. das Schloss Fürstenstein, die Benediktiner Abtei Grüssau, die Gröditzburg. Soweit die Auslagerungsorte nicht im Zuge von Kampfhandlungen zerstört und damit die eingelagerten Bestände vernichtet worden sind, sind diese von Polen nach Übergabe des Landes durch die Siegermächte in Besitz genommen worden.

B.

Da in Russland und Polen nach wie vor erheblicher Kunstbesitz zurückgehalten wird, sind die Beziehungen Deutschlands zu beiden Ländern auch hierdurch belastet. Die deutsche Diplomatie war bisher nicht in der Lage, das komplizierte Ineinander von Kultur und Politik zu entwirren und jene Länder zu einer Rückgabe zu veranlassen. Die von Bundeskanzler *Kohl* nach einem Besuch bei Präsident *Jelzin* im Jahre 1997 geäußerte Prognose, das Problem der Beutekunst werde noch in jenem Jahre gelöst werden, hat sich als falsch erwiesen.

I. Worum handelt es sich im Einzelnen?

Als Russland im Jahre 1955 die »geretteten« Dresdner Gemälde zurückgegeben hatte, erhielt die Hoffung auf weitere Rückführungen Auftrieb. Solche Hoffnungen wurden jedoch enttäuscht. Die russische Haltung zeichnete sich durch eine rigorose Geheimhaltung aus. Fest steht jedoch, dass allein die Zahl der weiterhin in Russland befindlichen Bücher aus deutschen Bibliotheken sich auf mindestens zwei Millionen Bände beläuft.[2] Außerdem werden zahllose Gemälde und andere Kunstwerke zurückgehalten, darunter der 1873 von *Schliemann* in Troja ausgegrabene »Schatz des Priamos« und der Eberswalder Goldschatz. Zurückgegeben wurden von Russland

---

1 »Beutekunst« im hier verwendeten Sinn erfasst das gesamte geraubte Kulturgut, einschließlich der verlagerten Bibliotheksbestände.
2 *Schochow* Bücherschicksale – Die Verlagerungsgeschichte der Preußischen Staatsbibliothek, 2003, S. 248.

4

die aus dem ausgehenden Mittelalter stammenden Fenster der Marienkirche in Frankfurt/Oder. Auch die nach Zerfall der Sowjetunion neben Russland entstandenen Teil-Staaten haben Kunstgegenstände aus deutschem Besitz, die während der Sowjetzeit auf sie verteilt worden waren, zurückgegeben; rückerstattet wurde z.B. das Archiv der Singakademie zu Berlin durch die Ukraine.

Generelle Verschlossenheit bis lange nach Kriegsende kennzeichnete auch das Verhalten Polens; lange Zeit hat man den Besitz von Werken aus der Staatsbibliothek abgestritten. Nachdem 1963 eine Rückführungsaktion wenig bedeutender Bestände (Zeitungsbände) stattgefunden hatte, erklärte Polen die Rückführung für beendet.[3] Gleichwohl übergab der damalige polnische Generalsekretär Edward Gierek am 30.5.1976 sechs Musikautographen, sämtlich Spitzenstücke von *Johann Sebastian Bach, Wolfgang Amadeus Mozart* (c-moll Messe KV 427; Jupiter- Symphonie; »Zauberflöte«) und *Ludwig van Beethoven* (3. Klavierkonzert; 9. Symphonie) in einer spektakulär aufgemachten Aktion als »Geschenk des polnischen Volkes an das Volk der DDR«. Die hieran anknüpfenden Hoffnungen auf weitere Rückgaben haben sich nicht erfüllt; alle Rückgabeverhandlungen zwischen der DDR und Polen blieben erfolglos.

Die nach der Wiedervereinigung geführten Gespräche haben ebenfalls zu keinem Ergebnis geführt; außer einer Luther-Bibel, die Bundeskanzler *Schröder* anlässlich eines Staatsbesuches in Polen ausgehändigt worden ist, hat Polen nichts zurückgegeben. Die Verhandlungen hierüber sind praktisch zum Erliegen gekommen. In polnischem Besitz befinden sich daher weiterhin mindestens 110 000 Bände allein der Preußischen Staatsbibliothek; alle Zimelien befinden sich im Magazin der Bibliothek in Krakau (Jagiellonska), rund 1 400 mittelalterliche Handschriften. Außerdem lagern dort u. a.: Die Nachlässe von *Gustav Freytag, Hoffmann von Fallersleben* und *Alexander von Humboldt* sowie einzigartige und unersetzliche Musikautographen bedeutender Werke u. a. von *Bach, Mozart* und *Beethoven.*

II. Rechtliche Grundlagen von Rückgabeansprüchen

1. Soweit Mitteilungen über sporadisch geführte Verhandlungen Deutschlands mit Russland und Polen überhaupt an die Öffentlichkeit dringen – gelegentlich wird hierüber in überregionalen Tageszeitungen wie z.B. in der FAZ berichtet – wird erkennbar, dass sich die von der Bundesregierung beauftragten Verhandlungsführer zur Rechtfertigung ihres Rückgabeverlangens auf die Regelungen der Haager Landkriegsordnung von 1899 in der Fassung von 1907 berufen. Diese stellt für die Vertragsparteien und ihre Nachfolgestaaten in den Beziehungen untereinander weiterhin gültiges Vertragsrecht dar. Ihre Prinzipien gelten darüber hinaus seit Jahrzehnten als Völkergewohnheitsrecht. Zu den Unterzeichnerstaaten am 18.10.1907 gehörte auch Russland.

---

3 Vgl. *Schochow* (Fn. 2) S. 118 ff.

a) Der Grundsatz des Schutzes von Kulturgütern in bewaffneten Konflikten ist in der Haager Landkriegsordnung in unterschiedlichen Vorschriften geregelt. So heißt es in Art. 23 u. a., dass »namentlich untersagt« ist »die Zerstörung oder Wegnahme feindlichen Eigentums außer in den Fällen, wo diese Zerstörung oder Wegnahme durch die Erfordernisse des Krieges dringend erheischt wird«. Art. 27 bestimmt: »Bei Belagerungen und Beschießungen sollen alle erforderlichen Vorkehrungen getroffen werden, um die dem Gottesdienst, der Kunst, der Wissenschaft und der Wohltätigkeit gewidmeten Gebäude, die geschichtlichen Denkmäler ... soviel wie möglich zu schonen ...«. In Art. 28 heißt es sodann: »Es ist untersagt, Städte oder Ansiedlungen ... der Plünderung preiszugeben«. Im dritten Abschnitt unter der Überschrift »Militärische Gewalt auf besetztem feindlichen Gebiet« ist in Art. 46 festgelegt, dass Privateigentum nicht eingezogen werden darf; Art. 47 untersagt Plünderungen ausdrücklich. Schließlich bestimmt Art. 56, dass »Eigentum der Gemeinden und der der ... Kunst und Wissenschaft gewidmeten Anstalten ... als Privateigentum zu behandeln« und dass »jede Beschlagnahme ... von Werken der Kunst und Wissenschaft untersagt« ist und »geahndet werden« soll.

b) Aus dem Zusammenspiel dieser Regelungen folgt unmissverständlich, dass Kunstraub während des zweiten Weltkrieges und nach dessen Beendigung in den von Russland besetzten Gebieten gegen die Regelungen der Haager Landkriegsordnung verstoßen hat. Dies ergibt sich schon aus der generellen Untersagung der Wegnahme feindlichen Eigentums und der Ausnahmevorschrift des Art. 53, wonach nur solches bewegliches Eigentum des besiegten Staates mit Beschlag belegt werden kann, das geeignet ist, »den Kriegsunternehmungen zu dienen«. Solchen Zwecken haben die von Russland weggeführten Kunstgegenstände nicht gedient, was keiner weiteren Darlegung bedarf. Weiter folgt der Verstoß aus dem ausdrücklichen Verbot der Plünderung und dem Verbot der Einziehung von Privateigentum, wozu nach Art. 56 Abs. 1 das Eigentum der Gemeinden und das der Kunst und Wissenschaft dienende Eigentum der diesem Zweck gewidmeten Anstalten gehört; denn dass die Beschlagnahme und der Abtransport von Kunstgegenständen aus Museen, unabhängig von deren Trägerschaft, sowohl »Plünderungen« im Sinne von Art. 47 als auch »Einziehung von Privateigentum« dargestellt haben, liegt auf der Hand. Schließlich handelt es sich, weil Art. 56 Abs. 2 die Beschlagnahme von Werken der Kunst und der Wissenschaft ausdrücklich untersagt, bei der Wegführung aller Gegenstände der Kunst und Wissenschaft durch die Sowjetunion um eine eindeutige Verletzung jenes Rechtsgrundsatzes.

c) Die Folge hiervon ist, dass jede Beschlagnahme »geahndet werden« soll, wie Art. 56 Abs. 2 am Ende bestimmt. Festlegungen darüber, wie Verstöße gegen die Regeln zu sanktionieren sind, enthält die Haager Landkriegsordnung allerdings nicht. Es ist daher fraglich, ob sich der genannten Regelung eine Anspruchsgrundlage für das Rückgabeverlangen gegenüber Russland entnehmen lässt. Jedenfalls nicht eindeutig ist, ob die »Ahndung« im Sinne eines auf Restitution gerichteten Schadensersatzanspruchs gegen den die Beschlagnahme veranlassenden Staat zu verstehen ist. Der Begriff »Ahndung« könnte dafür sprechen, dass Einzelverstöße der Handelnden als Verletzung der Gesetze und Gebräuche des Krieges, also als Kriegsverbrechen verfolgt werden sollen, etwa auf der Grundlage des am 8.8.1945 beschlossenen Statuts des internationalen Militärgerichtshofes von Nürnberg. Andererseits: Wenn nach dem Willen der Vertragspartner der Haager Landkriegsordnung die »Ahndung« verbotener Beschlagnahme postuliert wird, wird man dies wohl dahin verstehen können und müssen, dass mit dieser Klausel die Aufrechterhaltung des unter Verletzung des Plünderungsverbots geschaffenen Zustandes verhindert, also die Wiederherstellung des früheren Zustandes herbeigeführt werden soll.

Wollte man als gesichert annehmen, Art. 56 Abs. 2 rechtfertige einen auf Rückgabe gerichteten Anspruch, nützte dies in letzter Konsequenz nur, wenn ein solcher sich aus dem Völkerrecht ergebender Anspruch auch durchsetzbar wäre. Beharrten Deutschland als Anspruchsteller und Russland als Anspruchsgegner – wie bisher – auf ihren unterschiedlichen Rechtsauffassungen, bedürfte es eines Gerichts mit obligatorischer Zuständigkeit und der Kompetenz, in Bezug auf den Inhalt und die Folgen der völkerrechtlichen Regelungen eine Entscheidung mit verbindlicher Kraft für beide Staaten zu erlassen. Ein derartiges Gericht gibt es, soweit ich sehe, jedoch nicht; der Internationale Gerichtshof ist nicht entscheidungsbefugt. Auch der Weltsicherheitsrat kann praktisch keine Klärung des Inhalts völkerrechtlicher Bestimmungen herbeiführen, weil seine Entscheidungen in aller Regel politisch begründet sind und weil er außerdem in wichtigen Fragen durch das Vetorecht der fünf ständigen Mitglieder, wozu Russland gehört, blockiert ist.[4]

d) Auf die Beantwortung der Frage, ob die Haager Landkriegsordnung eine Anspruchsgrundlage für Rückgabeansprüche Deutschlands gegenüber Russland enthält, käme es nicht an, gäbe es zwischenstaatliche Verträge, die Russland ausdrücklich zur Rückgabe der Kunstbeute an Deutschland verpflichteten. Das ist in der Tat der Fall. Denn der deutsch-sowjetische Vertrag von 1990 und das deutsch-russische Kulturabkommen von 1992 verpflichten Russland eigentlich zur Rückgabe. Jedoch hat das russische Parlament – gegen den Willen Präsident *Jelzins* – in der Folgezeit rechtliche Regelungen geschaffen, mit denen die Beutekunst zum Eigentum Russlands erklärt worden ist. Mit Verweis hierauf und auf eine Entscheidung des russischen Verfassungsgerichts, das jenes das Eigentum Russlands an der Kunstbeute aussprechende Gesetz für verfassungsgemäß erklärt hat, verweigert Russland jegliche Rückgabe. Ausnahmen sollen nur gelten für Kulturgüter nichtstaatlicher Organisationen und Privatpersonen, die nicht mit den Nazis zusammengearbeitet haben. Zulässig bleibt außerdem die Rückgabe solcher Gegenstände, die nicht durch amtliche sowjetische Stellen konfisziert worden sind, sondern die sich sowjetische Militärangehörige angeeignet haben. Diese rigorose Haltung zeugt nicht nur von feh-

---

4 *Hoffmann* FS Schlochauer, 1981, S. 363 (376).

lender Verlässlichkeit, sondern ist auch rechtlich wirkungslos. Denn fehlerhaft, weil völkerrechtswidrig, erlangter Besitz kann nicht durch nationale Gesetze legalisiert werden. Wären Verstöße gegen das Plünderungsverbot der Haager Landkriegsordnung durch den jeweiligen nationalen Gesetzgeber heilbar, liefe jenes Abkommen leer.

Die Enteignungsgesetze entsprechen im Übrigen nicht einmal russischen Rechtsgrundsätzen und haben daher den vertraglich begründeten Rückgabeanspruch unberührt gelassen. Auch die sowjetische Völkerrechtslehre hat Vertrag und Gewohnheitsrecht als Hauptquellen des Völkerrechts bezeichnet. Im Verhältnis dieser beiden Hauptquellen des Völkerrechts zueinander hat die sowjetische Völkerrechtswissenschaft dem internationalen Vertrag gegenüber dem Völkergewohnheitsrecht die absolute Vorrangstellung eingeräumt.[5]

Charakteristisch für die moderne sowjetische Vertragsdoktrin ist zudem die starke Betonung des Grundsatzes der Vertragstreue; ihm wird Fundamentalcharakter in der internationalen Rechtsordnung zuerkannt.[6]

Dieser Grundsatz des pacta sunt servanda, der auch für Russland fort gelten dürfte, stellt den entscheidenden Anknüpfungspunkt für das Festhalten der deutschen Seite an den geschlossenen Verträgen dar, die Russland zur Herausgabe der Kunstbeute verpflichten.

Ob an der Rechtmäßigkeit der Verträge zu zweifeln ist, weil etwa die Vertragschließenden auf sowjetischer Seite nicht zuständig waren oder über den Rahmen der ihnen gesetzlich eingeräumten Kompetenzen hinausgegangen sind, kann nicht beurteilt werden. Wird aber der rechtsgültige Vertragsschluss vorausgesetzt, so ist er wirksam und damit bindend geblieben, weil eine wesentliche Änderung der bei Vertragsschluss vorliegenden Umstände ersichtlich nicht eingetreten ist und, soweit erkennbar, von der russischen Seite auch nicht geltend gemacht wird.

Im Übrigen: Die rechtlichen Regelungen, auf die Russland sich zur Rechtfertigung der Nichtanwendbarkeit der mit Deutschland geschlossenen Rückgabeverträge beruft, würden eine Enteignung deutscher Eigentümer darstellen, die ihr Eigentum durch die Verlagerung der Kunstgegenstände nach Russland nicht verloren haben. Völkerrechtlich ist jeder Einzelstaat frei, innerhalb seiner Landesgrenzen die Eigentums- und Vermögensrechte nach Gutdünken zu ordnen. Er kann das Privateigentum ganz oder teilweise aufheben. Auch die entschädigungslose Enteignung ist im Rahmen der territorialen einzelstaatlichen Souveränität zulässig, solange sie sich gegen die eigenen Staatsangehörigen richtet. Das Völkerecht schützt nur den Ausländer gegen entschädigungslose Eingriffe in seine Rechte. Der enteignende Staat ist völkerrechtlich verpflichtet, den Angehörigen anderer Staaten für die ihnen entzogenen Vermögenswerte eine angemessene, sofortige und wirksame Entschädigung zu gewähren.

5 *Schweisfurth* Internationales Recht und Diplomatie, 1972, S. 185 (186).
6 *Schweisfurth* (Fn. 5) S. 185 (196).

Dieser Satz des Völkergewohnheitsrechts wird bestätigt durch die Rechtsprechung internationaler Gerichte, durch die diplomatische Praxis und durch die völkerrechtliche Lehre.[7]
Ist danach die Achtung der Rechte von Ausländern ein Teil des allgemein anerkannten Völkerrechts, war das russische Parlament zu einer, wie geschehen, entschädigungslosen Enteignung des auf russisches Territorium gelangten deutschen privaten und musealen Kunstbesitzes nicht befugt. Dieses russische Vorgehen ist mithin ebenso völkerrechtswidrig, wie bereits das Verbringen des Kunstgutes in die Sowjetunion.
Auch in diesem Zusammenhang stellt sich das oben (c) schon angesprochene Problem der Durchsetzbarkeit des (vertraglichen) Anspruchs wegen Fehlens eines entscheidungskompetenten Internationalen Gerichtshofes.

e) Fazit: Der russische Kunstraub verstöß eindeutig gegen das entsprechende Verbot der Haager Landkriegsordnung. Der Versuch, die geraubten Kunstwerke nachträglich in russisches Staatseigentum zu überführen, ist, weil ebenfalls völkerrechtswidrig, unwirksam. Gleichwohl ist es aus den dargelegten Gründen zweifelhaft, ob Rückforderungsansprüche bei fortdauernder Weigerung der Russen zur Rückgabe auch durchsetzbar sind.

2. Was Rückgabeansprüche gegenüber Polen angeht, unterscheidet sich die Ausgangsposition, wie eingangs aufgezeigt worden ist, von derjenigen im Verhältnis zu Russland. Völkerrechtlich dürfte dies im Ergebnis jedoch unerheblich sein. Auch die Inbesitznahme des nach Schlesien und anderen Ostprovinzen des Reiches ausgelagerten Kunstgutes durch Polen nach Erlangung der tatsächlichen Gewalt über diese Gebiete ist ebenso völkerrechtswidrig wie die Enteignung zu Gunsten des polnischen Staates wirkungslos ist.

a) Die Haager Landkriegsordnung, der Polen als Vertragspartner 1925 beigetreten ist, stellt Regeln zur Kriegführung auf. Nun kann man fragen, ob Polen nach der ab Sommer 1945, also nach Kriegsende, erfolgenden Inbesitznahme der Ostprovinzen – das nördliche Ostpreußen ausgenommen – noch Konfliktpartei im Sinne der Haager Landkriegsordnung war. Dies ist jedoch zu bejahen. Polen war, als es von den Truppen des Dritten Reiches angegriffen worden war, unzweifelhaft ein kriegführrendes Land. Daran hat sich durch die deutsche Besetzung nichts geändert; nach erfolgtem Zurückdrängen der deutschen Truppen auf das eigentliche Reichsgebiet durch die Rote Armee hat Polen als bewaffnete Macht – wenn auch sehr reduziert – gegen das Reich Krieg geführt. Nach der Besetzung der Ostprovinzen durch die Rote Armee sind deren Truppen dort noch längere Zeit geblieben, während Polen in diesen Gebieten, die ihm von den Alliierten als Kompensation für im Osten erlittene Gebietsverluste zugewiesen worden waren, eine zunächst provisorische

---

7 *Niederer* FS Lewald, 1953, S. 547 (548).

Verwaltung aufgebaut hat. Zu dieser Zeit ist die Inbesitznahme deutschen Kunstgutes, insbesondere der ausgelagerten Bestände der Staatsbibliothek Berlin erfolgt. Dies geschah mithin im Sinne der Ausnutzung »militärischer Gewalt auf besetztem feindlichen Gebiet« im Sinne des Dritten Abschnitts der Haager Landkriegsordnung (Art. 42 bis 56), wo auch die Beschlagnahme von Werken der Kunst und Wissenschaft untersagt ist. Das Tatbestandsmerkmal der »Beschlagnahme« setzt zu seiner Erfüllung nicht voraus, dass sie durch die militärische Gewalt selbst erfolgt. Lag diese damals noch bei den russischen Truppen, fällt auch die unter deren Schutz erfolgende Inbesitznahme durch polnische Zivilbehörden hierunter. Es kann keinen Unterschied machen, ob die russische Armee selbst die Plünderung vornimmt und die Gegenstände sodann polnischen Zivilbehörden übergibt oder ob diese – unter dem Schutz der Roten Armee – selbst die Inbesitznahme durchführen. Hatte Polen dagegen bereits selbst eine »militärische Gewalt« installiert, gilt erst recht, dass es sich um eine verbotene Beschlagnahme gehandelt hat.

Dem lässt sich nicht entgegenhalten, die Inbesitznahme der Kunstgüter habe »in Polen« stattgefunden. Keineswegs hat es sich 1945, im Zeitpunkt der Inbesitznahme und Wegführung der deutschen Kunstgegenstände, bei der besetzten Provinz bereits um einen integrierten Teil Polens, also nicht mehr »besetztes feindliches Gebiet« gehandelt. Denn die Ostprovinzen standen zunächst nur unter polnischer Verwaltung, waren also rechtlich noch nicht in den Staat Polen inkorporiert.

In jedem Falle erfolgte die Beschlagnahme also durch »militärische Gewalt auf besetztem feindlichen Gebiet« im Sinne der Haager Landkriegsordnung.

b) Die aus der Staatsbibliothek stammenden Druckschriften sind überwiegend, nämlich die wertvollsten, nach Krakau gelangt; im Übrigen verteilen sie sich auf etwa acht polnische Institute und Bibliotheken.[8] Ob dem ein förmlicher Enteignungsakt – wie in Russland – vorausgegangen ist, ist nicht deutlich erkennbar; es soll allerdings ein Dekret schon vom 8.3.1946 geben, in dem aller deutscher Besitz zu Staatseigentum erklärt worden ist. Diese Enteignung wäre, sollte sie geschehen sein, aus denselben Gründen völkerrechtswidrig, die oben im Hinblick auf die russischen Enteignungsversuche schon dargelegt worden sind (a, dd). Denn auch hier gilt: der völkerrechtswidrig erlangte fehlerhafte Besitz kann nicht durch nationale Gesetze legalisiert werden.

3. Mithin ergibt sich, dass sowohl der von Russland als auch der von Polen durch Inbesitznahme und Abtransport von Werken der Kunst und Wissenschaft aus deutschem Besitz herbeigeführte und bis heute aufrechterhaltene Zustand dem Völkerrecht widerspricht.

III. Ob das deutsche Beharren auf der Anwendbarkeit der genannten Rechtsgrundsätze, wie sie hier nur kurz herausgearbeitet werden konnten, im Rahmen von

---

8 *Schochow* (Fn. 2) S. 122 (246).

Rückführungsverhandlungen mit Russland und Polen letztlich erfolgversprechend sein können, lässt sich nicht voraussagen. Selbstverständlich muss auf die gegebene Rechtslage, wie sie sich aus deutscher Sicht darstellt, stets hingewiesen werden.

Schon bisher sind aber die Vertreter beider Länder rechtlichen Erwägungen mit ganz andersartigen Argumenten entgegengetreten. Russland hält – kurz gesagt – eine Rückgabe nicht für gerechtfertigt, weil es in den deutschen Kunstschätzen Reparationen für die Zerstörung im zweiten Weltkrieg sieht. Gelegentlich wird von Kompensationsgeschäften gesprochen, etwa derart: Bernsteinzimmer gegen den »Schatz des Priamos«, wobei so gut wie feststeht, dass das originale Bernsteinzimmer verloren ist (aber immerhin mit Mitteln der deutschen Wirtschaft rekonstruiert worden ist, ohne dass das auf russischer Seite irgendetwas bewegt hat).

Polen hält sich für den Eigentümer des deutschen Kunstgutes, das es nicht »geraubt« habe. Außerdem wird auf die ungeheuren Kriegsverluste verwiesen, die das Land erlitten hat, wobei polnische Kulturgüter von der deutschen Besatzung zum Teil gezielt vernichtet worden sind. Schon aus diesem Grunde habe man noch Entschädigungsansprüche, die der Rückführung der Kunstschätze entgegenstünden.[9]

Vor dem Hintergrund dieser einander widersprechenden Grundhaltungen wird man Bewegung in die Verhandlungen jedenfalls mit Polen nur bringen können, wenn Deutschland der zum Teil systematischen Vernichtung polnischen Kulturgutes angemessen Rechnung tragen würde. Wie das statt durch eine juristische Lösung durch eine »politische« Lösung geschehen könnte, ist schwer zu sagen. Dafür ausgearbeitete Vorschläge zu unterbreiten, ist hier nicht der Ort. Einerseits sollten aber die deutschen Verhandlungsführer gegenüber weiteren sich auf die in Besitz genommenen Kunstgegenstände erstreckenden »Reparationsansprüche« darauf hinweisen, dass diesem Verlangen die hierüber zwischen Deutschland und Polen geschlossenen Verträge entgegenstehen und dass Polen immerhin mit mehr als 25 % des deutschen Staatsgebiets entschädigt worden ist, wobei die von Polen erlangten Provinzen ohne Zweifel kulturell höher entwickelt waren als die von Polen abgetretenen »Ostgebiete«.

Andererseits könnte aber versucht werden, Polen einen Ausgleich für die erlittenen Verlusten an echten »Polonica« dadurch zu verschaffen, dass in deutschen Bibliotheken vorhandene Dubletten zusammengestellt würden, die Polen als »Gegenleistung« übergeben werden könnten – wobei allerdings die rechtlichen Schwierigkeiten auf deutscher Seite deshalb erheblich wären, weil etwaige für den »Austausch« in Frage kommenden Dubletten in der Regel nicht dem Bund gehören, der keine Regelungen zu Lasten Dritter treffen könnte.

Ob und wann Verhandlungen mit Russland und Polen fortgeführt werden können, erscheint ungewiss. Hilfreich könnte sein, dass die Verhandlungsführung auf

---

9 Einen umfassenden Überblick über das »Beutekunst-Schrifttum« von 1990 bis 2002 bietet *Bruhn* Beutekunst-Bibliographie des internationalen Schrifttums über das Schicksal des im Zweiten Weltkrieg von der Roten Armee in Deutschland erbeuteten Kulturgutes, 4. Aufl. 1999.

deutscher Seite politisch höher angesiedelt wird, als das bisher der Fall war; ein außen stehender interessierter Betrachter konnte bisher nicht den Eindruck gewinnen, dass die obersten politischen Instanzen in diesem Lande sich des Problems mit Nachdruck angenommen haben. Jedenfalls sind dem damals noch nicht über hohe Deviseneinnahmen aus dem Verkauf von Energie verfügenden Russland in den 90er Jahren des 20. Jahrhunderts von der damaligen rot-grünen Bundesregierung Schulden in Höhe von mehr als zehn Milliarden DM erlassen worden, ohne dass der Versuch unternommen worden ist, im Gegenzug geraubte Kunstwerke zurückzuerhalten. Zu wünschen ist, dass Verhandlungen geführt werden, die in absehbarer Zeit zu einem für Deutschland akzeptablen Ergebnis führen.

Kunstförderung – ein Thema für die Anwaltschaft?

MARGARETE GRÄFIN VON GALEN

A. EINLEITUNG

Rechtsanwälte und Rechtsanwältinnen fördern Kunst. Sie veranstalten sie Ausstellungen in den Kanzleiräumen, kaufen Kunst oder unterstützen einzelne Künstler individuell. Ob Rechtsanwälte im Vergleich zu anderen Berufsgruppen in verstärktem oder geringerem Maße Kunst fördern, ist – soweit ersichtlich – bisher nicht untersucht worden. Zumindest gibt es hierzu keine veröffentlichten Daten.

Das Bundesverfassungsgericht hat bereits im Jahr 2000 entschieden, dass Rechtsanwälte das Sponsoring kultureller Veranstaltungen als Maßnahme der Imagewerbung einsetzen dürfen.[1] Die Förderung kultureller Veranstaltungen – wie etwa ein Konzert der NDR Big Band mit der Norddeutschen Philharmonie Rostock, ein Landespresseball oder eine Kunstbörse mit anschließender Auktion – in der Form, dass der Name des Förderers auf dem Werbeplakat erscheint – stellt, so das Bundesverfassungsgericht, keine unzulässige »marktschreierische Werbemaßnahme« dar. Auch Rechtsanwälte dürfen mit diesem Mittel um Sympathie, Vertrauen und Akzeptanz werben.

Öffentliche Kunstförderung der Anwaltschaft kann durch die Rechtsanwaltskammern als Körperschaften des öffentlichen Rechts stattfinden. Hier ergibt sich allerdings eine Schranke durch den gesetzlich zugewiesenen Aufgabenbereich der Kammern. Die Rechtsanwaltskammern und die Bundesrechtsanwaltskammer haben kein allgemeinpolitisches Mandat[2] und damit auch kein kulturpolitisches Mandat. Diese Schranke schließt jedoch Kunstförderung durch die Kammern nicht vollkommen aus. Der Karikaturpreis der Bundesrechtsanwaltskammer ist ein gutes Beispiel, wie die Förderung der Belange der Rechtsanwaltschaft und die Kunstförderung zusammentreffen können.

Es lohnt sich für die Anwaltschaft einen Blick auf die öffentliche und auf die private Kunstförderung zu werfen um festzustellen, in welcher Umgebung sie sich bewegt.

---

1 BVerfG v. 17.4.2000, 1 BvR 721/99.
2 vgl. *Feurich/Weyland* Bundesrechtsanwaltsordnung, 2008, § 73 Rn. 11 und § 177 Rn. 10.

B. Öffentliche Kunstförderung

I. Die Legitimation öffentlicher Kunstförderung

Kunstförderung wird in Deutschland überwiegend vom Staat wahrgenommen und als öffentliche Aufgabe angesehen. Im internationalen Vergleich ist dies keineswegs selbstverständlich. In den USA beispielsweise lebt Kultur von privater Förderung. In Deutschland stammen über 90 % der Förderausgaben für die Kultur aus öffentlicher Hand – in den USA ist das Verhältnis fast genau umgekehrt: ca. 90 % der Kulturausgaben werden von Privaten aufgebracht, während nur 10 % aus staatlicher Hand stammen.[3] Jedes Kulturangebot in den Vereinigten Staaten unterliegt den Gesetzen des Marktes.[4] US-amerikanische staatliche Kunstförderung funktioniert allerdings mittelbar, indem private Fördermittel und Kultureinrichtungen steuerlich großzügig behandelt werden.

Wenn Kunst und Kultur in Deutschland weit überwiegend durch den Staat finanziert werden, ist zu fragen, ob das Grundgesetz dazu verpflichtet, oder ob Kunstfreiheit nicht primär Staatsfreiheit voraussetzt. Wie viel »Staat« verträgt die Kunst? Muss sich der Staat nicht gänzlich aus ihr heraushalten, um die Unabhängigkeit der Kunst zu gewährleisten?

In diese Richtung äußern sich einige Stimmen aus der Kunst heraus. So spricht die Figur des *Voss* im Theaterstück »Ritter, Dene, Voss« von *Thomas Bernhard*:

> »Jungen Künstlern ist nicht zu helfen / es gibt keinen größeren Unsinn / als jungen Künstlern zu helfen / überhaupt Künstlern zu helfen / ist Unsinn / Die Künstler sollen sich selbst helfen / vor allem die jungen Künstler / sollen sich selbst helfen / dadurch wird ja aus den jungen Künstlern nichts / weil ihnen andauernd geholfen wird / wer einem Künstler hilft / vernichtet ihn / vor allem wer einem jungen Künstler hilft / zerstört und vernichtet ihn / das ist die Wahrheit / Das Mäntelchen des Mäzenatentums umhängen / es gibt nichts Abstoßenderes / Aber was gesagt wird / wird nicht gehört / Mich hat das Mäzenatentum / immer abgestoßen / Reiche Leute / Mäzenaten / verlogene.«[5]

Und *Claus Peymann* sagt dazu: »Kunst ist immer staatsfeindlich. Es gibt keine Kunst, die den Staat bejaht. Kunst ist immer subversiv.«[6]

Öffentliche Kunstförderung sieht sich demnach immer auch dem Vorwurf ausgesetzt, (unfreie) Auftragskunst zu produzieren. Es besteht daher ein Legitimationsbedürfnis. Der Staat, der für sich das Recht in Anspruch nimmt, den Kulturbereich

---

3 *Dr. Norbert Lammert* Rede zum Thema »Wer trägt Verantwortung für die Kultur?«, veröffentlicht unter www.bundestag.de; *Lissek-Schütz* Kulturpolitik in Deutschland seit der Wiedervereinigung, S. 2, abrufbar unter http://forge.fh-potsdam.de/~kultur/Briefe/Wroc law.pdf.
4 Vgl. *Werner Heinrichs* Instrumente der Kulturförderung im internationalen Vergleich, aus: Politik und Zeitgeschichte, B49/2004.
5 *Thomas Bernhard* Ritter, Dene, Voss, S. 206, in: Stücke 4, Suhrkamp, 1988.
6 Zitiert nach *Bernhard Weck* Verfassungsrechtliche Legitimationsprobleme öffentlicher Kunstförderung aus wirklichkeitswissenschaftlicher Perspektive, 2001, S. 34.

zu beeinflussen, unterliegt der Begründungspflicht auch in der Rolle des kunst- und kultursubventionierenden Mäzens[7].

Art. 5 Abs. 3 GG verpflichtet den Staat, Kunstfreiheit zu gewährleisten. Kunstfreiheit bedeutet zunächst einmal Staatsfreiheit. In der sog. ›Mephisto‹-Entscheidung führt das Bundesverfassungsgericht aus:

> »Insoweit bedeutet die Kunstfreiheitsgarantie das Verbot, auf Methoden, Inhalte und Tendenzen der künstlerischen Tätigkeit einzuwirken, insbesondere den künstlerischen Gestaltungsraum einzuengen, oder allgemein verbindliche Regeln für diesen Schaffensprozess vorzuschreiben«.[8]

Die Kunstfreiheit erscheint hier ausschließlich als Abwehrrecht. Der Staat muss Freiheit, Autonomie und Pluralität von Kunst gewährleisten und ist zu kulturpolitischer Neutralität verpflichtet.

Im Sinne einer objektivrechtlichen Funktion der Grundrechte ist jedoch zu fragen, ob öffentliche Kunstförderung nicht erst die Voraussetzungen dafür schafft, dass künstlerische Freiheit und Unabhängigkeit sich frei entfalten können. Heißt Freiheit der Kunst nicht nur Freiheit *vom* Staat, sondern zugleich auch Freiheit *durch den* Staat?

Das Bundesverfassungsgericht bejaht diese Frage und stellt die objektive Wertentscheidung zur positiven Pflege der Kunst neben die abwehrrechtliche Funktion der Kunstfreiheit. In BVerfGE 36, 331 heißt es:

> »Art. 5 Abs. 3 GG enthält zunächst, wie in der Mephisto-Entscheidung näher dargelegt ist, ein Freiheitsrecht für alle Kunstschaffenden und alle an der Darbietung und Verbreitung von Kunstwerken Beteiligten, das sie vor Eingriffen der öffentlichen Gewalt in den künstlerischen Bereich schützt. Die Verfassungsnorm hat aber nicht nur diese negative Bedeutung. Als objektive Wertentscheidung für die Freiheit der Kunst stellt sie dem modernen Staat, der sich im Sinne einer Staatszielbestimmung auch als Kulturstaat versteht, zugleich die Aufgabe, ein freiheitliches Kunstleben zu erhalten und zu fördern.«

Dementsprechend ist in Art. 35 des Einigungsvertrages auch vom vereinigten Deutschland als »Kulturstaat« die Rede. Gleichzeitig heißt es, die Erfüllung der kulturellen Aufgaben, einschließlich ihrer Finanzierung, sei zu sichern.

Auch das Europäische Verfassungsrecht enthält in Art. 151 EGV einen Kulturartikel. Darin wird die Europäische Gemeinschaft u. a. ermächtigt, die Kultur und den Kulturaustausch zu fördern. Jedoch besitzt die EG hier nur eine komplementäre Zuständigkeit. Die Hauptverantwortung auf dem kulturellen Sektor liegt bei den Mitgliedstaaten.[9]

Einzelne europäische Verfassungen geben dem jeweiligen Staat ausdrücklich auf, die Kultur zu fördern, so zum Beispiel die Verfassung des Königreichs Spanien in Art. 9 Abs. 2. In § 2 Abs. 2 der Verfassung von Schweden heißt es: »Die persönli-

---

7 Vgl. *Bernhard Weck* (Fn. 6) S. 40.
8 BVerfGE 30, 173 (190) – »Mephisto«.
9 Vgl. Lenz/Borchardt/*Fischer* EUV/EGV, 4. Aufl. 2006, Art. 151 Rn. 4.

che, finanzielle und kulturelle Wohlfahrt des Einzelnen hat das primäre Ziel der öffentlichen Tätigkeit zu sein.«[10].

In nahezu allen Verfassungen der Bundesländer sind der Schutz, die Pflege bzw. die Förderung von Kunst und Kultur als staatliche Aufgabe mit Verfassungsrang normiert.[11] Zwar ergeben sich aus den landesverfassungsrechtlichen Bestimmungen keine individuell einklagbaren Rechte auf Kulturförderung, so dass sich aus ihnen grundsätzlich auch keine Ansprüche auf Erhaltung oder Errichtung bestimmter kultureller Einrichtungen herleiten lassen. Gleichwohl stellen die Staatszielbestimmungen in den Landesverfassungen verbindliches Recht dar. Sie verpflichten die Länder, die Belange der Kultur zu berücksichtigen.[12]

Im Grundgesetz sind der Schutz und die Förderung von Kultur dagegen nicht positiv verankert. Auf Bundesebene gibt es lediglich flankierende Gesetzgebungsbefugnisse im Kulturbereich. So gestaltet der Bund die Rahmenbedingungen für Kunst und Kultur in den Bereichen Urheberrecht, Steuerrecht inkl. Gemeinnützigkeitsrecht und Stiftungsrecht. Der Bund sorgt also für die ordnungspolitische Gestaltung der Rahmenbedingungen für Kunst und Kultur.[13]

Forderungen nach der Verankerung einer Staatszielbestimmung Kultur werden immer wieder geäußert. So hat sich beispielsweise die durch den Deutschen Bundestag eingesetzte Enquete-Kommission »Kultur in Deutschland« in ihrem Zwischenbericht einstimmig für ein Staatsziel Kultur ausgesprochen. Die Kommission empfiehlt, einen neuen Art. 20b GG mit folgendem Wortlaut einzuführen: »Der Staat schützt und fördert die Kultur.«[14]

Aber auch ohne ausdrückliche verfassungsrechtliche Verankerung ist Kultur in Deutschland Staatsaufgabe, die mit Förderungspflichten einhergeht. Aus dem »Verfassungsauftrag Kulturstaat« folgt neben einer Förderpflicht auch eine Pflicht des Staates zu kulturpolitischer Neutralität.

Dies schließt nicht aus, dass der Staat förderungspolitisch das qualitative Werturteil zwischen Kultur und Nichtkultur fällen darf. Staatlicher Kulturförderung ist die sachgerechte Auswahl und Differenzierung gestattet. Erforderlich ist allerdings, dass die konkrete staatliche Förderungspraxis – neben den Anforderungen des

---

10 Weiterer Überblick im Zwischenbericht der Enquete-Kommission »Kultur in Deutschland«, BT-Drs. 15/5560 vom 1.6.2005, S. 5 ff.

11 Beispielsweise heißt es in der Verfassung von Berlin in Art. 20 Abs. 2: »Das Land schützt und fördert das kulturelle Leben.« Andere Landesverfassungen gehen in der Umschreibung der Schutzpflichten weiter. In der Verfassung des Freistaats Sachsen wird z.B. auch die Unterhaltung von Museen, Theatern, Gedenkstätten, musikalischen Einrichtungen u. a. als staatliche Aufgabe genannt (Art. 11 Abs. 2 der Verfassung des Freistaats Sachsen)

12 Vgl. Zwischenbericht der Enquete-Kommission »Kultur in Deutschland«, BT-Drs. 15/5560 vom 1.6.2005, S. 4; vgl. dort auch Überblick über die Regelungen in den einzelnen Landesverfassungen, Anhang, S. 13 f.

13 Vgl. Stellungnahme der Enquete-Kommission »Kultur in Deutschland« zu Art. 23 Abs. 6 des Änderungsentwurfs zum Grundgesetz, S. 1f.

14 Zwischenbericht der Enquete-Kommission »Kultur in Deutschland«, BT-Drs. 15/5560 vom 1.6.2005, S. 2.

Gleichheitssatzes – auch die materiellen Eingriffsgrenzen des Art. 5 Abs. 3 S. 1 GG wahrt. Im Einzelnen bedeutet dies, dass auch fördernde Maßnahmen die Grundsätze der Eigengesetzlichkeit, Autonomie und Pluralität der Kunst sowie das Prinzip der staatlichen Neutralität (Verbot politischer, weltanschaulicher, ideologischer oder sonstiger kunstfremder Förderungsziele) einhalten müssen. Eine dirigistische Förderungspolitik ist ebenso verfassungswidrig wie ein staatliches »Kunstrichtertum«.[15]

Dieser staatlichen Schutz- und Förderungspflicht korrespondiert grundsätzlich kein subjektiv-individuelles Teilhaberecht im Sinne eines Anspruchs auf Förderung des Einzelnen. Art. 5 Abs. 3 GG statuiert in seiner individual-rechtlichen Komponente kein soziales Grundrecht, sondern ein liberales Freiheitsrecht. Individualrechtliche Förderungsansprüche können sich allein aus den konkreten Zusammenhängen des Art. 5 Abs. 3 GG mit sozialstaatlichen, gleichheitsrechtlichen oder institutionsrechtlichen Grundsätzen ergeben.[16] Dementsprechend hat die Rechtsprechung einen Anspruch auf Subventionierung für private Theaterunternehmen auf verfassungsrechtlicher Grundlage verneint.[17]

Zusammenfassend lässt sich sagen: Kunst und Kultur haben einen Anspruch gegenüber dem Staat auf Förderung und Schutz, der Staat hat gegenüber Kunst und Kultur dagegen keinerlei Ansprüche.

II. Formen öffentlicher Kunst- und Kulturförderung in Deutschland

In Deutschland sind Kulturpolitik und öffentliche Kulturförderung von den Prinzipien Dezentralität, Subsidiarität und Pluralität gekennzeichnet.

Von den öffentlichen Ausgaben für Kultur werden etwa 47 % von den Ländern, 43 % von den Kommunen und 10 % vom Bund getragen (»Kulturhoheit der Länder«). Der Bund ist dabei für die auswärtige Kulturpolitik und die kulturelle Repräsentation des Gesamtstaates zuständig.[18]

Insgesamt wuchsen die öffentlichen Kulturausgaben bis zum Jahr 2001 stetig an (Höchststand 2001: 8,4 Mrd. Euro). Seit dieser Zeit sind die öffentlichen Ausgaben für die Kultur sukzessive zurückgegangen (für das Jahr 2005 geschätzt auf 7,8 Mrd. Euro; Rückgang in Höhe von 1 bis 3 Prozent pro Jahr). Gleichzeitig hat sich das Spektrum an kulturellen Einrichtungen und Angeboten in Deutschland gerade in den letzten Jahrzehnten immens erweitert. Es gibt heute mehr Kulturangebote und

---

15 Vgl. Maunz/Dürig/*Scholz* GG, 51. Aufl. 2008, Art. 5 Abs. 3 GG Rn 8, 40 m. w. N.
16 Maunz/Dürig/*Scholz* (Fn. 15) Art. 5 Abs. 3 GG Rn 6.
17 OVG Lüneburg, Urteil v. 23.10.1968, Az. V A 25/68, zitiert nach juris; ebenso BGH Urteil vom 22.5.1975, Az. III ZR 8/72, zitiert nach juris.
18 Vgl. *Singer* Die Förderung von Kunst und Kultur, Ausarbeitung des Wissenschaftlichen Dienstes des Deutschen Bundestages, Stand: 1.9.2003.

auch mehr öffentlich geförderte Kultur als je zuvor.[19] Diese Entwicklung hat zwangsläufig zur Folge, dass das einzelne Theater oder Museum weniger staatliche Mittel zur Verfügung hat als noch vor einigen Jahren.

Die wachsende Pluralität der Kulturförderung beruht auch auf einem veränderten Kulturverständnis. In den siebziger Jahren des 20. Jahrhunderts entstanden im Zusammenhang mit den neuen sozialen Bewegungen auch die ersten soziokulturellen Zentren in Deutschland.[20] Sie wurden als selbst verwaltete Kommunikationszentren, Kulturläden oder Bürgerhäuser gegründet[21]. Es entstand ein breiteres Kulturverständnis und die Öffentlichkeit war mit einem erweiterten Kunstbegriff konfrontiert, der von den Kunstschaffenden eingefordert und gelebt wurde. Der Protagonist dieses erweiterten Kunstbegriffs, Joseph Beuys fasste das neue Bewusstsein in die berühmten Worte: »Das ist die Idee des Gesamtkunstwerks, in dem JEDER MENSCH EIN KÜNSTLER IST.«[22]

Die Pluralität öffentlicher Kunst- und Kulturförderung wird in Deutschland durch die verschiedenen Förderungsformen gewährleistet.

Wesentlicher Teil der öffentlichen Kulturförderung ist die kulturelle Vorsorgeverwaltung: die öffentliche Hand unterhält Theater, Museen, Opernhäuser, Festspielgesellschaften, kommunale Kinos, Volkshochschulen, Ateliers und Werkstätten, sowie Kunst- und Musikhochschulen. Hier wird Kunst der Öffentlichkeit zugänglich gemacht, Künstler werden ausgebildet und es werden Arbeitsplätze im Bereich der Kunst unterhalten.[23]

Auch der Kunst- und Musikunterricht an den Schulen, die Unterhaltung von Musikgymnasien und Schulen mit musischem Schwerpunkt gehören zur kulturellen Vorsorge. Der Staat sorgt dafür, dass frühzeitig ein Zugang zu Kunst vermittelt wird und künstlerische Begabungen gefördert werden.

Die leistungsstaatliche Förderungsverwaltung wird als Kunstförderung im engeren Sinne bezeichnet. Hier werden wirtschaftliche Hilfen für einzelne Kunstwerke oder Stätten der Ausübung von Kunst gewährt: z.B. bei der Produktion von Filmen, Zuschüsse für einzelne Projekte oder durch die Subventionierung privater Theater, Museen, Galerien etc.[24]

1998 wurde das Amt des Beauftragten der Bundesregierung für Kultur und Medien (Kulturstaatsminister) geschaffen. Die kulturpolitischen Kompetenzen des Bundes, die vorher bei verschiedenen Ministerien angesiedelt waren, sollten in die-

---

19 Vgl. *Lissek-Schütz* Kulturpolitik in Deutschland seit der Wiedervereinigung, S. 5, abrufbar unter http://forge.fh-potsdam.de/~kultur/Briefe/Wroclaw.pdf.
20 Vgl. Homepage der Bundesvereinigung soziokultureller Zentren: www.soziokultur.de.
21 Vgl. nur *Hilmar Hoffmanns* Konzept »Kultur für alle« oder *Hermann Glasers* »Bürgerrecht Kultur«.
22 *Joseph Beuys* 1982, vgl. www.soziale-plastik.org/03.htm
23 *Wolfgang Palm* Öffentliche Kunstförderung zwischen Kunstfreiheitsgarantie und Kulturstaat, 1998, S. 31
24 Vgl. *Singer* Die Förderung von Kunst und Kultur, Ausarbeitung des Wissenschaftlichen Dienstes des Deutschen Bundestages, S. 18.

sem Amt gebündelt werden. Der Beauftragte untersteht als Staatsminister unmittelbar der Bundeskanzlerin. Im Kabinett hat der Kulturstaatsminister kein Stimmrecht und ist daher kein Minister im eigentlichen Sinne. Der Kulturstaatsminister steht einer Behörde vor, in der rund 190 Mitarbeiterinnen und Mitarbeiter arbeiten. Zu den Aufgaben des Kulturstaatsministers gehört es, kulturelle Einrichtungen und Projekte von nationaler und gesamtstaatlicher Bedeutung zur fördern. Daneben ist er dafür zuständig, die Rahmenbedingungen von Kunst und Kultur kontinuierlich weiterzuentwickeln und zu verbessern.[25]

Bis auf wenige Ausnahmen beschränkt sich die Förderung der Kultureinrichtungen durch den Bund nur auf eine Teilförderung, die in enger Zusammenarbeit mit den jeweiligen Ländern, Kommunen und/oder privaten Trägern erfolgt. Der Kulturhaushalt für das Jahr 2008 sieht Investitionen in Höhe von insgesamt 1,1 Milliarden Euro vor. Im Verhältnis zum Vorjahr ist dies eine Steigerung um 1,3 Prozent. Darin enthalten sind u. a. 275 Millionen Euro für die Deutsche Welle und mehr als 62 Millionen Euro für Einrichtungen, die an die Verbrechen des Nationalsozialismus und an das Unrecht der SED-Diktatur erinnern. Für den Deutschen Filmförderfonds sind 60 Millionen Euro, für die Deutsche Bibliothek 54 Millionen Euro und für das Bundesarchiv in Koblenz rund 50 Millionen Euro vorgesehen.[26]

Bei der Einführung des Amts durch die rot-grüne Bundesregierung im Jahr 1998 gab es eine kontrovers geführte Debatte über die Kompetenzen eines Kulturstaatsministers. Die Länder sahen sich durch die Einführung des Amtes in ihren Kompetenzen beschnitten.

Joachim Günther fasst in der Neuen Zürcher Zeitung die Auswirkungen der Einführung eines Kulturstaatsministers folgendermaßen zusammen: »Die Bündelung der Aktivitäten durch das neue geschaffene Amt hat sich atmosphärisch ausgezahlt. Was Kulturbetrieb und Kulturstaatsminister an Ruhm und Prominenz für sich verbuchen konnten, fehlt ihnen noch immer an Reichtum und Macht.«[27]

Im Bereich der individuellen Ausbildungsförderung sind Preise, Ehrungen und Stipendien als Mittel der Kunstförderung nicht zu unterschätzen, bedeuten sie doch oft mehr als nur eine finanzielle Hilfestellung, nämlich auch einen wichtigen Impuls auf dem Weg zu künstlerischem Erfolg und künstlerischer Anerkennung.

Ein wichtiges Instrument der mittelbaren Kunst- und Kulturförderung ist die Künstlersozialkasse. Mit der Künstlersozialversicherung wird eine wesentliche Grundlage dafür geschaffen, dass Künstler freiberuflich und frei schaffend tätig sein können.

Die Künstlersozialversicherung ist Teil der gesetzlichen Sozialversicherung. Sie nimmt alle selbständigen Künstler und Publizisten auf, die eine künstlerische oder publizistische Tätigkeit nicht nur vorübergehend ausüben und die nicht mehr als

---

25 Vgl. www.bundesregierung.de unter Beauftragter für Kultur und Medien;
26 Vgl. www.bundesregierung.de unter Kulturhaushalt 2008
27 Neue Zürcher Zeitung vom 18.7.2005: »Die Kultur gewann Aufmerksamkeit, doch mit der Macht hapert es«

einen Arbeitnehmer beschäftigen (vgl. § 1 Künstlersozialversicherungsgesetz – KSVG).

Eine wesentliche Besonderheit der Künstlersozialversicherung gegenüber anderen Versicherungsmöglichkeiten für Selbständige in der Sozialversicherung besteht in der Art der Finanzierung: Künstler und Publizisten müssen nur die Hälfte ihrer Beiträge selbst tragen und sind damit ähnlich günstig gestellt wie Arbeitnehmer. Die andere Hälfte wird durch einen Bundeszuschuss und durch eine Abgabe der Unternehmen finanziert, die künstlerische und publizistische Leistungen verwerten. Im Jahr 2008 beträgt die »Künstlersozialabgabe« 4,9 % aller Honorarzahlungen an einen Künstler oder Publizisten.[28] Welche Bedeutung die Künstlersozialkasse für die Künstlerförderung hat, erschließt sich, wenn man sieht, dass ein freiberuflich arbeitender Künstler durchschnittlich 11 144 e brutto[29] im Jahr (!) verdient.[30]

Angesichts der Vielfalt staatlicher Kunstförderung ist festzustellen, dass »die Kunst« auf eine Förderung durch Rechtsanwaltskammern, als ein Teil der öffentlichen Hand, sicherlich nicht angewiesen ist. Es ist auch ohne weiteres festzustellen, dass Kunstförderung als solche nicht zu den Aufgaben der Rechtsanwaltskammern (§ 73 BRAO) und der Bundesrechtsanwaltskammer (§ 177 BRAO) gehört.

Andererseits dürfen die Rechtsanwaltskammern und die Bundesrechtsanwaltskammer Öffentlichkeitsarbeit betreiben auf allen Gebieten, die ihnen als Aufgaben zugewiesen sind. Hierzu gehört insbesondere auch die Information der Öffentlichkeit über Fragen der Rechtspolitik und die Reaktion auf rechtspolitische Entwicklungen. Die Form der Öffentlichkeitsarbeit ist nicht gesetzlich vorgeschrieben und damit auch nicht eingeschränkt. Nichts spricht dagegen, dass die Kammern Öffentlichkeitsarbeit mit Kunstförderung verbinden und Kunst mittelbar durch Öffentlichkeitsarbeit fördern. Die Kammern sind als Körperschaften öffentlichen Rechts Teil des »Kulturstaates« und haben damit auch Teil an der verfassungsrechtlichen Legitimation der Kunstförderung, sofern sie sich im Bereich der ihnen zugewiesenen Aufgaben bewegen.

Damit werden sich die Möglichkeiten der Kunstförderung durch die Kammern immer in einem thematisch begrenzten Raum bewegen. So ist es nicht überra-

28 Vgl. Informationen auf der Homepage der Künstlersozialkasse www.kuenstlersozialkasse. de.
29 Vgl. Pressemitteilung der Enquete-Kommission Kultur in Deutschland, »Enquete-Kommission befragt Künstler und Verwerter zur Künstlerförderung«, abrufbar unter http://webarchiv.bundestag.de/archive/2005/0825/parlament/kommissionen/kultur_deuts ch/kultur_presse/index.html.
30 *Annegret Künzel* weist in »Geschlechtsspezifische Aspekte von Kunst- und Kulturförderung« (aus: Politik und Zeitgeschichte, B52-53/2004) auf geschlechtsspezifische Diskriminierungen im Bereich der Kunstförderung hin: ein Künstler hat ein jährliches Durchschnittseinkommen in Höhe von 12 447 €, während eine Künstlerin durchschnittlich nur 9 331 € pro Jahr verdient (Stichtag: 1.1.2004); *Künzel* verbindet diesen Befund mit einer Forderung nach einer gleicheren Verteilung der vorhandenen Mittel unter den Geschlechtern (in Deutschland kommen nur 15 % aller öffentlichen Mittel der Kunstförderung Frauen zugute; vgl. *Künzel* a.a.O. S. 1).

schend, dass sich die kunstfördernde Öffentlichkeitsarbeit der Kammern weitgehend auf die Förderung der Karikatur, also der satirischen Kunst, beschränkt. Die Bundesrechtsanwaltskammer verleiht seit 1998 alle zwei Jahre den »Karikaturpreis der deutschen Anwaltschaft«.[31] Im Stiftungszweck heißt es: »Der satirische Künstler nimmt Partei, versteht sich meist als Anwalt der Benachteiligten und Schwachen.... Karikaturen versuchen so, auf unterhaltsame Weise, ihren Beitrag für eine gerechtere menschliche Welt zu leisten.«

In diesem Sinne hat sich auch das Berliner Anwaltsblatt, das vom Berliner Anwaltsverein in Zusammenarbeit mit der Rechtsanwaltskammer Berlin herausgegeben wird, der Förderung der satirischen Kunst verschrieben. Das Blatt erscheint immer mit einer Karikatur des Künstlers *Phillip Heinisch* auf dem Titelblatt, die sich jeweils auf aktuelle rechtspolitische Entwicklungen bezieht.

Die öffentliche Kunst- und Kulturförderung soll möglichst eine große Pluralität gewährleisten. Ob dies immer erreicht wird, ist fraglich. Nicht zuletzt aufgrund knapper werdender öffentlicher Haushaltsmittel gewinnt die private Kulturförderung auch in Deutschland immer mehr an Bedeutung.

C. PRIVATE KUNST- UND KULTURFÖRDERUNG IN DEUTSCHLAND

I. Legitimation privater Kunstförderung

Privates Mäzenatentum gibt es seit jeher. Man denke an die Stifter, die in der Antike wie im Mittelalter mitten in der Menschenmenge eines Reliefs oder eines Gemäldes oft in hervorgehobener Position abgebildet sind. Öffentliche Kunstförderung gab es weder in Athen noch in Rom, weder in der Renaissance, noch in der Aufklärung oder der Klassik. »Öffentliche Kunstförderung« gibt es in diesen Kulturepochen allenfalls durch die Kirche oder den monarchischen Staat. Doch deren Förderung verfolgt in erster Linie repräsentative Zwecke, der Förderer bestimmt – wie der Stifter – die Grenzen der künstlerischen Freiheit. Allenfalls die persönliche Liberalität des Kirchen- oder Staatsrepräsentanten lässt Abweichungen von vorgegebener ›Staatskunst‹ zu.

Öffentliche Kunstförderung im heutigen Sinne beginnt erst mit der bürgerlichen Bewegung im 19. Jahrhundert, als bewusstes Gegengewicht zu kirchlicher oder monarchischer Kunstförderung. Es entstehen erste Kunstvereine oder Museen, städtische Theater- oder Opernhäuser werden ›von der Bürgerschaft‹ gegründet. Ziel ist auch hier die repräsentative Seite der Kunst zu nutzen, in diesem Falle aber für freiheitlich-bürgerlichen Zwecke. Die ›Freiheit der Kunst‹ gewinnt so an Bedeutung, das Bürgertum ebnet der künstlerischen Moderne (unfreiwillig?) den Weg.

---

31 Vgl. www.brak.de

Gerade aufgrund dieses bürgerlichen Engagements sehen es fast alle demokratisch legitimierten europäischen Staaten nach dem endgültigen Niedergang von Monarchie und Klerus als eine ihrer zentralen Aufgaben an, die Kunst systematisch zu fördern. In Zeiten leerer öffentlicher Kassen und stabiler demokratischer Strukturen sieht sich der Staat an diese einstige Zielvorgabe nicht mehr so strikt gebunden wie zuvor, und zieht sich daraus zunehmend zurück. Damit gewinnt die private Kunst- und Kulturförderung wieder an Bedeutung.

Gerade in jüngerer Zeit erleben wir immer vielfältigere Formen der Kooperation zwischen Wirtschaft und Kultur. Es gibt weniger »Berührungsängste«. Dennoch ist die Rolle der Wirtschaft in der Kulturförderung nicht unumstritten. Befürchtet wird eine übermäßige Kommerzialisierung von Kunst und Kultur.[32] Dies gilt insbesondere für die verschiedenen Formen des Sponsoring.

Der Arbeitskreis Kultursponsoring im Bundesverband der deutschen Industrie (BDI) hat einen Kodex formuliert, in dem er u. a. die Respekt vor der Freiheit der Kunst und die Autonomie der Kulturschaffenden und Kulturinstitutionen fordert[33]. Das vom Kulturkreis der deutschen Wirtschaft im BDI ins Leben gerufene Projekt »Corporate Cultural Responsibility« benennt die Gefahren privatwirtschaftlicher Kunstförderung deutlich:

> »Grenzen privatwirtschaftlicher Kunstförderung sind da angezeigt, wo die Verfolgung von Eigeninteressen der Unternehmen überhand nimmt, wo Kunst bewusst konstruiert und manipuliert wird. Die subversive Kraft der Kunst als nicht instrumentalisierter Wahrnehmung von Gesellschaft gerät dann in Gefahr, wenn alles, was Kunst schafft, umgehend von den Unternehmen aufgesogen und kommerzialisiert wird. Daneben wird von Seiten der Künstler und Kulturinstitutionen auch ganz praktisch die fehlende Kontinuität der Förderung bemängelt, die Künstler wie Kuratoren unfrei mache.«[34]

Dennoch ist privatwirtschaftliche Kunstförderung unverzichtbar und es ist zu begrüßen, wenn sie mit der selbstkritischen Überprüfung des eigenen Engagements einhergeht.

Dabei kann die private Kunstförderung durchaus auf Hilfestellung bestehender Netzwerke zurückgreifen. Die Industrie- und Handelskammern stellen ihren Mitgliedern z.B. Informationen zur Kulturförderung zur Verfügung. Sie informieren beispielsweise über steuerliche Aspekte des Kultursponsorings, vernetzen einzelne kulturfördernde Unternehmen oder veröffentlichen allgemein Tipps zur unternehmerischen Kulturförderung.[35]

32 Vgl. *Singer* Kultursponsoring, Wissenschaftliche Dienste des Deutschen Bundestages, Der Aktuelle Begriff, S. 2, abrufbar unter www.bundestag.de.
33 Abrufbar unter www.aks-online.org.
34 *Beate Henschel* und *Michael Huttner* Corporate Cultural Responsibility, Zur Pflege der Ressource Kultur, abrufbar unter www.coporate-cultural-responsibility.de.
35 Vgl. z.B. Informationen auf der Homepage der IHK Berlin www.berlin.ihk24.de.

II. Formen privater Kunstförderung

Innerhalb der privaten Kunst- und Kulturförderung gibt es vielfältige Formen der Förderung: Spenden im Einzelfall, Käufe bildender Kunst durch Unternehmen zur Ausstattung der eigenen Räume (jedenfalls auch) aus Gründen der Imagewerbung, Käufe von Sammlern aus rein privatem Interesse, Förderung durch Stiftungen und Kultursponsoring.

Das Sponsoring ist eine Erscheinung neuerer Entwicklung und könnte auch für die Anwaltschaft ein attraktives Modell der Imagewerbung für die Kanzlei sein.

Das Bundesministerium der Finanzen definiert Sponsoring als »die Gewährung von Geld oder geldwerten Vorteilen durch Unternehmen zur Förderung von Personen, Gruppen und/oder Organisationen (…), mit der regelmäßig auch eigene unternehmensbezogene Ziele der Werbung oder Öffentlichkeitsarbeit verfolgt werden. Leistungen des Sponsors beruhen häufig auf einer vertraglichen Vereinbarung zwischen dem Sponsor und dem Empfänger der Leistungen (Sponsoring-Vertrag), in dem Art und Umfang der Leistungen des Sponsors und des Empfängers geregelt sind.«[36]

Die Aufwendungen des Sponsors gelten als Betriebsausgaben, wenn der Sponsor wirtschaftliche Vorteile anstrebt (z.B. Steigerung der Unternehmensreputation). Die steuerliche Behandlung der Sponsorengelder beim Empfänger hängt nicht davon ab, wie diese Beträge beim Sponsor selbst steuerlich behandelt werden.[37]

Der Arbeitskreis Kultursponsoring im BDI geht davon aus, dass sich die private Kulturförderung im Jahr 2000 auf insgesamt 1,6 Mrd. DM belief.[38] Nach einer von diesem Arbeitskreis in Auftrag gegebenen Untersuchung über die Wirkung von Sponsoringaktivitäten im Kulturbereich stellt sich das Kultursponsoring als attraktive und wirksame Werbemaßnahme dar. Bei 13 evaluierten Veranstaltungen haben durchschnittlich 63 % der Besucher das Sponsoring wahrgenommen. 88,4 % aller Befragten gaben eine positive oder sehr positive Einschätzung des Kultursponsorings an. Als Hauptgründe für die Akzeptanz wurden die finanzielle Situation der Künstler, die Förderungswürdigkeit der Kultur und die Notwendigkeit einer Übernahme gesellschaftlicher Verantwortung durch die Unternehmen genannt. Der am häufigsten genannte Einwand gegen Kultursponsoring ist die befürchtete Einflussnahme der Unternehmen auf kulturelle Inhalte.[39] Bei diesen Zahlen ist zu berücksichtigen, dass die große Mehrheit der Adressaten auf klassische Werbung (z.B.

---

36 Schreiben des Bundesministeriums der Finanzen vom 18.2.1998 zur ertragssteuerlichen Behandlung des Sponsoring (sog. Sponsoringerlass), BStBl. 1998 I S. 212.
37 Vgl. *Schwaiger* Messung der Wirkung von Sponsoringaktivitäten im Kulturbereich, S. 4, abrufbar unter www.imm.bwl.uni-muenchen.de.
38 Vgl. *Schwaiger* Messung der Wirkung von Sponsoringaktivitäten im Kulturbereich (Fn. 37) S. 2.
39 Vgl. *Schwaiger* Messung der Wirkung von Sponsoringaktivitäten im Kulturbereich (Fn. 37) S. 21.

Fernseh-Spots, Radio-Spots, Plakate) zunehmend negativ oder zumindest gleich-
gültig reagiert.[40]

Die Untersuchung ergab außerdem, dass mit Kultursponsoringaktivitäten auch
positive Wirkungen auf Mitarbeiterinnen und Mitarbeiter erzielt werden können.
Die Gesamtzufriedenheit der Mitarbeiterinnen und Mitarbeiter mit ihrer Arbeits-
situation wird u. a. durch den Stolz auf die Firma und das Firmenimage geprägt. Investitionen in die Reputation einer Firma sind daher für Unternehmen auch im Sinne der Mitarbeiterbindung und der Leistungssteigerung sinnvoll.[41]

Zentrales Ergebnis einer empirische Untersuchung des Instituts für Unterneh-
mensentwicklung und Organisation der LMU München über die Wirkung des
Kultursponsorings auf die Bindung von Bankkunden ist, dass Kunden, die das
Kultursponsoring-Engagement der untersuchten Bank kennen, eine signifikant höhere Bindung an die Bank aufweisen.[42]

Betrachtet man die Internetauftritte international ausgerichteter Rechtsanwaltskanzleien ist festzustellen, dass die Kunstförderung offenbar bislang nicht im Mittelpunkt der Eigenwerbung dieser Kanzleien steht.[43] Bis heute scheinen hier eher
soziale Themen, Wissens- und Bildungsfragen, sowie die Gesellschaft unmittelbar
betreffende Fragen wie Umweltthemen im Vordergrund zu stehen, wenn es darum
geht, sich durch ein Engagement für die Gesellschaft zu profilieren.

Man könnte denken, dass die Berufsgruppe der Rechtsanwälte eine besondere Bereitschaft hat, als Gegengewicht zum auf Sachthemen bezogenen, »trockenen« juristischen Arbeitsalltag die schönen Künste zu fördern. Dies ist jedoch offenbar
nicht der Fall. Ob Kunstförderung nicht als adäquate Imagewerbung angesehen
wird und deshalb aus rein wirtschaftlichen Überlegungen ausscheidet oder ob fördernde Aktivitäten, die sich auf Sachthemen beziehen, stattfinden, weil sie eher den
Neigungen der Berufsgruppe entsprechen, muss an dieser Stelle offen bleiben.

Denkbar ist auch, dass die Rechtsanwaltskanzleien die Unkalkulierbarkeit von
Kunst fürchten und deshalb lieber auf die Förderung beeinflussbarer Themenkreise
setzen.

Einige wenige Kanzleien sind allerdings Mitglied im Kulturkreis der deutschen
Wirtschaft im BDI.[44] Der Kulturkreis hat sich zum Ziel gesetzt, Unternehmen von
der Notwendigkeit zu überzeugen, in Kultur zu investieren, ihnen ein solches En-

---

40 Vgl. *Schwaiger* Messung der Wirkung von Sponsoringaktivitäten im Kulturbereich
   (Fn. 37) S. 22.
41 Vgl. *Schwaiger* Die Wirkung des Kultursponsorings auf die Mitarbeitermotivation
   (Fn. 37) S. 25.
42 Vgl. *Steiner-Kogrina/Schwaiger* Eine empirische Untersuchung der Wirkung des Kultursponsorings auf die Bindung von Bankkunden, S. 22, abrufbar unter www.imm.bwl.uni-
   muenchen.de.
43 Diese Einschätzung beruht auf einer stichprobenartigen Betrachtung verschiedener web –
   sites.
44 Laut Mitgliederliste des Kulturkreises, veröffentlicht auf der Homepage www.kultur
   kreis.org: z.B. Luther Rechtsanwaltsgesellschaft mbH, Nörr Stiefenhofer Lutz Partnerschaft.

gagement zu ermöglichen und sie in ihrem bestehenden kulturellen Engagement zu bestärken.

Es ist sicherlich verbreitet, die Kanzleiräume mit Kunst auszustatten und damit auch eine gewisse Imagewerbung zu verbinden. Auch Vernissagen in Kanzleiräumen sind keine Seltenheit mehr. Ein darüber hinaus gehendes Sponsoring mit einer breiteren Öffentlichkeitswirksamkeit scheint bislang aber wenig zum Einsatz zu kommen.

D. FAZIT

Sowohl im Bereich der privaten, als auch bei der öffentlichen Kunst- und Kulturförderung besteht die Gefahr, dass der Freiheitsanspruch des einzelnen Künstlers mit den Vereinnahmungstendenzen des Förderers in Konflikt gerät.

Kunstfreiheit wird insbesondere dadurch garantiert, dass auf allen staatlichen Ebenen – vom Bund, über die Länder bis hin zu den Gemeinden – und von allen staatlichen Institutionen unmittelbarer und mittelbarer Staatsverwaltung Kunst gefördert wird. Ergänzt (und nicht etwa ersetzt) durch private Kunstförderung entsteht und lebt so eine vielfältige und die Unabhängigkeit einzelner Künstlerinnen und Künstler garantierende Förderungslandschaft.

Rechtsanwältinnen und Rechtsanwälte sind hier in doppelter Weise angesprochen: Die einzelnen Berufsträger übernehmen gesamtgesellschaftliche Verantwortung wenn sie mit ihrem privaten Rechtsanwaltsunternehmen Kunst fördern. Sie tragen damit zur Sicherung des Kulturstaats bei und können gleichzeitig ökonomisch sinnvolle Werbung betreiben. Die Kammern als Institutionen mittelbarer Staatsverwaltung können den allgemeinen Förderauftrag im Rahmen ihrer Aufgabenzuschreibung aufgreifen und die Öffentlichkeitsarbeit entsprechend gestalten.

Das Stadttheater Koblenz warb in der Spielzeit 2001/2002 mit folgendem Spruch auf Werbeplakaten: »Theater ist die schönste Art, seine Steuergelder wiederzusehen«[45]. In diesem Sinne ist der Karikaturpreis der Bundesrechtsanwaltskammer sicherlich die schönste Art, seine Kammerbeiträge wieder zu sehen.

---

45 Zitiert nach *Klaus Lange* Ökonomie des subventionierten Öffentlichen Theaters in Deutschland, 2006.

Baukunst versus Baukunst

– Die Entstellung von Kunst durch weitere Kunst –

AXEL PLANKEMANN / HANS CHRISTIAN SCHWENKER

Hinzufügungen sind kunstgeschichtlich betrachtet nichts Unbekanntes. Eines der berühmtesten Beispiele ist die Ergänzung der Mona Lisa um einen überaus eleganten Oberlippen- und Kinnbart.

Nach Auffassung eingeweihter Kreise galt die Attacke Marcel Duchamps aus dem Jahre 1919 – vorsichtigerweise nur auf einer Kunstpostkarte – einer Ikone des herkömmlichen, gesicherten Kunstkanons. Darauf deutet auch die enigmatische Unterzeile der Bildkomposition hin: L.H.O.O.Q. In französischer Sprache durchbuchstabiert ergibt sich daraus das respektlos – deftige Homophon »Elle a chaud au cul« (zu Deutsch »Sie hat Feuer im Hintern«), im englischen Gleichklang das Wort »look«.

Mit Baukunst hat dieser Vorgang erst einmal nichts zu tun. Aber nach gegenwärtiger Rechtslage können auch Bauwerke im Kunstsinne geadelt sein. Das Urheberrecht spricht dann von so genannten »Werken der Baukunst«. Im Unterschied zu anderen Werken der bildenden Kunst kann allerdings das Hinzufügen weiterer Bauwerke zu einem Werk der Baukunst nicht von vornherein als Barbarei oder zumindest dadaistischer Akt gelten. Aus vielerlei einsichtigen Gründen ist bei Gebäuden mit dem Hinzufügen weiterer baulicher Anlagen und Ergänzungen im Umfeld zu rechnen. Nur so entstehen Siedlungen, Städte, Quartiere, funktions- und entwicklungsfähige Bauwerke.

Gleichwohl schützt das Urheberrecht in besonderen Fallkonstellationen auch die Urheber von Werken der Baukunst vor Veränderungen. Im nachfolgenden Beitrag soll es nicht um die mehr oder weniger verbreitete Veränderung eines baukünstlerischen Werkes durch Eingriff in dessen Substanz gehen. Aktuelle Beispiele dieser Thematik sind zahlreich und inzwischen auch häufig Gegenstand öffentlicher Berichterstattung. Zuletzt erhitzten das Projekt der Wiener Architektengruppe Coop Himmel(b)lau für die Europäische Zentralbank in Frankfurt am Main und mit deren Planung einhergehende Eingriffe in die dortige Großmarkthalle des namhaften, bereits 1957 gestorbenen Architekten Martin Elsässer die Gemüter. Der Vorgang führte auch zu einer durchaus kontroversen Diskussion unter Architekten, was angesichts des Umstandes, dass diese von neuen Bauaufgaben leben, nicht weiter verwundert.

Untersucht werden soll nachfolgend die urheberrechtliche Bewertung eines Sonderfalles. Es geht um die Veränderung einer baulichen Situation durch Neubauten, welche gerade nicht zu materiellen Eingriffen in die urheberrechtlich geschützte bauliche Substanz führten: also um das bloße Hinzufügen neuer Gebäude, Gebäudeteile oder sonstiger baulicher Anlagen. Diese können möglicherweise für sich betrachtet aufgrund ihrer eigenen künstlerischen Qualität selbst urheberrechtsfähig sein. Dass eine solche Konstellation nicht bloß rein theoretische Gedankenspielerei ist, belegt eine Reihe höchstrichterlicher Entscheidungen der letzten Jahre.

A. WERK DER BAUKUNST

Das Ergebnis baukünstlerischen Schaffens unterliegt erst seit verhältnismäßig kurzer Zeit einem gesetzlichen Schutz. Die Idee, der für die Planung eines Gebäudes Verantwortliche könne, zu Lasten seines Bauherrn, diesen nachdrücklich und mit Erfolg an der Veränderung des einmal für ihn Gebauten hindern, ist auch heute vielen Auftraggebern fremd. Belegt wird dies, nicht erst seit dem Fall des Hauptstadtbahnhofs in Berlin, durch öffentliche Diskussionen im jeweiligen Einzelfall ebenso wie durch zahlreiche und unterschiedliche Versuche von Auftraggebern, die rechtliche Situation durch zielgerichtete Kauteln im eigenen Interesse zu verbessern. Dem Eigentümer eines Gebäudes sind Beschränkungen seiner – ebenfalls gesetzlich geregelten (§ 903 BGB) – Befugnisse, mit der Immobilie nach Belieben verfahren zu dürfen, häufig nicht plausibel zu machen.

Urheberrecht existiert in diesem Lande seit etwa der Mitte des 19. Jahrhunderts. Parallel zur Festigung des Berufsbildes von Architekten finden sich, nach den früheren Regelungen des Literatururheberrechtsgesetzes von 1901 und des Kunstschutzgesetzes von 1907, die »Werke der Baukunst« ausdrücklich auch im Urheberrechtsgesetz (UrhG) vom 9.9.1965.

Voraussetzung eines jeden urheberrechtlichen Anspruchs nach diesem Gesetz ist, dass die fragliche Planung oder das fragliche Bauwerk überhaupt in dessen Schutzbereich fällt. Der in diesem Zusammenhang immer wieder auftauchende Hinweis auf das so genannte »geistige« Eigentum, in Abgrenzung wohl zum materiellen Eigentum, verleitet nicht nur Angehörige der planenden Berufsstände häufig zu Fehlbeurteilungen.

Das UrhG schützt in § 2 Abs. 1 Nr. 4 ausdrücklich Werke der Baukunst und Entwürfe solcher Werke, und zwar unter der Voraussetzung, dass es sich dabei um »persönliche geistige Schöpfungen« handelt (§ 2 Abs. 2 UrhG). Trotz inzwischen zahlreicher auch obergerichtlicher Definitionen ist in der urheberrechtlichen Literatur allerdings weiterhin umstritten, welche Kriterien genau ein Bauwerk erfüllen muss, um zum »Baukunstwerk« zu werden.

Nach einer bereits im Jahre 1957 vom BGH versuchten Definition ist das »Kunstwerk« eine eigenpersönliche, geistige Schöpfung, die mit »Darlegungsmitteln der Kunst durch formgebende Tätigkeit hervorgebracht ist und deren ästhetischer Gehalt einen solchen Grad erreicht hat, dass nach den im Leben herrschenden Anschauungen noch von Kunst gesprochen werden kann, und zwar ohne Rücksicht auf den höheren oder geringeren Kunstwert und ohne Rücksicht darauf, ob das Werk neben dem ästhetischen Zweck noch einem praktischen Zweck dient. (…) Entscheidend für die Frage, ob nach den im Leben herrschenden Anschauungen von Kunst gesprochen werden kann, sind nicht die ästhetischen Feinheiten, die ein auf dem gleichen Fachgebiet arbeitender Fachmann herausfühlt, sondern der ästhetische Eindruck, den das Werk nach dem Durchschnittsurteil des für Kunst empfänglichen und mit Kunstdingen einigermaßen vertrauten Menschen vermittelt.«[1]

Die nach § 2 Abs. 2 UrhG jedenfalls notwendige »Schöpfung« bedeutet – mit einer gewissen Zwangsläufigkeit – im Baubereich nicht etwa, dass ein vom Architekten geschaffenes Werk in all seinen Teilen völlig neu erfunden ist. Die Entwicklung der Architektur belegt, dass die mit der Planung betrauten Personen in mehr oder weniger großem Umfang auf Vorbekanntes zurückgreifen. Der gesetzliche Verweis auf die Schöpfung schließt andererseits aber auch die urheberrechtliche Schützwürdigkeit einer bloßen Planungsidee aus.[2]

Zur Begründung urheberrechtlicher Ansprüche muss die Schöpfung im Sinne des Gesetzes »persönlich« und »geistig« sein, eine originelle, individuelle, eigenpersönliche Schöpfung, die einer »schöpferischen« Person zugeordnet werden kann. Allein die vielfältigen Versuche von Gerichten, diesen komplexen Sachverhalt in Urteilsbegründungen umzusetzen, würde eine breit angelegte Untersuchung zum (klassischen) Kunstverständnis der Justiz rechtfertigen. Dies gilt auch für die Forderung der einschlägigen Rechtsprechung, Kunst im Sinne des Urheberrechts setze einen ästhetischen Gehalt des Werkes von solchen Graden voraus, dass nach den im Leben herrschenden Kunstanschauungen der für Kunst empfänglichen und mit Kunstanschauung einigermaßen vertrauten Kreisen von »künstlerischen« und nicht etwa nur »geschmacklichen« Leistungen gesprochen werden kann.

Manche Verfasser von Abhandlungen zum Urheberrecht monieren daran, dass gerade die geschmacklichen Empfindungen eines wenn auch gebildeten Teils des Publikums kaum Maßstab für die rechtliche Abgrenzung sein können, einzelne fühlen sich sogar an das so genannte »gesunde Volksempfinden« erinnert.[3]

Kontrovers diskutiert wird auch die Frage nach der erforderlichen Gestaltungshöhe eines Baukunstwerkes. Allerdings bleiben die Kritiker dieser Anforderung in der Regel eine Antwort auf die Frage schuldig, ob denn jede persönliche geistige Hervorbringung im Baubereich – unabhängig vom ästhetischen Gehalt des planerischen Konzepts – uneingeschränkt dem Schutz des Urheberrechts unterfallen soll.

Ebenfalls ideologisch geprägt scheint der Ansatz, die Lösung einer Planungsaufgabe müsse sich nicht nur als zweckmäßig, sondern zumindest auch als künstlerisch darstellen. Nach allgemeiner Auffassung lässt sich aber jedenfalls negativ abgrenzen, dass Lösungen fachgebundener technischer Aufgaben durch Anwendung einschlä-

---

1 NJW 1958, 459.
2 OLG Hamburg Deutsches Architektenblatt (DAB) 8/2006, 42.
3 *Neuenfeld* u. a. Handbuch des Architektenrechts, 2. Aufl., Band I, Teil III, Rn. 28.

giger technischer Regelwerke oder ein rein handwerkliches oder im Wesentlichen nur routinemäßiges Schaffen nicht vom UrhG geschützt werden.[4]

Dabei ist jedoch sogleich dem Missverständnis vorzubeugen, dass die gesteigerte Zweckbindung eines Bauwerkes grundsätzlich der Annahme eines urheberrechtlichen Werkcharakters entgegenstehe. Anders als die Schöpfungen (zweck-)freier Künste werden Gebäude in aller Regel zur Erfüllung eines bestimmen technischen Zwecks und bestimmter funktioneller Anforderungen geplant und errichtet. Entscheidend ist, ob und inwieweit gleichwohl künstlerisches Schaffen Verwirklichung gefunden hat.[5]

Baukunstwerke sind im Übrigen, neben den Zielsetzungen und Anforderungen des Bauherrn, durch eine Vielzahl anderer Faktoren planerischer, technischer und auch rechtlicher Art vorbestimmt. Gleichwohl schließt dies eine Individualität oder Originalität nicht zwangsläufig aus, führt im Gegenteil häufig zu besonders individuellen und originellen Lösungen.

Der Werkbegriff des Urheberrechts umfasst für den Baubereich eine Vielzahl unterschiedlicher Kategorien von Gebäuden aller Art, Ingenieurbauwerke, Innenraumgestaltungen, künstlerisch gestaltete Plätze und Gartenanlagen bis hin zu WC-Anlagen an Autobahnraststätten.[6]

Vom urheberrechtlichen Schutz ebenfalls umfasst sind dabei Werk-Teile, die auch für sich genommen schutzwürdig sein können, ebenso wie zusammengesetzte, mehrteilige bauliche Kunstwerke. Ob sogar ganze Stadtviertel als Werk der Baukunst in Betracht kommen, mag dahingestellt bleiben. Dagegen spräche, dass die prägende gestalterische Absicht bei ganzen Stadtvierteln im Einzelfall schwer feststellbar sein könnte, im Übrigen auch von vielen externen Faktoren beeinflusst wird und einem ständigen Wandel unterliegt.[7] In Rechtsprechung und Literatur unbestritten ist jedoch, dass ein Ensemble aus mehreren Gebäuden, und zwar auch unabhängig von der urheberrechtlichen Qualität der jeweiligen Einzelgebäude, als Gesamtheit urheberrechtlichen Schutz genießt.[8]

Die letzte Entscheidung, ob im Streitfall ein nach § 2 Abs. 1 Nr. 4 UrhG geschütztes Werk der Baukunst vorliegt, verbleibt in der gerichtlichen Auseinandersetzung beim Richter. Nicht selten lässt sich in einschlägigen Urteilen lesen, dass sich das Gericht in diesem Zusammenhang selbst bescheinigt, zu den »für Kunst empfänglichen und mit Kunstanschauung einigermaßen vertrauten Kreisen« zu gehören, was divergierende Entscheidungen in den Instanzen allerdings nicht ausschließt. Im Übrigen ist selbstverständlich ein Gericht nicht daran gehindert, sich durch entsprechende Kunstexperten sachverständig beraten zu lassen.

---

4 *Knipp* in: Thode/Wirth/Kuffer, Praxishandbuch Architektenrecht, 2004, § 32 Rn. 16.
5 BGHZ 24, 55.
6 LG Leipzig BauR 2002, 818 = DAB 9/2002, 50.
7 *v. Gamm* BauR 1982, 97.
8 BGHZ 24, 55; LG München NZBau 2007, 49.

Zur Beurteilung der urheberrechtlichen Situation im Vorfeld können dagegen bereits Indizien hilfreich sein. Eines der überzeugungskräftigsten ist nach wie vor die Prämierung einer Planung in einem Architektenwettbewerb. Denn das insofern äußerst fachkundige Preisgericht prüft bei der Beurteilung von Wettbewerbsbeiträgen unter anderem auch die für die Urheberrechtsdefinition maßgeblichen Aspekte, neben der Funktionalität, Technik und Wirtschaftlichkeit des Entwurfs gerade auch dessen schöpferisch-geistigen, ästhetischen Gehalt.

Weitere Indizien können sonstige Prämierungen und die Verleihung von Architekturpreisen ebenso sein wie einschlägige Veröffentlichungen und Besprechungen in Architekturzeitschriften und der baulichen Fachliteratur.

B. URHEBERRECHTE

Das Urheberrechtsgesetz stattet den Schöpfer einer urheberrechtsfähigen Planung grundsätzlich mit zwei Arten von Rechten aus. Diese werden in der urheberrechtlichen Literatur differenziert nach den persönlich-geistigen Interessen des Urhebers an dem von ihm geschaffene Werk einerseits und seinen praktisch-wirtschaftlichen Interessen andererseits.

Das Urheberrecht sichert beide Aspekte, wobei die geistigen und wirtschaftlichen Interessen durchaus zwei Seiten derselben Medaille darstellen können, wovon einige urheberrechtliche Streitfälle des Alltags auf das Schönste Zeugnis ablegen.

Sogar die Systematik des Urheberrechtsgesetzes bietet Anhaltspunkte einer Verknüpfung von geistig-persönlichen und wirtschaftlichen Interessen: Urheberpersönlichkeitsrechte stehen neben Verwertungsrechten.

C. ÄNDERUNG UND ENTSTELLUNG

Für das vorliegende urheberrechtliche Thema von zentraler Bedeutung sind aber Fragen zur Änderung eines Werkes, insbesondere auch dessen Entstellung. Dies ist vornehmlich eine persönlichkeitsrechtliche Problematik.

Zu den Urheberpersönlichkeitsrechten gehören das Veröffentlichungsrecht nach § 12 UrhG (d. h. das Recht zu bestimmen, ob und wie das Werk zuerst veröffentlicht wird), das Recht auf Anerkennung der Urheberschaft nach § 13 und schließlich das Recht nach § 14 UrhG, eine Entstellung oder eine andere Beeinträchtigung des Werkes zu verbieten, die geeignet ist, die berechtigten, geistigen oder persönlichen Interessen am Werk zu gefährden.

Neben der Problematik, ob und unter welchen Voraussetzungen ein Bauherr die vom Urheber gefertigten Pläne realisieren darf, liegt ein deutlicher Konfliktschwerpunkt häufig in der (eigenmächtigen) Änderung von Plänen[9] oder auch des bereits

---

9 Siehe: Berliner Hauptstadtbahnhof, DAB 5/2007, 52.

errichteten Werkes der Baukunst. Das Urheberrecht schützt gerade auch das Interesse des Urhebers an Bestand und Unversehrtheit (Integrität) seines Werkes.[10] Dem Urheberrecht immanent ist ein grundsätzliches Änderungsverbot.[11]

Gerade an errichteten Gebäuden lässt sich unschwer erkennen, dass ein umfassendes Änderungsverbot des Eigentümers die beiderseitigen Interessenslagen nicht angemessen berücksichtigt. So dokumentiert bereits die textliche Fassung der urheberrechtlichen Regelung über die Änderungen des Werkes die Notwendigkeit einer Interessensabwägung im Einzelfall. Denn nach dem kategorischen Änderungsverbot in § 39 Abs. 1 UrhG (welches für sich ohnehin unter dem Vorbehalt anderweitiger Vereinbarung steht) wird der Urheber in § 39 Abs. 2 nach »Treu und Glauben« zur Duldung von Änderungen verpflichtet.

I. Integritätsinteresse des Urhebers

Auch im Hinblick auf die urheberrechtliche Interessensabwägung bedarf das Verhältnis des Entstellungsverbots nach § 14 UrhG zu den Änderungsregeln nach § 39 UrhG einer Klärung. Diese ist nicht nur von akademischer Bedeutung. Während der BGH in seinen früheren Entscheidungen Änderungen nach § 39 UrhG und sonstige Beeinträchtigung nach § 14 UrhG sachlich voneinander abgrenzt,[12] wird diese Unterscheidung in der Literatur überwiegend angezweifelt.[13] Die Differenzierung des BGH danach, ob ein Eingriff in die Substanz des Werkes vorliege (§ 39 UrhG) oder eine sonstige Beeinträchtigung (§ 14 UrhG), lasse sich weder sachlich noch vom Wortlaut her begründen. Nach dieser Auffassung enthält § 14 UrhG die »Grundnorm«, wobei der Begriff der Beeinträchtigung auch die bloße Änderung erfasst. Inzwischen scheint sich der BGH dieser Auffassung der Literatur angeschlossen zu haben.[14]

Auch bei ändernden Eingriffen in ein Bauwerk selbst geht es (primär) um das Urheberpersönlichkeitsrecht, nicht um eine Frage des Nutzungsrechtes. Missverständlich ist daher § 39 Abs. 1 UrhG, welcher ein Änderungsverbot nur im Hinblick auf den Nutzungsberechtigten ausspricht. Bei der Änderung eines Bauwerkes geht es nicht um eine Frage der Nutzung. Deshalb gilt ein Änderungsverbot nicht nur für den Nutzungsberechtigten, sondern auch für den Eigentümer des Gebäudes oder jeden Dritten, welcher verändernde Eingriffe vornimmt.

Nach dem Wortlaut des § 14 UrhG umfasst die »Beeinträchtigung« auch den Extremfall einer »Entstellung«. Daher liegt es nahe, eine Interessensabwägung (Eignung, die berechtigten geistigen oder persönlichen Interessen des Urhebers am Werk zu gefährden) auch im Falle einer Entstellung vorzuschreiben. Zumindest er-

---

10 *Binder/Kosterhon* Urheberrecht für Architekten und Ingenieure, 2002, Rn. 226.
11 BGH NJW 1974, 1381.
12 BGH BauR 82, 178.
13 *Binder/Kosterhon* (Fn. 10) Rn. 233.
14 BGH BauR 1999, 272.

scheint es zweifelhaft, ob sich die Rechtsmeinung wird aufrechterhalten lassen, wonach Entstellungen eines Werkes grundsätzlich in jedem Fall unzulässig sein sollen.[15] Einzelne Gerichtsentscheidungen muten dem Urheber bereits auch eine entstellende Änderung seines Werkes in bestimmten Situationen zu.[16]

Die Entstellung oder sonstige Beeinträchtigungen eines Werkes der Baukunst setzen dabei nicht zwangsläufig voraus, dass die verändernden Maßnahmen selbst ohne (bau-)künstlerische Qualität sind. Denn das Entstellungsverbot des § 14 UrhG sanktioniert nicht die Qualitätsverschlechterung an sich, sondern die Veränderung einer ursprünglichen baukünstlerischen Konzeption.

Daher kann die Entstellung eines Werkes der Baukunst sogar durch ein weiteres urheberrechtsschutzfähiges Kunstwerk erfolgen.[17]

II. Beseitigung eines Werkes der Baukunst

Das Integritätsinteresse des Urhebers an dem von ihm geschaffenen Werk der Baukunst auf besonders intensive Weise beeinträchtigt dessen Abriss. Allerdings hat die Rechtsprechung bislang im Falle vollständiger Zerstörung oder Beseitigung eines Werkes der Baukunst dem Urheber keinen Urheberschutz zugebilligt. Die meisten Gerichte halten die Vernichtung eines Kunstwerks durch den Eigentümer nicht für eine urheberrechtliche Beeinträchtigung. In jedem Falle ist eine Interessensabwägung schwer vorstellbar, wonach einem abrisswilligen Bauherrn aufgrund des Werkschutzes des Urhebers die Beseitigung eines Bauwerks untersagt wird.

Wenn § 14 UrhG aber nur solche Beeinträchtigungen verbietet, welche die berechtigten geistigen oder persönlichen Interessen des Urhebers am Werk gefährden können, so könnte fraglich sein, ob – ähnlich der körperlichen Beseitigung durch Abriss – nicht auch die »optische« Beseitigung eines Werkes der Baukunst urheberrechtsneutral sein kann. Wird ein Werk der Baukunst, sei es durch Überbauung, Überdeckung oder Einfügung in ein neues Gebäude,[18] so verändert, dass das ursprüngliche baukünstlerische Konzept faktisch nicht mehr erkennbar ist, so wäre eine ähnliche urheberrechtliche Beurteilung wie bei der völliger Vernichtung durch Abriss denkbar.

---

15 *Neuenfeld* u. a. (Fn. 3) Rn. 88.
16 KG ZUM 1997, 208.
17 Vgl. BGH BauR 1999, 272; KG DAB 5/2004, 37 und BauR 2001, 1633.
18 Als Beispiel kann die völlige bauliche Umhüllung des Kestner-Museums in Hannover aus dem Jahre 1961 durch den Architekten Dierschke dienen. Vgl. dazu OLG München in DAB 5/2004, 38, wonach eine urheberrechtliche Beeinträchtigung ausscheiden soll, wenn das neue Werk das bisherige nicht mehr »durchscheinen« lässt.

D. INTERESSENSABWÄGUNG

Bei Beeinträchtigungen bis hin zur Entstellung des Werkes ist zwischen den Interessen des Urhebers an der unveränderten Gestalt seines Werkes und den Interessen des Eigentümers aus seinem Eigentumsrecht zu vermitteln. Die damit verbundene Interessensabwägung sieht § 14 ebenso vor wie § 39 Abs. 2 UrhG. Zur Feststellung etwaiger urheberrechtlicher Ansprüche reicht es daher nicht aus, objektiv eine Beeinträchtigung des Werkes festzustellen, welche die Interessen des Urhebers verletzt.

Im Rahmen der Interessensabwägung muss vielmehr zusätzlich festgestellt werden, dass die Interessen des Urhebers an Bestand und Integrität seines Werkes die Interessen des Eigentümers überwiegen. Dabei sind Art und Umfang des konkreten Eingriffs ebenso zu berücksichtigen wie Ausmaß und Intensität der betroffenen urheberpersönlichkeitsrechtlichen Interessen. Diese werden wiederum beeinflusst vom individuellen Schöpfungsgrad, vom Charakter und von der Zweckbestimmung des Bauwerks.[19]

Die Interessensabwägung muss sich auf den jeweils konkreten Einzelfall beziehen. Dabei kommt weder den Urheberinteressen noch den Eigentümerinteressen von vornherein ein größeres Gewicht zu. Beide Interessenslagen sollen vielmehr zu einem optimalen Ausgleich gebracht werden, wobei der urheberrechtliche Grundsatz des § 39 Abs. 2 UrhG durchaus zur Orientierung dienen kann: Zulässig sind solche Eingriffe und Veränderungen, denen der Urheber seine Einwilligung nach Treu und Glauben nicht versagen kann.

Bei der danach zu treffenden Interessensabwägung kommt aus Sicht des Eigentümers dem der Planung zugrunde liegenden Gebrauchszweck des Gebäudes zwangsläufig eine besondere Bedeutung zu. Maßnahmen zum Erhalt und zur Verbesserung des ursprünglichen Nutzungszwecks, Umbau, Erweiterung, Anbau oder Modernisierungen sind ebenso zu werten wie wirtschaftliche Aspekte und technische oder baurechtliche Gründe für beabsichtigte Eingriffe. Berechtigt ist in jedem Fall das Eigentümerinteresse, Baumängel des ursprünglichen Werkes auf angemessene Weise zu beseitigen. Gleiches kann für sich später herausstellende Nutzungsmängel gelten.

Andererseits können ausschließlich ästhetisch veranlasste Änderungen durch den Eigentümer nur selten gegen das Urheberpersönlichkeitsrecht durchgesetzt werden.[20]

Aus Sicht des Urhebers sind Art und Intensität des Eingriffs ebenso zu berücksichtigen wie die Gestaltungshöhe. Zum einen muss sich die Änderung im Wesentlichen auf das für die Gebrauchstüchtigkeit des Gebäudes erforderliche Maß beschränken. Allerdings besteht nicht in jedem Falle ein Anspruch des Urhebers, dass

---

19 *Binder/Kosterhon* (Fn. 10) Rn. 261; zuletzt auch BGH, Urt. v. 19.3.2008 – I ZR 166/05.
20 BGH GRUR 1982, 369; BauR 1999, 272.

der Eigentümer des Bauwerks eine solche Lösung realisiert, die unter allen Gesichtspunkten nur den denkbar geringsten Eingriff darstellt.[21]

Zum anderen spielt auch die Gestaltungshöhe des Werkes und der von der Veränderung oder sonstigen Beeinträchtigung betroffenen Teile eine maßgebliche Rolle.

Was die Gestaltungshöhe als Abwägungsparameter angeht, so kann dies jedenfalls dann zu möglicherweise fatalen Folgen führen, wenn insoweit auch der »Ruf des Urhebers«[22] einbezogen werden muss.

Im Falle namhafter Architekten könnte es dann leicht zur »Ehrensache« werden, bei jeglicher Veränderung an ihren Bauwerken das urheberrechtliche Instrumentarium zu erproben.

E. SONDERFALL: HINZUFÜGUNGEN

Beeinträchtigungen im Sinne des § 14 UrhG setzen nicht zwangsläufig einen Eingriff in die Substanz des vorhandenen Baukunstwerkes voraus. Urheberrechtliche Beeinträchtigungen sind vielmehr auch denkbar durch Nähe und Wechselwirkung. Danach kann sowohl durch die Hinzufügung von Bauten in ein bestehendes Ensemble von Gebäuden als auch durch das »Heranbauen« an Gebäude eine urheberrechtlich bedeutsame Beeinträchtigung gegeben sein.

a) Bereits im Jahre 1930 hat sich das Landgericht Berlin mit einer baulichen Ergänzung beschäftigen müssen. Es ging um die Aufstockung eines Hotels und einen Anbau. Das Gericht befand, dass die Aufstockung den ästhetischen Eindruck der ursprünglichen Planung so stark beeinträchtige, dass das Urheberrecht des ursprünglichen Architekten verletzt sei.[23]

b) Für die Beurteilung der urheberrechtlichen Problematik von Anbauten und Erweiterungen nach wie vor richtungweisend ist die so genannte »Schulerweiterungsentscheidung« des BGH vom 31.5.1974.[24]

Der aus einem Architektenwettbewerb hervorgegangene Schulbau musste einige Jahre nach Realisierung erweitert werden. In dem atriumartigen Innenhof des Schulbaus sollten zwei zusätzliche Bautrakte erstellt (was zu einer Verkleinerung des Innenhofes führte) sowie an einer der Außenecken ein weiterer Bautrakt angefügt werden.

Das Gericht bestätigte das grundsätzliche urheberrechtliche Änderungsverbot. Allerdings könne der Urheber sein Urheberrecht nur unbeschadet des Eigen-

21 BGH NJW 1974, 1381; anders wohl LG Hamburg BauR 1991, 645.
22 OLG Düsseldorf GRUR 1990, 189, vgl. im Hinblick auf das Ansehen des Architekten auch LG Gera BauR 1995, 866.
23 LG Berlin Ufita 4 (1931), 258, zitiert nach *Beigel* Urheberrecht des Architekten, 1984, Rn. 98.
24 NJW 1974, 1381.

tumsrechtes ausüben. Die gebotene Interessensabwägung bei einem Widerstreit zwischen den persönlichkeitsrechtlichen Belangen des Urhebers und den verwertungsrechtlichen Interessen des Nutzungsberechtigten könne je nach dem Rang des in Frage stehenden Werkes und dem vertraglich eingeräumten Verwertungszweck zu einem engeren oder weiteren Freiheitsraum des Nutzungsberechtigten bei Werkänderungen führen. Insbesondere sei auf das Interesse des Eigentümers an einer bestimmungsgemäßen Verwendung des Bauwerks – auch bei sich verändernden Bedürfnissen – Rücksicht zu nehmen. Daher gelangte das Gericht nicht zur Feststellung einer Urheberrechtsverletzung. Nach Auffassung der Richter handelte es sich bei der Anordnung der Baukörper um eine durchaus gebräuchliche Bauweise, die nicht eine besondere eigenschöpferische Idee des Urhebers verkörpere. In der geplanten Verkleinerung des Innenhofes liege kein Eingriff in den Gesamtcharakter des Bauwerkes, im Übrigen bleibe der atriumartige Bau in seiner Konzeption erhalten. Da sich die künstlerische Ausgestaltung des Urhebers eher auf gestalterische Details beziehe, werde die künstlerische Substanz seiner Planung nicht wesentlich in Mitleidenschaft gezogen. Wegen der geringen künstlerischen Gestaltungshöhe, die sich insbesondere auf die Fassadengliederung beschränke, seien Änderungen der geplanten Art für den künstlerischen Gesamteindruck nur von geringem Gewicht. Demgegenüber stehe die dem Urheber bekannte Zweckbestimmung des Gebäudes für eine ständige Benutzung als Schulgebäude, das den wechselnden Bedürfnissen genüge und gegebenenfalls angepasst werden müsse, auch wenn nicht jede zweckbedingte Notwendigkeit automatisch zu einem Übergewicht der Eigentümerinteressen führe.

c) Nahezu ein Vierteljahrhundert nach dieser Entscheidung musste sich der BGH mit einer neuen Fallkonstellation befassen, nämlich der ästhetischen »Aufrüstung« eines Treppenhauses durch eine treppenhaushohe, raumgreifende Skulptur.[25] Das Gebäude war ebenfalls als preisgekrönter Entwurf eines Architektenwettbewerbs realisiert worden. Dabei war das Treppenhaus mit in den Boden eingelassener Rosette und darüber befindlichem Glaskuppelbau auf besondere Weise gestaltet. Die später eingebaute Gips-Skulptur, so befand das Gericht, sei zwar ein neues Kunstwerk. Gleichwohl entstelle sie das bereits vom Architekten baukünstlerisch gestaltete Treppenhaus.

Das Gericht hat nach Einholung eines Sachverständigengutachtens die Innengestaltung des Treppenhauses für sich als Werk der Baukunst angesehen. Die Umgestaltung des Treppenhauses durch Einfügung von »Zutaten« war eine Änderung, welche die Rechte des Urhebers verletzte.

Der Urheber habe grundsätzlich ein Recht darauf, dass das von ihm geschaffene Werk, in dem seine individuelle künstlerische Schöpferkraft ihren Ausdruck gefunden hat, der Mit- und Nachwelt in seiner unveränderten individuellen Gestaltung zugänglich bleibt. Der Konflikt aus dem Zusammentreffen der Urheber-

---

25 BauR 1999, 272.

und der Eigentümerbelange könne nur durch eine Abwägung der jeweils betroffenen Interessen gelöst werden. Dass die Einbringung eines neuen Kunstwerkes in das urheberrechtlich geschützte Gebäude hinein zu einer nicht hinzunehmenden Entstellung führte, wird unter anderem damit begründet, dass die Eigentümerin für die Umgestaltung des Treppenhauses ausschließlich ästhetische Gründe angegeben habe. Solche Interessen können aber bauliche Veränderungen der vorgenommen Art nicht rechtfertigen. Selbst wenn man zu der Ansicht gelangte, die Einbringung des Kunstwerkes stelle insgesamt eine künstlerische Verbesserung dar, komme es darauf letztlich nicht an. Denn der Schutz des Urhebers durch das urheberrechtliche Änderungsverbot richte sich nicht nur gegen künstlerische Verschlechterung, sondern auch gegen andere Verfälschungen der Wesenszüge des Werkes, wie es anderen dargeboten wird. Daraus lasse sich auch ein Anspruch gegen ein neues, urheberrechtlich schutzfähiges Werk ableiten.

d) Mit der »Einbringung eines Kunstwerkes«, d.h. einem urheberrechtlichen Eingriff durch Hinzufügung, hatte sich auch das Kammergericht in seiner Entscheidung vom 9.2.2001[26] zu befassen.

Die Besonderheit des Falles lag darin, dass eine kunstvoll gestaltete Gartenanlage Objekt des urheberrechtlichen Schutzes war. Die Bauherrin beabsichtigte, eine überdimensionierte ca. 35 Tonnen schwere Stahlskulptur eines Künstlers in die filigran konzipierte Gartenanlage hineinzustellen.

Das Gericht bestätigte der Landschaftsarchitektin die grundsätzliche Urheberrechtsfähigkeit ihrer Gartenanlage. Dass dieses Werk auch aus organischen Stoffen bestehe, sei urheberrechtlich ohne Bedeutung. Werke der bildenden Kunst könnten anerkannter Maßen grundsätzlich auch aus organischen Stoffen bestehen, auf ihre Vergänglichkeit komme es insofern nicht an. Angesichts von kunstvoll angelegten Gartenanlagen in aller Welt, so das Gericht, könne es keinem Zweifel unterliegen, dass Gartengestaltungen grundsätzlich schutzfähig sind. Abgesehen von diesem argumentativen Zirkelschluss begründete das Gericht mit großer Präzision im Einzelnen den schöpferischen Eigentümlichkeitsgrad und die Individualität der Gartengestaltung, welche künstlerischen Anspruch erheben könne.

Nach Auffassung des Gerichts wurde das – auch aus der Auseinandersetzung mit der Geschichte erarbeitete – gestalterische Konzept in seiner künstlerischen Aussage schwerwiegend gestört durch die Ausmaße der Skulptur: Sie füllte den Innenhof der Länge nach fast vollständig aus und reichte der Höhe nach bis mindestens zum 3. Stock des Gebäudes. So wäre die Wahrnehmbarkeit der landschaftsarchitektonischen Gestaltung, bzw. die möglichst unverstellte Sicht darauf von der Skulptur verhindert worden.

e) Auch bei der letzten Entscheidung ging es um die Hinzufügung eines Baukörpers in eine Schulanlage. Nach Auffassung des Landgerichts München I in sei-

---

26 BauR 2001, 1633 und DAB 5/2004, 37.

nem Urteil vom 14.9.2006[27] verstößt die Ergänzung eines kleinteiligen Schulzentrums von hoher Qualität durch einen völlig anders konzipierten Bau gegen das Entstellungsverbot des § 14 UrhG. Sie ist weder durch unbestreitbare Erweiterungsnotwendigkeiten, noch durch eine hohe architektonische Qualität des Ergänzungsbaus gerechtfertigt. Ausgangspunkt ist wiederum ein Wettbewerbsergebnis, bestehend aus mehreren Gebäuden auf einem durchgestalteten Gelände. Bei dem Gebäudekomplex handelt es sich nach Auffassung des Gerichts um ein Werk der Baukunst. Trotz des Gebrauchszwecks sei die Gestaltung durch das Umfeld allenfalls in geringem Maße vorgegeben gewesen. Durch die ihn prägenden gestalterischen Merkmale erhalte der Komplex eine große Individualität, z. B. auch durch die Aufteilung in einzelne, detailreiche kleinere Gebäude, die Verwendung rechtwinkliger und nicht rechtwinkliger Formen, unterschiedlicher Farben für die einzelnen Gebäude bei gleichzeitiger Wiederkehr bestimmter Gestaltungselemente von Holzfassaden und Säulen.

Das Gericht bezieht sich ausdrücklich auf die Entscheidung zur Schulerweiterung des BGH aus dem Jahre 1974 (s. o.) und trifft eine einzelfallbezogene Interessensabwägung ohne von vornherein feststehendes Rangverhältnis zwischen Urheber- und Eigentümerinteressen. Ausführlich setzt sich das Gericht mit den beiden Interessenslagen und den beabsichtigten Änderungen sowie dessen Auswirkungen auf die bestehende Gestaltung auseinander und gelangt schließlich zu dem Ergebnis, die Schulanlage werde durch den beabsichtigten, in den Bestand hineinzusetzenden Ergänzungsbau i. S. d. § 14 UrhG entstellt.

Das OLG München hat allerdings in der zweiten Instanz mit einer knapp einseitigen Urteilsbegründung dargestellt, dass nach seiner Auffassung die Schulanlage durch den geplanten Erweiterungsbau nicht in gravierender Weise beeinträchtigt werde.[28]

Dazu lässt sich aus der ersten Schulerweiterungs-Entscheidung des BGH zitieren:

> »Es kann aus Rechtsgründen nicht beanstandet werden, dass sich das Berufungsgericht für diese Tatsachenwürdigung auf seinen eigenen Eindruck verlassen und keinen Sachverständigen hinzugezogen hat, da es nicht auf die ästhetischen Feinheiten, die ein auf dem Fachgebiet arbeitender Fachmann herausfühlt, ankommt, sondern auf den ästhetischen Eindruck, den das Werk nach dem Durchschnittsurteil des für Kunst empfänglichen und mit Kunstdingen eigenermaßen vertrauten Menschen vermittelt«.[29]

27 NZBau 2007, 49.
28 IBR 2008, 97.
29 NJW 1974, 1382.

F. VERTRAGSGESTALTUNG

Die Versuche von Auftraggebern, den urheberrechtlichen Interessensausgleich kautelar zu ihren Gunsten zu beeinflussen, enden häufig an den wesentlichen Grundgedanken des Urheberrechts (früher: § 9 AGBG, jetzt: § 307 BGB). So wurde unlängst die Vertragsklausel eines vom Auftraggeber gestellten Architektenvertrages

> »Der Auftraggeber darf die Unterlage für die im Vertrag genannte Baumaßnahme ohne Mitwirkung des Auftragnehmers nutzen und ändern; dasselbe gilt auch für das ausgeführte Werk. Der Auftraggeber wird den Auftragnehmer vor wesentlichen Änderungen eines nach dem Urheberrecht geschützten Werkes – soweit zumutbar – anhören, ohne dass sich hieraus ein Mitwirkungsrecht ergibt.«

wegen Verstoßes gegen § 9 Abs. 2 Nr. 1 AGB für unwirksam erklärt.[30] Nach dem gesetzlichen Leitbild, konkretisiert in § 14 Abs. 1 UrhG (Entstellungsverbot), § 39, 62 UrhG (Änderungsverbot), habe der Urheber eines Werkes im Grundsatz Anspruch darauf, dass das von ihm geschaffene Werk der Mit- und Nachwelt in seiner unveränderten individuellen Gestaltung zugänglich gemacht wird und bleibt. Zwar könne der Urheber dem Nutzungsberechtigten gemäß § 39 Abs. 1 UrhG vertraglich eine Änderungsbefugnis einräumen und müsse auch gemäß § 39 Abs. 2 UrhG nach Treu und Glauben gewisse erforderliche Änderungen ohne seine Zustimmung dulden. Jedoch der Kern des urheberrechtlichen Persönlichkeitsschutzes sei »unantastbar« und einer pauschalen Zustimmung im Voraus nicht zugänglich.

Verfasser von allgemeinen Geschäftsbedingungen zum Urheberrecht sind damit gut beraten, die wesentlichen Grundgedanken des Urheberrechts zur Entstellung und Veränderung zu berücksichtigen.

G. FAZIT FÜR ALLE BEABSICHTIGTEN BAULICHEN ERGÄNZUNGEN UND HINZUFÜGUNGEN AN WERKEN DER BAUKUNST: LOOK!

---

30 LG Hannover vom 3.7.2007 – 18 O 384/05 – IBR 2007, 620 mit Anmerkung *Schwenker*.

Gebrauchsgegenstände – Nachahmungen – Urheberrecht

PETER STRÖBEL

Die Gegenstände des täglichen Lebens, die wir im Haushalt benützen, sind selten Gegenstand von rechtlichen Auseinandersetzungen. Sie können es aber durchaus sein bei der Produktion, beim Verkauf oder bei Vorhandensein von Mängeln. Für den anspruchsvollen Juristen sind dies allerdings Fälle von untergeordneter Bedeutung. Interessant wird es erst, wenn die Gebrauchsgegenstände ganz besondere Eigenschaften haben, die sie von anderen vergleichbaren Gegenständen unterscheiden und die in besonderen Fällen einen rechtlichen Schutz genießen oder zumindest einen solchen Schutz beanspruchen. Damit setzt sich der nachfolgende Beitrag in dieser Festschrift ein wenig auseinander.

A.

Im vergangenen Jahrhundert wurde damit begonnen, unsere Umwelt und die in dieser Umwelt benutzten Gegenstände sehr viel genauer zu betrachten und sie auch nach ganz bestimmten Kriterien zu verändern. Institutionen wie der Deutsche Werkbund, das Bauhaus in Weimar und Dessau u. a. haben sich sehr professionell damit auseinandergesetzt und wesentlich dazu beigetragen, dass Gegenstände wie Besteck, Geschirr, Vasen, Lampen, Möbel u.v.a. nicht nur für einzelne Exemplare, sondern für die Massenproduktion neu gestaltet werden. Die Formgestaltung in der Industrie war der Anfang dessen, was sich heute unter der Fachbezeichnung Design wiederfindet. Das Design hat eine große Verbreitung und Vertiefung gefunden. Es wurde ein eigener Berufszweig, für den es spezielle Ausbildungsstätten gibt. Ziel des Designs ist, einen bestimmten Gegenstand nach technischer Funktion, Material, Form, Farbe, eventuell Mode und ästhetischen Kriterien zu gestalten. Die Anforderungsprofile der Technik und der Ästhetik haben den gleichen Rang. So wird ein einfacher Löffel ebenso nach diesen Kriterien entworfen wie ein Stuhl, eine Kücheneinrichtung oder ein Personenkraftwagen. Die Bedeutung des Designs nimmt von Jahrzehnt zu Jahrzehnt zu.

Es ist naheliegend, dass diese Form der modernen industriellen Massenproduktion im Vorlauf einen hohen Aufwand verursacht. Es werden zahlreiche Entwürfe gefertigt, zunächst zeichnerisch und dann als Modelle. Es muss ein Entscheidungsprozess stattfinden, welches Modell letztendlich in die Produktion gehen soll. Für diese Produktion müssen Werkstücke gefertigt werden, die mit größter Genauigkeit den geforderten Gegenstand produzieren können.

Für diese gestalteten Produkte ist auch die Qualität des Materials von wesentlicher Bedeutung. In der Regel wird es sich um ein ganz besonderes Material handeln, dessen Qualität die Besonderheit des Endproduktes erst ausmacht. Diese Materialien, sei es Holz oder Stahl oder Glas o.a., sind in aller Regel teuer. Der finanzielle Aufwand besteht also nicht nur in der Vorbereitung der Entwürfe, sondern auch in der Produktion selbst.

Zwangsläufig führt dies dazu, dass das fertige Massenprodukt auch einen relativ hohen Preis hat. Allerdings kann der Preis dann, wenn eine große Menge hergestellt wird, in Grenzen gehalten werden. Dennoch sind kalkulatorisch die Preise höher als bei vergleichbaren Gegenständen, die nicht dieser Formgestaltung unterliegen. Dies hat zur Folge, dass auch die Vermarktung der formgestalteten Gebrauchsgegenstände einer größeren Anstrengung bei Werbung und Verkauf bedarf. Dem Verbraucher muss der materielle und der ideelle Vorteil des formgestalteten Gebrauchsgegenstands erst nahegebracht werden. Der Verbraucher muss auch bereit sein, einen höheren Preis dafür zu bezahlen, dass er sich mit einem guten Design umgibt.

B.

Es ist naheliegend, dass bei zunehmender Akzeptanz formgestalteter Produkte auf Herstellerseite ein Nachahmereffekt eintritt. Dies hat vor vielen Jahren in Japan begonnen und wird vor allem sehr intensiv in China betrieben. In gleicher Weise findet dies aber auch in Deutschland und in anderen europäischen Ländern statt. Der Nachahmer hat wirtschaftlich den großen Vorteil, dass die gesamten Vorlaufkosten und die Kosten für Marketing weitgehend entfallen, so dass er das Produkt sehr viel billiger auf den Markt bringen kann. Er hat sich damit einen Wettbewerbsvorteil verschafft.

Die Bekämpfung dieser Nachahmer ist aus rechtlichen Gründen äußerst schwierig. In der großen Mehrzahl der Fälle gibt es überhaupt kein rechtliches Instrument, um den Nachahmer vom Markt fernzuhalten. Es müssen höhere Anforderungen an das einzelne Produkt gestellt werden, um überhaupt einen rechtlichen Ansatz für Abwehransprüche zu finden.

Die erste Stufe ist die sklavische Nachahmung, die auf der Grundlage von § 1 UWG bekämpft werden konnte, nach neuem Recht § 4 Nr. 9 UWG. Die Nachahmung einer fremden Leistung kann nur unter besonderen, die Wettbewerbswidrigkeit begründenden Umständen wettbewerbswidrig sein. Die sklavische Nachahmung trifft erst zu, wenn ein Gesamterzeugnis in allen oder wenigstens seinen wesentlichen Teilen maßstabgetreu nachgebildet wird und zwar bei Arbeitsergebnissen, an denen ein geistiges oder gewerbliches Ausschlussrecht besteht.[1] Die Nachahmung nicht besonders geschützter Gegenstände ist immer erlaubt.

---

1 Baumbach/Hefermehl/*Köhler* UWG, 23. Aufl. 2008, § 1 UWG Rn. 440 und 441.

Die nächste Stufe ist das Geschmacksmusterrecht. Nach § 5 GeschmG ist ein Muster offenbart, wenn es bekannt gemacht, ausgestellt, im Verkehr verwendet oder auf sonstige Weise der Öffentlichkeit zugänglich gemacht wurde. Diese Bestimmung hat das sehr schwache Geschmacksmusterrecht zwar verbessert, aber infolge der stark formalisierten Eintragungsvorschriften nicht entscheidend gestärkt.

Es verbleibt die letzte und entscheidende Stufe, nämlich das Urheberrecht, welches nur in ganz seltenen Fällen auf Gegenstände des täglichen Lebens anzuwenden ist. Zu den geschützten Werken der Kunst gehören nach § 2 Abs. 1 Nr. 4 auch Werke der angewandten Kunst und Entwürfe solcher Werke. Es muss sich aber um ein eigenschöpferisches Werk der Kunst handeln. Somit liegt der Maßstab der Bewertung sehr hoch.

C.

Die ganze Problematik zeigt sich in folgender Einrichtung:

Im Jahre 1977 entdeckte der Designer *Rido Busse* auf einer Messe am Stand eines Herstellers aus Hongkong ein exaktes Plagiat der von ihm entworfenen Waage der Firma Soehnle-Waagen mit deutlich schlechterer Qualität und einem Sechstel des Originalpreises. *Busse* hat daraufhin einen Preis mit dem Namen »Plagiarius« ausgelobt, der jährlich auf der Frankfurter Messe »Ambiente« im Rahmen einer Pressekonferenz an die dreistesten Plagiatoren verliehen wird. Symbol ist ein schwarzer Zwerg mit einer goldenen Nase, nämlich die goldene Nase, die sich die Plagiatoren verdienen. Der Preis und seine Veröffentlichung sollen dazu dienen, die Öffentlichkeit und vor allem die Wirtschaft auf die negativen volkswirtschaftlichen Auswirkungen von Plagiaten und Fälschungen hinzuweisen. Die Plagiatoren haben nur das Ziel, Profit auf Kosten anderer zu machen. Sie kopieren erfolgreiche Produkte, für die bereits eine Nachfrage besteht und sparen somit die Kosten für Forschung und Entwicklung sowie fürs Marketing. Häufig verwenden sie billige Materialien, so dass die Qualität deutlich schlechter ausfällt und der Käufer nicht lange Freude am vermeintlichen Schnäppchen hat. Je nach Produkt kann die schlechte Qualität sogar lebensbedrohliche Auswirkungen haben.

Technologischer Fortschritt und wachsendes Know-how der Plagiatoren führen dazu, dass Nachahmungen immer besser und schneller hergestellt und vertrieben werden können. Sie erzeugen aber einen volkswirtschaftlichen Schaden von vielen Milliarden Euro allein in Deutschland und unter Umständen auch einen Verlust von zahlreichen Arbeitsplätzen. Die Bundesministerin der Justiz, Frau *Zypries*, hat am 9.2.2008 wieder einen Plagiarius in einer Pressekonferenz auf der Frankfurter Messe »Ambiente« verliehen. Es gibt außerdem schon mit den entsprechenden Produkten, die nachgeahmt und in den letzten 30 Jahren in diesem Sinne ausgezeichnet wurden, ein Museum in Solingen.

D.

Um diesen Schwierigkeiten der Nachahmung und deren wirtschaftlichen Folgen wirksam begegnen zu können, muss für einzelne Gebrauchsgegenstände ein Schutz nach dem Urhebergesetz erreicht werden. Dies ist dem Autor dieses Beitrags als Testamentsvollstrecker von Prof. *Wilhelm Wagenfeld* mit der berühmten Bauhaus-Leuchte gelungen.

Wilhelm Wagenfeld war zu seiner Studienzeit 1923/24 am Bauhaus in Weimar und hat dort eine Tischlampe entworfen, die heute in der einschlägigen Designliteratur als Wagenfeld-Lampe oder Bauhaus-Leuchte bekannt ist. Die Bauhaus-Leuchte hat zwei Versionen, nämlich entweder mit Metallfuß oder mit Glasfuß. Die pilzförmig gestaltete Tischlampe ist rotationssymmetrisch und besteht aus den drei Gestaltungsabschnitten Kopfteil, Mittelteil und Sockel. Der Kopfteil wird von einem unten abgeschnittenen Kugelsegment gebildet, das größer ist als eine Halbkugel, das aus undurchsichtigem aber lichtdurchlässigem Glas besteht und das mit seinem Schnittrand auf einem umlaufenden metallisch glänzenden Band aufliegt. Das Mittelstück besteht aus einer zentrisch angebrachten Säule aus Glasmaterial mit innen zentrisch verlaufendem Metallstab, wobei die Säulenenden oben und unten mit metallisch glänzenden Säulenfassungen versehen sind, alternativ besteht das Mittelstück aus einer zentrisch angebrachten Säule aus Metall, an deren oberen Ende sich die metallische Lampenfassung befindet. Der Sockel besteht aus einer Scheibe aus Glas oder Metall, deren Durchmesser in etwa dem Durchmesser des Kugelsegments des Kopfteils entspricht. Auf der Unterseite der Metallscheiben befinden sich mehrere Standfüße. Der Schalter ist ein Zugschalter mit einem Bändchen, der in geringem Abstand unterhalb des Kopfteils aus der Säule austritt. Das elektrische Zuführkabel tritt unter der als Sockel dienenden Metallscheibe in die Säule ein.

Mit dieser Lampe haben sich die Gerichte in den letzten 15 Jahren intensiv befasst, wobei es jeweils um die Frage ging, ob dieser Gebrauchsgegenstand urheberrechtlich geschützt ist.

Das OLG Düsseldorf hat als erstes 1992 entschieden, dass *Wagenfeld* Urheber dieser Leuchte sei, weil sie als Werk der angewandten Kunst eine persönliche geistige Schöpfung im Sinne des § 2 Abs. 1 Nr. 4 und Abs. 2 UrhG darstellt.[2] In dem Verfahren beim OLG Düsseldorf blieb allerdings die Frage offen, ob *Wilhelm Wagenfeld* der Alleinurheber ist, weil zur gleichen Zeit im Bauhaus ein anderer Formgestalter namens *Jucker* auch eine Glasleuchte ähnlicher Art und Größe entworfen hat.

Diese Unsicherheit wurde durch ein Urteil des OLG Hamburg im Jahre 1999 beseitigt. Das Urteil zur Bauhaus-Glasleuchte lautet: Urheber der Bauhaus-Glasleuchte, charakterisiert vor allem durch eine runde gläserne Fußplatte, einen gläsernen Schaft, in dessen Innerem ein Metallrohr die elektrische Schnur verbirgt

---

2 GRUR 1993, 903 (Bauhaus-Leuchte).

und einen weißen, fast halbkugelförmigen Glasschirm, der die Birne als Lichtquelle verbirgt, ist im Rechtssinne allein *Wilhelm Wagenfeld*, UrhG §§ 2, 3, 8, 23, 24.[3]

Die alternative Version der Metallleuchte hat *Wagenfeld* unbestritten im Bauhaus im Jahre 1924 allein entwickelt, so dass auch für diese Version sein Alleinurheberrecht feststeht.

In dem Urteil des OLG Hamburg wird eine Autorin *Magdalena Droste* zitiert, die folgendes geschrieben hat:

»... Die Proportionen dieser Bauhaus-Leuchte sind offenbar so sehr dem idealen Urbild einer Tischleuchte nahe, dass sie seit gut einem Jahrhundert die Käufer anspricht. Der Leuchtschirm selbst ist transparent: Er umschließt das Leuchtmittel, leuchtet aber auch selbst. Die Folge ist milchig-weißes Licht, das zwar hell ist, aber nicht aggressiv... Sie gibt Licht – zum arbeiten oder wohnen -, ohne ihre Nutzer ins Schlaglicht zu rücken. Der moderate halbkugelförmige Milchglasschirm ist zudem ein Formsymbol, das archetypisch an den sanften Schein des Mondes erinnert: Technischer Anspruch und präzise Formgebung überblenden sich so in der Wahrnehmung mit poetisch-literarischen Ambitionen.«

Das OLG Hamburg führt weiter aus, dass *Wagenfeld* nicht nur versucht, die auf das Funktionelle reduzierte Quelle elektrischen Lichts zu gestalten, ihm gelingt es ohne überflüssigen Ballast und durchaus strenger Beschränkung durch Rückgriff auf Altes, ohne den Ehrgeiz noch einmal alles neu erfinden zu müssen, der Lichtquelle darüber hinaus Form zu geben und zu einer Gesamtgestalt zu integrieren.[4]

E.

Diese Bauhaus-Leuchte wird in Lizenz von einer Bremer Firma in beiden Versionen hergestellt und weltweit vertrieben. Die Bauhaus-Leuchte steht nicht nur in vielen Wohnungen und Büroräumen, sondern auch in den großen Museen dieser Welt ebenso in New York wie in München. Sie ist nur ein ganz normaler Gebrauchsgegenstand, der aber zu einem Kunstwerk geworden ist.

Dieses Kunstwerk wird vielfach, vor allem von italienischen Firmen, nachgeahmt. Die nachgebauten Lampen werden immer wieder auf dem Markt angeboten, nicht nur in Ladengeschäften, sondern auch über das Internet. Dies hat zur einer weiteren Schwierigkeit geführt, nämlich ob dem ausländischen Hersteller verboten werden kann, auf einer deutschsprachigen Internetseite sowie in deutschen Printmedien anzubieten, die Leuchten durch Übereignung im Ausland zu erwerben. Die Kunden können dann die Ware selbst am Sitz der ausländischen Hersteller abholen oder mit dem Transport nach Deutschland einen Transporteur beauftragen.

---

3 OLG Hamburg, 3 U 169/98, GRUR 1999, 714.
4 GRUR 1999, 714 (716).

Ob dies für die nachgeahmten Leuchten in Deutschland zulässig ist, hat den Bundesgerichtshof beschäftigt. Der BGH hat am 15.2.2007 entschieden, dass der ausländische Hersteller es zu unterlassen hat, Tischleuchten mit den entsprechenden Merkmalen in Deutschland anzubieten.[5] Der BGH hat sich noch einmal sowohl mit der Metalllampe, wie mit der Glaslampe befasst und ihr den urheberrechtlichen Schutz auch insoweit zuerkannt, als nachgeahmte Leuchten in deutschen Zeitschriften oder in einem Internetauftritt in deutscher Sprache angeboten werden. Der BGH hat dies auch im Rahmen einer richtlinienkonformen Auslegung europarechtlich geprüft und bestätigt. Der BGH hat entschieden, dass das Anbieten im Sinne von § 17 Abs. 1 UrhG im wirtschaftlichen Sinne zu verstehen ist. Deshalb stellen auch Werbemaßnahmen, bei denen zum Erwerb der beworbenen Vervielfältigungsstücke eines Werks aufgefordert wird, ein Angebot an die Öffentlichkeit im Sinne von § 17 dar. Dies gilt auch, wenn im Inland zum Erwerb im Ausland aufgefordert wird.

F.

Dieses Beispiel zeigt, dass letztendlich nur das Urheberrecht einen allseits wirksamen Schutz für den Urheber und Lizenzgeber wie für den Hersteller und Lizenznehmer gewährt. Es wäre deshalb wünschenswert, wenn noch viel mehr Gebrauchsgegenstände des täglichen Lebens diesen rechtlichen Schutz erhalten könnten. Mit Sicherheit gibt es einzelne Gegenstände, die die Kriterien von § 2 Abs. 1 Nr. 4 UrhG erfüllen und damit als Kunstwerke anerkannt werden können. Gestalter und Hersteller sollten sich deshalb mehr als in der Vergangenheit darum bemühen, durch gerichtliche Entscheidungen diesen Schutz zu erhalten. Es ist der sicherste Weg, großen wirtschaftlichen Schaden zu verhüten. Für die Juristen ist es reizvoll, sich an der Schnittstelle zwischen Kunst und Recht zu bewegen.

---

5 BGH I, ZR 114/04.

Der Kunstverein Celle und die Künstlersozialkasse

– Anatomie eines verlorenen Prozesses –

KLAUS WILDE

Verlorene Prozesse gehören zum Berufsleben eines Rechtsanwalts. Manche bleiben wegen ihres singulären Gegenstandes und eines unerwartet enttäuschenden Ergebnisses für immer im Gedächtnis. Von einem solchen Prozess soll die Rede sein. *Ulrich Scharf*[1] führte ihn für den Kunstverein Celle e.V. (KVC) uneigennützig und mit langem Atem von August 1995 bis Dezember 2002 durch drei Instanzen der Sozialgerichtsbarkeit bis hin zum Nichtannahmebeschluss des Bundesverfassungsgerichts (BVerfG).[2] Gestritten wurde auf dem – spezifisch deutschen – Terrain der Künstlersozialversicherung,[3] und zwar darüber, ob der KVC ein abgabepflichtiger Unternehmer im Sinne des § 24 Künstlersozialversicherungsgesetz (KSVG) ist.

Das für den KVC negative Prozessergebnis – die Bejahung der Abgabepflicht durch das Bundessozialgericht (BSG) – hat als Mosaikstein der Kommentarliteratur überlebt – ein schwacher Trost.[4] Darüber hinaus ist eine kritische Nachzeichnung des Prozesses durchaus mit einem Erkenntnisgewinn verbunden. Er betrifft die komplizierte Struktur des Kataloges der abgabepflichtigen Unternehmer (§ 24 KSVG) und die Grenzlinie, bis zu der nach den Vorgaben des BVerfG die Heranziehung Dritter zur fremdnützigen Finanzierung der Künstlersozialversicherung zulässig ist.

A. DIE TATSÄCHLICHE AUSGANGSLAGE

Der 1965 gegründete KVC gehört zu den gegenwärtig mehr als 200 deutschen Kunstvereinen. Deren Tradition reicht tief ins 19. Jahrhundert zurück. Als »jahrhunderttypische Neubildung« *(Thomas Nipperdey)* waren sie Hervorbringungen eines selbstbewussten Bürgertums und trugen dazu bei, die Kunst aus ihrer Einbin-

---

1 Er gehörte von 1973 bis 1993 dem Vorstand des KVC an, zuletzt als dessen 1. Vorsitzender.
2 Beschl. vom 12.12.2002, 1 BvR 2148/00. Der Verwerfungsbeschl. ist nicht begründet (s. § 93d Abs. 1 S. 3 BVerfGG).
3 Durch das KSVG vom 27.7.1981 (BGBl. I S. 705) werden die – als ökonomisch schwach angesehenen – Berufsgruppen der selbständigen Künstler und Publizisten in der allgemeinen Rentenversicherung, in der Krankenversicherung und in der sozialen Pflegeversicherung versichert.
4 *Finke/Brachmann/Nordhausen* Künstlersozialversicherungsgesetz, 3. Aufl. 2004, § 24 Rn. 110 und 130.

dung in Hof, ständische Welt und Kirche zu lösen. Als Bildungsvermittler zwischen Künstler und Bürger bieten sie gegenwärtig vor allem ein im internationalen Vergleich einzigartiges Ausstellungsnetzwerk für zeitgenössische Kunst. Ihre Aktivitäten liegen zwar im öffentlichen Interesse, entfalten sich aber frei von staatlicher Einflussnahme und grundsätzlich außerhalb des kommerziellen Kunstmarktes.

Der KVC verkörpert geradezu idealtypisch das skizzierte bürgerschaftliche Engagement. Ohne Büro und ohne eigene Ausstellungsräume lebt er ausschließlich von der Mitarbeit einiger der ca. 120 Mitglieder. Schwerpunkt der Arbeit ist die Organisation von jährlich zwei Ausstellungen mit moderner zeitgenössischer Kunst junger Künstler in der von der Stadt zur Verfügung gestellten »Gotischen Halle« des Celler Schlosses.

Zur Zeit des Prozesses ergab sich darüber hinaus folgende Situation: Der KVC verfügte über ein jährliches Beitragsaufkommen von ca. DM 3000,– und erhielt von der Stadt Celle einen jährlichen Zuschuss von ca. DM 5000,–. Im Rahmen der Ausstellungen fand kein Verkauf der ausgestellten Exponate statt. Auch kaufte der KVC selbst keine Werke ausstellender Künstler. Den ausstellenden Künstlern wurden nur Auslagen erstattet. Wie bei den meisten Kunstvereinen war der Eintritt zu den Ausstellungen frei.

Mit dem Erfassungsbescheid vom 19.9.1994 stellte die Künstlersozialkasse fest, dass der KVC seit dem 1.1.1983 der Künstlersozialabgabepflicht unterliege, weil er als Unternehmer eine Galerie (§ 24 Abs. 1 S. 1 Nr. 6 KSVG) betreibe. Der hiergegen gerichtete Widerspruch blieb erfolglos. Nach Vorlage von Abrechnungen setzte die Künstlersozialkasse die Künstlersozialabgabe auf DM 1786,56 fest und legte als Bemessungsgrundlage den den Künstlern geleisteten Aufwendungsersatz (Druckkosten für Plakate, Transport-, Fahr- und Telefonkosten) zugrunde (Bescheid vom 21.2.1995). Der dagegen gerichtete Widerspruch blieb ebenfalls erfolglos (Widerspruchsbescheid vom 19.7.1995). Der Entschluss, gegen die Bescheide zu klagen, war schnell gefasst. Nach seinem Selbstverständnis war der KVC keine Galerie i.S.v. § 24 Abs. 1 S. 1 Nr. 6 KSVG.

B. DIE RECHTLICHE AUSGANGSLAGE

Das Gesetz konstruiert die Künstlersozialabgabe zweistufig. Danach ist die Zugehörigkeit zum abgabepflichtigen Personenkreis (§ 24 KSVG) – Abgabepflicht dem Grunde nach – von der konkreten Abgabepflicht zu unterscheiden, die durch die Entgeltzahlung an die Künstler (§ 25 KSVG) ausgelöst wird. Deshalb erteilt die Künstlersozialkasse mit feststellendem Verwaltungsakt einen sogenannten Erfassungsbescheid (1. Stufe) und – gegebenenfalls – einen Bescheid über die konkrete Beitragspflicht (2. Stufe).[5] Von Interesse ist im vorliegenden Fall nur die Abgabe-

---

5 BSGE 64, 221; 69, 259; *Sölter* BB 1990, Beilage 22 S. 1 (3).

pflicht dem Grunde nach, also die Zugehörigkeit zum Kreis der abgabepflichtigen Unternehmer.

I. »Erster Blick« ins Gesetz (§ 24 KSVG)

Schon der »erste Blick« ins Gesetz sprach für einen Prozesserfolg des KVC. Der Katalog der abgabepflichtigen Unternehmer in § 24 KSVG bezeichnet die typischen Vermarkter von Kunst und Publizistik, und zwar in der Sparte der bildenden Kunst die »Galerien« und den »Kunsthandel« sowie die »Museen« (§ 24 Abs. 1 S. 1 Nr. 6 und 8 KSVG). Die Kunstvereine hingegen werden in dem als abschließende Regelung konzipierten Katalog nicht genannt, obwohl sie neben den Kunstmuseen und Galerien als »dritte Säule« des Kunstbetriebs präsent sind. Denkbar war die Betätigung eines Kunstvereins als Galerie oder Kunsthandel nur dann, wenn er sich –anders als der KVC – am Handel mit den Kunstwerken beteiligte (C. II.).[6]

Weitere Erfassungstatbestände schienen von vornherein auszuscheiden: § 24 Abs. 2 KSVG (Auftragserteilung an selbständige Künstler in der Absicht, aus der Nutzung Einnahmen zu erzielen) war ersichtlich nicht auf die Kunstvereine zugeschnitten. Das galt auch für die generalklauselartige Ergänzung des § 24 Abs. 1 S. 1 Nr. 3 KSVG. Diese Katalognummer erfasst Theater-, Konzert- und Gastspieldirektionen, denen mit Wirkung zum 1.1.1989 »sonstige Unternehmen« zugefügt wurden, »deren wesentlicher Zweck darauf gerichtet ist, für die Aufführung oder Darbietung künstlerischer oder publizistischer Werke zu sorgen«. Allerdings sollte das BSG diese sogenannte »kleine Generalklausel« als Rechtsgrundlage für die Abgabepflicht des KVC ansehen (C. III.).

II. Bisherige Rechtsprechung des Bundessozialgerichts zur Abgabepflicht der Kunstvereine

Die zu Prozeßbeginn vorliegende Rechtsprechung des BSG entsprach dem Vorverständnis des KVC. Denn sie zog nur den Abgabetatbestand des § 24 Abs. 1 S. 1 Nr. 6 KSVG heran und beruhte auf der Unterscheidung von abgabepflichtigen »vermarktenden« und abgabefreien »nicht vermarktenden« Kunstvereinen. Das Schrifttum folgte dieser Differenzierung.[7]

Das BSG stellte in diesem Sinn im Urteil vom 1.10.1991, 12 RK 33/90,[8] zunächst klar, dass die Kunstvereine im Katalog der abgabepflichtigen Unternehmen des § 24 KSVG und zwar auch nach der Neufassung durch Gesetz vom 20.12.1988 (BGBl. I S. 2606) nicht aufgeführt und daher »als solche nicht abgabepflichtig sind«. Etwas

---

6 Diese Betätigungsform (Organisation von Verkäufen, Verlosungen, Herausgabe von Jahresgaben) lässt sich bis in die Anfänge der Kunstvereine zurückverfolgen.
7 *Finke/Brachmann/Nordhausen* (Fn. 4) § 24 Rn. 130; *Zabre* DAngVers 1999, 557 (561).
8 SozR 3 – 5425 § 24 Nr. 2.

anderes gilt – so das BSG weiter -, soweit sie eines der in dem Katalog genannten Unternehmen betreiben. Demgemäß ordnete es mit dem vorgenannten Urteil einen Kunstverein dem »Kunsthandel« (§ 24 Abs. 1 S. 1 Nr. 6 KSVG) zu, wenn er als Jahresgaben oder in Ausstellungen regelmäßig Werke von Künstlern in Kommission nimmt und verkauft oder wenn ihm im Rahmen von Verkaufsausstellungen ein Provisionsanteil von 15% der Verkaufssumme zufällt. Auf derselben Linie lag das einen Künstlerverein betreffende Urteil vom 1.10.1991, 12 RK 13/91.[9] Danach betreibt ein Künstlerverein »eine Galerie oder Kunsthandel« wenn er Werke seiner Mitglieder ausstellt und sie in deren Namen unter Einbehalt eines Unkostenbeitrages in Höhe von 10 v.H. des Erlöses verkauft.

In »Fortführung dieser Rechtsprechung« – so der Leitsatz – ordnete das BSG mit Urteil vom 20.4.1997 – 3/12 RK 33/92 –[10] schließlich einen Kunstverein dem »Kunsthandel« (§ 24 Abs. 1 S 1 Nr. 6 KSVG) zu, der Ausstellungen organisiert, bei denen die ausgestellten Kunstwerke verkauft wurden und bei dem dem Kunstverein ein Provisionsanteil von 15 % der Verkaufssumme zufiel (zur Bedeutung der Einnahmeerzielungsabsicht B. II. 4.). Es fasste dabei den Begriff des Kunsthandels weit: Es komme nicht darauf an, ob die ausgestellten Kunstwerke durch Mitarbeiter des Vereins im Namen des Künstlers und für Rechnung des Künstlers oder vom Künstler selbst verkauft werden, solange der Verkauf mit einer vom Verein organisierten Ausstellung in Zusammenhang stehe und der Künstler in die Organisation des Verkaufs durch den Kunstverein eingebunden sei. Auch wenn man den Begriff des Kunsthandels im Sinne des vorgenannten Urteils weit fasst, war doch klar, dass der KVC nicht »handelte«, nicht durch den Verkauf von Kunstwerken (als Kommissionär oder im Namen des Künstlers) und auch nicht vermittelnd, indem er Exponate zum Verkauf anbot und den Künstler in eine Verkaufsorganisation einband (s. dazu auch C.I. 2, C.II. 2. und C.III.2.). Die Kunstwerke wurden präsentiert, um Verständnis für die oft interpretationsbedürftigen Erscheinungsformen zeitgenössischer Kunst (Konzeptkunst, Videos, Installationen) zu wecken oder zu fördern.

Bemerkenswert ist schließlich, dass das BSG bei der Prüfung der Rechtmäßigkeit der Erfassungsbescheide »nur« auf § 24 Abs. 1 S. 1 Nr. 6 KSVG zurückgriff, § 24 Abs. 1 S. 1 Nr. 3 KSVG jedoch mit keinem Wort erwähnte. Vor dem Hintergrund dieser Rechtsprechung schien der Prozesserfolg des KVC »programmiert«.

III. Der Unternehmer als »professioneller Vermarkter« (BVerfG)

Auch und gerade die verfassungsrechtliche Dimension des Falles war zu betrachten. Denn sie trägt zum Verständnis des abgabepflichtigen Unternehmers bei und kann – bei möglichen Auslegungsalternativen – im Rahmen einer verfassungskonformen Auslegung den Ausschlag geben. Dazu ist etwas weiter auszuholen.

---

9 SozR 3 – 5425 § 24 Nr. 3.
10 SozR 3 – 5425 § 24 Nr. 5 .

Die Bevorzugung der Künstler und Publizisten gegenüber anderen selbständig Tätigen durch das KSVG bot zwar keinen Anlass zur Kritik, weil Konsens über die besondere wirtschaftliche Schutzbedürftigkeit dieser Personengruppen herrschte. Auf grundlegende Bedenken stieß aber wegen der strengen Voraussetzungen für die Auferlegung von Sonderlasten die Mitfinanzierung durch die Unternehmer (§ 24 KSVG) als nicht begünstigte Dritte.[10a] Zentrale Frage war, »ob und unter welchen Voraussetzungen der Sozialversicherungsgesetzgeber ohne Anknüpfung an die arbeitsrechtliche Fürsorgepflicht neue Personengruppen zur Finanzierung fremder Sozialversicherungslasten heranziehen darf«.[11] Mit dem Urteil vom 8.4.1987, [12] dem die Verfassungsbeschwerden von Verlagen, Tonträgerherstellern, Werbeagenturen, Konzertdirektionen und Inhabern von Kunstgalerien zugrunde lagen, hat das BVerfG die Frage beantwortet. Es hat die Abgabepflicht der in § 24 KSVG genannten Unternehmer als mit Art. 3 Abs. 1 GG vereinbare Sonderlast qualifiziert und sie der Sozialversicherung (Art. 74 Nr. 12 GG) zugeordnet (»fremdnütziger Sozialversicherungsbeitrag«). Die eine solche Abgabenlast rechtfertigende spezifische Solidaritäts- und Verantwortungsbeziehung hat es – analog zum Arbeitgeber – Arbeitnehmerverhältnis – in dem »kulturgeschichtlich gewachsenen besonderen Verhältnis zwischen selbständigen Künstlern und Publizisten auf der einen sowie den Vermarktern auf der anderen Seite« gesehen. Dieses »gewisse symbiotische Züge« tragendes Verhältnis müsse über »ein bloßes wechselseitiges Aufeinanderangewiesensein, wie es etwa zwischen Produzenten und Handel oder Erzeugern und Verbrauchern besteht, hinausgehen«. Folgt man kritiklos[13] diesem Ansatz, so wird für unseren Fall deutlich: Die banale Tatsache, dass es ohne Künstler keine Kunstvereine geben kann, begründet noch keine symbiotische Solidaritätsbeziehung. Sie wäre auch an den Haaren herbeigezogen, wollte man sie in der in aller Regel einmaligen Beteiligung des Künstlers an einer Ausstellung sehen, die dieser autonom gestaltet. Aus dem Urteil des BVerfG wird darüber hinaus deutlich, dass die eine Abgabepflicht rechtfertigende Solidarbeziehung zwischen Künstler und Unternehmer eine ökonomische Basis (»Geld«) hat. Mit anderen Worten: Vermarktung auf einem spezifischen Markt – dem »Kulturmarkt« – ist der die Solidarbeziehung stiftende »symbiotische Kitt«. Im Anschluss an das BVerfG und unter wörtlicher Wiedergabe der Begründung zum Entwurf des KSVG[14] kennzeichnet das BSG den – die Abgabepflicht legitimierenden – Vermarktungsprozess in seiner Typik als Zusammenwirken der selbständigen Kulturschaffenden mit den Vermarktern (Verleger, Schallplattenproduzent, Konzertdirektion, Theater, Galerie u. a.); dabei stellen die Unter-

10a Die Künstlersozialversicherung wird durch Beitragsanteile der Versicherten zur einen Hälfte, durch die Künstlersozialabgabe und durch einen Bundeszuschuss zur anderen Hälfte finanziert (§ 14 SVG).
11 *Osterloh* NJW 1982, 1617 (1622).
12 BVerfGE 75, 108 = NJW 1987, 3115.
13 Lesenswert die Kritik von *Arndt/Kraft* DAngVers 1988, 49.
14 BT-Drs. 9/26 S. 16.

nehmer vorwiegend ihre technischen Apparate und organisatorischen Voraussetzungen (Verteilernetz) zur Verfügung.[15]

Die Begründung zum Entwurf des KSVG verschärft dieses Bild kommerzieller Vermarktung mit dem Hinweis, dass die Künstlersozialabgabe vor allem von Unternehmern erhoben wird, »die ständig Werke und Leistungen selbständiger Künstler und Publizisten gegen Entgelt in Anspruch nehmen und daraus Einnahmen erzielen«.[15a] In Anlehnung hieran hatte das BSG – zunächst – das Unternehmen (§ 24 KSVG) im Sinn des Umsatzsteuerrechts als eine auf die unmittelbare Erzielung von Einnahmen ausgerichtete, nachhaltige (= professionelle) Tätigkeit definiert.[16]

Einem solchen Bild des professionellen Vermarkters als »Zwischenglied« zwischen Künstler und Endabnehmer entsprach der KVC ganz offensichtlich nicht.

IV. Bedeutung des modifizierten Unternehmerbegriffs

Der unter B.II. erörterte recht konturscharfe Unternehmerbegriff umfasst den ökonomischen Kernbereich des Kulturmarktes. Er ist jedoch nicht das »letzte Wort«. Denn der Gesetzgeber hat ihn nach der Maxime »Von der Vermarktung zur Verwertung« ausgedehnt, nicht zuletzt deshalb, weil er ihn für die juristischen Personen des öffentlichen Rechts als zu eng ansah.[17]

1. Ohne Bedeutung für die Interpretation des § 24 Abs. 1 S. 1 Nr. 6 KSVG und damit für den »Fall« des KVC ist in diesem Zusammenhang, dass durch das Änderungsgesetz vom 20.12.1988 (BGBl. I. S. 2606) Unternehmen in den Katalog aufgenommen wurden, bei denen die Mittlerstellung des Unternehmers zwischen Künstler und Endabnehmer fehlt und die Verwertungskette beim Unternehmer endet, der die künstlerische Arbeit abnimmt und honoriert, also »verwertet« (Aus- und Fortbildungseinrichtungen, Eigenwerbung, Erteilung von Aufträgen an selbständige Künstler und Publizisten, vgl. § 24 Abs. 1 S. 1 Nr. 9, Abs. 1 S. 2 und Abs. 2 KSVG).

2. Aus den vorgenannten Ergänzungen des § 24 KSVG war außerdem zu folgern, dass der Gesetzgeber die Absicht, aus der Kunstverwertung unmittelbar Einnahmen zu erzielen, nicht als essentielles Merkmal des Unternehmerbegriffs aussieht. Vor

---

15 BSG SozR 3 – 5425 § 24 Nr. 4 – S. 21.
15a BT-Drs. 9/26 S. 16.
16 BSGE 64, 221/224 = SozR 5425 § 24 Nr. 2.- Die Einnahmeerzielung ist ein den Beitrag im abgaberechtlichen Sinn legitimierender Gesichtspunkt und begrenzt den Unternehmerbegriff des KSVG sachgerecht; näher dazu mit Hinweis auf Rechtsprechung des BVerfG *Wegmann* BB 1986, 1845 (1846).
17 Näher dazu *Finke/Brachmann/Nordhausen* (Fn. 4) § 24 Rn. 12 ff.; *Sölter* BB 1990 Beilage 22 S. 1, 4.

allem aus § 24 Abs. 2 KSVG, der die Auftragserteilung an selbständige Künstler und Publizisten betrifft, war das im »Umkehrschluss« herzuleiten.[18] Denn nur bei diesem Tatbestand verlangt das Gesetz die direkte Einnahmeerzielungsabsicht, sozusagen kompensatorisch, weil die Kunstverwertung hier lediglich Nebenzweck des Unternehmens ist (Beispiel: das die Attraktivität der Hotelbar erhöhende Engagement eines Barpianisten). Dementsprechend hat das BSG seine frühere Rechtsprechung zur direkten Einnahmeerzielung als Merkmal des Unternehmerbegriffs aufgegeben und lässt es genügen, dass die Kunstverwertung im Zusammenhang mit der Erfüllung von Aufgaben steht, die aus Haushaltszuweisungen, Beiträgen oder anderen Einnahmen finanziert werden (mittelbare Einnahmeerzielung).[19]

Daraus folgt, dass nicht schon das Fehlen der direkten Einnahmeerzielungsabsicht von vornherein die Zuordnung des KVC zu den Unternehmen des § 24 Abs. 1 S. 1 Nr. 6 KSVG ausschließt. Deshalb ist die unmittelbare Einnahmeerzielung zugunsten des Unternehmers jedoch nicht bedeutungslos. Denn die Nr. 6 betrifft die Erscheinungsformen des Kunsthandels, und die Beteiligung des Unternehmers am Verkaufserlös und damit die Einnahmeerzielung ist das stärkste Indiz dafür, dass gehandelt wird (C. III. 2.). Vorstellbar ist freilich – vor allem im öffentlich-rechtlichen Bereich -, dass der Unternehmer ohne eigene finanzielle Beteiligung – altruistisch – für den Künstler »handelt«.[20]

C. DER WEG DURCH DIE INSTANZEN DER SOZIALGERICHTSBARKEIT

Die drei Instanzen entfalten die juristische Auslegungskunst auf unterschiedliche Weise. Während das Landessozialgericht (LSG) die Abgabepflicht des KVC verneint, kommen Sozialgericht (SG) und BSG zum gegenteiligen Ergebnis, aber mit unterschiedlicher Begründung. Diese Vielfalt überrascht nicht. Denn es ist mittlerweile eine Binsenweisheit, dass der juristische Methodenkanon die Richtigkeit der Auslegung nicht garantiert.[21] Gleichwohl sollte eine Urteilsbegründung die relevanten Auslegungsgesichtspunkte im Rahmen einer logisch einwandfreien Deduktion so erörtern, dass die Rechtsfindung durchsichtig und die Kraft der Argumente deutlich wird.

---

18 *Sölter* BB 1990 Beilage 22 S. 4.
19 BSG SozR 3 – 5425 § 24 Nr. 6, 8 und 15. S. aber auch Fn. 16.
20 Erhellend BSG SozR 3 – 5425 § 24 Nr. 15 – S. 93 und 97: Sozialhilfeträger fördert bedürftige Künstler, indem er deren Bilder und Skulpturen ankauft und im Rahmen von Versteigerungen verkauft; selbst er erzielt, wenn auch in unbedeutendem Umfang, Einnahmen in Form von Eintrittsgeldern und Verkaufserlösen.
21 Exemplarisch aus der Fülle der Literatur *Esser* Vorverständnis und Methodenwahl in der Rechtsfindung, 1970, S. 121 ff. (Methodenkanon und Methodenpluralismus)

I. Sozialgericht: Abgabepflicht nach § 24 Abs. 1 S. 1 Nr. 6 KSVG (Galerie, Kunsthandel)

1. Kern der Begründung

Das SG Lüneburg leitet in seinem Urteil vom 30.1.1997 (S 9 Kr 97/95) die Abgabepflicht des KVC aus § 24 Abs. 1 S. 1 Nr. 6 KSVG (Galerie, Kunsthandel) her. Es zieht unter Erwähnung der Rechtsprechung des BSG (C. II.) den Schluss, dass dieser aufgrund seiner Mittlerfunktion zwischen Künstler und Publikum trotz fehlender Einnahme- und Gewinnerzielung unter § 24 Abs. 1 KSVG falle, auch wenn sein Anliegen ideeller Art sei. So heißt es: »Der Künstler bedient sich der vermittelnden Tätigkeit eines Unternehmers, hier in Gestalt des Kunstvereins, also einer Organisationsform, die Kontakte zwischen Künstlern und Endabnehmern herstellen oder fördern und damit Kaufabschlüsse ermöglichen kann«.

2. Kommentar

Es trifft zwar zu, dass die Absicht, Gewinn oder unmittelbar Einnahmen zu erzielen, nicht Bestandteil des Unternehmerbegriffs ist (s. B. IV.). Das enthebt aber nicht von einer nachvollziehbaren Subsumtion des jeweiligen Unternehmers unter einen der Tatbestände des § 24 KSVG. Der vom SG insoweit allein in Betracht gezogene § 24 Abs. 1 S. 1 Nr. 6 KSVG erfasst indessen Verwertungsformen des Kunsthandels. Eine händlerische Betätigung des KVC vermag das SG nicht zu belegen. Entgegen seiner Auffassung liegt das Urteil nicht auf der Linie der bisherigen BSG-Rechtsprechung zur Abgabepflicht der Kunstvereine. Dadurch, dass das SG isoliert eine Formulierung im Urteil des BSG vom 20.4.1994 (3/12 RK 33/92)[21a] aufgreift (»..Organisationsformen, die Kontakte zwischen Künstlern und Endabnehmern herstellen oder fördern und dadurch Kaufabschlüsse ermöglichen«), erweckt es allerdings einen solchen Eindruck. Dabei beachtet es nicht, dass auch nach diesem Urteil der Künstler in die Organisation des Verkaufs durch den Kunstverein eingebunden sein muss, um wenigstens von einer vermittelnden Tätigkeit des Kunstvereins sprechen zu können (s. unter B. II.)

Im übrigen lässt § 25 Abs. 3 KSVG erkennen, was sich der Gesetzgeber unter Kunstvermarktung durch einen Unternehmer als »Mittler« vorstellt: Nicht nur Verkauf angekaufter Werke im eigenen Namen, sondern auch Kommissionsgeschäfte, Verkauf im Namen des Künstlers sowie Vermittlung des Künstlers an einen Dritten, wenn der Unternehmer dabei Leistungen erbringt, die über einen Gelegenheitsnachweis hinausgehen.[22] Das bloße »Zeigen« von Exponaten, um Verständnis

---

21a SozR 3 – 5425 § 24 Nr. 5.
22 Trotz der strikten Trennung der Erfassung des abgabepflichtigen Unternehmens von der konkreten Beitragspflicht (s. B. I.) können sich aus dem Entgeltbegriff des § 25 KSVG durchaus Gesichtspunkte für die Auslegung des § 24 KSVG ergeben; s. auch BSG SozR 3 – 5425 § 24 Nr. 2 – S. 8.

für zeitgenössische Kunst zu fördern, reicht danach keinesfalls. Mit anderen Worten: Allein die Chance zur (abgabefreien) Selbstvermarktung, die sich aus einer nicht als Verkaufsausstellung organisierten Ausstellung ergeben kann, ist mit einer unternehmerischen Kunstverwertung nicht gleichzusetzen. Mit der unangemessenen Ausweitung des Kunstverwertungsbegriffs nimmt das SG zwar im Ergebnis die Entscheidung des BSG vorweg; mit seinem Verständnis von »Kunsthandel« und »Galerie« steht es aber allein.

II. Das Landessozialgericht: Weder Galerie noch Kunsthandel (§ 24 Abs. 1 Nr. 6 KSVG)

1. Kern der Begründung:

Mit seinem Urteil vom 14.9.1999 (L 4 KR 52/97) erfüllt das LSG Niedersachsen die Erwartungen des KVC und entspricht dessen rechtlichem »Vorverständnis«. Es sieht als Rechtsgrundlage einer Abgabepflicht – wie schon das SG – ausschließlich § 24 Abs. 1 S. 1 Nr. 6 KSVG an und verneint dessen Voraussetzungen: Der KVC betreibe weder eine »Galerie« noch »Kunsthandel«, weil er nicht mit Werken der bildenden Kunst handle bzw. keine Werke lebender Künstler erwerbe, veräußere oder in Kommission nehme. Ferner verneint das LSG die (offensichtlich nicht vorliegenden) Voraussetzungen des § 24 Abs. 2 S. 1 KSVG.

2. Kommentar

Das Urteil des LSG wertet folgerichtig die Präjudizien der BSG-Rechtsprechung (B. II.) aus. Es verdeutlicht, dass der KVC sich weder als Kunsthändler betätigt noch als Galerie. Dem ist auch hinsichtlich des Galeriebegriffs ausdrücklich beizupflichten. Denn seit der Entstehung eines Kunstmarktes versteht man unter Galerien Unternehmen, die Werke der bildenden Kunst nicht nur zeigen, sondern auch verkaufen. Öffentliche Räume, die als Galerie bezeichnet werden – wie z.B. die Dresdner »Galerie der Alten Meister« – sind »Museen« (§ 24 Abs. 1 S. 1 Nr. 9 KSVG). Dem LSG ist auch nicht entgangen, dass das BSG selbst den Begriff der Galerie i.S.v. § 24 Abs. 1 S. 1 Nr. 6 KSVG so definiert: »Galerien sind Unternehmen, die mit Werken der bildenden Kunst Handel betreiben«.[23]

---

23 SozR 3 – 54425 § 24 Nr. 15 – S 93; ebenso *Finke/Brachmann/Nordhausen* (Fn. 4) § 24 Rn. 94.

III. Das Bundessozialgericht: Abgabepflicht nach § 24 Abs. 1 S. 1 Nr. 3 KSVG (»sonstiges Unternehmen«)

1. Kern der Begründung

Mit Urteil vom 31.8.2000 (B 3 KR 27/99 R)[24] bejaht das BSG die Abgabepflicht des KVC dem Grunde nach. Dafür greift es nicht auf § 24 Abs. 1 S. 1 Nr. 6 KSVG zurück. Es sieht in der Organisation der Kunstausstellungen keinen »Kunsthandel«, weil zwischen den vom KVC organisierten Ausstellungen und etwaigen Verkäufen ausgestellter Kunstwerke kein unmittelbarer Zusammenhang bestehe. Ob das auch für Annahme einer Galerie gilt, lässt das BSG offen. Es ordnet den KVC jedoch den in § 24 Abs. 1 S. 1 Nr. 3 KSVG genannten »sonstigen Unternehmen« zu, weil nach dieser sogenannten »kleinen Generalklausel« umfassend sämtliche Unternehmen zur Künstlersozialabgabe verpflichtet werden sollten, deren Zweck darauf gerichtet sei, künstlerische Werke aufzuführen oder darzubieten. Wenn auch im Zusammenhang mit der Aufzählung von Theater-, Konzert- und Gastspieldirektionen eher an Werke der darstellenden Kunst oder der Musik gedacht sein möge, schließe es der Wortlaut nicht aus, auch Werke der bildenden Kunst einzubeziehen. Auch könne dahinstehen, ob stattdessen eine Erweiterung von Nr. 6 aus sprachlichen und systematischen Gründen sinnvoller gewesen wäre.

2. Kommentar

a) Die Entscheidung überrascht, weil sie auf einen in Rechtsprechung und im Schrifttum bislang unauffindbaren rechtlichen Gesichtspunkt gestützt wird. Die Frage, ob es sich um ein das rechtliche Gehör (§ 62 SGG, Art. 103 Abs. 1 GG) verletzendes Überraschungsurteil handelt, ist trotzdem nicht ohne weiteres zu bejahen. Denn die beklagte Künstlersozialkasse hatte immerhin erstmals in der Revisionsbegründung auch § 24 Abs. 1 S. 1 Nr. 3 KSVG erwähnt, so dass dieser rechtliche Gesichtspunkt nicht »neu« war. Andererseits war nach dem Prozessverlauf nicht damit zu rechnen, dass dieser Abgabetatbestand die entscheidungserhebliche Rolle spielen sollte. Deshalb lag es im Sinne eines fairen Verfahrens nahe, von Seiten des Gerichts auf eine mögliche »Neuorientierung der Rechtsprechung«[25] hinzuweisen, Gelegenheit zur Stellungnahme zu geben und die Beteiligten nicht stattdessen unkommentiert zur Zustimmung zu einer Entscheidung ohne mündliche Verhandlung (§ 124 Abs. 2 SGG) zu veranlassen.

b) In materiell-rechtlicher Hinsicht überzeugen die Argumente, mit denen das BSG »Kunsthandel« im Sinne des § 24 Abs. 1 S. 1 Nr. 6 KSVG verneint. Als Indiz für Kunsthandel sieht es vor allem die – hier fehlende – Beteiligung am Verwertungs-

---

24 SozR 3 – 5425 § 24 Nr. 19.
25 BSG Urt. v. 6.10.1999, B 1 KR 17/99 = *Breithaupt* 2000, 612; s. auch BSG SozR 4 – 1500 § 62 Nr. 1.

erlös an und kennzeichnet den die Abgabepflicht auslösenden Verwertungsprozeß zutreffend als Fremdvermarktung im Gegensatz zur abgabefreien Selbstvermarktung. Obwohl das auf eine »Galerie« gleichermaßen zutrifft und das BSG das in einem früheren Urteil selbst so gesehen hat (C. II.), lässt es sich hier eine Hintertür offen (»kann dahinstehen«).Dass es die Nr. 6 nicht ernsthaft als Grundlage der Abgabepflicht ansieht, wird indessen an der Mühe deutlich, die es auf die Subsumtion des KVC unter die Nr. 3 verwendet.

Das Ergebnis der Subsumtion, das alle Kunstvereine zu abgabepflichtigen Unternehmern macht, wird im Leitsatz zusammengefasst: »Kunstvereine sind auch dann nach dem KSVG abgabepflichtig, wenn sie Kunstwerke lediglich ausstellen, ohne dass ein Verkauf stattfindet (Anschluss an SozR 3 – 5425 § 24 Nr. 5)«. Mit der Formulierung »Anschluss an« suggeriert der Leitsatz eine Kontinuität zur bisherigen Rechtsprechung. In Wirklichkeit bedeutet die Zuordnung der Kunstvereine zur Nr. 3 eine Abkehr von der bisherigen differenzierenden Rechtsprechung des BSG zur Verwertung bildender Kunst durch die Kunstvereine (s. B. II.). Besonders augenfällig ist auch der Kontrast zum Urteil des BSG vom 21.8.1996 (Az: 3 RK 31/95).[26] Es betraf einen Sozialhilfeträger, der zugunsten bedürftiger Künstler Musik- und Theateraufführungen sowie Kunstausstellungen organisierte. Letztere ordnete das BSG der Nr. 6 zu, ohne die Nr. 3 in der ab 1989 auf den Fall anzuwendenden erweiterten Fassung (»sonstige Unternehmen«) auch nur in Betracht zu ziehen.

Die Subsumtion der Kunstvereine unter die »sonstigen Unternehmen« nach Nr. 3 überzeugt nicht. Der noch mögliche Wortsinn der Definition des »sonstigen Unternehmens« (»… für die Aufführung oder Darbietung künstlerischer Werke oder Leistungen zu sorgen«) steht der Interpretation des BSG zwar nicht entgegen. Gegen ein solches Wortlautverständnis spricht aber schon der allgemeine Sprachgebrauch. Ihn hat das BSG in früheren Entscheidungen zur Nr. 3 wegen des Grundsatzes der Tatbestandsmäßigkeit abgaberechtlicher Normen als maßgebend angesehen.[27] Nach dem allgemeinen (natürlichen) Sprachgebrauch sind Ausstellungen indessen keine »Aufführungen«, aber auch keine »Darbietungen«. Wer etwas darbietet, zeigt es in Vorführungen (Zauberkünstler) und Aufführungen (Folkloretänzer),[27a] aber nicht in Ausstellungen. Der allgemeine Sprachgebrauch deckt sich mit dem fachsprachlichen. So unterscheidet das Urheberrechtsgesetz die »Ausstellung« von Werken der bildenden Künste (§ 18) von der öffentlichen »Darbietung« von Sprach- und Musikwerken (§19).

Der unmittelbare normtextliche Zusammenhang bestätigt den Sprachgebrauch: Die Nr. 3 stellt ab 1989 die »sonstigen Unternehmen« den »Theater-, Konzert- und Gastspieldirektionen« an die Seite, also Unternehmen, die vertraglich vereinbarte Leistungen erhalten und den Künstlern Gagen schulden.[28] Die Gesetzesbegründung

---

26   SozR 3 – 5425 § 24 Nr. 15.
27   BSGE 74, 117 (120); SozR 3 – 5425 Nr. 16.
27a *Duden* Deutsches Universalwörterbuch, 6. Aufl. 2007, S. 374.
28   *Finke/Brachmann/Nordhausen* (Fn. 4) § 24 Rn. 99.

spricht insoweit von »vergleichbaren« Unternehmen[29] und damit vor allem von Unternehmen, die auf ähnliche Weise Aufführungen und Darbietungen organisieren. Demgemäß sieht das Schrifttum den Anwendungsbereich der Vorschrift im Veranstaltungsbetrieb und nennt als sonstige Unternehmen z.B. Veranstalter von Altstadtfesten, Kurkonzerten und Bällen.[30]

Für eine derartig begrenzte Reichweite der Vorschrift spricht wesentlich überdies die Systematik des § 24 KSVG. Danach ist die Verwertung von Werken der bildenden Kunst in § 24 Abs. 1 S. 1 Nr. 6 (Galerien, Kunsthandel) und Nr. 8 (Museen) KSVG geregelt. Hätte der Gesetzgeber Kunstvereine schlechthin abgabepflichtig machen wollen, so war Nr. 6 der richtige Regelungsort. Es ist schwer vorstellbar, dass dieser schlüssige und sich den bisherigen Gesetzesexegeten aufdrängende Ansatz für eine Verortung der Kunstvereine dem Gesetzgeber entgangen sein sollte. Die Gesetzesbegründung ist unergiebig. Ihr ist nur zu entnehmen, dass der Katalog der abgabepflichtigen Unternehmer als lückenhaft und ergänzungsbedürftig angesehen wurde.[31] Das Gleiche gilt für die spätere Beschränkung der sonstigen Unternehmen auf solche, »deren wesentlicher« Zweck darauf gerichtet ist, für die Aufführung oder Darbietung künstlerischer oder publizistischer Werke oder Leistungen zu sorgen, durch das Gesetz vom 25.9.1996 (BGBl. I S. 1461). Sie beruht darauf, dass wegen der zu extensiven Auslegung der Vorschrift durch die Rechtsprechung insbesondere im Interesse von Vereinen der Brauchtumspflege (z.B. Karnevalsvereinen) nur typische Verwerter künstlerischer Leistungen erfasst werden sollten.[32] Zu diesem Zeitpunkt lag die gefestigte Rechtsprechung des BSG zu den Kunstvereinen bereits vor, ohne dass die Gesetzesbegründung sie erwähnt.

Die differenzierende Beurteilung der Kunstvereine ausschließlich nach dem Abgabetatbestand der Nr. 6 verfehlt auch nicht das – vom BSG für seine Auffassung in Anspruch genommene – gesetzgeberische Ziel, alle Verwerter von Kunst im Interesse der Gleichbehandlung in die Abgabepflicht einzubeziehen. Sie führt zu keiner gleichheitswidrigen Privilegierung von Kunstvereinen. Im Gegenteil: Ein Kunstverein, der sich am Verkauf der Kunstwerke nicht beteiligt, verwertet nichts; der Künstler behält sein nicht honoriertes Werk und kann es selbst vermarkten. Das ist bei dem Abgabetatbestand der Nr. 3 grundlegend anders. Hier ist die Organisation von Veranstaltungen, mit denen sich Künstler ihre Gage für Aufführungen oder Darbietungen verdienen, Vermarktung von Kunst durch Unternehmer.

---

29 BT-Drucks. 11/2964 S. 18. Ebenso BSG SozR 3 – 5425 § 24 Nr. 16 S. 104 f.: (»… Die vom Gesetz geforderte Vergleichbarkeit mit Theater-, Konzert- und Gastspieldirektionen …«). – Die ähnlich konstruierte Nr. 2 (Theater, Orchester, Chöre) nennt das Wort »vergleichbare« im Gesetzestext. Diese deutlichere Fassung beruht jedoch auf der späteren Änderung durch Gesetz vom 25.9.1996 (BGBl. I S. 1461), so dass sich daraus für die Auslegung der Nr. 3 nichts Gegenteiliges ergibt.

30 *Sölter* BB 1990 Beilage 22 S. 3; *Finke/Brachmann/Nordhausen* (Fn. 4) § 24 Rn. 100.

31 BT-Drs. 11/2964 S. 18.

32 BT-Drs. 13/5108 S. 17.

D. RESÜMEE

Das Urteil des BSG, das die Kunstvereine ausnahmslos der Abgabepflicht nach dem KSVG unterwirft, überzeugt nicht. Es beruht auf einer unangemessen weiten und gekünstelt wirkenden Auslegung des § 24 Abs. 1 S. 1 Nr. 3 KSVG (»Theater-, Konzert- und Gastspieldirektionen sowie sonstige Unternehmen ....«). Damit überspannt es den Begriff der »Kunstvermarktung«, mit dem das BVerfG die Abgabepflicht der von § 24 KSVG erfassten Unternehmer legitimiert hat: mit der symbiotischen Beziehung zwischen Unternehmer und Künstler, deren Grundlage die Beteiligung des Unternehmers an der kommerziellen Verwertung von Kunst ist. Die frühere differenzierende Rechtsprechung des BSG steht damit im Einklang, indem sie darauf abstellt, ob sich der jeweilige Kunstverein als »Kunsthandel« oder »Galerie« (§ 24 Abs. 1 Nr. 6 KSVG) betätigt.

Die geänderte Rechtsprechung des BSG vereinfacht allerdings das Verwaltungsverfahren und befreit die Künstlersozialkasse von der Prüfung, ob sich der jeweilige Kunstverein an der Vermarktung der ausgestellten Kunstwerke beteiligt. Der damit verbundene Vorteil ist – auch angesichts des ohnehin bestehenden Vollzugsdefizits[33] – marginal. Ihm steht, wie es *Ulrich Scharf* ausgedrückt hat, ein »beträchtlicher Schaden für die kleinen (finanzschwachen) Kunstvereine« gegenüber.

---

33 S. dazu *Gabriel/Albrecht* SGb 2007, 25 (27 ff.).

Mit Kompetenz und Humor im Dienst
von Recht und Anwaltschaft

BRIGITTE ZYPRIES[*]

Vor einiger Zeit hat *Ulrich Scharf* sein Bild vom Beruf des Rechtsanwalts und der Rechtsanwältin in einem Aufsatz skizziert: Juristisch kompetent, dem Recht verpflichtet, unabhängig bei der Berufsauübung und Dienstleister des Mandanten, dies zeichne den idealen Anwalt aus.[1] Wer *Ulrich Scharf* kennt, der weiß, dass er selbst diesen hohen Ansprüchen vollauf gerecht wird. Seit Jahrzehnten ist *Ulrich Scharf* aber weit mehr als ein hochangesehener Anwalt. Er ist zugleich einer der prominentesten Repräsentanten der anwaltlichen Selbstverwaltung, er ist ein geschätzter Ratgeber bei der Gesetzgebung und er ist ein überzeugter Europäer, der stets die europäische Dimension des Anwaltswesens im Blick hat. Wenn *Ulrich Scharf* nun seinen 70. Geburtstag feiert und manche Funktionen abgibt, dann ist dies ein Anlass, ihm Dank zu sagen. Dank für seine lange engagierte und erfolgreiche Arbeit für die deutsche Anwaltschaft und die gesamte Rechtspflege.

1938 in Königsberg geboren, kam *Ulrich Scharf* gegen Kriegsende nach Niedersachsen. Er studierte Jura in Göttingen und promovierte dort 1966 mit einer Arbeit über »Die Gewerkschaftsfreiheit im französischen Recht«. Schon früh zeigte sich hier seine Liebe zu Frankreich und die Neigung, über den nationalen Tellerrand der Rechtsentwicklung hinauszublicken. Als Rechtsanwalt und Notar seit vielen Jahren in Celle erfolgreich tätig, übernahm *Ulrich Scharf* in vorderster Reihe Verantwortung in der anwaltlichen Selbstverwaltung. 1995 wurde er zum Präsidenten der Rechtsanwaltskammer Celle gewählt. Ein Amt, das er bis in diese Tage bekleidet. 1999 übernahm er zudem das Amt eines Vizepräsidenten der Bundesrechtsanwaltskammer (BRAK) und übte es bis 2007 aus. In dieser Zeit war vor allem er »das Gesicht« der BRAK. Er fungierte als Pressesprecher und prägte die Öffentlichkeitsarbeit der Kammer. Engagiert ist *Ulrich Scharf* aber zugleich im Deutschen Anwaltverein. Bis heute gehört er dort wichtigen Fach- und Gesetzgebungsausschüssen an.

Für das Bundesjustizministerium war und ist *Ulrich Scharf* ein wichtiger Ratgeber. Mit seiner großen Erfahrung und seinem hohen Sachverstand war er bei vielen Gesetzgebungsprojekten unverzichtbar. Bei der Diskussion über das Rechtsanwaltsvergütungsgesetz war er ein ebenso wichtiger Ratgeber wie erst jüngst bei der Formulierung des Rechtsdienstleistungsgesetzes. Vielleicht deutlicher als mancher

---

[*] Frau Ute Klostermann, M. A., danke ich für die Unterstützung.
1 »Beruf: Rechtsanwalt«, in: BRAK-Mitteilungen 2006, 11 ff.

seiner Kollegen hat *Ulrich Scharf* die Notwendigkeit der Rechtsmodernisierung gesehen. Seit jeher ist er davon überzeugt, dass die Anwaltschaft keinen gesetzlichen Schutzzaun nötig hat, sondern sich – so der Titel, der von ihm inspirierten BRAK-Initiative – »mit Recht im Markt« erfolgreich behaupten kann. Natürlich sind wir nicht bei allen Details immer einer Meinung, aber trotz gelegentlich unterschiedlicher Ansichten, hat das Wort von *Ulrich Scharf* in Ministerien und Parlament Gewicht. Vielleicht rührt sein hohes Renommee auch von seiner stets freundlichen und verbindlichen Art her. *Ulrich Scharf* ist ein Diplomat der Anwaltschaft, der deren Belange zwar beharrlich vertritt, der aber immer konstruktiv für den gemeinsamen Erfolg arbeitet. Sicherlich hat auch diese angenehme Wesensart dazu beigetragen, dass er über Deutschland hinaus hohes Ansehen und viel Sympathie genießt. Die Rechtsanwaltskammer Celle pflegt seit vielen Jahren enge freundschaftliche Kontakte mit Partnern in Frankreich, Italien, England und Polen. *Ulrich Scharf* hat sich für diese grenzüberschreitende europäische Zusammenarbeit immer besonders engagiert, und welche Wertschätzung er sich dabei erworben hat, zeigt sich auch daran, dass er 2004 zum Präsidenten des Verbandes Europäischer Anwaltskammern gewählt wurde.

Das europäische Engagement wird *Ulrich Scharf* dadurch erleichtert, dass er fließend französisch spricht. Frankreich ist zugleich ein Land, in dem seine größte Leidenschaft eine lange Tradition hat: die Karikatur, vor allem die Justiz- und Anwaltskarikatur. *Ulrich Scharf* ist ein begeisterter Sammler und ein großer Freund und Förderer des hannoverschen Wilhelm-Busch-Museums für Karikatur und kritische Grafik. Auf seine Initiative hat die Bundesrechtsanwaltskammer 1998 einen Karikaturenpreis gestiftet, der seither alle 2 Jahre verliehen wird. Als Mitglied der Jury sucht er dort Antwort auf die Frage, was eine gute Justiz-Karikatur ausmacht. Für mich ist dies Anlass, hier einen Blick auf einen der bedeutendsten Karikaturisten zu werfen, der uns zu diesem Sujet gehörig Mores lehrt: *Honoré Daumier*.

Die Bilder von *Honoré Daumier* aus der Serie »Les Gens de Justice« schmücken viele Kanzleien und Amtsstuben. Offenbar trifft *Daumier* einen Nerv, wenn wir uns oder die lieben Kollegen so gut in seinen Karikaturen wiedererkennen. *Daumier* war seit seiner Jugend mit der Gerichtswelt bestens vertraut. Seine erste Anstellung war die eines Laufburschen für einen Gerichtsbeamten. In Paris wohnte er in der Rue de la Barillerie, gerade gegenüber dem Palais de Justice. Im Jahre 1831 wurde er, kaum 23-jährig, selbst vor Gericht gestellt, und wegen einer respektlosen Karikatur gegen König Louis-Philippe zu einer sechsmonatigen Gefängnisstrafe verurteilt.

Das Gerichtswesen zur Zeit *Daumiers* war völlig von der herrschenden Staatsgewalt abhängig. Vom König allein ging alle richterliche Gewalt aus, er ernannte die Richter und Beamten, die ihm willfährig zu dienen hatten. *Daumier* aber, der die Ideale der Revolution vertrat und eine abgrundtiefe Verachtung gegenüber jeglichem Machtmissbrauch hegte, drängte es dazu, das Taktieren und die Motive der Rechtsanwälte und Richter genau zu untersuchen. Überraschenderweise stellt der Betrachter bei der Durchsicht der legendären Bildserie fest, dass die Welt des Gerichts mit der Welt des Theaters einiges gemein hat. Sobald der Advokat seine Robe trägt, verwandelt er Haltung und Gebärde. Auf dem Weg zum Gerichtssaal mit stolzgeschwellter Brust und einem Aktenpaket bewaffnet, setzt er eine blasierte Miene auf, eine vertraut bürokratische Allüre. Das Plädoyer wird mit viel deklamatorischem Aufwand betrieben. Mit himmelnden Unschuldsaugen, einer affektierten Körpersprache, raffinierter Arglist, verschlagener Sentimentalität und einem wildemphatischen Redeschwall, der nicht selten in ein lautstarkes Anklagegebrüll ausartet, zieht der Anwalt alle Register einer abgefeimten Darstellerkunst, um seinen Gegner beschämend in die Knie zu zwingen. *Daumier* war von diesem bühnenreifen Gebaren fasziniert. Eines seiner Blätter zeigt sogar einen Advokaten, der mittels eines spektakulären Schwächeanfalls eine Verhandlung zum Abbruch bringt, nachdem sich das Verfahren für ihn und seinen Mandanten ungünstig entwickelt hat. Solch eine große Einsatzbereitschaft seitens des Anwalts kann aber nur derjenige Klient erwarten, der über einen großen Geldbeutel verfügt. Der kleine Mann, so stellt es der Karikaturist häufig dar, findet bei der korrupten Justiz kein Gehör, fehlen ihm doch die notwendigen (Beweis-) Mittel.

Neben der Fixierung auf das Geld gibt es in *Daumiers* Zeichnungen nur noch einen Grund, der einen Anwalt anspornt, und das ist die Befriedigung seiner Eitelkeit. So sieht der Betrachter auf einem weiteren Blatt einen Advokaten der nach einem verlorenen Prozess der weinenden Witwe mit den Worten Trost spendet, dass sie doch immerhin das Vergnügen gehabt habe, ihn plädieren zu hören. Nein, wie grausam das Schicksal doch sein kann! Mit einem entwaffnenden Bild- und Wortwitz stellt *Daumier* die Arroganz der Juristen, ihr theatralisches Gehabe und ihre skrupellose Beredsamkeit zur Schau. Grenzenlos ist seine Spottlust angesichts der skandalösen Ereignisse, die er uns Szene für Szene vor Augen führt. Die Begeisterung für sein Sujet kommt dem Künstler dabei nicht abhanden, weiß er doch, worin der unschätzbare Vorteil der Karikatur begründet ist: sie vermag mit den Mitteln der Übertreibung, Verzeichnung und Zuspitzung Missstände sehr viel eindrücklicher anzuprangern, als jeder herkömmliche Tatsachenbericht.

Die »Leute von der Justiz« sind selbstverständlich sehr typisierte Figuren. Personifikationen menschlicher Schwächen, die uns nicht repräsentieren müssen. Dennoch versetzt uns diese Form der Beurteilung einen feinen Stich, – dies allerdings gehört zu dem Wesen einer guten Karikatur, immer ist sie Ankläger und Richter in einem. Zur Zeit *Daumiers* wurde die Karikatur zu einem festen Bestandteil der hart erkämpften Pressefreiheit. Die staatlichen Machthaber hatten vielfach versucht, dies zu verhindern. Allerdings mussten sie feststellen, dass es äußerst schwierig ist, den Anfechtungen durch das Lachen zu entgehen, denn wer mit Argumenten oder Gesetzen gegen einen Witz zu Felde zieht, fordert ihn nur doppelt heraus. In unserer heutigen medialen Welt fällt es schwer, mit den Mitteln des Bildes aufzurütteln. Umso mehr brauchen wir gute Karikaturen, denn sie bedeuten Skepsis, Zweifel daran, dass Logik und Vernunft imstande seien, den Dingen der Welt eine erschöpfende Sinngebung zu verleihen. Der Karikaturist schaut hinter die Kulissen, er kleidet sich in das Gewand des Narren, der mit seinen Scherzen Unsinn in Tiefsinn verkehrt.

Tiefsinn kann die Rechtspolitik seit jeher gut gebrauchen, und *Ulrich Scharf* trägt seit Jahrzehnten dazu bei, ihn zu mehren – als engagierter Repräsentant der Anwaltschaft, als kluger Ratgeber der Politik und auch als leidenschaftlicher Initiator des Karikaturenpreises. Für sein großes Engagement für Recht und Anwaltschaft danke ich ihm vielmals. Möge ihm diese Festschrift viel Freude bereiten – selbst wenn sie nach seinem Geschmack sicher viel zu wenige Karikaturen enthält.

2. Teil Recht und Öffentlichkeit

Wie Juristen mit öffentlichem Druck umgehen

MARCUS CREUTZ

Die Sprache, ob mündlich gesprochen oder schriftlich verfasst, ist das eigentliche Handwerkszeug der Juristen. Vor allem den Anwälten sagt man nach, besonders sprachversiert zu sein. Das stimmt sicher auch. Damit aber ist noch nicht gesagt, dass gute Juristen auch gleichzeitig gute PR-Leute sind. Wie die Medien ticken, wie Journalisten arbeiten, welche Informationen sie suchen und wie diese aufbereitet sein sollten – davon haben nur die wenigsten Anwälte eine Ahnung. Gleiches gilt für die Planung und Realisierung einer Kommunikationsstrategie. Schade! Denn Anwälte, die die Medien ignorieren, verpassen nicht nur die Chance, über gezielte Öffentlichkeitsarbeit den guten Ruf der Kanzlei positiv zu fördern. Vor allem die Mandanten bekommen es zu spüren, wenn ihre Anwälte mit den Funktionsmechanismen der Medien nicht genügend vertraut sind. Dabei kann im Grunde genommen jeder Mandant schnell in die Schlagzeilen geraten – ob nun gewollt oder nicht. Gedacht sei hier nur an einen mittelständischen Lebensmittelproduzenten, der sich plötzlich mit dem öffentlichen Vorwurf auseinandersetzen muss, seine Produkte seien der Gesundheit abträglich oder gar kontaminiert. Zu den Aufgaben eines juristischen Beraters kann es dann auch gehören, sich in der Öffentlichkeit schützend vor seinen Mandanten zu stellen und drohende Imageschäden von ihm fernzuhalten. Doch in echten Krisensituationen neigen selbst erfahrene Anwälte dazu, wieder in ihr Schriftsatz-Deutsch zu verfallen – vor allem dann, wenn sie selbst von negativer Berichterstattung betroffen sind.

A. KOMMUNIKATIONSDESASTER FÜHRT IN DIE INSOLVENZ

Wie unbeholfen diese Art von Krisen-PR bisweilen wirkt, zeigt das prominente Beispiel der in Insolvenz befindlichen juraXX-Anwaltskette, die mit über 30 Standorten in Deutschland und rund 140 Anwälten vergangenes Jahr den Gang zum Insolvenzgericht antreten musste – ein in der Bundesrepublik einmaliger Vorgang. Die überörtliche Sozietät war mit viel öffentlichem Getöse zusammengebrochen, weil sich ehemalige juraXX-Partner um ihre Einlage von je 50 000 € betrogen fühlten und dem Kanzleigründer vorwarfen, die Expansion der Sozietät über ein riskantes Schneeballsystem vorangetrieben zu haben. Am 25.6.2007 ließen die juraXX-Verantwortlichen die Öffentlichkeit wissen: »...In der vergangenen Woche sind die Bemühungen um die Sanierung der juraXX GmbH insbesondere mit dem vom Amtsgericht Dortmund eingesetzten Insolvenzgutachter, Dr. *Christoph*

Schulte-Kaubrügger, den involvierten Banken sowie den Sanierungsberatern von Aderhold v.Dalwigk Knüppel/RölfsPartner *finalisiert worden* …« Weiter heißt es in der Pressemitteilung: »…Nach dem insbesondere mit dem Insolvenzgutachter abgestimmten Konzept erfolgt nunmehr eine planmäßige Einleitung eines vorläufigen Insolvenzverfahrens der danach zurückbleibenden juraxx GmbH. Der geschäftsführende Gesellschafter hat sich dankend für die hervorragende Zusammenarbeit mit den Sanierungsberatern *Thorsten Prigge, Sven Degenhardt* und *Dr. Michael Löser* von der Rechtsanwaltsgesellschaft Aderhold v. Dalwigk Knüppel/Rölfs Partner sowie deren nachhaltige Koordination mit dem Insolvenzgutachter, den Partneranwälten und den Gläubigerbanken geäußert. Bei der Erstellung des Sanierungskonzepts wurde festgestellt, dass die finanziellen Probleme von juraXX aufgrund des schnellen Wachstums und der im Wesentlichen daraus resultierenden Finanzierungslücke entstanden sind. Diese Problematik, die bereits durch die eingeleiteten Sanierungsmaßnahmen in Angriff genommen worden ist, wird mit der Durchführung des vorläufigen Insolvenzverfahrens *nachhaltig beseitigt* …«.

So, so – »nachhaltig beseitigt«. Heißt das nun, dass die Sanierung schon Früchte getragen hat und die Liquidität dauerhaft gesichert ist? Am Ende der Pressemitteilung findet sich der Hinweis, man möge sich doch hinsichtlich weiterer Informationen telefonisch an die juraXX Pressestelle wenden. Doch der Anruf dort bringt nichts ein. Der Pressebeauftragte verweist lediglich an den vorläufigen Insolvenzverwalter – mehr könne er auch nicht sagen. Warum man dann aber überhaupt Journalisten »weitere Informationen« in Aussicht stellt, wenn der Pressesprecher offensichtlich einen Maulkorb verpasst bekommen hat, ist schwer nachvollziehbar.

Nur drei Wochen vorher, am 5.6.2007, hatte juraXX unter der Headline »juraXX Zukunftsperspektiven bei Partnerversammlung erläutert« und »Konstruktive Gespräche mit den zahlreich erschienen Partnern« noch Zuversicht verbreitet. Im Text konnte man allerdings schon erahnen, dass es brannte: »juraXX hat am gestrigen Tage vor den mehrheitlich erschienenen Partnern die aktuelle Situation sowie die Zukunftsperspektiven der Kanzleikette erläutert. Dies war notwendig geworden, nachdem einige Partner über die Medien aus Partikularinteressen ihre mehr als einseitige Sicht der Dinge geschildert hatten. Diesen Partnern geht es offensichtlich nach erfolgreicher Aufbauarbeit durch juraXX um eine *»feindliche Übernahme«* ihrer Standorte …«.

Welche Lehren kann man aus der causa juraXX ziehen? In erster Linie wohl die, dass interne Machtkämpfe nie über die Öffentlichkeit ausgetragen werden sollten. Als das mediale Desaster über juraXX hereinbrach, fiel der Geschäftsführung nichts anderes mehr ein, als die Mär von der feindlichen Übernahme zu streuen. Aus den negativen Schlagzeilen kommt man so jedenfalls nicht heraus. Dabei hätte es durchaus positive Anknüpfungspunkte gegeben, lieferten dem Vernehmen nach doch über die Hälfte der juraXX-Standorte schwarze Zahlen. Doch letztlich hilft die beste Kommunikationsstrategie nach außen nichts, wenn dies intern nicht von allen Mitstreitern getragen und aktiv unterstützt wird.

B. EINE JUSTIZMINISTERIN IN BEDRÄNGNIS

Wenn sich der öffentliche Druck erst einmal aufgebaut hat, ist es natürlich extrem schwer, die festgefahrenen öffentlichen Vorurteile wieder umzukehren. Das musste auch Landesjustizministerin *Roswitha Müller-Piepenkötter* erfahren, nachdem im November 2006 drei Zellengenossen in der JVA Siegburg ihren 21-jährigen Mithäftling stundenlang misshandelt und schließlich zum Selbstmord gezwungen hatten. Der Ministerin war daraufhin vom politischen Gegner vorgeworfen worden, sie habe den Strafvollzug in Nordrhein-Westfalen nicht im Griff. Erst als sie sich dazu entschied, als Reaktion auf den Foltermord an dem jungen Häftling den ehemaligen Remscheider Amtsgerichtsdirektor *Rolf Söhnchen* als Ombudsmann für Klagen der Gefangenen und Bediensteten einzusetzen, beruhigten sich die Gemüter. Der Brandherd keimte allerdings vorübergehend noch einmal auf, weil *Söhnlein* kurz nach seiner Ernennung in den Urlaub fuhr und eine Staatsanwältin als Vertreterin ernannt wurde. Das war sicherlich kein kluger Schachzug, weil Gefangene zur Anklagebehörde wohl von Natur aus eher ein gespaltenes Verhältnis pflegen.

C. WENN ANWÄLTE ÜBERTREIBEN

Strafverteidiger sind öffentlichen Druck dagegen gewohnt. Sie haben gelernt, mit Pressevertretern richtig »umzugehen«. Mal geben sie sich äußerst bedeckt, mal lancieren sie in der Wirtschaftspresse pikante Details, wie jüngst im Braunschweiger VW-Schmiergeldprozess zu beobachten war. Um die eigenen Mandanten in ein milderes öffentliches Licht zu rücken, wird kurzerhand der öffentliche Druck gegen andere Personen forciert – im konkreten Fall gegen den Ex-Vorstandsvorsitzenden und aktuellen Aufsichtsratsvorsitzenden eines großen deutschen Automobilbauers. Doch die Anwälte bewegen nicht nur in der Wirtschaftspresse die öffentliche Meinung. Sogar im Aktuellen Sportstudio(!) geben sie mittlerweile Interviews. Die Rede ist von Sportrechtsanwalt *Michael Lehner*, der neben anderen Radsportgrößen auch *Patrik Sinkewitz* wegen dessen angeblicher Dopingverstrickung verteidigt. *Sinkewitz* war während der Tour de France schwer gestürzt und lag zum Zeitpunkt des Interviews in einer Hamburger Klinik. Zeitgleich war herausgekommen, dass auch *Sinkewitz* gedopt haben könnte. »Für Patrik ist eine Welt zusammengebrochen,« sagte der Anwalt tief bewegt in der Sportsendung. Er selbst habe mit seinem Klienten noch nicht über die Details gesprochen. *Lehner* wisse deshalb noch nicht, ob *Sinkewitz* überhaupt etwas zu gestehen habe. Und dann sagte er diesen Satz: »Wenn er allerdings etwas zu gestehen hat, werde ich ihm raten, dies auch zu tun«. Dass sich ein Anwalt zu einer derartigen Aussage hinreißen lässt und quasi das Mandantengespräch medial antizipiert, noch bevor er mit seinem Klienten unter vier Augen gesprochen hat, ist mehr als bedenklich. Es wäre wohl besser gewesen, wenn *Lehner* ganz auf das Interview verzichtet hätte, zumal in einer Live-Sendung.

Unbedachte Äußerungen und Gestiken lassen sich hier nämlich nicht mehr korrigieren. So bleibt denn auch der fade Beigeschmack, dass vorliegend ein Anwalt den öffentlichen Druck seines Mandanten für die Eigenwerbung (aus)genutzt haben könnte.

Ein Profi in Sachen Eigenwerbung ist fraglos auch der Hamburger Anwalt *Joachim Steinhöfel*, der während seiner Mandatszeit für den Media-Saturn Konzern nicht nur hunderte von kleinen Händlern abgemahnt und verklagt hat, sondern auch noch selbst in Werbespots des Media-Markts mitspielte und mit den bekannten Geiz-ist-geil-Sprüchen mächtig Druck auf die Preise im Elektroniksegment machte. Doch mit beiden Rollen ist es jetzt wohl vorbei. Einer Meldung der FAZ vom 9.6.2007 (»Media-Saturn-Konzern sucht anderes Image«) zufolge bemüht sich der neue Media-Saturn-Chef Roland Weise gerade um ein besseres Image für den Konzern und ein friedlicheres Verhältnis zur Konkurrenz. Deshalb habe sich der Handelskonzern von *Steinhöfel* getrennt.

Doch selbst Anwälte, die eigentlich das Licht der Öffentlichkeit scheuen, kann es im Umgang mit den Medien böse erwischen. Diese Erfahrung musste der bundesweit auf Grund seiner rüden Abmahnpraktiken bekannte Münchener Rechtsanwalt *Günter Freiherr von Gravenreuth* machen, der kürzlich wegen versuchten Betruges zum Nachteil der Berliner Tageszeitung taz zu sechs Monaten Freiheitsstrafe ohne Bewährung verdonnert wurde. *Gravenreuth* soll die taz im Mai 2006 abgemahnt haben, weil er angeblich unbestellt eine Bestätigungs-E-Mail für den taz-Newsletter erhalten hatte. Das Landgericht Berlin erwirkte daraufhin auf Antrag *Gravenreuths* eine einstweilige Verfügung gegen die taz. Zugunsten des Anwalts wurde ein Erstattungsbetrag von 663,71 Euro festgesetzt, den die Zeitung am 30.6.2006 auch zahlte. Dennoch pfändete *Gravenreuth* die Domain taz.de und versuchte zudem, diese über eine Versteigerung zu verwerten. Auf die Strafanzeige der taz hin durchsuchte die Polizei die Kanzlei *Gravenreuths* und fand dort tatsächlich ein Fax der taz an *Gravenreuth*, aus der sich die Zahlung ergab. Dessen Eingang hatte *Gravenreuth* allerdings bis dahin bestritten. Das Berliner Amtsgericht Tiergarten nahm ihm nach dieser Vorgeschichte aber nicht mehr ab, dass er wegen des Chaos in seinem Büro von dem Geldeingang nichts mitbekommen habe.

D. FAZIT

Die Beispiele zeigen, dass nicht alle Anwälte gute Öffentlichkeitsarbeiter sind. Als Anwalt mit öffentlichem Druck richtig umzugehen, will gelernt sein – ob nun in eigener Sache oder zu Gunsten der Mandanten. Ein regelmäßiges Medientraining ist deshalb dringend anzuraten. Noch besser wäre es allerdings, wenn »Recht und Journalismus« in die universitäre Ausbildung kommender Juristengenerationen integriert würde.

Sprache und Prestige

– Rechtsanwälte und ihr Kommunikationsimage –

MICHA GUTTMANN

A.

Die jüngste Allensbacher »Berufsprestige-Skala« belegt es erneut: Rechtsanwälte liegen im Ansehen der Bevölkerung auch heute noch weit unterhalb der Spitzenpositionen auf der Bewertungsskala. Noch immer halten sich Ärzte, Krankenschwestern, Polizisten, Hochschulprofessoren, Pfarrer und sogar Lehrer auf den Plätzen vor ihnen. »Hier sind einige Berufe aufgeschrieben. Könnten Sie bitte die fünf davon heraussuchen, die Sie am meisten schätzen, vor denen Sie am meisten Achtung haben«, so lautet die jährliche Frage des Allensbacher Meinungsforschungsinstituts. Das Ergebnis: Nur 25 Prozent der Deutschen benennen auf diese Frage den Beruf des Rechtsanwalts. Es mag für die betroffenen Juristen und ihre Standesvertretungen tröstlich sein, dass Apotheker, Atomphysiker und Manager in einem Großbetrieb auf der Skala weit hinter ihnen liegen. Noch schlimmer sieht es für Journalisten (10 Prozent), Buchhändler (7 Prozent) und Fernsehmoderatoren (6 Prozent) aus. Und besonderes Mitgefühl verdient der Gewerkschaftsführer, der den letzten Platz auf der Skala mit gerade mal 5 Prozent Zustimmung belegt.

Diese Untersuchungen der Allensbacher Meinungsforscher haben nicht nur Unterhaltungswert. Sie sind in einer Welt immer schneller werdender Veränderungen gesellschaftlicher, soziologischer und juristischer Beziehungen auch Ausdruck der Sehnsucht der Deutschen, in diesem sich rasant drehenden Karussell Personen zu haben, an denen sie sich wirksam festhalten können – Menschen also, deren öffentliches Ansehen so überzeugend ist, dass sie ihnen vertrauen können und wollen.

Ärzte haben seit langem schon professionell und erfolgreich Strategien entwickelt, mit deren Hilfe sie ihr Image in der Öffentlichkeit positiv gestalten und weiter verbessern können. Rechtsanwälte dagegen tun sich noch immer schwer. Zu den wenigen, die Bedeutung und Chancen von Imagewerbung und Öffentlichkeitsarbeit für Anwälte erkannt haben, gehört *Ulrich Scharf*. Sein Verdienst ist es, dass sich die Bundesrechtsanwaltskammer in den vergangenen Jahren in ihrer Außendarstellung erfolgreich positionieren konnte. Kommunikationswissenschaftliche Erkenntnisse weisen darauf hin, dass positive Ergebnisse aus erfolgreicher Öffentlichkeitsarbeit in voller Deutlichkeit erst zeitversetzt sichtbar werden, also im Laufe kommender Jahre.

Ulrich Scharf hat in seiner Amtszeit als stellvertretender Präsident der Bundesrechtsanwaltskammer besonderen Wert darauf gelegt, die Interessen der Anwaltschaft in der Öffentlichkeit aktiv zu vertreten. In der Vergangenheit hatte es hier erhebliche Kommunikations-Defizite gegeben. Zu lange hatte die Anwaltschaft die öffentliche Diskussion über Entwicklungen in Justiz und in Rechtspolitik anderen Berufsgruppen überlassen. Vor allem Rechtspolitiker hatten lange Zeit die Diskussions- und Meinungshoheit in der Öffentlichkeit. Anwälte, Staatsanwälte und Richter als Vertreter der dritten Staatsgewalt hatten sich vornehm zurückgehalten – in völliger Verkennung der steigenden Bedeutung der veröffentlichten Meinung. Viele hatten es grundsätzlich abgelehnt, sich an öffentlichen Diskussionen zu beteiligen, weil es dem Status der Anwaltschaft als Organ der Rechtspflege nicht geziemte.

Dass sich dies in den vergangenen Jahren deutlich verändert hat, ist Persönlichkeiten wie *Ulrich* Scharf zu verdanken. Bundesrechtsanwaltskammer, Deutscher Anwaltverein und Deutscher Richterbund haben sich in der Öffentlichkeit immer deutlicher engagiert. Sie haben dies getan als Lobbyorganisationen für ihre Berufsinteressen, aber auch als legitimierte Vertreter der Justiz, der mit Legislative und Exekutive auf gleicher Ebene stehenden dritten Staatsgewalt. Besonders die Anwaltsorganisationen haben sich dabei in der öffentlichen Diskussion um Bürgerrechte, Datenschutz und Terrorbekämpfung als Verteidiger bürgerlicher Freiheitsrechte positioniert.

Doch trotz dieses politischen und gesellschaftlichen Engagements hat sich das Berufsprestige der Anwaltschaft über Jahre hinweg nicht signifikant verbessert.

Der Grund hierfür liegt also nicht mehr in der fehlenden Teilhabe der Anwaltschaft am öffentlichen Diskurs insgesamt, sondern am Image des Berufsbilds des Rechtsanwalts, wie er selbst auftritt, wie er in der Öffentlichkeit wahrgenommen wird und wie ihn die Medien darstellen.

Ein Blick in die google-Welt hilft weiter. Mit Rechtsanwälten werden gerne folgende Eigenschaften identifiziert: arrogant, staubtrocken, Juristendeutsch sprechend, für Laien unverständlich redend. Einige Klischees kommen dazu: Porschefahrer, geldgeil, skrupellos und aalglatt.

Lässt man die Klischees beiseite, bleiben vor allem die Kommunikationsprobleme.

Anwälte müssen ihren Auftritt in der Öffentlichkeit und in den Medien professionalisieren und damit ihr Berufsbild in der öffentlichen Gesamtwahrnehmung positiv verändern.

Ulrich Scharf hat hier Weichen gestellt. Er setzte sich erfolgreich dafür ein, dass Rechtsanwälte zu Mittlern zwischen Justiz und Bürgern werden, denen sie juristisches Denken und Handeln verständlich machen. Diese Verständlichkeit lässt sich aber nur erreichen, wenn Anwälte ihren eigenen Auftritt in der Öffentlichkeit selbstkritisch überdenken.

B.

Diese Kritik am Erscheinungsbild des Anwalts beginnt mit seiner Sprache.

Bereits nach dem zweiten Staatsexamen und den ersten Jahren im Beruf haben viele Anwälte verlernt, die deutsche Sprache zu mögen und sie pfleglich zu behandeln. Immer mehr gleiten sie ab in fachbegriffliche Wort-Ungetüme, in reihenweise Schachtelsätze und in »verbale Schriftsätze«. Die lebendige Sprache verkümmert. Gefährlich kann dies auch für die Entwicklung der deutschen Sprache insgesamt werden. Denn Sprache entwickelt sich bekanntlich fort. Sie tut dies aber eigentlich im Alltag. So jedenfalls geschah es über Jahrhunderte. Wenn Juristen heute immer wieder versuchen, ihre Fachsprache und Fachausdrücke in die lebendige Sprache hineinzudrücken, so tut dies unserer Sprachentwicklung nicht gut, vor allem wenn diese Begriffe in öffentlichen Diskussionen und in den Medien ohne Erklärungen und kritiklos übernommen werden. Da ist die Rede von Tilgungsstreckungsdarlehen, von Verlustzuweisungsanträgen, von Autobahnraststättenwaschraumordnung, von Kraftfahrzeughaftpflichtpolice oder von Leitungswasserschadenversicherungsbedingungen. Die deutsche Sprache lässt es ohne Gegenwehr zu, Substantiva nach Bedarf und Belieben zusammenzuleimen. Sie drängt in einem einzigen Wort eine Bedeutung zusammen, die sich sonst über ein Substantiv mit einem Attribut oder sogar mit einem Nebensatz verteilen müsste. Diese Zusammenfügung spart zunächst einmal Platz und Zeit, führt aber zu immer längeren Wort-Ungetümen, bis zur konsequenten Unverständlichkeit. Was sind die Motive, die zu solchen Wortbildungen führen? Oft sind es Renommiersucht, Wichtigtuereien und Eitelkeiten. Aber es können auch Vertuschung des wahren Inhalts oder vielleicht sogar bewusste Unwahrheiten sein, die solche Sätze produzieren, die jenseits aller Genauigkeit, Eleganz oder gar Charmes sind.

Hier hilft nur noch radikales Umdenken und ein Selbst-Verbot, Substantiva zusammenzuleimen und Gedanken in Schachtelsätzen zu verbergen. Verben sind anschaulicher, schlanker und lebendiger als Substantiva, nicht immer, aber stets bei vergleichbarem Bildgehalt. Substantiva sollten nur dann gebraucht werden, wenn sie bildhaft und konkret sind, wie zum Beispiel die Gerichte, der Richter, der Rechtsanwalt, der Jurist. Oder wenn die Substantiva bildnah und gleichsam personifiziert sind, wie etwa die Begriffe Treue, Eigentum, Kriminalität. Unbedingt vermeiden sollte man Substantiva, die abstrakt, gebläht und damit »unecht« sind. Zeichen für diese Substantiva sind, dass sie meist mit der Silbe -ung, -heit oder -keit enden. Beispiele gibt es zuhauf, vor allem in Juristischen Fachzeitschriften. Da ist die Rede von »Beachtung finden«, »Meldung machen« und »zur Kenntnis nehmen«. Und dies ist nur eine kleine Auswahl. Vor allem aber vermeiden sollten Juristen jene Substantiva, die lebende Leichname sind, wie etwa die »Zurschaustellung«, die »Ingangsetzung« oder die »Inaugenscheinnahme«. Dass gerade Anwälte sich dieser Substantivierung so gerne bedienen, ist allen Beteiligten bekannt. Dass sie es dennoch immer wieder tun, ist unverständlich und macht sie zu gefährlichen Gewohnheitstätern am Missbrauch der deutschen Sprache. Verben sind es, die den Kern jeder Aussage bilden und die Handlung fortbewegen, und dies unabhängig davon, ob es um einen Artikel für eine Fachzeitschrift, um ein Interview oder einen Vortrag geht. Verben machen Sprache und Schreiben lebendig. Wer dies beachtet, wirkt in seinem Auftritt lebendig und authentisch.

»Wie soll ich wissen, was ich denke, bevor ich höre, was ich sage«, scheint der Leitspruch vieler Anwälte zu sein, die in der Öffentlichkeit oder in den Medien auftreten. Doch Denken und Sprache sind gleichsam zwei Takte derselben Melodie, zwei Phasen desselben Vorgangs. Im besten Fall erkennt sich der Sprecher in dem Satz, den er denkt und redet, plötzlich selber, sieht seine Gedanken plastisch vor Augen und kann an ihnen zupfen, bis sie so sitzen, wie er sie haben möchte. Der Hörer oder Leser weiß, wes Geistes Kind der Sprecher oder Schreiber ist. Er erkennt es an den einzelnen Wörtern der Sätze, vor allem aber an ihrer Art, an ihrer Straffheit oder Breite, an ihrer Verquollenheit oder Durchsichtigkeit, an ihrer Aufrichtigkeit oder Verlogenheit. Sprache ist ein Scheidewasser: sie kann Gut und Böse sichtbar machen, sie kann Wert und Unwert der Gedanken zeigen, deren Kleid sie ist. Sie kann aber auch verschleiern, verharmlosen, für dumm verkaufen oder der Lüge dienen. Dann wird sie bewusst so eingesetzt und damit missbraucht. Auch Journalisten fallen oft auf den gewollten Sprachmissbrauch herein und machen sich somit zu Handlangern der Begriffsvernebelung.

C.

Sprache dient der Verständigung. Deshalb ist das wichtigste Gebot, auch für Juristen, verständlich zu reden und zu schreiben. Anwälte unterliegen oft der Versuchung, Einfaches kompliziert und Triviales besonders schwierig auszudrücken. Vielleicht steht hinter diesem Sprachgebrauch die Angst, von Fachkollegen nicht ernst genommen zu werden. Dieser Versuchung mit aller Kraft zu widerstehen – das ist die wichtigste Regel für alle, die mitspielen wollen in der öffentlichen Diskussion und in den Medien. Die deutsche Sprache kann sich gegen den Missbrauch nicht wehren. Wer Lust am Umgang mit ihr hat, muss sie sorgfältig behandeln.

Wenn allerdings Gedanken unklar sind, steht auch die deutsche Sprache vor einer unlösbaren Aufgabe. Nur wer sich klar darüber ist, was er sagen will, kann auch nach den richtigen Formulierungen suchen. Je besser also die Gedanken strukturiert sind, umso deutlicher und überzeugender wird unsere Sprache. Und umso aufmerksamer wird das Publikum zuhören oder schriftliche Ausführungen verschlingen. Die Sprache ist Werkzeug unserer Kreativität. Benutzen wir also die Sprache, um uns und unsere Gedanken vorzustellen. Wichtig dabei ist einzig und allein das Ergebnis der Kommunikation. Nicht, was wir eigentlich sagen wollten, ist von Bedeutung, sondern das, was die anderen verstanden haben. Unsere Sprache ist eine Brücke, mit der wir unser Publikum auf eine für beide Seiten befriedigende und erfolgreiche Weise erreichen können. Diese Brücke soll Vertrauen erwecken, stabil sein und auch den Gegenverkehr aufnehmen können. Wer dann aus ihr auch noch ein elegantes Meisterwerk der Baukunst machen kann, hat das Image der Anwaltschaft positiv beeinflusst. Auch Anwälte werden in der Öffentlichkeit nicht mehr allein durch Arbeit und Leistung ihr Image erfolgreich verbessern. Sie müssen zusätzlich die Fähigkeit entwickeln, überzeugend zu kommunizieren. Die Sprache ist es, die andere als Basis ihrer Beurteilung heranziehen. »Was wurde gesagt? Wie wurde es gesagt? Wie war es gemeint? Und was löst das Gesagte bei mir aus? Der Inhalt ist wichtig, aber das Medium Sprache selbst ist es ebenso. Es ist nur folgerichtig, dass die öffentliche Beurteilung einer handelnden Person sich schon lange nicht mehr nur um Inhalte dreht, sondern Sprache und Kommunikation selbst zur Messlatte von Qualität und Erfolg geworden sind. Man mag diese Entwicklung als negativ empfinden – an der Entwicklung selbst kommt niemand vorbei. Und deshalb ist es auf jeden Fall besser, sie als Herausforderung und Chance zu betrachten, also positiv zu sehen.

Erfreulich ist, dass die deutsche Sprache einen umfangreichen und differenzierenden Wortschatz umfasst, von dem allerdings nur die wenigsten Gebrauch machen. Dabei ist der passive Wortschatz naturgemäß erheblich größer als der aktive. Wer in diese Wort-Schatztruhe hineingreift, um die für das Gespräch oder den Artikel angemessenen Wörter, Wortpaare und Begriffe zu finden, muss aber bereits vorher wissen: Wer ist mein Gesprächspartner? Wer ist mein Publikum? In welchen Medien wird mein Interview abgedruckt oder gesendet? Wo erscheint mein Artikel?

Ausgangspunkt bei diesen Überlegungen ist dabei stets der Adressat. Was ist über ihn bekannt? Welche Kenntnisse lassen sich voraussetzen? Dieser Perspektivwechsel ermöglicht es, eigene Gedanken so zu ordnen, dass sie dem Verständnis- und damit auch dem Sprach-Level des Gesprächspartners, des Publikums oder des Mediums entsprechen. Ein noch so brillant vorgetragener Gedanke verfehlt seine Wirkung, wenn er auf Unverständnis und damit zumeist automatisch auch auf Ablehnung trifft. Wer spricht, trägt die alleinige Verantwortung dafür, dass er verstanden wird. Hier gibt es bekanntlich keinen einklagbaren Anspruch. Der Perspektivwechsel hat aber noch weitere Vorteile. Er zwingt, eigene Gedanken noch einmal zu ordnen und auf Schlüssigkeit und Stringenz hin zu überprüfen. Er veranlasst gleichzeitig, für sich selbst die Ausgangslage des Gespräches, des Interviews oder der Diskussion klar definieren zu können. Und schließlich dient der Perspektivwechsel auch dazu, das Publikum und seine Interessen bereits im Vorfeld zu analysieren und zu verstehen. Wer in der Öffentlichkeit auftritt, will in der Vielfalt der öffentlichen Diskussionen »mitspielen«. Der Auftritt dient also nicht nur der persönlichen Eitelkeit, obwohl dies auch für Anwälte durchaus legitim wäre. Wer auftritt, will vielmehr seine Sicht der Dinge schildern, weil er davon überzeugt ist, dass seine Meinung im konkreten Fall oder für Gestaltung, Entwicklung und Lösung gesellschaftlicher Probleme wichtig ist. Erfolgreich ist diese Meinung aber nur, wenn das Publikum aus eigener Sicht heraus hierfür Interesse hat. Dieses Interesse lässt sich am besten wecken, wenn die Publikums-Erwartungen bekannt sind. Wer das Interesse des anderen erkannt hat, kann seine Ausführungen auf dieses Interesse hin konzentrieren. Und dies bedeutet: Nur Erkenntnisstand und Interesse des Publikums setzen die Rahmen-Bedingungen für Inhalt und sprachliche Ausgestaltung der eigenen Ausführungen, für die noch einige weitere Handwerksregeln gelten.

Das Wichtigste, also die Hauptsache der Ausführungen, steht immer im Hauptsatz, wie schon der Begriff es definiert: kurz, knapp und klar, ohne Füllwörter, Floskeln oder Phrasen. Nebensätze stehen am Ende des Satzes, niemals am Anfang oder in der Mitte. Diese Satzkonstruktion ermöglicht dem Publikum eine schnelle Erkenntnis dessen, was vermittelt wird. Niemals sollte die Prägnanz des eigenen Stils gefährdet werden. Wer aus falscher Bescheidenheit an falscher Stelle durch einschränkende Floskeln (etwa »wie mir scheint«/»nach meiner Auffassung«/) seine Behauptungen relativiert, verwässert seine Aussage. Dies macht keinen Sinn, denn jeder weiß, dass der Redner natürlich seine eigene Meinung vertritt. Schließlich ist er als Gesprächspartner oder Experte mit eigener Meinung gefragt. Wer etwas sagen will, muss den Mut haben, es ganz zu sagen. Er darf seine Aussage nicht zur Hälfte wieder zurücknehmen, kaum dass er sie getroffen hat. Durch die Vermeidung solcher Pseudo-Bescheidenheit, dazu gehört auch die Definition der eigenen Persönlichkeit als »meine Wenigkeit«, wird der Sprachstil offen und bestimmt – und das ist wichtig, um ein Publikum zu überzeugen. Knapper Stil beweist die zügige und stringente Entwicklung der Gedanken. »Knapp« meint aber auch den Verzicht auf alles, was die eigene Stilebene stört. »Knapp« heißt dabei auf keinen Fall »kurz um jeden Preis«, sondern »kurz und verständlich«. Wer komplizierte Zusammenhänge deutlich machen will, muss Zusammenhänge aufbrechen, in Einzelteile zerlegen und diese Einzelteile hintereinander servieren – im konsequent logischen Aufbau. Dabei bietet die deutsche Sprache viele Hilfsmöglichkeiten. Zum einen können Einzelteile in numerischer Reihenfolge hintereinander vorgetragen werden, also erstens, zweitens, drittens, etc. Oder jedes Einzelteil der Ausführungen kann durch Beispiele, tatsächliche Begebenheiten, Anekdoten aufgelockert und dadurch auf eine Ebene gebracht werden, die beim Publikum persönliche Assoziationen herbeiführt. Wem dies gelingt, findet immer interessierte und dankbare Leser, Hörer und Zuschauer, vor allem beim Interviewauftritt.

D.

Anwälte gehören hier zu der Kategorie von Interviewpartnern, die Journalisten besonders fürchten. Ihre Gewohnheit, immer wieder in die juristische Fachsprache zu verfallen, macht ein Interview nicht einfach. Auch ihre Angewohnheit, sich oft nicht festzulegen, also »Einerseits-Andererseits-Argumente« abzuwägen, ist für juristische Bewertungen sicher vorteilhaft, entspricht aber nicht den Verständnisregeln der Medien. Interviews sollen einen Standpunkt deutlich machen. Der Interviewpartner steht für seine Meinung. Wer dabei Angst hat vor notwendigen, aber angemessenen Vereinfachungen, hat die Regeln der öffentlichen Diskussion in den Medien nicht verstanden. Medien wollen und können Denkanstösse und Anregungen vermitteln. Sie können aber nicht – und das ist auch nicht ihre Aufgabe – Sachverhalte oder gesellschaftliche Entwicklungen wie auf einem Symposion ausführlich und langatmig behandeln. Wer also als Interviewpartner gefragt ist, dem bietet sich die Chance, seine Meinung zu vertreten. Dabei müssen die Statements, die verbalen Ausführungen also, bereits im Vorfeld intensiver durchdacht sein als bei Gesprächen oder Diskussionsbeiträgen. Ein Statement sollte niemals abgelesen werden. Freies Sprechen ist hier besonders wichtig. Denn nur freies Sprechen schafft beim Zuschauer Vertrauen. Bei Statements oder Interviews steht der Befragte zusätzlich unter erheblichem Zeitdruck, da Aufnahme- und Sendezeit sowohl bei Vorproduktionen als auch bei LIVE-Sendungen naturgemäß beschränkt sind. Für Fernsehstatements in Nachrichtensendungen stehen meist nur 15 bis 20 Sekunden Zeit zur Verfügung, um Kernaussagen zu vermitteln. Alles was darüber liegt, fällt dem Schnitt zum Opfer. Sollte ein Schnitt nicht möglich sein, wird das Statement nicht gesendet. Und dies ist eine verpasste Chance, in der Öffentlichkeit Flagge zu zeigen.

Untersuchungen haben übrigens ergeben, dass dem Fernsehzuschauer rund acht Sekunden für den ersten, wichtigen Eindruck bleiben. Unbewusst hat der Zuschauer dann bereits zu 90 Prozent sein Urteil gefällt. An diesem kurzen Augenblick sind, so die wissenschaftliche Forschungen, beteiligt: Körpersprache, Haltung und Statussymbole zu 55 Prozent, der Klang der Stimme zu 38 Prozent und das Gesagte zu 7 Prozent.

Angesichts dieser Zahlen lohnt es sich, darauf zu achten, wie sich die Wirkung des Gesagten auf Zuhörer verbessern lässt. Rhetorisch sind Authentizität und Verständlichkeit die Schlüssel, das eigene Ansehen zu verbessern: Eine Herausforderung für Rechtsanwälte.

Keine Angst vor dem Umgang
mit Rechtsjournalisten

Anke Stachow / Martin W. Huff

A. Einleitung

Mit der Liberalisierung des anwaltlichen Berufsrechts hat sich in den vergangenen Jahrzehnten die Einstellung der Anwälte zur Öffentlichkeitsarbeit erheblich verändert. Dem Beispiel der Unternehmen folgend, verfügen heute viele, meist größere Sozietäten oder spezialisierte Kanzleien, über eigene PR-Abteilungen. Aber auch kleinere Kanzleien haben den Wert einer guten Öffentlichkeitsarbeit erkannt. Dort übt meist ein Partner neben seiner anwaltlichen Tätigkeit die Funktion des Pressesprechers oder des Ansprechpartners für die Medien aus.[1]

Auch in den Redaktionen hat sich einiges geändert: Rechtsfragen spielen eine immer größere Rolle in unserem Alltag. Entsprechend wächst das Interesse der Öffentlichkeit an diesen Themen. Unter den Journalisten gibt es inzwischen eine ganze Reihe von Kollegen, die sich intensiv mit juristischen Themen und dem Anwaltsmarkt als Wirtschaftszweig befassen. Sie sind zum Teil ausgebildete Volljuristen oder aber haben sich ein entsprechendes Fachwissen angeeignet.

Obwohl beide Seiten sich auf das Thema »Recht« spezialisiert haben, ist der Umgang miteinander nicht problemlos. So sind Rechtsfragen oftmals sehr komplex, Sachverhalte oft nicht zu verallgemeinern. Sie erfordern Spezialwissen, und das haben die Juristen. Aber dieses Wissen muss allgemeinverständlich wiedergegeben werden – dies ist die Aufgabe der Journalisten. Beide leben von dem Umgang mit der Sprache, die aber jeweils anderen Regeln folgt. Sie müssen sich daher aufeinander einstellen und voneinander lernen.

Diesen Austausch institutionalisiert hat vorausschauend *Ulrich Scharf* als Vorsitzender des Öffentlichkeitsausschusses der Bundesrechtsanwaltskammer (BRAK), indem er 1996 zum ersten Mal das Journalistenseminar »Wirtschaft und Recht«[2] ins Leben rief. Seitdem lädt die Kammer jährlich rund 30 Journalisten zunächst nach Bonn, jetzt nach Berlin, ein. Herausragende Juristen auf ihrem Fachgebiet stellen aktuelle Rechtsthemen vor, vermitteln Hintergrundwissen und ermöglichen – zusammen mit einem kleinen parlamentarischen Abend – den intensiven Austausch

---

1 In vielen Kanzleien wird es ungern gesehen, wenn sich ein Partner oder ein angestellter Anwalt der Sozietät als »Pressesprecher« bezeichnet.

2 Von Anfang an unter der Moderation von *Stephan Detjen* und *Martin W. Huff*, von 2008 an auch von *Gudula Geuther*.

zwischen Juristen und Journalisten. Das Journalistenseminar, an *dem Ulrich Scharf* immer teilgenommen hat, ist heute einer der Treffpunkte für Rechtsjournalisten in Deutschland.

Als Danksagung für dieses Engagement wird sich auch dieser Beitrag dem Thema Rechtsanwalt und Öffentlichkeit, vor allem dem Zusammenwirken von Anwalt und Journalismus, widmen.

B. ANWALT UND ÖFFENTLICHKEIT

War die Öffentlichkeitsarbeit bei vielen Kanzleien anfangs ein Bestandteil des Marketings, gehört sie heute – wie auch bei den Unternehmen – zur Unternehmenskommunikation, sie wirkt nach innen und außen.[3] Zur externen Kommunikation – mit der sich dieser Beitrag befasst – gehören das Internet,[4] Broschüren, Mandantenrundschreiben, Stellensuche und die klassische Medienarbeit. Sie ist für die Anwaltschaft immer noch das weitaus wichtigste Mittel unter den Instrumenten der Öffentlichkeitsarbeit.

Einigkeit besteht heute darüber: Ein Anwalt darf von sich aus auf die Medien zugehen und ihnen Informationen anbieten. Diese Form der Werbung ist Bestandteil der Berufsausübungsfreiheit nach Art. 12 GG, die dem Anwalt wie jedem anderen Berufstätigen auch zusteht.[5] Dabei dürfen auch, so hat es das *BVerfG* zutreffend entschieden,[6] Fotos von der Kanzlei und den Kanzleimitgliedern ausgehändigt werden. Auch die unteren Instanzen folgen dem *BVerfG* mittlerweile weitgehend[7] und legen der Zusammenarbeit etwa bei Interviews oder Kommentaren in den Medien keine Steine mehr in den Weg.

Allerdings ist für den Anwalt dabei entscheidend, dass er seine Information sachlich gestaltet[8] und auch wettbewerbsrechtlich zulässig formuliert, also nicht übertreibt. Seine Aussagen müssen sich verifizieren lassen.[9] So sind zum Beispiel nachweisbare Quoten gewonnener Prozesse in einer Veröffentlichung oder in einem Interview zulässig.[10] Genannt werden dürfen auch tatsächliche Gegner,[11] z.B. wenn

---

3 S. dazu ausführlich *Huff* FS Busse, 1988, S. 163.
4 Das soeben das BVerfG als zulässige Bestandteil der Anwaltskommunikation ausdrücklich anerkannt hat, BVerfG, Beschl. v. 12.12.2007, 1 BvR 1625/06 – Gegnerliste.
5 So noch einmal ausdrücklich BVerfG, Beschl. v. 12.12.2007, 1 BvR 1625/06 – Gegnerliste.
6 BVerfG NJW 2000, 1635 m. Anm. *Huff* EWiR 2000, 77 f. Fortentwicklung der Rechtsprechung des BVerfG, siehe nur NJW 1992, 2341.
7 Zu Nachweisen s. *Huff* in: Pepels-Steckler (Hrsg.), Anwaltsmarketing, 2003, S. 41 (49).
8 Dazu immer wieder die Rechtsprechung zu § 43b BRAO, zuletzt BGH NJW 2004, 1651; OLG Hamburg NJW 2004, 1668.
9 S. dazu OLG Frankfurt NJW 2000, 1652.
10 So auch OLG Frankfurt NJW 2000, 1652 – zu den Erfolgen in Hochschulzulassungsverfahren.
11 Also Unternehmen gegen die die Kanzlei tatsächlich ein Mandat erteilt wurde.

sie Wirtschaftsunternehmen sind. Dies ist natürlich – auch für die Öffentlichkeitsarbeit – ausgesprochen wichtig.[12]

Die Zusammenarbeit darf auch zu Zwecken der »Rechtsberatung« der Leser, Zuschauer oder Zuhörer erfolgen. Den Medien ist nach der Rechtsprechung des BGH[13] – die vom BVerfG bestätigt wurde [14] – die rechtliche Information erlaubt, sofern nicht konkrete Einzelfällen behandelt werden. Erteilt die Redaktion dem Anwalt auch tatsächlich ein Mandat, so darf er sogar konkrete Aussagen machen. Für Anwälte gibt sich damit ein Betätigungsfeld, das sie für die Eigendarstellung bestens nutzen können.[15]

C. WEGE IN DIE ÖFFENTLICHKEIT

I. Die Medieninformation

Ein wichtiges Instrument der Öffentlichkeitsarbeit ist der Versand von Medieninformationen. Voraussetzung dafür, dass die Information den gewünschten Kreis auch erreicht, ist ein sinnvoller Verteiler. Er muss zunächst aufgebaut und später kontinuierlich gepflegt werden: Sind zum Beispiel der Ansprechpartner, die Adresse noch aktuell?

Die meisten Redaktionen haben dafür gesorgt, dass eingehende Medieninformationen – heute meist per e-Mail – tatsächlich auch gelesen und bearbeitet werden. Anders ausgedrückt: Der Informant hat seine »Bringschuld« erbracht. Kein Journalist kann sich beschweren, dass er die Informationen nicht erhalten hat. Andererseits beschleunigt intensives Hinterhertelefonieren – beliebt gerade bei der Einschaltung von PR-Agenturen – auch nicht eine mögliche Veröffentlichung – eher ist das Gegenteil der Fall.

Aber: Wenn Rechtsanwälte nicht einige wenige Regeln einhalten, die bei der Formulierung einer Medieninformation zu beachten sind,[16] dann werden viele Journalisten die Information nicht beachten.

Welche Hindernisse Anwälte meistern müssen, die eine Vorreiterrolle in Sachen Öffentlichkeitsarbeit einnehmen wollten, zeigt folgendes Beispiel. Es zeigt, wie unterschiedlich Journalisten und Juristen mit der Sprache umgehen, konkret, wie der – journalistisch klassische – Aufbau einer Presseinformation von Juristen missverstanden werden kann. Es geht um ein Urteil des LG Nürnberg-Fürth,[17] das mitt-

---

12 BVerfG BRAK-Mitt. 2008, 69 m. Anm. Uecktmitz – Gegnerliste.
13 NJW 2002, 2877 (2880, 2882 und 2884) m. Besprechung *Huff* NJW 2002, 2840.
14 BVerfG NJW 2004, 672.
15 Besonders beliebt sind hier sog. Telefonaktionen zu Rechtsthemen wie z. B. Familien- und Erbrecht, die häufig auch von den örtlichen Anwaltsvereinen organisiert werden.
16 S. dazu *Huff* FS Busse (Fn. 3) S. 163 (170 f.).
17 LG Nürnberg-Fürth NJW 2004, 689 m. Anm. *Huff* EWiR 2004, 223.

lerweile durch das OLG Nürnberg[18] zu Recht in wesentlichen Teilen aufgehoben worden ist. Die große Nürnberger Sozietät Rödl & Partner hatte eine Medieninformation veröffentlicht,[19] in der am 20.6.2002 über das Geschäftsjahr 2001 berichtet wurde.[20] Die Überschrift lautete: »Rödl & Partner erzielt Rekordwachstum«. Diese Medieninformation sah die Rechtsanwaltskammer Nürnberg als unzulässig an. Sie störte sich vor allem an Formulierungen wie »Rekordwachstum« und »führende Kanzlei« sowie der Angabe von Umsatzangaben der Sozietät und der Aussagen in der Medieninformation. Die Kammer bekam zunächst Recht, auch wenn später das OLG Nürnberg das zu Recht anders sah und das Verbot der Umsatzangaben in dem damaligen § 6 Abs. 3 BORA als verfassungswidrig ansah.

Unser Ansicht nach war der Blickwinkel des LG Nürnberg-Fürth hier von Anfang an zu eng: Es wurden – neben anderen Punkten – die Formulierungen in einer Pressemitteilung aus dem Zusammenhang gerissen und »Wort für Wort« betrachtet. Richtig wäre aber eine zusammenhängende Betrachtung, die gerade anerkennt, dass manche Formulierungen und Wertungen zu Beginn einer Medieninformation erst am Ende oder in anderem Zusammenhang erläutert werden können. Eine Medieninformation muss den Redakteur sofort interessieren, er muss die Botschaft sofort erkennen können. Diesen Gepflogenheiten haben Medieninformationen zu folgen und dem sollten auch die Gerichte Rechnung tragen.

II. Der Gastbeitrag

In vielen Tageszeitungen und Magazine gibt es inzwischen Seiten, die sich ausschließlich juristischen und steuerlichen Themen widmen. Sie eröffnen Rechtsexperten, insbesondere Rechtsanwälten, die Chance, zu aktuellen rechtspolitischen Fragen, zu Gerichtsverfahren und –Entscheidungen sowie zu Verbraucherthemen Stellung zu nehmen. Beliebt sind beispielsweise Kommentare zu aktuellen Entscheidungen im Arbeits-, Miet-, Sozial- oder Reiserecht. In den überregionalen Tageszeitungen und Wirtschaftsmagazinen haben sich aber auch Gastbeiträge zu speziellen Fragen des Wirtschaftsrechts etabliert, die auf Grund ihrer Komplexität in der täglichen Berichterstattung nur oberflächlich gestreift werden können, die aber für die Leserschaft von besonderer Bedeutung sind. Dazu zählen beispielsweise geplante Gesetzesnovellierungen im Aktien-, Übernahme- oder Steuerrecht. Hier sind die Koryphäen auf ihrem jeweiligen Rechtsgebiet gefragte Autoren.

Für beide Seiten ist die Veröffentlichung ein anstrengendes Tauziehen: Natürlich dient ein solcher Gastbeitrag der Profilierung des Autors und seiner Kanzlei. Der Anwalt präsentiert sich einer breiten Öffentlichkeit als Experte für ein komplizier-

---

18 OLG Nürnberg NJW 2004, 2167.
19 Die bis heute auch noch im Internet abrufbar ist.
20 Unter journalistischen Gesichtspunkten liegt dieser Termin sehr spät. Besser wird ein Termin gewählt, in dem Bilanzen eines Jahres noch üblich sind, etwa Januar bis März des Folgejahres.

tes juristisches Thema. Gleichwohl darf sein Beitrag aber nicht so abgehoben sein, dass er vorwiegend der Befriedigung persönlicher Eitelkeiten dient. Im Vordergrund müssen die Bedürfnisse des Lesers stehen. Weder dem Autor, noch der Redaktion ist damit gedient, wenn solche speziellen Seiten überblättert werden und der Artikel nur für das eigene Archiv des Autors von Interesse ist.

Die Meßlatte für einen guten Gastbeitrag hängt hoch. Für den journalistischen Laien, und dies sind auch Rechtsanwälte, beginnt die Kunst damit, die vorgegebene Länge – heute meist vorgegeben in »Zeichen mit Leerzeichen« – einzuhalten. Sie müssen – anders als in einem Schriftsatz – einen komplizierten Sachverhalt auf wenige Botschaften reduzieren. Diese »Kunst des Weglassens« beherrschen aber nur Wenige. Gerade unter den Juristen ist die Angst groß, vermeintlich ungenau und damit angreifbar zu sein.

Das führt leicht zu Spannungen zwischen Autor und Redaktion. Dabei müssen die Autoren akzeptieren, dass der Redakteur der erste unbefangene Leser eines Beitrags ist. Er muss beurteilen, ob der Beitrag den gestellten Anforderungen entspricht. Versteht er den Inhalt nicht, wird es auch dem Gros der Leser nicht anders gehen. Zwar kann der Autor aus urheberrechtlichen Gründen auf seiner Fassung bestehen, dann geht er allerdings das Risiko ein, dass er nicht gedruckt wird.

Schleichen sich durch die Bearbeitung der Redaktion Fehler in den Text, kann und muss das der Autor natürlich nicht akzeptieren. Da gibt es kein pardon! Wenn es jedoch nur um Formulierungen geht, müssen Redakteur und Autor den goldenen Mittelweg zwischen Verständlichkeit und Genauigkeit finden. Hier wäre es wünschenswert, wenn Juristen großzügiger würden, ihr Herz nicht an Fachausdrücke hängen und nicht auf verklausulierte Schachtelsätze bestehen. Denn diese haben manchmal den einfachen Zweck, die klare Meinung des Autors zu verschleiern.

Grundsätzlich gilt: Die Veröffentlichung eines Gastbeitrages ist kein gekürzter wissenschaftlicher Aufsatz, kein Beitrag in einem juristischen Seminar, sondern ein neues eigenständiges Produkt. Verständlichkeit ist hier oberstes Gebot und der Redakteur hier der Anwalt des Lesers!

III. Das aktuelle Zitat

Eine andere Möglichkeit, in den Medien namentlich erwähnt zu werden, ist ein Zitat. Statt eines langen Interviews nutzen sowohl die elektronischen wie die Printmedien im hektischen Redaktionsalltag ein kurzes Statement, um die Meinung anderer in ihrer Berichterstattung zu berücksichtigen. Unter einem Statement verstehen die Journalisten, eine ganz knappe inhaltliche Aussage. Sie dauert im Fernsehen oder im Rundfunk etwa 15–20 Sekunden, in einem Zeitungsartikel sind es ein oder zwei Sätze »knackiges Zitat«. Gerade Anwälte haben gute Chancen ihre Meinung zu tagesaktuellen Themen zu äußern, da rechtspolitische Fragen immer häufiger eine Rolle spielen und Expertensicht dann gefragt ist, zum Beispiel Äußerungen erfahrener Familienrechtsanwälte zum neuen Unterhaltsrecht oder Steuerrechtler zum Jahressteuergesetz. Dies findet im Redaktionsalltag auch statt.

Diese Form der Öffentlichkeitsarbeit darf in ihrer Wirkung nach außen nicht unterschätzt werden. Denn ein Statement vermittelt die Botschaft, dass der Journalist den Anwalt aus der Masse seiner Berufskollegen auserwählt hat und seine Meinung wertschätzt. Dies setzt allerdings voraus, dass der Anwalt in der Lage ist, sich innerhalb kürzester Zeit in den Sachverhalt einzuarbeiten (die Gerichtsentscheidung oder den Gesetzesentwurf liest) und eine pointierte Meinung dazu vertritt, mit der er die Bedeutung einer Entscheidung oder die Schwachstellen eines Gesetzesentwurfes aufzeigt.

Dabei muss sich der Anwalt an die Gepflogenheiten des Redaktionsalltags anpassen. Er muss zum Beispiel unproblematisch für einen »O-Ton« telefonisch oder persönlich erreichbar sein und zulassen, dass seine Zitate zugespitzt und gekürzt veröffentlicht werden. Für langwierige Freigabeprozesse ist in der Hektik der Redaktionen keine Zeit.

IV. Interview und Portrait

Eine besondere Hervorhebung erfährt ein Rechtsanwalt, wenn er um ein Interview gebeten oder über ihn ein Portrait veröffentlicht wird.

Das Interview gibt dem Anwalt die Möglichkeit, etwas ausführlicher als im Zitat zu einem Rechtsthema Stellung zu nehmen. Dabei muss er aber viel Disziplin walten lassen, gerade wenn es um ein Fernseh- oder Hörfunkinterview geht. Kurze knappe und verständliche Aussagen, die auch tatsächlich die gestellten Fragen beantworten, sind entscheidend, um später wieder um ein Interview gebeten zu werden. Zwei bis drei Minuten Interview sind heute schon viel, dem Juristen kommen sie aber immer viel zu kurz vor. Übung macht hier den Meister. Der Journalist ist hier – wie beim Gastbeitrag – wieder bei der Vorbereitung eines Interviews der erste Zuhörer des Anwalts. Versteht er etwas nicht oder meint er, dass der Anwalt zu kompliziert formuliert, sollte der Jurist dies sehr ernst nehmen. Auch Korrekturen bei den Fragen – gerade bei einem Live-Interview – sollten unterbleiben, denn dies sieht kein Journalist gerne. Geschickte Antworten bringen den Moderator oder den Interviewpartner nicht in Schwierigkeiten und das Interview kommt auch beim Hörer sehr viel besser an. Klar sollte der Jurist sich aber über eines sein: Es ist schön und gut, sich selber zu sehen oder zu hören. Aber bei der Vielfalt unserer Fernseh- und Hörfunksendungen »versendet« sich auch vieles, wird von der Umgebung nicht so wahrgenommen, wie es sich vielleicht der Anwalt wünscht.[21] Beim schriftlichen Interview sind dabei andere Spielregelungen zu beachten. So hat es sich in Deutschland eingebürgert, dass ein Interview, das das Gespräch in wörtlichen Zitaten und nicht in indirekter Rede wiedergibt, vom Interviewpartner autorisiert wird. Hierbei werden oft wichtige, pointierte Aussagen doch wieder heraus-

---

21 Allerdings kann die Wiedergabe von Interviews auf der Homepage eines Anwalts durchaus einen wichtigen Werbeeffekt haben.

gestrichen, weil der Jurist oft vorsichtig ist. Journalisten müssen dies akzeptieren, werden sich aber genau überlegen, ob sie diesen Interviewpartner noch einmal ansprechen.

Besonders anspruchsvoll und auch reizvoll ist es, wenn über einen Rechtsanwalt ein Portrait geschrieben wird. Dies ist heute nicht mehr nur prominenten Strafverteidigern vorbehalten, sondern etwa auch dann interessant, wenn ein Anwalt ein wichtiges Insolvenzverfahren übernimmt. Auf regionaler Ebene werden Anwälte ebenfalls gerne porträtiert. Doch auch dabei gibt es Punkte, auf die der Anwalt besonders achten sollte: So lebt ein Portrait auch von der Farbe der Person, von dem »Unüblichen«, dem »Ungewöhnlichen« und nicht dem Normalen. Der Anwalt sollte also durchaus Zeit darauf verwenden, zu überlegen, welche Angaben er zu einem Portrait macht, welche persönlichen Daten von Interesse sein könnten. Entscheidend ist dabei aber, dass der Anwalt immer authentisch bleibt, dass er dem Journalisten etwas von seiner Persönlichkeit vermitteln kann. Erst dann wird ein Porträt lebendig und gerne gelesen.

D. ÖFFENTLICHKEITSARBEIT BEDEUTET OFFENHEIT

Eine gute und erfolgreiche Öffentlichkeitsarbeit setzt voraus, dass Journalist und Anwalt vertrauensvoll zusammenarbeiten. Dabei muss sich dieses Vertrauen erst entwickeln – und zwar von beiden Seiten. Eine Grundvoraussetzung dafür ist, dass beide Seiten offen miteinander umgehen. Kein Journalist mag es, wenn er nur für Erfolgsmeldungen in Anspruch genommen wird (und auch nur dann etwas von dieser Kanzlei hört). Auch bei schwierigen Themen muss die Kanzlei für Auskünfte zur Verfügung stehen.

Hier gibt es bei den Sozietäten, die dem Beispiel der Wirtschaft nacheifern und ihre Öffentlichkeitsarbeit institutionalisiert haben, noch Nachholbedarf. Sie möchten in der Öffentlichkeit nur allzu gerne als erfolgreiche Wirtschaftsunternehmen gesehen werden. Meldungen über wichtige Mandate, neue Partner und die Positionierung in Ranglisten wie im Juve-Handbuch oder in M&A-Statistiken überfluten die Redaktionen. Bei Problemen wie Interessenkollisionen, Entlassung von Partnern, Änderung der Vergütungsmodelle, Schließung von Standorten oder verlorener Prozesse wird es aber verdächtig still. Das ist bedauerlich. Kanzleien müssen lernen, auch mit unangenehmen Nachfragen von Journalisten fertig zu werden, so wie Wirtschaftsunternehmen heute zum Beispiel mit dem Rückruf von Produkten offensiv umgehen und bereit sind, auch Fehler einzugestehen.

Gerade bei schwierigen Themen zeigt sich, welchen Stellenwert die Öffentlichkeitsarbeit in der Kanzlei wirklich genießt. So ist es wichtig, dass diejenigen, die für die Kommunikation nach außen verantwortlich sind, auch das Vertrauen und den Rückhalt in ihrer eigenen Sozietät besitzen, mit den Journalisten offen und ehrlich zu reden, zum Beispiel bekannte Tatsachen zu bestätigen, ohne sich dauernd rückversichern zu müssen. In vielen Fällen wissen die Journalisten durchaus Bescheid und vielleicht sogar mehr, als die Sozietät glaubt. Das gilt insbesondere für diejenigen, die sich mit dem relativ überschaubaren Anwaltsmarkt beschäftigen.

E. ÖFFENTLICHKEITSARBEIT UND RECHTSANWALTSKAMMERN

Was für die Anwaltschaft gilt, gilt genauso für ihre Kammern und Verbände. Auch sie sind gefordert, ihren Teil zur Öffentlichkeitsarbeit der Anwaltschaft beizutragen. Sie sind zunächst Anlaufstellen für alle statistischen Auskünfte, Fragen des Berufsrechts, der Juristenausbildung und des Anwaltsmarkts im Allgemeinen. Gefragt sind ihre Stellungnahmen aber auch bei Gesetzgebungsvorhaben. Hier geht es nicht nur darum, die – meist sehr ausführlichen – Kommentierungen zu versenden, sondern auch komplizierte Vorhaben allgemein verständlich und mit Blick auf die praktischen Folgen darzustellen. Diese Stellungnahmen der Kammern werden leider noch zu wenig »journalistisch ausgewertet«.

In einem besonderen Spannungsfeld befinden sich die Kammern immer dann, wenn es um Regelungen geht, die den Berufsstand selber betreffen, etwa beim Erfolgshonorar, dem Rechtsdienstleistungsgesetz, der »Scheidung light« oder Fragen der Prozesskostenhilfe. Natürlich ist es die Aufgabe der Kammern, die Interessen ihrer Mitglieder zu vertreten. Jedoch sollte dies offen und ehrlich geschehen, indem Vor- und Nachteile möglichst sachlich-neutral gegeneinander abgewogen werden. Die meisten Journalisten wissen ohnehin, wie bestimmte Einwände einzuordnen sind und machen sich ihr eigenes Bild. Sachliche Hintergrundinformationen, wie sie das Journalistenseminar der Bundesrechtsanwaltskammer liefert, helfen am besten weiter – den Journalisten und den Anwälten.

Das Bild der Anwaltschaft in der Öffentlichkeit

JOACHIM JAHN

Es hilft nichts: Zum Anwalt gehen die meisten Bürger nicht wesentlich lieber als zum Zahnarzt.[1] Das gilt jedenfalls für Privatleute als Mandanten. Der Auftrag eines Unternehmens mag da schon eher einer wohligen Dauerbeziehung gleichen, wie sie sonst eher Hausärzte oder Steuerberater zu ihren Klienten pflegen. Doch selbst, wenn eine Kanzlei solche Mandate ergattern kann: Auch die Wirtschaft neigt zunehmend zum »Anwalts-Hopping« und wird langjährigen Beratern nach Neuausschreibungen (»Beauty-Contests«, »Parades« oder »Pitches« genannt) untreu. Das Bild der Anwaltschaft in der Öffentlichkeit ist deshalb ein wesentlicher Marketingfaktor für die bald 150 000 Berufsträger in Deutschland.

Ein gar nicht zu überschätzendes Verdienst von *Ulrich Scharf* um seinen Berufsstand ist es deshalb, genau daran zielgerichtet und beharrlich gearbeitet zu haben. So war die in seiner Ära eingeleitete – mittlerweile preisgekrönte – Dachmarkenkampagne der Bundesrechtsanwaltskammer (BRAK) auf die »allgemeine« Öffentlichkeit ausgerichtet. Speziell an die Multiplikatoren in den Redaktionen der Medien wendet sich hingegen das von ihm begründete jährliche Presseseminar der BRAK, das zu einer festen Größe für Journalisten wie Rechtspolitiker geworden ist. Die Advokatenzunft verdankt *Scharfs* unaufgeregtem und unaufdringlichem Wirken manches dort unters Volk gestreute Argument und Zitat, mit dem Initiativen der Gesetzgeber in Berlin und Brüssel gebremst (oder auch einmal gestärkt) werden sollten. Auch mit so manchem Handy-Telefonat am Rande von Satzungs- und sonstigen Kammerversammlungen – elegant eingefädelt von seiner Geschäftsführung – flankierte er geschickt die offiziellen Presseerklärungen seines Präsidenten *Bernhard Dombek*.

Natürlich übernehmen Qualitätsmedien nicht ungefiltert jede Äußerung, die Lobbyvertreter oder PR-Arbeiter an sie heran tragen. Auch der *Verf.* dieser Zeilen hat nicht in jedem Zeitungskommentar die Sicht der anwaltlichen Standesvertreter teilen mögen, wenn diese etwa die Verteidigung eines möglichst ungeschmälerten Beratungsmonopols oder die Abwehr innenpolitischer Initiativen zum Kampf gegen den islamistischen Terrorismus auf ihr Banner geschrieben hatten. Doch darf man *Scharf* aus vollem Herzen bescheinigen: Effizienter und moderner als er hätte niemand für diese Anliegen werben können.

---

1 So jüngst wieder *Wilde* AnwBl 2007, 826.

JOACHIM JAHN

A. DER ANWALT ALS FREUND UND HELFER

Im Kern hat die deutsche Anwaltschaft es allerdings ohnehin fast unverdient einfach: Auf einer gefühlten Werteskala rangieren diese Robenträger ziemlich weit oben im grünen Bereich. »Ratgeber, Beistand, kämpferisch, parteiisch für den Auftraggeber« – das dürften die positiv besetzten Assoziationen sein, wenn man in einer Fußgängerzone eine Meinungsumfrage veranstaltete. Dass die Kehrseite dieses Freiberuflertums in »Beutelschneiderei« ausarten könnte, glauben denn doch die wenigsten Bürger. Und dass einseitige Interessenvertretung durchaus die Hintanstellung von Objektivität, Wahrhaftigkeit und damit Gerechtigkeit bedeuten mag, kommt höchstens jenen in den Sinn, die sich in der Rolle des zu Unrecht Beklagten oder des erfolglosen Klägers sehen.

Selbst das Recht auf Verteidigung für (mutmaßliche und sogar tatsächliche) Kinderschänder, Mörder oder Vergewaltiger wird allenfalls am Kneipentisch in Frage gestellt – im öffentlichen Diskurs ist der Anspruch darauf nicht nur deshalb fest verankert, weil jeder einmal unter falschen Verdacht geraten kann. Dass der Rechtsstaat prozessuale Wahrheit erst durch den Richter und im Gegenspiel der geteilten Funktionen schafft, ist zumindest intuitiv doch den meisten Menschen bewusst.

So tritt der Anwalt den Zeitungslesern und Fernsehzuschauern in aller Regel als Freund und Helfer gegenüber. Im Nachrichtenteil vor allem der Printmedien wird er gern als Experte zitiert; Gastbeiträge und Telefonaktionen zum Alltagsrecht erfreuen sich in den Gazetten großer Beliebtheit – vom Lokalteil bis zum Wirtschaftsteil bundesweiter Blätter. Doch auch in der Welt der Fiktion ist »Liebling Kreuzberg« geradezu zu einem Prototyp geworden, von dem zahlreiche Filmserien leben, öffentlich-rechtlich wie privat ausgestrahlte gleichermaßen. Kein Wunder, dass selbst Rechtsschutzversicherungen sich in ihrer Werbung eines solchen Sympathieträgers bedienen.

B. DER ANWALT ALS ZAHNARZT

Das schließt freilich das Fortbestehen beträchtlicher Zugangsbarrieren für die unmittelbar Betroffenen keineswegs aus. In eigener Sache möchte kaum ein Bürger die Schwelle zur Anwaltskanzlei überschreiten, sofern er nicht gerade zur Spezies des Prozesshansels oder Querulanten zählt. Dabei greift der Advokat, anders als der Zahnarzt, nicht einmal zu Spritze und Bohrer. Sicher: Niemand spricht von einer »Anwaltsphobie« oder verlangt eine Beratung unter Vollnarkose. Doch die Furcht vor unkalkulierbar erscheinenden Rechnungen, das Unbehagen gegenüber dem schwer verständlichen Juristendeutsch[2] und schließlich all die negativen Konnotati-

---

2 Nicht ohne Grund hat die BRAK in Zusammenarbeit mit einem führenden Verlag für Fremdsprachen (!) ein »Wörterbuch für Ihren Anwaltsbesuch«, 2006, zur Verteilung in den Wartezimmern der Kanzleien heraus gebracht. Vgl. *Jahn* JuS-Magazin 3/08, S. 6 ff.

onen eines Rechtsstreits – vom Aktenstaub (heute eher der Feinstaub aus der Tonerkartusche des Laserprinters) bis zum Vollstreckungshaftbefehl – schrecken ab. Nicht alles daran ist irrational.

Die Deregulierung des Berufsrechts hat zwar manche Hürde gesenkt und damit den Zutritt erleichtert. So spricht sich ganz, ganz langsam herum, dass man mit seinem Rechtsberater über dessen Honorar reden und verhandeln kann; oft werden die anfallenden Gebühren übrigens überschätzt. Und den Weg in ein Anwaltsbüro findet sicherlich auch psychologisch leichter, wer beispielsweise in der U-Bahn durch freundliche Werbeaufkleber dazu eingeladen wird. Die gewachsene Möglichkeit, sich durch einen Fachanwaltstitel als Spezialist auszuweisen, dürfte zusätzlich die Orientierung erleichtert und Vertrauen geschaffen haben.

Dennoch ist verblüffend, wie wenig sich niedrig-preisige Angebote bislang ausgebreitet haben; und das in einem immer noch weiter anwachsenden Berufsstand. Auch wenn Beratung längst im Minutentakt am Telefon oder gegen Niedrigstgebot im Internet offeriert wird – die Idee eines Ladenlokals in den Fußgängerzonen hat durch das Insolvenzverfahrens eines der ersten überregionalen Betreiber[3] einen Rückschlag erlitten. Dabei ist diese Geschäftsidee durchaus bestechend: Ohne langfristige Terminvergabe und zu einem auf einer Tafel ausgehängten Tarif lässt sich schließlich nicht nur das Haareschneiden, sondern auch das Einholen von Rechtsrat unproblematisch abwickeln.

Honorige Anwaltspersönlichkeiten sollten sich da nichts vormachen: Sehr viele Rechtsprobleme von Laien lassen sich mit einer simplen Auskunft klären. Man darf gespannt sein, wie weit die (an sich äußerst moderate) Ausdehnung der Beratungsbefugnisse auf Nichtanwälte wie Banken und Autowerkstätten, Versicherungen oder Architekten durch das Rechtsdienstleistungsgesetz auf Kosten der examinierten Juristen gehen wird. Diese Branchen können künftig umso leichter ein Rundum-Sorglos-Paket schnüren, indem sie in selbiges noch ein paar Rechtstipps hinein packen.

C. DER ANWALT ALS TEPPICHVERKÄUFER

Was der Anwalt tun kann, um sich vom immer stärker umkämpften Beratungskuchen ein Scheibchen abzuschneiden, wird längst akribisch erforscht. Der Sozialwissenschaftler *Christoph Hommerich* und der Rechtsanwalt *Martin Kilian* haben durch das von ihnen aufgebaute Soldan Institut für Anwaltsmanagement maßgeblich dazu beigetragen, Defizite der Anwaltschaft aufzudecken. Diese reichen von der eigenen Büroorganisation mit einer womöglich unwirschen Sekretärin, unaufgeräumten Wartezone und indiskreten Fallbearbeitung bis hin zum mangelnden Wis-

---

3 *Jahn* BRAK-Magazin 5/2007, 8.

sen über Entscheidungskriterien potenzieller Mandanten bei der Wahl ihres Anwalts.[4]

Dass *Hommerich* sich überdies durch seine packenden Vorträge auf zahllosen Kongressen mehr als jede der einschlägigen Beratungsfirmen einen Ruf als »Anwaltsguru« erarbeitet hat, ist vollauf verdient. Langsam sickern seine Kernbotschaften endlich in die Advokatenszene ein. Sie lauten: Eine klare Positionierung tut einer Kanzlei gut.[5] Und die Kunden haben einen dringenden Bedarf nach »Vertrauenssignalen«. Denn weil sie die Qualität der anwaltlichen Dienstleistung kaum beurteilen können (selbst ein verlorener Prozess muss schließlich nicht gegen die Fähigkeiten des eigenen Rechtsvertreters sprechen), stürzen und stützen sie sich auf Hilfskriterien. Verständlichkeit, Erreichbarkeit, Zuverlässigkeit und Freundlichkeit sprechen wenigstens für eine erfolgreiche Zusammenarbeit bei der Problemlösung. Juristische Kompetenz drücken sie allerdings nicht aus. Aber welcher Patient weiß schon, ob sein Zahnarzt gründlich und umsichtig genug bohrt, wenn er nicht eine »second opinion« einholt?

Eine gewisse Überprüfbarkeit bieten aus Nachfragersicht freilich Auftritte eines Anwalts in den Medien. Zumindest Qualitätszeitungen und -sender werden kaum auf einen Scharlatan herein fallen, wenn sie einen Experten um einen Gastbeitrag bitten oder zum Interview ins Studio holen. Auch Zitate in der Presse werden nicht ganz zu Unrecht als »Prüfsiegel« dafür betrachtet, dass Redakteure jemanden als Kenner der jeweiligen Rechtsmaterie eingestuft haben.[6] Juristische Fachzeitschriften wird ein Mensch mit Rechtsproblemen dagegen nur selten abonniert haben. Dennoch kann ein Hinweis auf dortige Veröffentlichungen auf der eigenen Kanzlei-Homepage gleichfalls ein Indiz dafür sein, dass sich da jemand vertieft mit Paragraphen und Urteilen beschäftigt hat.

Anwälte sind zwar keine Gewerbetreibenden i.S.d. Steuerrechts. Aber wenn sie Inhaber oder Partner einer Kanzlei sind, sind sie – ökonomisch betrachtet – dennoch selbstständige Unternehmer, die Umsätze generieren und Gewinne schöpfen müssen, um sich und ihre Mitarbeiter am Leben erhalten zu können. Bei der Akquise kommt kaum ein Rechtsberater noch ohne ein gewisses Marketing aus. Die aktive Mitgliedschaft etwa in einem Sportverein reicht heute allenfalls noch für eine »Kümmerexistenz« als »Wohnzimmerkanzlei« aus. Die Abteilungen für »business development« der Wirtschaftskanzleien sprechen bereits von »Produkten«, wenn sie ihre Dienstleistungen meinen. Durch den Handel mit solchen Waren sind die

---

4 Siehe nur *Hommerich/Kilian* BRAK-Mitt. 2007, 191; *dies.* AnwBl 2007, 445 f.; 783 f.; 858 f.

5 Dies belegen auch etliche Kandidaten für den »Kanzlei-Gründerpreis«, der regelmäßig von Soldan gemeinsam mit BRAK, Deutschem Anwaltverein und F.A.Z. durch eine Jury unter dem Vorsitz *Hommerichs* verliehen wird – zuletzt wieder im Juni 2008.

6 Zu Chancen und Risiken solcher Kontakte, bei deren Anbahnung auch externe (und hoch bezahlte) Beratungsagenturen mitunter eklatante Fehler begehen, *Jahn* AnwBl 2005, 744; zu anwaltlichen Strategien im Umgang mit den Medien insb. in Strafverfahren Krieger/Schneider/*Jahn* Handbuch Managerhaftung, 2007, S. 974; aus Sicht von Mandanten in Unternehmenskrisen, *Hauschka/Jahn* (Hrsg.) Corporate Compliance, 2007, S. 642.

Rechtsratgeber zu Teppichverkäufern geworden, objektiv wie nach ihrer Seelenlage. Dass es auf ihrem Basar etwas ruhiger zugeht als im Orient, ändert daran wenig.

Was für den einzelnen Berufsträger betriebswirtschaftlich nützlich ist, dient freilich nicht zwangsläufig zugleich den Interessen des Berufsstandes. Die Anwaltschaft wird aufpassen müssen, dass sie ihr bisheriges Renommee nicht verspielt, indem sie sich auf einen ungebremsten Trend zur Kommerzialisierung einlässt. Das Bundesverfassungsgericht hat einige »alte Zöpfe« abgeschnitten, und manch einer hofft, dass der Europäische Gerichtshof weitere Schranken des Berufs- und Gebührenrechts aus dem Weg räumen möge. Doch verlöre eine Beraterschaft, die nur noch dem Wettbewerbsrecht unterworfen wäre, auch ihren bisherigen Vertrauensvorschuss in der Bevölkerung. Mit einer allzu großen Lockerung der Berufssitten würde deshalb zugleich ein Wettbewerbsvorteil gegenüber anderen Berufszweigen verspielt.

Dies sollte bedenken, wer beispielsweise die Regelungen über Erfolgshonorare oder Eigenwerbung noch weiter liberalisieren oder die Möglichkeit zur Bildung von Sozietäten mit ganz anderen Berufen schaffen will. Reklame, Ethos und Gerechtigkeit passen schwer zusammen. Auch eine selbstverwaltete Berufsaufsicht kann dazu beitragen, dass nicht wie in den USA Anwaltswitze über »ambulance chasers« zu einem verbreiteten Genre werden und grotesk hohe Schadensersatzforderungen die Volkswirtschaft schädigen. Wenn die Anwaltschaft in den Augen der Bevölkerung an Respekt verliert, sägt sie an ihrem eigenen Ast.

Das Telemediengesetzes (TMG) –
Eine kritische Betrachtung der Chancen und Risiken

Jutta Stender-Vorwachs

Das Telemediengesetz (TMG) ist als Artikel 1 des Gesetzes zur Vereinheitlichung von Vorschriften über bestimmte elektronische Informations- und Kommunikationsdienste (Elektronischer-Geschäftsverkehr-Vereinheitlichungsgesetz – ElGVG) vom 26.2.2007[1] am 1.3.2007 in Kraft getreten. Es dient der Umsetzung der Richtlinie 2000/31/EG des Europäischen Parlaments und des Rates vom 8.6.2000 über bestimmte rechtliche Aspekte der Dienste der Informationsgesellschaft, insbesondere des elektronischen Geschäftsverkehrs, im Binnenmarkt.[2]

Zusammen mit dem Staatsvertrag der Länder über Rundfunk und Telemedien (Rundfunkstaatsvertrag – RStV)[3] hat er zu einer Novellierung des Telemedienrechts geführt.

In ihrer Stellungnahme zur Umsetzung der Bund-Länder-Eckpunkte zur Fortentwicklung der Medienordnung durch ein zukünftiges Telemediengesetz und einen Staatsvertrag der Länder über Rundfunk und Telemedien von Mai 2005[4] hat die Bundesrechtsanwaltskammer durch ihren Ausschuss Informatik und Kommunikation Zweifel an der Gesetzgebungskompetenz des Bundes geäußert sowie die Notwendigkeit von Regelungen für das Hyperlinking und für Suchmaschinen dargelegt.

Das Bundesgesetz ist nunmehr in Kraft; Hyperlinks und Suchmaschinen finden in ihm keine gesonderte Regelung.

Es erscheint daher angemessen, in einer Festschrift für den langjährigen Vizepräsidenten der Bundesrechtsanwaltskammer das politisch und rechtlich aktuelle Thema der Telemedien näher zu beleuchten.

Das Telemediengesetz schafft einen einheitlichen Regelungsrahmen für »Teledienste« und »Mediendienste«.

Um die *Chancen und Risiken* dieses Regelungswerks analysieren zu können, erscheint es zunächst notwendig, die bislang bestehende Rechtslage im Bereich der Multimedia-Ordnung kurz zu skizzieren.

---

1 BGBl. I 2007 S. 179.
2 ABl. EG Nr. L 178 S. 1.
3 Rundfunkstaatsvertrag-RStV, vom 31.8.1991, zuletzt geändert durch Artikel 1 des Neunten Staatsvertrages zur Änderung rundfunkrechtlicher Staatsverträge vom 31.7. bis 10.10.2006 (GBl. BW 2007 S. 111), in Kraft getreten am 1.3.2007.
4 BRAK-Stellungnahme-Nr. 13/2005.

A. Einführung in die Problematik: Überblick über die bisher bestehende Multimedia-Gesetzgebung

Die bis zum 1.3.2007 geltenden Regelungen des Gesetzes über die Nutzung von Telediensten (Teledienstegesetz – TDG)[5] des Bundes sowie des Mediendienstestaatsvertrages (MDStV)[6] der Länder aus dem Jahre 1997 gehen auf eine politische Einigung zwischen Bund und Ländern über die Schaffung *komplementärer* anstatt konkurrierender rechtlicher Grundlagen für die neuen Multimedia-Dienste zurück.

Gestützt auf die jeweiligen Kompetenzgrundlagen – Art. 30, 70 GG für die Länder, Art. 74 Abs. 1 Nr. 11, 72 Abs. 2 GG (Recht der Wirtschaft) für den Bund – schufen Bund und Länder aufeinander abgestimmte Regelungen. Die Individualkommunikation sollte mit dem Teledienstegesetz des Bundes, die Massenkommunikation durch den Mediendienstestaatsvertrag der Länder abgedeckt werden. Die angestrebten einheitlichen Rahmenbedingungen für das Angebot und die Nutzung der neuen Dienste sollten durch teilweise wortgleiche, mindestens aber inhaltsgleiche Vorschriften sichergestellt werden.

Das TDG regelte das Recht der Teledienste, die in § 2 Abs. 1 und 2 des Gesetzes definiert wurden. Die Vorschrift ist als die »Gelenkstelle« für die Abgrenzung des Teledienstegesetzes zum Mediendienstestaatsvertrag der Länder sowie zu anderen Regelungswerken wie dem Telekommunikationsgesetz (TKG)[7] und dem Rundfunkstaatsvertrag (RStV) bezeichnet worden.

Diese Abgrenzung der Geltungsbereiche war nicht allein ein dogmatisches Problem; der Grenzziehung kam eine praktische Bedeutung für die Diensteanbieter insofern zu, als der Mediendienstestaatsvertrag spezielle Pflichten etwa für journalistisch-redaktionell gestaltete Angebote oder bezüglich Werbung und Sponsoring sowie eine gesonderte Regelung der Aufsicht (Stichwort: Öffentlich-rechtliche Störerhaftung) enthielt.

Kennzeichnend für Teledienste war ihre *individuelle Nutzung.*
Zu ihnen zählen insbesondere:
- E-Mail-Dienste (private E-Mails, Telebanking, Telelernen)
- Datenangebotsdienste (Verkehrsdaten, Wetterdaten usw.)
- Angebote zur Internetnutzung (Navigationshilfen, Suchmaschinen wie Google oder Yahoo)
- Telespiele

---

5 Vom 22.7.1997 (BGBl. I S. 1870), zuletzt geändert durch Gesetz vom 13.12.2001 (BGBl. I S. 3721).
6 Vom 20.1. bis 12.2.1997 (GBl. BW S. 181), zuletzt geändert durch Art. 8 des Achten Staatsvertrages zur Änderung rundfunkrechtlicher Staatsverträge vom 8. bis 15.10.2004 (GBl. BW 2005S. 197).
7 Telekommunikationsgesetz vom 22.6.2004 (BGBl. I S. 1190), zuletzt geändert durch Artikel 3 des Gesetzes vom 18.2.2007 (BGBl. I S. 106).

– Waren- und Dienstleistungsangebote im Netz.

Dagegen richten sich Mediendienste *an die Allgemeinheit*.
Der Mediendienstestaatsvertrag nannte als Regelbeispiele
– Verteildienste (z.b.: Teleshopping, Bildschirmtext)
– Abrufdienste, wenn nicht der individuelle Leistungsaustausch oder die reine Übermittlung von Daten im Vordergrund steht.

Ein anschauliches Beispiel für die Abgrenzungsproblematiken stellte das sog. Video-on-demand, also der individuelle Abruf von Videofilmen aus einem elektronischen Speicher, dar. Als »rundfunkähnlicher Abrufdienst« wurde dieser Dienst mehrheitlich dem Mediendienstestaatsvertrag unterstellt, ein individueller Leistungsaustausch also verneint.

Damit erstreckte sich der Anwendungsbereich des Mediendienstestaatsvertrages auch auf elektronische Inhalte, die point-to-point übertragen und damit grundsätzlich vom Teledienstegesetz erfasst wurden.

Entscheidend für die Einordnung eines solchen Dienstes als Mediendienst war seine redaktionelle Gestaltung zur Meinungsbildung für die Allgemeinheit, das heißt, er musste sich einem Presseerzeugnis vergleichbar präsentieren.

Aus diesem Überblick lässt sich unschwer erkennen, dass die Vorschriften des Teledienstegesetzes und des Mediendienstestaatsvertrages keineswegs wie ein Reißverschlusssystem ineinander greifen konnten und somit die für den Marktauftritt der Anbieter notwendige Transparenz vermissen ließen.

Kritisch zu betrachten waren zudem die zahlreichen Mehrfachregulierungen in Teledienstegesetz und Mediendienstestaatsvertrag, so etwa auch bezüglich der Providerhaftung (in §§ 8–11 TDG und §§ 6–9 MDStV, die Art. 12–14 E-Commerce-Richtlinie (ECRL)[8] umsetzten).

Inhaltlich erfüllten die geltenden haftungsprivilegierenden Regelungen das mit ihnen verfolgte Ziel, die zivil- und strafrechtlichen Risiken aus mittelbarer Rechtsgutverletzung für fremde Informationen zu beschränken, damit die Investitionsbereitschaft der Anbieter nicht gefährdet wird und die Funktions- und Leistungsfähigkeit des Internet aufrecht erhalten bleibt.

Unsicherheiten blieben aber zum Beispiel bezüglich der Haftung für »zu Eigen gemachte Informationen«[9] oder für fremde gespeicherte Informationen im Falle positiver Kenntnis der rechtswidrigen Handlung oder der Information.

---

8 Richtlinie 2000/31/EG des Europäischen Parlaments und des Rates vom 8.6.2000 über bestimmte rechtliche Aspekte der Dienste der Informationsgesellschaft, insbesondere des elektronischen Geschäftsverkehrs, im Binnenmarkt (»Richtlinie über den elektronischen Geschäftsverkehr«), Richtlinie 2000/31/EG, ABl. L 178 v. 17.7.2000, S. 1.
9 Dazu: *Ehret* CR 2003, 754 (757); *Engels* K&R 2001, 338 (340); *Köster/Jürgens* MMR 2002, 420 (423); *Spindler* MMR 2004, 440; OLG Köln MMR 2002, 548 m. Anm. *Spindler*; OLG München MMR 2000, 617 m. Anm. *Hoffmann*.

Zudem wurde die Haftung der Provider für Hyperlinks, also für verlinkte fremde Inhalte oder die Verlinkung selbst, sowie für Suchmaschinen nicht geregelt, so dass die Anbieter dieser Dienste mangels Privilegierung nach allgemeinen Regeln haften.[10]

B. ZIELE DES TMG

Entsprechend einer (weiteren) Einigung von Bund und Ländern Ende des Jahres 2004 hat das seit Mai 2005 im Entwurf vorliegende Elektronische – Geschäftsverkehr-Vereinheitlichungsgesetz (EIGVG), das in Art. 1 das Telemediengesetz (TMG) regelt, die Gesetze des Bundes (Teledienstegesetz und Teledienstedatenschutzgesetz – TDDSG[11]) sowie den Mediendienstestaatsvertrag der Länder abgelöst. An ihre Stelle treten das Telemediengesetz, das die wirtschaftsbezogenen Anforderungen an Tele- und Mediendienste enthält, sowie der Staatsvertrag für Rundfunk und Telemedien, also der im Neunten Staatsvertrag zur Änderung rundfunkrechtlicher Staatsverträge[12] (9. RfÄStV) umbenannte Rundfunkstaatsvertrag, dessen Focus auf den inhaltlich ausgerichteten Bestimmungen liegt.

Die Unterscheidung zwischen Tele- und Mediendiensten wird aufgegeben und – wie bereits im Jugendmedienschutz-Staatsvertrag vom 1.4.2003[13] – der Begriff der *Telemedien* eingeführt.

Die Zuständigkeiten von Bund und Ländern orientieren sich nicht (mehr) an der Verbreitungstechnik und Verbreitungsart (d.h. an den Kriterien der Individual- und Massenkommunikation), sondern an den *inhaltlichen Zielen* der Regelung.

Mit der Zusammenführung der Tele- und Mediendienste werden zukünftig Fragen im Hinblick auf das in Art. 3 ECRL festgeschriebene Herkunftslandprinzip, die Zulassungsfreiheit von Telemedien, die Verantwortlichkeit der Anbieter, die Anbieterkennzeichnung und den Telemediendatenschutz im Telemediengesetz einheitlich geregelt.

Im Rundfunkstaatsvertrag verbleiben die inhaltlichen Regelungen (insbesondere im Hinblick auf journalistisch-redaktionelle Teledienst – Angebote) wie presserechtliche Kennzeichnungspflichten, das Gegendarstellungsrecht, journalistische Sorgfaltspflichten, Redaktionsdatenschutz und Werbung sowie Sponsoring (§§ 54–58 RStV i.d.F. des 9.RfÄStV).

---

10 Siehe etwa *Spindler* NJW 2002, 921 (924).
11 Gesetz über den Datenschutz bei Telediensten (TDDSG) vom 22.7.1997 (BGBl. I S. 1871), zuletzt geändert durch Gesetz vom 14.12.2001 (BGBl. I S. 3721).
12 Vom 31.7. bis 10.10.2006 (GBl. BW 2007 S. 111), in Kraft getreten am 1.3.2007.
13 Staatsvertrag über den Schutz der Menschenwürde und den Jugendschutz in Rundfunk und Telemedien (Jugendmedienschutz-Staatsvertrag – JMStV) vom 10. bis 27.9.2002 (GBl. BW S. 93), zuletzt geändert durch Artikel 3 des Neunten Staatsvertrages zur Änderung rundfunkrechtlicher Staatsverträge vom 31.7. bis 10.10.2006 (GBl. BW 2007 S. 111),in Kraft getreten am 1.3.2007.

Mit dieser Neustruktur wird eine *entwicklungsoffene und vereinfachte Regelung* der Multimedia-Dienste angestrebt.

Im Folgenden soll am Beispiel zweier Regelungsbereiche untersucht werden, welche Chancen die Neuregelungen bieten und welche Risiken mit ihnen verbunden sind.

C. Ausgewählte Inhalte des TMG

In seinem § 1 enthält das Telemediengesetz eine Regelung zu seinem Geltungsbereich.

I. Einheitliche Regelung für Telemedien (§ 1 TMG)

Da Telekommunikationsdienste aus dem Telekommunikationsgesetz (TKG) und der Rundfunk aus dem Länderrecht her definiert werden, erscheint es zwingend, dass Telemedien künftig über eine *negative Abgrenzung* zu diesen Diensten bestimmt werden.

Dementsprechend enthält § 1 Abs. 1 TMG einen Negativkatalog. Dieser definiert zunächst die *elektronischen Informations- und Kommunikationsdienste* als Oberbegriff für Telekommunikationsdienste, Rundfunk und Telemedien. Sodann werden vom Geltungsbereich des Telemediengesetzes ausgeschlossen:

- Reine Telekommunikationsleistungen wie Voice over Internet Protocol (VoIP) oder Internet-Telefonie.
- Individualkommunikation zwischen Telekommunikations-Diensteanbieter und Telekommunikations-Kunde in Verbindung mit einer Inhaltsleistung, z.B. einer Beratung.
- Rundfunk nach § 2 des Rundfunkstaatsvertrages.

1. Chance: Vermeidung bestehender Abgrenzungsschwierigkeiten
Chancen bietet die geplante Vereinheitlichung der inhaltlichen Anforderungen an Teledienste und Mediendienste durch eine gemeinsame Regulierung als Telemedien.

Die oben aufgezeigten Abgrenzungsschwierigkeiten[14] zwischen den Diensten unter Verwendung des Begriffs der redaktionellen Gestaltung zur Meinungsbildung für die Allgemeinheit werden beseitigt.[15]

Die Negativabgrenzung in § 1 Abs. 1 TMG sowie die Aufteilung der Regelungen über Telemedien in ein Telemediengesetz einerseits und die neuen §§ 54 ff. RStV bergen aber auch die folgenden Risiken:

---

14 Zur mangelnden Stringenz der bisherigen Differenzierung siehe *Kröger/Moss* ZUM 1997, 462 ff.; *Spindler* NJW 1997, 3193 ff.; *Waldenberger* MMR 1998, 124 ff.
15 *Stender-Vorwachs/Theißen* ZUM 2006, 362 (368).

2. Risiken: Rechtsunsicherheit aufgrund des § 1 Abs. 1 TMG und der Regelungen über Telemedien im 9. Rundfunkänderungsstaatsvertrag

Durch die mangelnde Definition des Begriffs der Telemedien in § 1 Abs. 1 TMG könnte aus folgenden Gründen Rechtsunsicherheit für den Gesetzesanwender bei der Zuordnung seines Dienstes zu den Telemedien entstehen.

a) Aus dem Anwendungsbereich des TMG ausdrücklich ausgenommen ist die Individualkommunikation zwischen Telekommunikations – Diensteanbieter und Telekommunikations – Kunde sowie die reine Übertragung von Signalen über Telekommunikationsnetze. Nicht eindeutig geregelt wird aber der Fall der Telekommunikationsdienste, die *überwiegend* in der Übertragung von Signalen über Telekommunikationsnetze – Netze bestehen, also neben der Übertragungsdienstleistung noch eine inhaltliche Dienstleistung anbieten, z.B. der Internet-Zugang und die E-Mail-Übertragung. In diesem Zusammenhang verweist zwar die Begründung zum Telemediengesetz[16] auf die ECRL, die diese Dienste zu den *Diensten der Informationsgesellschaft* zählt. Als Dienst der Informationsgesellschaft definiert die so genannte Transparenzrichtlinie[17], auf die Art. 2 a) ECRL verweist, »jede elektronisch im Fernabsatz und auf individuellen Abruf eines Empfängers erbrachte Dienstleistung«. Damit wird aus der Gesetzesbegründung die Einordnung als Telemediendienst deutlich, nicht aber direkt aus dem Text des § 1 Abs. 1 TMG.

b) Ebenso bleibt die Streitfrage ungeklärt, ob die so genannten »Internet-Access-Provider«, die die Telemedien zugänglich machen, als Telekommunikations – Anbieter zu betrachten sind, weil ihr Dienst auf die Datenübermittlung begrenzt ist.[18] Allerdings nennt das Telemediengesetz in § 2 S. 1 Nr. 1 – wie bereits zuvor § 3 Nr. 1 MDStV/TDG – denjenigen als »Diensteanbieter«, der den Zugang zur Nutzung von Telemedien bereithält. Aus dieser Vorschrift kann zwar gefolgert werden, dass Diensteanbieter auch Personen sein können, die selbst gar keinen Internetdienst anbieten, sondern eben nur Access Providing betreiben. Die Neuregelung bringt aber keine Klarheit in dieser Anwendbarkeitsfrage.

---

16 Begründung zum Elektronischer-Geschäftsverkehr-Vereinheitlichungsgesetz – ElGVG, B.I.1.a).
17 Richtlinie 98/34/EG des Europäischen Parlaments und des Rates vom 22.6.1998 über ein Informationsverfahren auf dem Gebiet der Normen und technischen Vorschriften und der Vorschriften für die Dienste der Informationsgesellschaft, Richtlinie 98/34/EG, ABl. L 204 v. 21.7.1998, S. 37, geändert durch Richtlinie 98/48/EG des Europäischen Parlaments und des Rates vom 20. Juli 1998, ABl. L 217 v. 5.8.1998, S. 18, ferner berichtigt durch Beitrittsakte, vgl. ABl. L 236 v. 23.9.2003, S. 33.
18 Bejahend *Schmitz/Dierking* CR 2005, 420. Zu Abgrenzungsproblemen bei den Diensten der Zugangsprovider siehe etwa *Dietz/Richter* CR 1998, 520 f.; *Stadler* MMR 2002, 343; *Schmitz/Dierking* CR 2005, 420 ff.

c) Neue Abgrenzungsprobleme eröffnen sich auch im Bereich des »mobile entertainment«. Mobile Endgeräte wie multifunktionale Mobiltelefone oder Multimedia-Abspielgeräte (z.B. »iPods«) ermöglichen einerseits reine Telekommunikationsdienstleistungen wie Sprach- und Videotelefonie oder die Übertragung von SMS-Nachrichten; andererseits vermitteln sie im weitesten Sinne »kommerzielle Kommunikation« im Netz, die unter den Begriff der Telemedien fällt. So ist etwa die Zusendung unerwünschter Werbe-SMS wegen ihrer inhaltlichen Funktion als Telemediendienst einzustufen.[19] Da das Telemediengesetz bewusst auf die Normierung von Regelbeispielen verzichtet, um das Gesetz möglichst entwicklungsoffen zu halten, treten insoweit neue Abgrenzungsprobleme auf.

d) Nicht eindeutig fällt auch die Abgrenzung zum Rundfunk aus. (Nur) die Begründung zum Telemediengesetz[20] benennt einzelne Dienstleistungen, die unter den Rundfunkbegriff und damit nicht unter das Telemediengesetz fallen, wie etwa »*Live Streaming*«, d.h. die zusätzliche parallele und zeitgleiche Übertragung von Rundfunkprogrammen im Internet, und »*Webcasting*«, die ausschließliche Übertragung derartiger Programme via Internet. Zwingend erscheint diese Einordnung allerdings nicht. So könnte man die genannten Angebote auch als Abrufdienst einordnen, der mit dem Kauf eines Videos vergleichbar ist. Eine eindeutige Definition enthält nur § 2 Abs. 1 S. 4 RStV i.d.F. des 9. RfÄStV, der Fernseh- und Radiotext sowie Teleshoppingkanäle als Telemedien bezeichnet. Weder in der Gesetzesbegründung noch im Gesetzestext erwähnt werden »*Video-on-demand*« und »*Near-video-on-demand*«. Unter Video-on-demand wird ein entgeltlicher Zugriffsdienst verstanden, bei dem der Rezipient ohne zeitliche Begrenzung ein Angebot abrufen kann. Es handelt sich damit um ein Telemedium. Allerdings enthält die Begründung zum Telemediengesetz[21] den Hinweis, es könne sich bei diesem Dienst »nach Form und Inhalt auch um Rundfunk« handeln. Ob mit dieser Anmerkung Near-video-on-demand« gemeint ist, bleibt offen. Near-video-on-demand bezeichnet einen Zugriffsdienst, der ein entgeltpflichtiges Programm in einem bestimmten zeitlichen Rahmen in kurzen Abständen auf verschiedenen Kanälen ausstrahlt, so dass der Rezipient über den Zeitpunkt des Medienkonsums innerhalb eines bestimmten Zeitraums frei entscheiden kann. Mit der Frage, ob es sich bei dieser Art von Dienst um eine Fernsehsendung im Sinne der EG-Fernsehrichtlinie[22] handelt, hat sich der EuGH in seiner Media-Kabel-Entscheidung vom 2.6.2005[23] auseinander gesetzt.

---

19 Vgl. *Mynarik* ZUM 2006, 183 (186).
20 S.o. Fn. 16.
21 S.o. Fn. 16.
22 Richtlinie 89/552/EWG des Rates vom 3.10.1989 zur Koordinierung bestimmter Rechts- und Verwaltungsvorschriften der Mitgliedstaaten über die Ausübung der Fernsehtätigkeit (Fernseh-RL), Richtlinie 89/552/EWG, ABl. L 298 v. 17.10.1989, S. 23, geändert durch Richtlinie 97/36/EG des Europäischen Parlaments und des Rates vom 30.6.1997, ABl. L 202 v. 30.7.1997, S. 60, berichtigt durch Berichtigung, ABl. L 331 v. 16.11.1989, S. 51.
23 EuGH ZUM 2005, 549.

Der Gerichtshof bejahte diese Frage: Ein Dienst falle immer dann unter den Begriff der Fernsehsendung, wenn er in der Erstsendung von Fernsehprogrammen besteht, die zum Empfang durch die Allgemeinheit, das heißt einer unbestimmten Zahl möglicher Fernsehzuschauer, bestimmt sind, an die dieselben Bilder gleichzeitig übertragen werden.[24] Eine entsprechende Klarstellung im Telemediengesetz wäre wünschenswert gewesen.[25]

e) Durch den 9. Rundfunkänderungsstaatsvertrag wurde ein neuer Sechster Abschnitt in den Staatsvertrag für Rundfunk und Telemedien eingefügt, der die Überschrift »Telemedien« trägt. Die hier vorgesehenen Regelungen entsprechen weitgehend denjenigen des aufgehobenen Mediendienstestaatsvertrages.

Besonderen Anforderungen werden – wie bisher – die Anbieter journalistisch-redaktionell gestalteter Angebote unterworfen. Die gegen diese Kategorie von Telemediendiensten seitens der Wirtschaft geäußerten Bedenken[26] sind insofern nicht nachvollziehbar, als sie bereits im Mediendienstestaatsvertrag vorhanden war.

Einen weiteren Regelungsinhalt des Telemediengesetzes gilt es besonders auf seine Chancen und Risiken hin zu untersuchen. Es handelt sich um die Bestimmungen zur Verantwortlichkeit der Telemedienanbieter.

II. Verantwortlichkeit der Anbieter von Telemedien (§§ 7–10 TMG)

Die Verantwortlichkeitsregelungen der §§ 8–11 TDG und §§ 6–9 MDStV wurden unverändert in die §§ 7–10 TMG übernommen. Da es sich nicht um Bestimmungen handelt, die den Inhalt der Telemedien betreffen, werden sie ausschließlich im Telemediengesetz und nicht im Staatsvertrag für Rundfunk und Telemedien normiert.

1. Chance: Erhalt angemessener Haftungsbedingungen für Anbieter

Die übernommenen Bestimmungen regeln umfassend die Haftung der Anbieter von Telemedien sowie der Kommunikationsdiensteanbieter, die solche Inhalte in ihrem Netz übermitteln. Sie enthalten weiterhin Haftungsprivilegierungen für Provider, die nicht Inhaltsanbieter der Telemedien selbst sind.

Die Haftungsbedingungen für Telemedienanbieter erscheinen als angemessen, enthalten aber einige Rechtsunsicherheiten und Wertungswidersprüche, die das Telemediengesetz nicht auflöst.[27]

---

24 Siehe dazu auch *Dörr/Zorn* NJW 2005, 3114 (3116). Zur Rechtslage nach dem Inkrafttreten der Richtlinie für audiovisuelle Medien (Richtlinie 2007/65/EG des Europäischen Parlaments und des Rates vom 11.12.2007) siehe: *Stender-Vorwachs/Theißen* ZUM 2007, 613 (615 f.).

25 Siehe zur Kritik etwa auch *Schütz* MMR 2005, Heft 4, XVII f. und MMR 2005, Heft 9, VIII (IX).

26 Zu den Stellungnahmen von BITKOM, eBay, DTAG zum Entwurf des ElGVG siehe *Rössel/Rössel* CR 2005, 809 Fn. 6.

27 Vgl. zum Ganzen auch *Rössel/Rössel* CR 2005, 809 ff.; *Schmitz/Dierking* CR 2005, 420 ff.

2. Risiken: Fortbestehen offener Rechtsfragen
Keine Regelung für Hyperlinks und Suchmaschinen

a) Nicht gelöst wird im Telemediengesetz die Frage der *Reichweite von Überwachungspflichten*. Im Zusammenhang etwa mit der öffentlich-rechtlichen Störerhaftung von Access-Providern, die den Zugang zu rechtswidrigen Internetseiten vermitteln, kommt dieser Frage Bedeutung zu: Access Provider können aufgrund der aus dem Mediendienstestaatsvertrag übernommenen spezialgesetzlichen Ermächtigungsnorm des § 59 Abs. 4 RStV i.d.F. des 9. RfÄStV nur unter Wahrung des Verhältnismäßigkeitsgrundsatzes in Anspruch genommen werden. Dem Anbieter muss eine Überwachung demnach technisch, personell und finanziell *zumutbar* sein. Da Art. 15 Abs. 1 ECRL ausdrücklich nur die Auferlegung *allgemeiner* Überwachungspflichten verbietet, wäre es zulässig und hilfreich, im Telemediengesetz spezifische Überwachungsanforderungen zu normieren, etwa die Pflicht zur Verhinderung eines wiederholten Rechtsverstoßes durch den Einsatz von Filtersoftware. Die Frage der Zumutbarkeit ist zwar im Einzelfall zu beurteilen, als Kriterien könnten aber beispielsweise normiert werden: Art und Schwere des Verstoßes[28], die Eigenverantwortung des unmittelbar Beeinträchtigenden[29], die Gefahrbeherrschung durch den Provider[30], die wirtschaftliche Zumutbarkeit[31] sowie die Sicherheitserwartungen der betroffenen Verkehrskreise[32].

b) Maßgebliches Kriterium für die Beurteilung der Verantwortlichkeit nach §§ 7–10 Telemediengesetz ist die Abgrenzung zwischen eigenen und fremden Inhalten, deren Konturen durch die Fallgruppe der »*zu Eigen gemachten Inhalte*« jedoch in der Praxis fast bis zur Unkenntlichkeit verschwommen sind. Werden die zu Eigen gemachten Inhalte als eigene Informationen angesehen, so haftet der Anbieter nach allgemeinen Rechtsgrundsätzen *unbeschränkt*. Die Rechtsprechung hat teilweise manuelle Kontrollen der Inhalte im Rahmen einer freiwilligen Selbstkontrolle des Internetanbieters[33] oder auch dessen wirtschaftliches Interesse an dem Inhalt[34] für ein »Zu-Eigen-Machen« ausreichend angesehen. Diese Rechtsprechung wird unter Verweis auf Art. 12–14 ECRL zu Recht kritisiert; die Vorschriften der Richtlinie

---

28 *Sobola/Kohl* CR 2005, 443 (447).
29 BGH MDR 1995, 278 (279) – Betonerhaltung; MDR 1997, 667 = GRUR 1997, 313 (315) – Architektenwettbewerb; BGH-Report 2003, 1353 (1354) – Ausschreibung von Vermessungsleistungen.
30 BGH MDR 2002, 453 (456); *Spindler* WRP 2003, 1 (7).
31 BGHZ 58, 149 (157); *Spindler* WRP 2003, 1 (7).
32 BGH NJW 1994, 3348 (3349); *Spindler* WRP 2003,1 (7).
33 Z.B. LG Köln CR 2004, 304; dagegen *Christiansen* MMR 2004, 185.
34 Zu *§ 5 TDG a.F. Freytag* Haftung im Netz, 2. Aufl. 2007, S. 173 ff.; zu §§ 8 ff. TDG n.F.; *Heermann/Ohly/Freytag* Verantwortlichkeit im Netz, 2003, S. 154.

stellen auf die Herrschaftsmacht über Informationen ab und nicht darauf, wie sich eine Information gegenüber Dritten darstellt.[35]

Entsprechend sollte im Telemediengesetz klargestellt werden, dass fremde Inhalte nur dann als eigene gelten, wenn der Anbieter ihre Übermittlung *aktiv steuern und beeinflussen* kann.[36]

c) Gemäß § 10 Nr. 1 TMG wird derjenige Diensteanbieter, der fremde Informationen für einen Kunden speichert, der so genannte Hostprovider, von der Verantwortung solange ausgenommen, bis er »Kenntnis von der rechtswidrigen Handlung oder Information« hat. Wie sich aus Art. 14 ECRL ergibt, verlangt die Richtlinie neben der Kenntnis der Handlung oder der Information selbst auch die Kenntnis von deren Rechtswidrigkeit.[37] Das Telemediengesetz ist daher insofern zu ergänzen, als die Haftungsprivilegierung von Hostprovidern erst entfällt, wenn diese von der *Rechtswidrigkeit* der gespeicherten Information *positiv Kenntnis* erlangen (oder jedenfalls von Tatsachen, aus denen sich diese offensichtlich ergibt).[38]

d) Im Telemediengesetz fehlt – wie im zuvor geltenden Recht – eine spezielle Regelung zur *Haftung für Hyperlinks und den Betrieb von Suchmaschinen*. Diese Problematik wurde bisher bewusst weder in der ECRL noch im deutschen Recht aufgegriffen. Daher kommt eine analoge Anwendung der §§ 7–10 TMG nicht in Betracht.[39] Angesichts der Tatsache, dass etwa 80 % der Informationen im Internet über Navigationshilfen gewonnen werden, erscheint eine gesetzliche Regelung in Anlehnung an die Verantwortlichkeitsregeln des Telemediengesetzes angemessen, die etwa (wie § 9 S. 1 Nr. 4 TMG) auch an anerkannte Industriestandards wie den »Verhaltenskodex für Suchmaschinenanbieter der FSM (Freiwillige Selbstkontrolle Multimedia-Diensteanbieter e.V.) vom 21.12.2004[40] anknüpfen könnte.[41].

---

35 *Spindler* MMR 2004, 440 (441).
36 *Schmitz/Dierking* CR 2005, 420 (425); *Spindler* MMR 2004, 440 (441). Siehe auch *Christiansen* MMR 2004, 185.
37 Spindler/Schmitz/Geis/*Spindler* Teledienstegesetz, 2004, § 11 Rn. 19.
38 *Schmitz/Dierking* CR 2005, 420 (426); anders ohne Beachtung der Bestimmungen der ECRL *Gerke* MMR 2003, 602 (603); *Jacobs* FS Erdmann, 2002, S. 327 (337 f.); *Nickels* CR 2002, 302 (307).
39 *Rath* WRP 2005, 826 (828 f.); *Spindler* NJW 2002, 921 (924).
40 Vgl. N.N., CR 2005, Heft 4 (CRaktuell R 41): Nach diesem Kodex sollen die Verbraucher über die Funktionsweise von Suchmaschinen aufgeklärt und die Zusammensetzung von Ergebnislisten transparenter gestaltet werden.
41 *Rath* Recht der Internetsuchmaschinen, 2005, S. 315 f.

D. Kurze Schlussbemerkung

Das Telemediengesetz sowie der 9. Rundfunkänderungsstaatsvertrag unterlagen gemäß der Transparenzrichtlinie vom 29.6.1998[42] einem Notifizierungsverfahren, in dessen Verlauf die EU-Kommission eine ausführliche Stellungnahme sowie Bemerkungen abgegeben hat. Bei einem Gespräch von Vertretern von Bund und Ländern mit der Kommission am 12.5.2006 konnten deren Bedenken bezüglich der Einhaltung des Herkunftslandprinzips (§ 3 TMG) sowie der Einordnung von Live-Streaming, Webcasting und Video-on-Demand ausgeräumt werden. Zu den hier behandelten Fragestellungen hat sich die Kommission nicht kritisch geäußert. Daher konnte das Telemediengesetz in seiner vorliegenden Form und damit behaftet mit den genannten Rechtsunsicherheiten wie geplant zum 1.3.2007 in Kraft treten. Es bleibt zu hoffen, dass eine zeitnahe Novellierung die entsprechenden Korrekturen schaffen wird.

42 S.o. Fn. 17.

3. Teil   Rechtsanwalt und Ehrenamt

Was dürfen Rechtsanwaltskammern?

REINHARDT BERNER

A. FRAGESTELLUNG

I. Ohne, dass man ganz genau sagen konnte, warum, brandete im Jahre 2006 plötzlich eine Diskussion auf, ob die Rechtsanwaltskammern sich auf die ihnen gesetzlich zugewiesenen Aufgaben beschränken müssen oder ihnen ein Aufgabenfindungsrecht zukommt. In seiner Ansprache auf der DAV Mitgliederversammlung am 25.5.2006 brachte der Präsident des Deutschen Anwaltsvereins, *Kilger*, die Sache auf den Punkt. Der DAV sei der Auffassung, dass die Kammern sich auf die gesetzlich normierten Aufgaben der Selbstverwaltung der Anwaltschaft beschränken sollten, während die Bundesrechtsanwaltskammer und die Rechtsanwaltskammer für sich das Recht reklamieren, sich allen Aufgaben, die im Interesse der Anwaltschaft wahrzunehmen sind, zu widmen.[1]

Angeregt durch ein Schreiben des Anwaltvereins Mönchengladbach vom 19.9.2006 bat der Präsident der Bundesrechtsanwaltskammer die Rechtsanwaltskammern um Stellungnahme zum Verhältnis zwischen Regionalkammern und Anwaltsverein. In den darauf folgenden Stellungnahmen der Rechtsanwaltskammern wurde fast unisono zum Ausdruck gebracht, dass das Verhältnis zwischen Kammern und Vereinen »vor Ort« gut sei, was angesichts der häufig anzutreffenden Personenidentität der »Funktionäre« kaum überrascht. Parallel dazu erschienen diverse Aufsätze und Stellungnahmen, in denen alle denkbaren Auffassungen von einer strikten Beschränkung der Kammern auf unbedingt notwendige Aufgaben bis hin zur freien Interessenvertretung der Belange der Anwaltschaft vertreten wurden.[2]

II. Dem auf Mitgliederwerbung und Mitgliedsbeiträge angewiesenen Deutschen Anwaltverein kann es nicht gefallen, dass ein monopolistischer, Zwangsbeiträge erhebender Verband zu ihm in Wettbewerb tritt. Wären beide Verbände in gleicher Weise zur Interessenvertretung ihrer Mitglieder berechtigt, wäre jedenfalls die Chancengleichheit nicht gewahrt, weil die Kammern für die Interessenvertretung Mitgliedsbeiträge einsetzen können. Geht es um handfeste verbandspolitische Interessen, oder richtiger gesagt, um deren Legitimität und Grenzen, stattdessen befin-

---

1 AnwBl 2006, 466 ff.
2 *Ehlers* AnwBl 2006, 638; *Ruch* AnwBl 2006, 368 und 619; *Ehlers/Lechleitner* AnwBl 2006, 361; *Dombeck* BRAK-Mitteilungen 2006, 149.

det man sich mitten in einem der spannendsten Bereiche des Verfassungsrechtes, das Verhältnis der Freiheitsrechte (Artt. 2,12 GG) zu den Eingriffsrechten des Staates. Überlegungen, bei denen die Freiheit der anwaltlichen Betätigung, das Rechtsdienstleistungsmonopol und Regulierungsbeschränkungen eines Marktes eine Rolle spielen, sind ohne Beachtung europarechtlicher Aspekte unvollständig. Es verwundert deswegen nicht, dass in der Diskussion sowohl der Clementi-Bericht[3], in dem die Janusköpfigkeit der Law-Society als Aufsichtsbehörde und Interessenverband kritisiert wird als auch der Bericht der Monopolkommission[4] herangezogen werden, in dem Regulierungen des Rechtsdienstleistungsmarktes unter dem Blickwinkel des Wettbewerbs im Dienstleistungssektor unter die Lupe genommen werden. Diese vielfältigen Aspekte der Freiheit und Grenzen anwaltlicher Betätigung sind kaum in ein stringentes System einzuordnen, berücksichtigt man, dass jeder Eingriff in die Berufsausübung einer gesetzlichen Ermächtigung bedarf, die ihrerseits mit der Verfassung in Übereinstimmung stehen muss, bei deren Auslegung etwaiges höherrangiges Europarecht zu berücksichtigen ist. Um sich der Thematik anzunähern, tut man gut daran, sich zunächst einmal den unstreitigen rechtlichen Rahmen der Betätigung der beiden in Rede stehenden Verbände zu vergegenwärtigen:

1. Der Deutsche Anwaltverein:

Er ist eine auf dem Recht des Einzelnen auf vereinsmäßigen Zusammenschluss beruhende Organisation, die ihrerseits nach Artikel 9 Abs. 1 GG das Recht auf freie Vereinsbetätigung[5] und bei der Teilnahme am Rechtsverkehr die (individuellen) Grundrechte in Anspruch nehmen kann. Da es sich um einen freiwilligen Zusammenschluss handelt, unterliegt die Betätigung von Anwaltsvereinen keinen Beschränkungen, die aus der monopolisierten Rechtsberatung durch Rechtsanwälte hergeleitet werden.

Unterliegt der einzelne Rechtsanwalt bei der Berufsausübung gesetzlich normierten Beschränkungen (§§ 43, 43a, 43b, 45 BRAO), kann sich der Deutsche Anwaltverein als Verband im Rahmen seiner Zwecksetzung bei Wahrung der allgemeinen Gesetze frei bewegen. Als Interessenverband sind ihm bei der Wahrung der Belange seiner Mitglieder nur insoweit Grenzen gezogen, als jede Betätigung durch die Rechte anderer und die verfassungsmäßige Ordnung beschränkt wird (Artikel 2, 9 Abs. 2 GG). Der Deutsche Anwaltverein darf alles, was den Interessen seiner Mitglieder zu dienen geeignet ist.

Auch die innere Verfassung des Deutschen Anwaltvereins unterliegt keinen verfassungsmäßigen Beschränkungen, sondern nur den sich aus dem bürgerlichen Vereinsrecht ergebenden Beschränkungen; wie sich aus § 40 BGB ergibt, enthalten die

---

3 AnwBl 2004, 430.
4 16. Hauptgutachten, betreffend den Bereich der Rechtsanwälte, BT-Drs. 16/2460 Kapitel 6, S. 389 ff.
5 BVerfGE 80, 252 ff.

Vorschriften des BGB über das Vereinsrecht weitgehend nachgiebiges, d.h. zur Disposition des Verbandes stehendes Recht. Da die innerverbandliche Satzung des Deutschen Anwaltvereins, was insbesondere die Willensbildung angeht, weit über die durch das BGB geforderten Minimalstandards hinausgeht, braucht diese Frage hier nicht weiter vertieft zu werden.

2. Ganz anders die Rechtsanwaltskammern:

a) Die Aufgaben der Rechtsanwaltskammer sind gesetzlich vorgegeben. Auch wenn die BRAO eine eigenartige Unterscheidung vornimmt, indem sie bei den Rechtsanwaltskammern (§ 73 BRAO) von den Aufgaben des Vorstandes spricht, bei der Bundesrechtsanwaltskammer dagegen von den Aufgaben der Bundesrechtsanwaltskammer (§ 177 BRAO), herrscht Einvernehmen, dass die zwischen Vorstand (§ 73 BRAO) und Kammerversammlung (§ 89 BRAO) aufgeteilten Aufgaben den gesamten Aufgaben- oder Funktionsbereich der Rechtsanwaltskammern ergibt.[6] Die andere Systematik der Aufgabenzuweisung in § 177 BRAO für die Bundesrechtsanwaltskammer beinhaltet keinen inhaltlichen Unterschied, sondern bedeutet nur, dass § 177 BRAO der Bundesrechtsanwaltskammer und nicht nur einzelnen ihrer Organe bestimmte Aufgaben zuweist und dass intern das Präsidium der Bundesrechtsanwaltskammer eine Eigenzuständigkeit für alle zur Wahrung und Förderung der Belange der Rechtsanwaltschaft erforderlichen Maßnahmen hat, soweit diese nicht ausdrücklich der Hauptversammlung zugewiesen werden oder vorbehalten sind.[7]

b) Betrachtet man die in der BRAO aufgeführten Aufgabenkataloge der Rechtsanwaltskammern bzw. der Bundesrechtsanwaltskammer, fällt ins Auge, dass alle Vorschriften wortgleich die Regelung enthalten, dass »dem Vorstand bzw. der Versammlung bzw. der Kammer *insbesondere* die in §§ 73, 89 und 177 BRAO aufgeführten Aufgaben *obliegen*«. Ohne hierauf an dieser Stelle im Einzelnen schon einzugehen, leitet sich aus der Verwendung des Wortes *insbesondere* zwingend ab, dass der in den genannten Vorschriften aufgeführte Aufgabenkatalog nicht abschließend ist, Rechtsanwaltskammern bzw. Bundesrechtsanwaltskammer also Aufgaben haben können, die in den Vorschriften der BRAO nicht ausdrücklich genannt sind. Man kann an dieser Stelle daher schon sagen, dass die eingangs zitierte Äußerung des Präsidenten des Deutschen Anwaltvereins, die Kammern sollten sich auf die gesetzlich normierten Aufgaben der Selbstverwaltung beschränken, als Appell an die freiwillige Selbstbeschränkung, aber nicht als Wiedergabe der Gesetzeslage angesehen werden kann.

---

6 *Feuerich/Weyland* Bundesrechtsanwaltsordnung, 6. Aufl. 2003, § 73 Rn. 4.
7 *Feuerich/Weyland* (Fn. 6) § 179 Rn. 3.

c) Was die innere Verfassung angeht, ist diese, anders als bei einem bürgerlich-rechtlichen Verein, zwingend vorgeschrieben. Das betrifft sowohl die Wahlen zum Vorstand als auch die Aufgaben von Kammerversammlung, Vorstand und Präsidium. Die Verleihung von Satzungsautonomie an eine dem Staat eingeordnete juristische Person des öffentlichen Rechts hat durch Wesen und Aufgabenstellung der Körperschaft gezogene Grenzen und Wurzeln letztlich im demokratischen Prinzip.[8] Plakativ gesprochen: Ohne Kammerversammlung und gewählten Vorstand sind in dem Verfassungssystem des Grundgesetzes Rechtsetzungsakte der Rechtsanwaltskammern nicht vorstellbar.

B. »WAS DÜRFEN DIE KAMMERN?«

I. Auslegung anhand des Gesetzeswortlautes

Nachdem Anlass der Fragestellung und die rechtlichen Rahmenbedingungen zumindest skizziert sind, kann der Versuch einer Beantwortung der Frage: »Was dürfen die Kammern?« unternommen werden. Unterzieht man den Gesetzeswortlaut einer näheren Untersuchung, so fällt auf, dass die in §§ 73 Abs. 2, 89 Abs. 2 BRAO aufgezählten Aufgaben der Rechtsanwaltskammer der gesetzlich normierten Rechtsstellung des Rechtsanwalts entsprechen. Soweit es dem Vorstand obliegt, die Mitglieder der Kammer in Fragen der Berufspflichten zu beraten und zu belehren, auf Antrag bei Streitigkeiten unter Kammermitgliedern und mit deren Auftraggebern zu vermitteln, die Berufsaufsicht auszuüben, ist offenkundig, dass dieser Aufgabenkatalog aus den Status bildenden Vorschriften der §§ 43, 43a und 45 BRAO abgeleiteten Rechtsstellung des Rechtsanwalts abgeleitet ist. Bei den weiteren ausdrücklich aufgeführten Aufgaben handelt es sich entweder um eigene Belange der Kammer (§ 73 Abs. 1 BRAO: »Er hat die Belange der Kammer zu wahren und zu fördern«) oder um eine Generalklausel, deren genauer Inhalt näherer Untersuchung bedarf (§ 89 Abs. 1 Satz 2 BRAO: »Sie (die Kammerversammlung) hat Angelegenheiten, die von allgemeiner Bedeutung für die Rechtsanwaltschaft sind, zu *erörtern*).

Ist es gesetzgeberische Ungenauigkeit, dass die Kammerversammlung die ihr durch Gesetz zugewiesenen Aufgaben zu »erfüllen«, die Angelegenheiten von allgemeiner Bedeutung für die Rechtsanwaltschaft aber nur »zu erörtern« hat oder verbirgt sich dahinter eine Beschränkung der Rechtsetzungsbefugnis?

Allein in § 89 Abs. 1 BRAO findet sich die Wortwahl »zu erörtern«, während sonst von »Aufgaben zu erfüllen« oder »obliegt« die Rede ist. Die durch diese gesetzgeberische Wortwahl provozierte Fragestellung, ob die Rechtsanwaltskammer bei Angelegenheiten von allgemeiner Bedeutung eine Rechtsetzungs- und Regelungsbefugnis hat, wird nicht erschöpfend diskutiert. Hartung orientiert sich zwar

---

8 BVerfGE 33, 125 (157).

am Wortlaut der Bestimmung, wenn er die Auffassung vertritt, dass eine Beschlussfassung in den Angelegenheiten nicht zulässig ist, die die Kammerversammlung erörtern darf.[9]

Das ist insofern widersprüchlich, als er eine Randnummer zuvor die Regelungsbefugnis der Kammerversammlung in Angelegenheiten, die von allgemeiner Bedeutung für die Rechtsanwaltschaft sind und die Gesamtheit der Rechtsanwaltskammern berühren, bejaht. Demgegenüber differenzieren die wohl herrschende Meinung, insbesondere der Bundesgerichtshof, nicht zwischen Erörterungs- und Regelungsbefugnis, sondern sehen § 89 Abs. 1 Satz 2 BRAO als Generalklausel an, in der der Funktionsbereich der Rechtsanwaltskammern über die ihr durch Gesetz und Satzung zugewiesenen Aufgaben hinaus ausgedehnt wird.[10]

In konsequenter Anwendung seiner Rechtsprechung hat der Bundesgerichtshof für diverse im Aufgabenkatalog des § 89 Abs. 2 BRAO nicht aufgeführte Angelegenheiten unter Verweis auf die Generalklausel des § 89 Abs. 1 Satz 2 BRAO die Zuständigkeit der Rechtsanwaltskammern bejaht.[11]

Nur *Kleine-Cosack*[12] vertritt die Auffassung, dass der Funktionsbereich der Rechtsanwaltskammer und der Kammerversammlung auf die gesetzlich ausdrücklich zugewiesen Aufgaben beschränkt ist, weil dieser aus verfassungsrechtlichen Gründen restriktiv zu interpretieren ist; außerdem will Kleine-Cosack das spezielle Problem der Aus- und Fortbildung aus der Regelung in § 177 Abs. 2 Nr. 6 BRAO, wonach der Bundesrechtsanwaltskammer die Förderung der beruflichen Fortbildung der Rechtsanwälte obliegt, während bei den Aufgaben der Rechtsanwaltskammern eine vergleichbare Regelung fehlt, die Schlussfolgerung ziehen, dass die Rechtsanwaltskammern eine Befugnis zur Aus- und Fortbildung nicht haben.

II. Auslegung nach Sinn und Zweck der Vorschriften

Aus Sinn und Zweck der in Rede stehenden Vorschriften muss man ableiten, dass sich aus der gesetzgeberischen Wortwahl keine Schlussfolgerungen auf eine rigide Beschränkung des Funktionsbereiches der Rechtsanwaltskammern ziehen lassen. Sowohl der Vorstand als auch die Kammerversammlung sind auf die in den §§ 73 Abs. 2 und 89 Abs. 2 BRAO ausdrücklich genannten Aufgaben nicht beschränkt, sonst würde das Wort »insbesondere« keinen Sinn machen. Welche Aufgaben Vorstand und Kammerversammlung darüber hinaus übernehmen dürfen, ist aus den

---

9 Henssler/Prütting/*Hartung* Bundesrechtsanwaltsordnung, 2. Aufl. 2004, § 89 Rn. 4.

10 Grundsatzentscheidungen BGHZ 35, 292 (294); vgl. auch *Feuerich/Weyland* (Fn. 6) § 89 Rn. 2.

11 BGHZ 66, 297 ff.: nebenberuflicher Rechtskundeunterricht für Anwaltsgehilfen; BGHZ 85, 173 ff.: Begründung eines Vertrauensschadensfonds; EGH München BRAK-Mitt. 1993, 48: Finanzielle Unterstützung der Solidaraktion 50 Rechtsanwälte zur Unterstützung der Vermögensämter der neuen Bundesländer.

12 *Kleine-Cosack* Bundesrechtsanwaltsordnung, 4. Aufl. 2003, § 89 Rn. 1.

gewissermaßen programmatischen Generalklauseln der Absätze 1 der §§ 73 und 89 BRAO abzuleiten. Zwischen den Aufgaben des Vorstandes und der Kammerversammlung besteht ein abgestuftes Verhältnis: Neben den in § 73 Abs. 2 BRAO ausdrücklich ausgeführten Aufgaben darf der Vorstand der Rechtsanwaltskammer alle Aufgaben erfüllen, die geeignet sind, die Belange der Kammer selbst zu wahren und zu fördern; die Kammerversammlung kann auch solche Aufgaben an sich ziehen, die von allgemeiner Bedeutung für die Rechtsanwaltschaft sind. Was darunter im Einzelnen fällt, würde den Rahmen dieses Beitrages sprengen. Wichtig und in der Diskussion nicht genügend berücksichtigt erscheint jedenfalls, dass es einen qualitativen Unterschied zwischen dem Aufgabenfindungsrecht des Vorstandes und der Kammerversammlung gibt. Die dem Vorstand zugewiesenen Belange der Kammer selbst unterscheiden sich von Angelegenheiten von allgemeiner Bedeutung für die Anwaltschaft dadurch, dass die Belange der Kammer sich auf die unmittelbare Rechtsbeziehung zu den Mitgliedern der Kammer beschränken, während Angelegenheiten von allgemeiner Bedeutung für die Rechtsanwaltschaft über den Rahmen der (Regional-)Kammer hinausweisen.

Der gesetzgeberischen Wortwahl in § 89 BRAO, wonach die Versammlung die ihr durch Gesetz zugewiesenen Aufgaben zu erfüllen hat und Angelegenheiten von allgemeiner Bedeutung zu erörtern hat, kommt keine Bedeutung zu. Wenn eine Angelegenheit von allgemeiner Bedeutung für die Anwaltschaft ist wie neben den unter Fußnote 10 genannten, etwa auch die kostenlose Rechtsberatung Mittelloser[13] oder die Öffentlichkeitsarbeit[14], ist die Kammerversammlung nicht darauf beschränkt, diese Angelegenheiten zu erörtern, sondern sie kann auch Regelungen treffen und Kammermittel dafür bewilligen.

Für die viel diskutierte Frage der Fortbildung bedeutet das zweierlei: Auch wenn die Kammern die nach FAO vorgeschriebene Fortbildung zu überprüfen haben, betrifft die Aufgabe Fortbildung nicht das Verhältnis des Einzelanwalts zur Kammer und obliegt infolgedessen nicht dem Vorstand, sondern ist von allgemeiner Bedeutung für die Rechtsanwaltschaft; infolgedessen kann nur die Kammerversammlung die Aufgabe der Fortbildung an sich ziehen und Regelungen treffen. Dabei kann die Fragestellung, ob die Kammer Zwangsbeiträge einsetzen darf, um mit anderen Anbietern in Wettbewerb zu treten, im Rahmen dieses Beitrages nicht untersucht werden; denn dann kommen so komplexe Fragestellungen wie Wettbewerbsbeschränkungen und Subsidiarität ins Spiel.

III. Entscheidend: Demokratische Legitimation

Wenn es richtig ist, dass die Zuständigkeit der Kammerversammlung im Bereich nicht ausdrücklich geregelter Aufgaben deutlich weiter reicht als diejenige des Vor-

13 BGHZ 64, 301.
14 AGH Bremen BRAK-Mitt. 1996, 86.

standes, lassen sich damit vielleicht auch die vielfältigen verfassungsrechtlichen Bedenken gegen eine allzu weit gefasste Aufgabenzuständigkeit der Rechtsanwaltskammern entkräften: Immerhin – und das wird von den Befürwortern einer Aufgabenbeschränkung übersehen – ist die gesetzlich verliehene Rechtsetzungsbefugnis der Kammern untrennbar verbunden mit dem im demokratischen Prinzip wurzelnden Gedanken der Selbstverwaltung und Autonomie.[15] Nur ein »demokratisch legitimiertes« Organ wie die Kammerversammlung hat eine Regelungsbefugnis in Bereichen, die den engen mitgliedschaftlichen Rahmen sprengen und von allgemeiner Bedeutung für die Rechtsanwaltschaft sind.

IV. Verhältnis zur Bundesrechtsanwaltskammer

Stehen Aufgaben von allgemeiner Bedeutung für die Rechtsanwaltschaft in Rede, stellt sich automatisch die Frage nach der Regelungsbefugnis der Regionalkammern im Verhältnis zu der Bundesrechtsanwaltskammer. Wie sich aus § 177 Abs. 2 Nr. 1, 3 und 4 BRAO ergibt, ist die Bundesrechtsanwaltskammer zuständig für alle Fragen, welche die Gesamtheit der Rechtsanwaltskammern angehen. Auch hier fällt auf, dass die gesetzgeberische Wortwahl Missverständnisse provoziert. Die Gesamtheit der Rechtsanwaltskammern ist »weniger« als die (gesamte) Rechtsanwaltschaft, die in § 89 Abs. 1 BRAO angesprochen ist. Die Rechtsanwaltschaft ist der gesamte Berufsstand, während die Mehrheit der Kammern »nur« eine Mehrheit von 25 Körperschaften des öffentlichen Rechts ist. Gemeint ist, dass den Rechtsanwaltskammern eine Beschäftigung und auch Regelung von Fragen allgemeinen Interesses für die Gesamtheit der Rechtsanwaltschaft nicht verwehrt ist, aber in Bereichen, in denen die Rechtsanwaltschaft »nur mit einer Stimme sprechen kann«, also z.B. bei der Ausgestaltung von Bundesgesetzen, die Bundesrechtsanwaltskammer zuständig ist. Ist deren Zuständigkeit festzustellen, entfällt die Zuständigkeit der Rechtsanwaltskammern; eine »konkurrierende« Zuständigkeit gibt es nicht.[16]

V. AUSBLICK

Wenn die Befugnis der Rechtsanwaltskammern, handelnd durch die Kammerversammlung, nur begrenzt ist durch den weiten Rahmen, dass es sich um Angelegenheiten von allgemeiner Bedeutung für die Rechtsanwaltschaft handeln muss, muss man sich fragen, ob dem in der Praxis entsprochen wird. Praxis ist ja, dass die Kammerversammlung über die in § 89 Abs. 2 BRAO aufgeführten Angelegenheiten (Vorstandswahl, Beiträge, Fürsorgeeinrichtungen usw.) beschließt und im Übrigen in allgemeinen Angelegenheiten nur dann, wenn diese zum Zeitpunkt der Kammer-

---

15 BVerfGE 107, 59 (91 ff.).
16 *Feuerich/Weyland* (Fn. 6) § 73 Rn. 20.

versammlung »aktuell« sind. In der Tat ist eine häufigere Durchführung von Kammerversammlungen beschwerlich, ganz davon abgesehen, dass häufig die geringe Zahl der erschienenen Kammermitglieder die Gefahr von Zufallsentscheidungen nahe legt. Allerdings sticht der Vergleich mit den allgemeinen Wahlen nicht, denn in diesen werden die Repräsentanten gewählt, die die demokratisch legitimierten Entscheidungen treffen sollen, während die Kammerversammlung unmittelbares Rechtsetzungsorgan ist. In Ermangelung einer Alternative akzeptiert der Gesetzgeber eine Normsetzungsbefugnis des demokratisch legitimierten Organs Kammerversammlung auch dann, wenn nur eine geringe Zahl der Gesamtmitglieder an der Willensbildung mitwirkt. Deswegen sind die Rechtsanwaltskammern gut beraten, wenn sie – gegebenenfalls auch in außerordentlichen Kammerversammlungen – Angelegenheiten von allgemeiner Bedeutung für die Rechtsanwaltschaft nur in Kammerversammlungen erörtern und keine Mühe scheuen, eine möglichst hohe Beteiligung ihrer Mitglieder an den Kammerversammlungen einzuwerben.

Fazit: Bei Beschlussfassung durch die Kammerversammlung darf sich die Rechtsanwaltskammer aller Angelegenheiten annehmen, die für den Berufsstand von allgemeiner Bedeutung sind und die nicht in die Zuständigkeit der Bundesrechtsanwaltskammer fallen.

Anwalt und Ehrenamt

Hans Joachim Brand[*]

A.

Ehrenamt – was ist das?
Im Lexikon liest man

> »Ein öffentliches, unentgeltlich ausgeübtes Amt in Verbänden, Vereinen und Selbstverwaltungskörperschaften. Eine Aufwandsentschädigung ist üblich. Zu ehrenamtlicher Tätigkeit kann der Bürger gesetzlich verpflichtet sein (z. B. als ehrenamtlicher Richter).«

Es ist jedenfalls ein Amt, das viel mit Ehre (früher sagte man auch »Gotteslohn«) zu tun hat, es bringt Ansehen und Anerkennung. Eine aktive Bürgergesellschaft braucht Engagement, Eigeninitiative und Solidarität, braucht die Vorbildfunktion einzelner. Es geht um gemeinschaftliches Denken und Handeln. Die Gemeinschaft kann unmöglich alle Kräfte bezahlen, die das Notwendige für ihr Funktionieren und Gedeihen leisten.

Traditionsgemäß gilt das tadelsfreie Ausüben herausragender oder auch nur unscheinbarer Tätigkeiten zum Wohle der Allgemeinheit als ehrenhaft und berechtigt zur Dekoration mit Orden oder sonstigen »Ehrenzeichen«.

Ehrenamtliches Engagement hat es schon in der Antike gegeben. Immer wieder gab es Menschen, die sich aus religiösen, politischen oder sozialen Gründen für andere oder eine bestimmte Aufgabe eingesetzt haben. In Preußen waren es von Stein und Graf Hardenberg, die in ihrer Verwaltungsreform und in der Städteordnung das dringende Bedürfnis postulierten, wonach die Bürger an der Verwaltung des Gemeinwesens beteiligt werden sollten. Man hatte sogar mit Konsequenzen zu rechnen, wenn man sich verweigerte. Bis zum Kaiserreich 1871 hatte sich die notwendige ehrenamtliche Bestätigung weit verbreitet – auch ein Erbe des Vereinswesens, das sich heftig entwickelte. Um die Jahrhundertwende kamen dann die Dachverbandsgründungen hinzu, bestückt mit Ehrenamtlichen, wenn man mal von den hauptamtlichen Geschäftsführern absieht.

Selbst die Senioren wollen heute wenigstens noch im Kleinen die Gesellschaft mitgestalten. Dabei bereichern sie nicht nur die Gemeinschaft, sondern vor allem auch sich selbst: zwischenmenschliche Kontakte beflügeln und schaffen neue Anregungen. Und immer häufiger entwickelt sich daraus eine Anerkennungskultur, die eine der wichtigsten Grundlagen für das Ehrenamt ist (*Ursula v. d. Leyen*). Die Übernahme eines Ehrenamtes macht also nicht reich, aber es bereichert.

---

[*] Herr Hans Joachim Brand ist leider im Juli 2008 verstorben.

B.

Anwälte hatten früher einen sehr hochgehaltenen »Ehrenstandpunkt«. Das mag auch heute noch so sein, wenn das Wort »Ehre« auch nach dem bloßen Text der Bundesrechtsanwaltsordnung gestrichen worden ist – übrigens genauso wie das würdevolle Verhalten des ganzen »Standes« nicht mehr gefragt zu sein scheint. Wir sind sehr viel nüchterner geworden. Das Ansehen der Anwaltschaft wird allerdings heute wie früher durch herausgehobene, publikumswirksame ehrenamtliche Tätigkeiten besonders geprägt. Dabei sind Freiberufler nicht einmal die typischen Ehrenamtlichen, weil sie solche Aufgaben neben ihrer Berufsausübung ohne Rücksicht auf ihr Lebensalter bei voller Leistungsfähigkeit und mit entsprechendem organisatorischem Unterbau zu übernehmen pflegen.

Abgesehen davon, dass es für jeden Anwalt gut und nützlich ist, wenn er über den Tellerrand seiner Praxis hinausblicken kann, wird gerade von ihm ungeachtet seiner beruflichen Belastung erwartet, dass er sein Können und Wissen der Allgemeinheit zur Verfügung stellt, meist sogar ohne jede Aufwandsentschädigung. Geben Sie sich mal in einer Versammlung als Anwalt zu erkennen und Sie werden sofort – wenn die Position frei ist – in den Vorstand gewählt!

Natürlich ist der Platz eines Anwalts vor allem im Parlament oder Vorstand einer Körperschaft des öffentlichen Rechts. Hier kann er zeigen, was ihm Ausbildung und Praxis des Umgangs mit Menschen eingebracht haben. Sein Anwaltsleben wird vom Juristsein und Menschsein geprägt. Er hat ständig dieses Spannungsverhältnis auszuhalten und sich darin zu bewähren. Im Ehrenamt liegen unentdeckte Potenziale, vor allem, was die Zusammenarbeit mit anderen Berufen angeht. Verwaltungsmacht sollte mit Augenmaß ausgeübt werden. Die Regeln solcher Macht muss gerade jeder praktizierende Jurist beherrschen. Er sollte Probleme strukturieren, Konflikte bewältigen und anschaulich überzeugend sprechen und schreiben können.[1] Als Jurist sollte er Wege der Kommunikation zu vernünftigen, abgewogenen Beschlüssen oder Vereinbarungen öffnen können, die der Sache und dem Anliegen immer noch gerecht zu werden vermögen.

Ehrenämter sind fester Bestandteil der Image-Werbung. Dabei trägt das Ehrenamt wirtschaftlich nur selten etwas ein. Hier ist der wirtschaftliche Erfolg genauso zweifelhaft wie die Tätigkeit für Verwandte oder Freunde, wo man darauf angewiesen ist, sich das Honorar vom Gegner zu holen. Echte Berufsinteressen pflegen gewöhnlich woanders zu liegen. Aber um das Ehrenamt sinnvoll ausüben zu können, ist eine genaue, flexible Zeiteinteilung notwendig. Hier hilft die gewohnte, pünktlich einzuhaltende Gliederung des Tagesablaufs.

Einmischen und Mitgestalten in Gesellschaft und Kultur sind gerade auch für Freiberufler unerlässlich, weil nur mit solchem Engagement dem Schwinden des

---

1 *Heussen* in: Hans-Martin Schmidt/Andreas Schmidt (Hrsg.), Juristen im Spiegel ihrer Stärken und Schwächen, 1998, S. 245 (250, 260).

»Sozialkapitals« entgegen gewirkt werden kann. Die staatliche Rundumversorgung führt je länger je mehr zu einer Konsum- und Anspruchshaltung, die der Feind jeden Engagements ist. Deutschland liegt immer noch hinter Großbritannien an zweiter Stelle was die Wertschöpfung durch soziale Arbeit angeht (wohl etwa 75 Milliarden Euro). Wer sollte denn auch die darin liegende erhebliche Menge an Ganztags- oder Teilzeitarbeitsplätzen finanzieren? Weil das nicht geht, ist Werbung für das Ehrenamt unerlässlich, z. B. durch die Einrichtung des »Tages des Ehrenamtes«, für den man den 5. Dezember jeden Jahres ausgesucht hat, und für den man die griffige Parole verbreitet »Tu es!« oder »Mach mit!«.

Dazu kommt, dass die demographische Entwicklung bei uns zu einem sinkenden Anteil Nachwachsender führt. Das Potenzial für ehrenamtliches Engagement liegt dann bei der älteren Generation, die zunehmend das Gerüst der Ehrenamtlichen stellen muss. Sie kann und tut es ja auch bei der höheren Lebenserwartung, deren wir uns erfreuen dürfen.

Wie die Erfahrung zeigt, sollte man aber mit seinem Ehrenamt nicht zuviel Aufhebens machen. Sonst könnte leicht der Eindruck entstehen, als ob man das Amt vor allem wegen des damit verbundenen Sozialprestiges übernommen hat und es im Grunde für die eigenen Schultern zu schwer ist.

Dabei ist ein Ehrenamt keine Einbahnstraße. Besonders in jungem Lebensalter kann es sehr zur persönlichen Selbstentfaltung beitragen, weil der Umgang mit Menschen und deren Anliegen die Persönlichkeit prägt: respektvoller Umgang untereinander und das Gemeinsame sind wichtig. Das prägt für das ganze Leben.

Und die Aufwandsentschädigung? Hier kann man an die alte Forderung denken, wonach kommerzielles Denken vom Anwalt und sogar seinen Mitarbeitern (!) ferngehalten werden müsse. Gewinnstreben habe jedenfalls hinter der Verpflichtung, als unabhängiges Organ der Rechtspflege richtig zu handeln und die Mandanten sachgerecht zu beraten, allemal zurückzutreten. Vom Kaufmann unterscheidet sich der Anwalt insofern grundlegend, als dieser sich ausschließlich von der Gewinnerzielungsabsicht leiten lassen darf, der Anwalt dagegen nicht.[2] Früher fand das etwa seinen Ausdruck in der Übernahme der kostenlosen und damit sozialen Rechtsberatung für wirtschaftlich minderbemittelte Bürger. Diese hat die Anwaltschaft mehr als 50 Jahre in den eigenen Reihen organisiert und durchgehalten. Inzwischen hat das der Staat mit der Einführung von Beratungs- oder Prozesskostenhilfe den Anwälten abgenommen. Damit ist viel vom Ansehen des ganzen Berufsstandes verloren gegangen. Es beruhte nicht zuletzt darauf, dass Anwälte ohne jegliches Entgelt Minderbemittelten rechtliche Hilfe leisteten. Wo gab es so etwas sonst noch? Das war umso auffälliger, als damals – und im Grundsatz noch heute – Gebühren nicht unterboten, geschweige denn gänzlich erlassen werden durften. Das geschah allerdings nur aus Wettbewerbsgründen im Verhältnis der Anwälte untereinander, wohl kaum im vorrangig wirtschaftlichen Interesse des Anwalts selbst. Es soll aber in jenen längst vergangenen Zeiten der kostenlosen Rechtsberatung Minderbemittelter

2 BGH NJW 1991, 2087.

vorgekommen sein, dass die Rechtsberatungstermine – mit oder ohne Abfindungs-entgelt – an nicht ausgelastete Kollegen weitergereicht wurden, die ihrerseits auf Anschlussmandate wenigstens im »Armenrecht« hofften. Auch heute hat die »pro bono« Tätigkeit einen festen und wachsenden Platz in der Anwaltschaft.

C.

Unser mit dieser Festschrift geehrter Jubilar hat das anwaltliche Ehrenamt in wohl einmaliger Weise und fern von jedem Sozialprestige vorbildlich mit Leben erfüllt und damit geprägt: Es gibt kaum ein Gremium innerhalb der verfassten Anwalt-schaft, dem er nicht jahrelang angehört hat. Auch wegen seiner zeitweiligen Dop-pelfunktion in der Anwaltskammer und im Deutschen Anwaltsverein ist er gerade-zu dazu prädestiniert, die dort traditionsgemäß bestehenden Interessengegensätze auszugleichen.

Es gibt in der deutschen Anwaltschaft wohl kaum jemanden, der derart umfang-reiche Erfahrungen in allen Facetten der Berufspolitik hat, und das schon mindes-tens seit 1977, als er zuerst in den Vorstand der Rechtsanwaltskammer Celle ge-wählt wurde. Seit 1983 war er dort 1. Vizepräsident, von 1995 bis 2008 war er Kammerpräsident, der es in diesem Amt verstanden hat, unermüdlich der grund-sätzlichen, nicht minder aber auch der Berufspolitik im Einzelfall neue Akzente zu setzen. Das musste er schon als Mitglied des Präsidiums der Bundesrechtsanwalts-kammer, deren Vizepräsident und Pressesprecher er seit 1996 ist. Seine exzellenten Sprachkenntnisse vor allem in der durch sein Auslandsstudium erworbenen franzö-sischen Sprache machten es ihm auch leicht, zeitweise Präsident des Verbandes eu-ropäischer Rechtsanwaltskammern zu sein. Von daher belebte er die Partnerschaf-ten der Kammer Celle mit Rouen, Bristol, Lucca und Posen. Und das Ganze mit Kompetenz, Sachlichkeit und Bescheidenheit.

Die geradezu staunenswerte Ausfüllung solcher und anderer Ehrenämter wäre allemal ein Anlass, ihm hohe Orden zu verleihen. Dabei ist auch sein Engagement in seinem eigentlichen Anwaltsberuf nicht zu übersehen: er sitzt in seiner großen Kanzlei manchmal noch weit nach Mitternacht.

Jedenfalls führt Dr. *Ulrich Scharf* in seiner Person die Mär ad absurdum, Anwälte seien kontaktarme Individualisten. Sie wissen nur besser mit ihrer viel zu knappen Zeit umzugehen.

Wider den Ratschlag »Willst Du froh und glücklich leben, lass' kein Ehrenamt Dir geben!«

– Der Unfallversicherungsschutz nach § 2 Abs. 1 Nr. 10a, Nr. 10b SGB VII für ehrenamtliches Engagement –

HERMANN BUTZER

A. DAS EHRENAMT – MANCHMAL FREUDLOS ..., ABER NOTWENDIG!

Mit dem zum Titel dieses Beitrags erhobenen Vers beginnt ein bekanntes, *Wilhelm Busch* zugeschriebenes[1] Gedicht, welches sodann – weiter zuspitzend – die Folgen eines Zuwiderhandelns gegen diesen Ratschlag wie folgt ausmalt: »... Willst Du nicht zu früh ins Grab / lehne jedes Amt gleich ab! / Wie viel Mühen, Sorgen, Plagen / wie viel Ärger musst Du tragen; / gibst viel Geld aus, opferst Zeit – / und der Lohn? Undankbarkeit!« Und zum Ende hin heißt es: »Drum, so rat ich Dir im Treuen: / willst Du Weib und Kind erfreuen, / Soll Dein Kopf Dir nicht mehr brummen, / lass das Amt doch and'ren Dummen.«

Diese Ratschläge gegen das Ehrenamt mögen lebensklug sein, gesellschaftspolitisch sind sie fatal. Was alles läge in Deutschland in Vereinen, Verbänden, Körperschaften, Stiftungen, Kirchen oder Initiativen brach, wenn es nicht Menschen gäbe, die den »Mühen, Sorgen, Plagen« von Ehrenämtern trotzen und die – wenn ihnen ein solches angetragen wird – nicht auf »and're Dumme« verweisen?[2] Viele Bereiche des öffentlichen und sozialen Lebens würden dann kaum mehr existieren. Der Jubilar jedenfalls hat – wie viele andere – den eingangs zitierten Ratschlag geflissentlich überhört und sich, bei aller Verehrung des großen Humoristen, nie davon abhalten lassen, sich ehrenamtlich zu engagieren, etwa berufspolitisch und sehr sichtbar als Präsident der Rechtsanwaltskammer Celle, als Vizepräsident der Bundesrechtsanwaltskammer, als Präsident der Fédération des Barreaux d'Europe (FBE – Verband Europäischer Rechtsanwaltskammern) und im Deutschen Anwaltsver-

---

1 Die Urheberschaft *Wilhelm Buschs* für dieses Gedicht ist umstritten, eine abgewandelte Form wird *Joachim Ringelnatz* zugeschrieben.
2 Zur Bedeutung des Ehrenamts in Deutschland siehe etwa: Enquete-Kommission »Zukunft des bürgerschaftlichen Engagements« des Deutschen Bundestages, Bericht: Bürgerschaftliches Engagement: auf dem Weg in eine zukunftsfähige Bürgergesellschaft, Opladen 2002 = BT-Drs. 14/8900 vom 3.6.2002; Kommission »Impulse für die Zivilgesellschaft. Perspektiven für Freiwilligendienste und Zivildienst in Deutschland«, Abschlussbericht vom 15.1.2004.

ein; oder – weniger prominent und doch nicht unwichtig – als Vorsitzender des Beirats des Instituts für Prozessrecht und anwaltsorientierte Ausbildung der Juristischen Fakultät der Leibniz-Universität Hannover; oder – auf einem ganz anderen Felde – als Beisitzer im Vorstand der Wilhelm-Busch-Gesellschaft e.V. (1930 gegründet, ca. 2 500 Mitglieder; Trägerin des Museums) oder als Gründungsmitglied im 2002 entstandenen Verein der Förderer des Wilhelm-Busch-Museums e.V.

Gleichwohl: Der Verfasser des Gedichts hat natürlich nicht ganz unrecht. Denn ehrenamtliche Tätigkeit ist in der Tat zwiespältig. Sie kann soziale Kontakte und soziale Einbindung liefern, Kenntnisse und Erfahrungen erweitern und damit Menschen für den Arbeitsmarkt interessant machen;[3] sie kann auch, weil gemeinwohlnützig, ehrenvoll sein, sozial aufwerten, statt monetärer Entgeltung soziale Anerkennung verdienen lassen. Aber: Ehrenamtliche Tätigkeit kann auch große Opfer an Zeit und Geld verlangen, gegen die sich – worauf der Humorist recht drastisch hinweist – zuweilen wenig Dankbarkeit, dafür aber viel Mühen, Sorgen, Plagen und Ärger aufrechnen lassen müssen.

Soweit solche Belastungen in der Schwierigkeit der ehrenamtlich übernommenen Aufgabe selbst liegen oder im zwischenmenschlichen Bereich wurzeln, vermag der Staat natürlich nicht zu helfen. Immerhin sollte er aber versuchen, Rahmenbedingungen zu schaffen, die seine Bürgerinnen und Bürger zu ehrenamtlichem Engagement motivieren – oder sie zumindest davon nicht abhalten. Obwohl nämlich – wie der Freiwilligensurvey 1999[4] ergeben hat – in Deutschland bei einer Gesamtheit von rund 63 Mio. Bundesbürgern ab 14 Jahren etwa 22 Mio. freiwillig Engagierte (= 34 Prozent) in rund 35 Mio. ausgeübten Aufgaben oder Funktionen aktiv sind, erscheint das »Engagementpotenzial« in der deutschen Bevölkerung bei weitem nicht ausgeschöpft. Es ist ermittelt worden, dass dieses Potenzial über die Gruppe der derzeit bereits Engagierten hinaus noch einmal 37 Prozent der Bevölkerung umfasst.[5] Diese Zahlen sind für den Staat hochbedeutsam. Schon aus allgemeinpolitischen Gründen (Stichworte: der Mensch als soziales Wesen; ehrenamtliche Tätigkeit als Austausch mit der sozialen Umwelt), ferner aus staatspolitischen Erwägungen (Stichwort: Subsidiarität) erscheint es unabdingbar, Umfang und Stellenwert ehrenamtlicher Tätigkeiten in Deutschland weiter zu stärken. Hinzu treten

---

3 Ein Beispiel: Im Freiwilligenzentrum Hannover e.V. sind etwa 20 Prozent der registrierten 3 500 Freiwilligen arbeitslos. Eines der Betätigungsfelder der Jobsuchenden ist der »Freiwilligendienst in Teilzeit (FRITZ)«, bei dem die Helfer bis zu zwei Jahre jeweils 20 Wochenstunden in einer gemeinnützigen Einrichtung tätig sind.

4 Ausführliches Zahlenmaterial in: Bundesministerium für Familie, Senioren, Frauen und Jugend (BMFSFJ)/*von Rosenblatt* (Hrsg.); BMFSFJ/*Braun/Klages* (Hrsg.); BMFSFJ/*Picot* (Hrsg.), Freiwilliges Engagement in Deutschland. Ergebnisse der Repräsentativerhebung 1999 zu Ehrenamt, Freiwilligenarbeit und bürgerschaftlichem Engagement, 3 Bände, 2000.

5 Näher: *Helmut Klages* Engagementpotenziale in Deutschland, in: von Rosenblatt (Hrsg.), Bundesministerium für Familie, Senioren, Frauen und Jugend, Freiwilliges Engagement in Deutschland. Ergebnisse der Repräsentativerhebung 1999 zu Ehrenamt, Freiwilligenarbeit und bürgerschaftlichem Engagement, Bd. 1: Gesamtbericht, Teil B. 7., S. 198 ff., Bd. 2: Zugangswege, Teil 2, S. 114 ff.

finanzpolitische Gründe: Ohne ehrenamtliches Handeln führten die Verschuldung der öffentlichen Haushalte und steigende Kosten aller Dienstleistungen im sozialen, gesundheitlichen, kulturellen, sport- und bildungs- bzw. erziehungsbezogenen Bereich dazu, dass auf diesen wichtigen Feldern bestimmte Aufgaben, die der Staat nicht oder nicht mehr selbst wahrnehmen kann, ganz unerledigt blieben.

Dem Staat stehen zur somit notwendigen Förderung ehrenamtlicher Betätigung verschiedene Wege offen. Zunächst sollte er motivieren, vor allem durch Herstellung eines gesellschaftlichen Bewusstseins pro Ehrenamt, aber auch durch Lobreden seiner Repräsentanten oder die Verleihung von Auszeichnungen für vorbildliches Engagement[6]. Des Weiteren sollte der Staat den von Ehrenamtlichen erbrachten Einsatz von Zeit, von Sachleistungen oder von finanziellen Leistungen in Form der freiwilligen Übernahme von Kosten (z.B. für Fahrten oder für Reinigungsarbeiten) insoweit honorieren, als dass er dem ehrenamtlich Tätigen die für diese Leistungen zum Teil gezahlten, in der Regel aber bei weitem nicht kostendeckenden Nebeneinkünfte oder Aufwandsentschädigungen steuerlich belässt. Was diese steuerliche Förderung des Ehrenamtes angeht, ist in den letzten Jahrzehnten einiges geschehen, zuletzt mit dem Gesetz zur weiteren Stärkung des bürgerschaftlichen Engagements vom 10.10.2007.[7] Neu in das Steuerrecht eingeführt wurde jetzt etwa ein Freibetrag für gewährte Aufwandspauschalen in Höhe von 500 Euro pro Jahr (§ 3 Nr. 26a EStG; vorher galten solche Pauschalen als sonstige Einkünfte, die steuerfrei blieben, wenn sie 256 Euro im Jahr nicht überschritten, vgl. § 22 Nr. 3 Satz 2 EStG). Ferner wurde der Freibetrag nach § 3 Nr. 26 EStG für Einkünfte aus ehrenamtlichen Tätigkeiten, etwa als Übungsleiter, Ausbilder, Betreuer, Erzieher, Pfleger usw., erhöht (von 1848 Euro auf 2100 Euro)[8].

Ein drittes Feld, auf dem der Staat ehrenamtliches Engagement fördern kann, ist dasjenige des Schutzes vor zivilrechtlichen Haftungs- und Unfallrisiken, wie sie die Wahrnehmung ehrenamtlicher Tätigkeiten leicht mit sich bringen kann. Neben dem

---

6 In den Korb dieser auszeichnenden Maßnahmen gehört neben Orden und Ehrenmedaillen, Ehrenurkunden und Belobigungen etwa die in einigen niedersächsischen Städten und Kreisen (derzeit: Celle, Nienburg, Stadt und Landkreis Osnabrück, Wolfenbüttel) nach hessischem Vorbild eingeführte *Ehrenamtskarte*, die ehrenamtlich Tätigen Vergünstigungen oder freien Eintritt in historische Stätten, Museen, Kinos, Schwimmbäder und weitere Einrichtungen gewährt. In Niedersachsen können die Ehrenamtskarte Ehrenamtliche erhalten, wenn sie sich seit drei Jahren mindestens fünf Stunden pro Woche (oder 250 Stunden im Jahr) engagieren.

7 BGBl. I 2007 S. 2332.

8 Flankierend bringt das Gesetz zur weiteren Stärkung des bürgerschaftlichen Engagements vom 10.10.2007 weitere wichtige Änderungen. Erhöht wird etwa die Höchstgrenze für den steuerlichen Abzug von Spenden von vormals 5 Prozent bzw. – bei Verheirateten – 10 Prozent auf pauschal 20 Prozent des Gesamtbetrags der Einkünfte (§ 10b Abs. 1 EStG n.F., § 9 Abs. 1 KStG n.F., § 9 Nr. 5 GStG n.F.). Angehoben wurde ferner der steuerfreie Stiftungsausstattungsbetrag (von 307 000 auf 1 Mio. Euro, vgl. § 10b Abs. 1a EStG n.F.). Geändert wurde schließlich auch die Besteuerungsgrenze für die wirtschaftliche Betätigung gemeinnütziger Organisationen (statt 30 678 Euro nunmehr 35 000 Euro jährlich, vgl. §§ 64 Abs. 3, 67a Abs. 1 AO n.F., § 23a Abs. 2 UStG n.F.).

– weiterhin verbesserungsbedürftigen – Privathaftpflichtversicherungsschutz für ehrenamtlich Tätige steht hier der unfallversicherungsrechtliche Schutz dieses Personenkreises im Vordergrund. Dieser Schutz kann z.B. bei einem Wegeunfall oder auch bei einem schweren Sturz oder einem Unfall mit schwerem Gerät oder gefährlichen Stoffen für den ehrenamtlich Tätigen außerordentlich bedeutsam sein, weil der Leistungskatalog der gesetzlichen Unfallversicherung wesentlich umfangreicher ist als derjenige der gesetzlichen oder privaten Krankenversicherung. Der Unfallversicherungsschutz nach dem SGB VII ist nämlich an der umfassenden zivilrechtlichen Schadensersatzleistung orientiert und sieht daher neben anderem eine medizinische, berufliche und soziale Rehabilitation als Maximalversorgung vor (§ 26 Abs. 2 SGB VII: »mit allen geeigneten Mitteln«; vgl. demgegenüber §§ 12 Abs. 1, 13 SGB V), überdies eine Verletztenrente oder auch Hinterbliebenenrenten. Selbst private Unfallversicherungen, die ein ehrenamtlich Tätige auf eigene Rechnung abschließen kann, bleiben gelegentlich hinter diesen Leistungen zurück.

Für die Gesetzliche Unfallversicherung (GUV) ist das heute kein Systembruch mehr. Sie ist zwar immer noch vom Schutz der Arbeitnehmer geprägt, doch ist sie seit der Weimarer Zeit nach und nach auf zahlreiche Personen ausgedehnt worden, die nicht in einem Arbeitsverhältnis stehen (sog. unechte Unfallversicherung). In diesen Feldern des Schutzes geht es nicht mehr um den Schutz vor arbeitstypischen Risiken auf dem Gebiet der Erwerbsarbeit, sondern um die Realisierung einer staatlichen Verantwortung im Rahmen der Funktion der sozialen Entschädigung für Risiken, die die staatliche Gemeinschaft zu tragen hat. Heute jedenfalls, nach einer durch das »Gesetz zur Verbesserung des unfallversicherungsrechtlichen Schutzes bürgerschaftlich Engagierter und weiterer Personen« vom 9.12.2004[9] erfolgten, sehr wichtigen, aber noch zu wenig bekannten[10] und auch wissenschaftlich noch kaum gewürdigten[11] Änderung des § 2 Abs. 1 Nr. 10 SGB VII betrifft der Unfallversicherungsschutz fast alle Felder ehrenamtlicher Tätigkeit. Er kann daher auch für Freiberufler, wie etwa den Jubilar als Rechtsanwalt, und natürlich auch für jeden sonst ehrenamtlich tätigen Menschen erhebliche Bedeutung erlangen. Nach einem

---

9 BGBl. I 2004 S. 3299.
10 Siehe aber die Informationsbroschüre »Zu Ihrer Sicherheit. Unfallversichert im Ehrenamt«, herausgegeben vom Bundesministerium für Arbeit und Soziales (BMAS), Referat Information, Publikation, Redaktion, Best.-Nr.: A 329 (Stand Januar 2007).
11 Hervorzuheben sind hier zwei Beiträge, nämlich *Merten/Ziegler* SGb 2005, 427 ff.; *Molkentin* BG 2006, 17 ff. Hinzu kommen – notwendig knappe – Kommentierungen von *Franke* in:ders./Molkentin (Hrsg.), Lehr- und Praxiskommentar (LPK), Sozialgesetzbuch VII, 2. Aufl. 2007, § 2 Rn. 90 – 98; Wannagat/*Jung* Sozialgesetzbuch, SGB VII, Loseblatt, Rn. 38–41 (Stand April 2007); *Ricke* in: Kasseler Kommentar Sozialversicherungsrecht (KassKomm), Band 2, SGB VII, Loseblatt, § 2 Rn. 47, 47a–47k, 48–51 (Stand 12/2007) und *Schwerdtfeger* in: Lauterbach/Watermann/Breuer (Hrsg.), Unfallversicherung, Sozialgesetzbuch VII, Loseblatt, 4. Aufl., § 2 Rn. 346–371 (Stand 2007). Zu zwei Spezialfragen äußert sich *Leube* ZFSH/SGB 2006, 579 ff.; *Leube* NZS 2006, 410 ff. Reine Überblicke anhand der Gesetzgebungsmaterialien geben schließlich: *Kreutz* ZFSH/SGB 2005, 145 ff.; *Marburger* PersV 2005, 450 ff.

kurzen historischen Rückblick sollen daher die gesetzlichen Voraussetzungen dieses Schutzes hier einmal näher dargestellt und gewürdigt werden.

B. DER KONTINUIERLICHE AUSBAU DES EHRENAMTSCHUTZES IN DER GUV SEIT 1928

Der unfallversicherungsrechtliche Schutz ehrenamtlich Tätiger reicht bis in das Jahr 1928 zurück. In Abkehr von den noch engen Regelungen des Unfallversicherungsgesetzes vom 6.7.1884[12] und der Reichsversicherungsordnung (RVO) vom 19.7.1911[13] bezogen seither § 537 Abs. 1 Nr. 4a und § 553a RVO in der Fassung des Dritten Gesetzes über Änderungen in der Unfallversicherung (3. UVÄndG) vom 20.12.1928[14] ehrenamtliche Tätigkeiten in der Wohlfahrtspflege, im Gesundheitsdienst, in den Feuerwehren und in sonstigen Einrichtungen zur Hilfeleistung bei Unglücksfällen in den Unfallversicherungsschutz ein, ferner Lebensretter und Helfer bei Unglücksfällen, gemeiner Gefahr und Not. Diese Regelungen bestehen inhaltlich unverändert bis heute fort (vgl. § 2 Abs. 1 Nr. 9, Nr. 12 und Nr. 13a SGB VII).

Die mit diesen Regelungen entstandene unechte Unfallversicherung wurde dann im Jahre 1942 durch das 6. UVÄndG vom 9.3.1942[15] ausgebaut. Dieses Gesetz bezog einerseits Personen in den Unfallversicherungsschutz ein, »die einem Amtsträger der Nationalsozialistischen Deutschen Arbeiterpartei oder des Staates, von dem sie zur Unterstützung einer Diensthandlung herangezogen werden, Hilfe leisten« (§ 537 Nr. 5b RVO). Strukturell ist diese Regelung erhalten geblieben (heute: § 2 Abs. 1 Nr. 11a SGB VII), wenngleich der Einbezug von Tätigkeiten für die NSDAP und deren Nennung *vor* dem Staat ein bezeichnendes Streiflicht auf die Deformierung sozialversicherungsrechtlichen und vor allem staatsrechtlichen Denkens in jener Zeit wirft.[16] Wichtiger im Blick auf ehrenamtliche Tätigkeiten (und unideologisch!) war indessen die durch dasselbe Gesetz eingefügte Regelung des § 537 Nr. 10 RVO. Mit dieser Norm wurde eine vorangegangene Rechtsprechung des Reichsversicherungsamtes[17] aufgenommen, wonach der Schutz der Unfallversicherung nicht auf die Dauerbeschäftigten bestimmter Betriebe beschränkt werden könne, sondern auch Außenstehenden zuteil werden müsse, wenn sie einen den Zwecken des Betriebs dienende Tätigkeit im Sinne vorübergehender Hilfe ausübten.[18]

---

12 RGBl. I 1884 S. 69.
13 RGBl. I 1911 S. 509.
14 RGBl. I 1928 S. 405.
15 RGBl. I 1942 S. 107.
16 Näher *Butzer* Die Sozialstaatsentwicklung unter dem Grundgesetz – Verfassungsgebotene Entfaltung oder exzessive Expansion?, 2006, S. 24 f. m.w.N.
17 Vgl. BSGE 5, 168 (171) m.w.N.
18 BSGE 5, 168 (171 ff.); *Schlegel* in: Schulin (Hrsg.), Handbuch des Sozialversicherungsrechts, Bd. 2 – Unfallversicherung (HS-UV), 1996, § 14 Rn. 79.

Diese Neuregelung von 1942 gab fortan die Möglichkeit, ehrenamtlich Tätige unter bestimmten Voraussetzungen als Arbeitnehmerähnliche zu betrachten, um ihnen den Versicherungsschutz zukommen zu lassen. Ein »Klassiker« ist hier etwa der Fall eines Rentners, der sich als Mitglied seiner Kirchengemeinde bereit erklärt hatte, regelmäßig den Rasen um die Kirche zu mähen und die Bepflanzungen in Ordnung zu halten. Hierbei stand er als Wie-Beschäftigter ebenso unter Versicherungsschutz wie der andere Rentner, der als gelernter Maler und Lackierer Malerarbeiten in einem Kindergarten ohne Entgelt ausführte.[19] Als Wie-Beschäftigte konnte man aber etwa auch Personen ansehen, die Aufrufen ihrer Stadt folgten und sich an Aufräumaktionen zur Müllbeseitigung oder ähnlichem beteiligten, oder Eltern, die im Rahmen einer vom Kindergarten initiierten Gemeinschaftsaktion den Kindergarten ihrer Kinder renovierten. Alle diese Personen sind, ohne dass ein Beschäftigungsverhältnis mit der aufrufenden Stelle, vorliegt, »wie Beschäftigte« tätig. Nebenbei: Auf das Tätigwerden als Ehrenamtlicher kommt es insoweit nicht an; entscheidend ist nur, dass die Tätigkeit einem fremden Unternehmen dienlich ist, dass sie dem wirklichen oder mutmaßlichen Willen des Unternehmers entspricht und dass sie arbeitnehmerähnlich ist.[20] Als arbeitnehmerähnliche Tätigkeiten werden dabei Aufgaben angesehen, die üblicherweise von einem in einem Beschäftigungsverhältnis Stehenden verrichtet werden und einen gewissen »Wert auf dem Arbeitsmarkt« hätten. Nochmals: Der Wie-Beschäftigte übt eine Tätigkeit aus, die sonst ein Arbeitnehmer verrichtet.[21]

Problematisch waren hier stets zwei Fallgruppen: Freundschafts- und Gefälligkeitsleistungen, z.B. unter Verwandten, Nachbarn oder Arbeitskollegen, und ferner Tätigkeiten im Zusammenhang mit mitgliedschaftlichen Beziehungen zu Vereinen. Bei *Gefälligkeitsleistungen*, die im vorliegenden Zusammenhang allerdings weniger interessant sind, weil ihnen regelmäßig der Charakter des Ehrenamts fehlt, kommt es nach den in Rechtsprechung und Literatur herausgearbeiteten Grundsätzen darauf an, ob sich die Tätigkeit nach Art und Umfang im Rahmen dessen hält, was als familiäre, nachbarschaftliche oder kollegiale Hilfeleistung typisch und üblich ist und der nachzukommen deshalb – nach Art und Umfang unterschiedlich – erwartet werden kann. Anders sieht es aus, wenn es sich um eine (ernstliche) Tätigkeit handelt, die über das hinausgeht, was unter Verwandten, Nachbarn oder Kollegen üblich ist, wobei insbesondere der Verwandtschaftsgrad bzw. die persönliche Nähe und die Dauer der Tätigkeit zu berücksichtigen sein sollen.[22] Keine Wie-Beschäftigung sollte etwa vorliegen bei der Mithilfe von Eltern und Schwiegereltern bei der

---

19 Nachweise zu beiden Fällen bei *Molkentin* BG 2006, 17 (21).
20 BSGE 5, 168 (171); BSG SozR 3-2200 § 539 RVO Nr. 25; BSG SozR 4-2700 § 2 Nr. 4; BSG SozR 4-2700 § 2 Nr. 5; LSG Bayern Breithaupt 2006, 283 (284 ff.); Preis in: Fuchs/Preis (Hrsg.), Sozialversicherungsrecht, 2005, § 35 II 2 b), S. 468; *Schmitt* SGB VII. Gesetzliche Unfallversicherung, 2. Aufl. 2004, § 2 Rn. 131 ff.
21 BSGE 5, 168 (171); BSGE 43, 10 (11); *Schmitt* (Fn. 20) § 2 Rn. 135.
22 Vgl. *Schmitt* (Fn. 20) § 2 Rn. 136 f. m.w.N.

Renovierung einer zuvor gemieteten Wohnung.[23] Versichert sein sollte hingegen die Betreuung eines kleinen landwirtschaftlichen Anwesens während des Urlaubs des Schwagers[24] oder die Beaufsichtigung eines leer stehenden Nachbarhauses einschließlich der Führung von Mietinteressenten durch das Haus[25].

In etwas anderer Hinsicht problematisch war demgegenüber der Fall einer *Vereinsmitgliedschaft* des (ehrenamtlich) tätig Gewordenen. Insofern hatten Rechtsprechung und Literatur nämlich zu einer Lösung gefunden, der zufolge die Arbeitnehmerähnlichkeit bei solchen Tätigkeiten des Handelnden fehlen sollte, die sich als interne, verbandsspezifische Tätigkeiten innerhalb einer privatrechtlichen Organisation qualifizieren lassen.[26] Unversichert blieben infolgedessen alle Tätigkeiten, die in den festgeschriebenen oder kraft allgemeiner Vereinspraxis üblichen mitgliedschaftlichen Verpflichtungen der Vereinsmitglieder ihre Basis finden. Anderes sollte und soll nur gelten, und das auch nur für einfache Vereinsmitglieder, wenn sich das Engagement heraushebt (»überobligatorischer Einsatz«).[27] Für satzungsmäßig *gewählte* Funktionsträger in Vereinen (Vorstand, Kassenwart, ggf. auch andere Funktionen wie Sportwart oder Beauftragte für bestimmte Aufgaben) besteht der Rechtsprechung zufolge sogar unter keinen Umständen Unfallversicherungsschutz kraft Gesetzes, weil bei diesem Personenkreis alle Tätigkeit zugunsten des Vereinszwecks als Wahrnehmung eines durch Satzung vorgesehenen »offizielles Amtes« gilt.

Als vereinsüblich lassen sich etwa folgende Tätigkeiten ansehen:[28] Aufbau von Tischen, Stühlen, Spielgeräten und Verpflegungsständen, Ausschank von Getränken bei Vereinsabenden, Organisation eines Vereinsfestes, Verkauf von Eintrittskarten, Zeltaufbau- und -abbauarbeiten nach einem Straßenfest, Arbeiten zur Herrichtung und Reinigung von Sportplätzen, Schulen und Kindergärten, Ausbesserungs-, Reparatur- und Neubauarbeiten. Weil bei allen diesen Tätigkeiten ein Vereinszusammenhang besteht und dominiert, der die Arbeitnehmerähnlichkeit beseitigt, fielen Vereinsmitglieder somit bei vielen unfallträchtigen Tätigkeiten oder sogar generell aus dem Unfallversicherungsschutz heraus. Kaum überraschend, war bei Unfällen etwa von Bauhelfern häufig streitig, ob ein mitgliedschaftlich nicht mehr »geschuldeter«, überobligatorischer Einsatz des Vereinsmitglieds vorlag.

Obwohl somit stets Unsicherheiten und Widersprüchlichkeiten bei der Anwendung des § 539 Nr. 10 RVO bestanden,[29] kam es erst in drei weiteren, zudem zeitlich weit auseinander liegenden Gesetzgebungsschritten (in den Jahren 1963, 1996 und 2004) dazu, dass ehrenamtliche Tätigkeiten vermehrt aus dem Anwendungs-

---

23 BSG NZS 1993, 410 (411).
24 BSG SozR 2200 § 539 RVO Nr. 55.
25 BSG VersR 1975, 713 (713 f.).
26 Vgl. etwa BSGE 17, 211 (216); 52, 11 (12); BSG SozR 3-2200 § 539 Nr. 41; BSG SGb 2002, 671 (671 f.); LSG BW, Urteil vom 22.2.2007 (L 10 U 2292/04).
27 Vgl. etwa SG Stuttgart Breithaupt 2002, 624 ff.; aufgehoben durch LSG BW, Urteil vom 11.9.2003, HVBG-Info 2004, 25 ff.
28 Beispiele z.T. nach BMAS (Fn. 10) Zu Ihrer Sicherheit, Teil B.
29 Dazu näher *Molkentin* BG 2006, 17 (21, 24 f.).

bereich der Wie-Beschäftigung herausgelöst und für sie in § 539 Abs. 1 RVO bzw. § 2 Abs. 1 SGB VII gesonderte und gegenüber dem Tatbestand der Wie-Beschäftigung vorrangige Regelungen getroffen wurden. Einen ersten großen Reformschub im Sinne eines expliziten Schutzes ehrenamtlich Tätiger brachte hier das »Gesetz zur Neuregelung des Rechts der gesetzlichen Unfallversicherung (Unfallversicherungs-Neuregelungsgesetz – UVNG)« vom 30.4.1963[30]. Seither war gemäß § 539 Abs. 1 Nr. 13 RVO der Versicherungsschutz auf ehrenamtliche Tätigkeiten im Bereich der Kommunen, der beruflichen Selbstverwaltung (etwa: Mitglieder der Kammern der Freien Berufe sowie der Industrie-, Handels- und Handwerkskammern), der Sozialversicherungsträger, der Landwirtschaftskammern oder der Religionsgemeinschaften ausgedehnt. Erstmals versichert (siehe § 539 Abs. 1 Nr. 14 RVO) wurden seinerzeit auch Lehrende, die ehrenamtlich in Bildungseinrichtungen (Betriebsstätten, Lehrwerkstätten, berufsbildenden Schulen, Schulungskursen und ähnlichen Veranstaltungen) wirkten. Außerdem wurde § 537 Nr. 10 RVO a.F. – die 1942 geschaffene Regelung zur Wie-Beschäftigung – inhaltlich unverändert in § 537 Abs. 2 RVO verlagert.

Einen weiteren Verbesserungsschritt für den Unfallversicherungsschutz Ehrenamtlicher brachte dann das »Gesetz zur Einordnung des Rechts der gesetzlichen Unfallversicherung (Unfallversicherungs-Einordnungsgesetz – UEVG) vom 7.8. 1996[31], das die RVO-Regelungen in das Sozialgesetzbuch als dessen Teil VII übertrug. § 539 Abs. 1 Nr. 13 RVO wurde dabei in § 2 Abs. 1 Nr. 10 SGB VII fortgeführt. Gegenüber der Vorgängerregelung wurde der Versicherungsschutz bei dieser Gelegenheit aber auf ehrenamtliche Tätigkeiten für privatrechtlich organisierte Verbände oder Arbeitsgemeinschaften der bereits erfassten öffentlich-rechtlichen Organisationen erweitert. Ferner sind seither die öffentlich-rechtlichen Religionsgesellschaften den Körperschaften des öffentlichen Rechts ausdrücklich gleichgestellt. Die Neufassung erfasste darüber hinaus die im Bildungswesen ehrenamtlich Tätigen; deren Versicherung war zuvor – wie erwähnt – inhaltsgleich in § 539 Abs. 1 Nr. 14c RVO geregelt.

Den derzeitigen Abschluss dieser Entwicklung markiert das bereits kurz erwähnte Gesetz zur Verbesserung des unfallversicherungsrechtlichen Schutzes bürgerschaftlich Engagierter und weiterer Personen vom 9. Dezember 2004[32]. Dieses mit Wirkung vom 1.1.2005 in Kraft getretene Gesetz, das auf die Ergebnisse der Enquete-Kommission des Deutschen Bundestages »Zukunft des Bürgerschaftlichen Engagements«[33] aufbaut, hatte dabei im Wesentlichen drei Stoßrichtungen: zunächst erfolgte ein weiterer Ausbau des gesetzlichen Pflichtversicherungsschutzes vor allem im kommunalen und kirchlichen Umfeld. Ferner wurden die Möglichkeit

---

30 BGBl. I 1963 S. 241.
31 Unfallversicherungs-Einordnungsgesetz (BGBl. I 1996 S. 254).
32 BGBl. I 2004 S. 3299.
33 Enquete-Kommission (Fn. 2) S. 24.

zur Begründung freiwilligen Versicherungsschutzes erweitert, desselben die Möglichkeit zur Begründung von Pflichtversicherungsschutz kraft Satzung.

C. Der heutige Versicherungsschutz nach § 2 Abs. 1 Nr. 10a, Nr. 10b SGB VII

Nach jetzigem Rechtsstand sind für den Unfallversicherungsschutz ehrenamtlich Tätiger drei Tatbestände grundlegend zu unterscheiden: Zunächst – in der Ehrenamtspraxis sicherlich am bedeutsamsten – die Versicherung ehrenamtlich Tätiger kraft Gesetzes (§ 2 Abs. 1 SGB VII; *dazu unter I. und II.*), sodann *(dazu unter III.)* die Versicherung ehrenamtlich Tätiger kraft Satzung (§ 3 Abs. 1 Nr. 4 SGB VII) und schließlich *(dazu unter IV.)* die freiwillige Versicherung ehrenamtlich Tätiger (§ 6 Abs. 1 Nr. 3 und Nr. 4 SGB VII).

I. Überblick zu den Versicherungstatbeständen kraft Gesetzes

Bei der zunächst zu behandelnden Versicherung kraft Gesetzes sind – hier immer nur unter dem Gesichtspunkt der Ehrenamtsrelevanz betrachtet – erneut mehrere Versicherungstatbestände zu trennen. Es gibt hier – *erstens* – die Versicherung für ehrenamtliche Tätigkeiten in Unternehmen, die unmittelbar der Sicherung, Überwachung oder Förderung der Landwirtschaft überwiegend dienen, oder in den Berufsverbänden der Landwirtschaft (§ 2 Abs. 1 Nr. 5d, Nr. 5e SGB VII), sodann – *zweitens* – die Versicherung für ehrenamtliche Tätigkeiten im Gesundheitswesen oder in der Wohlfahrtpflege (§ 2 Abs. 1 Nr. 9 SGB VII), ferner – *drittens* – die Versicherung für ehrenamtliche Tätigkeiten zu Gunsten von Körperschaften, Anstalten und Stiftungen und diesen zugeordneten Organisationen (§ 2 Abs. 1 Nr. 10a, 1. Alt., 3. Alt. SGB VII), für ehrenamtliche Tätigkeiten zu Gunsten von Bildungseinrichtungen (Nr. 10a, 2. Alt.) sowie für ehrenamtliche Tätigkeiten zugunsten von öffentlich-rechtlichen Religionsgesellschaften und diesen zugeordneten Organisationen (Nr. 10b, 1. Alt., 2. Alt.) und schließlich – *viertens* – die Versicherung für ehrenamtliche Tätigkeiten in Unternehmen zur Hilfe bei Unglücksfällen und im Zivilschutz (§ 2 Abs. 1 Nr. 12 SGB VII). Falls diese Versicherungstatbestände nicht greifen, bleibt als Auffangnorm weiterhin der Tatbestand der Wie-Beschäftigung nach § 2 Abs. 2 Satz 1 SGB VII von Bedeutung.

II. Im Besonderen: Die Versicherung nach § 2 Abs. 1 Nr. 10a, Nr. 10b SGB VII

Nähere Ausführungen sollen hier allein der soeben als drittem Tatbestand angesprochenen Versicherung nach § 2 Abs. 1 Nr. 10a, Nr. 10b SGB VII gelten. Diese Regelung ist heute, nachdem das Gesetz von 2004 ihren Anwendungsbereich deutlich erweitert hat, zweifelsohne die für das Ehrenamt unfallversicherungsrechtlich quantitativ bedeutsamste Vorschrift. Ihre Bedeutungsvermehrung wird dabei signifikant daran, dass der Gesetzgeber § 2 Abs. 1 Nr. 10 SGB VII a.F. nunmehr in Nr. 10a und Nr. 10b unterteilt hat. Diese sprachliche Maßnahme hat indes wenig dazu beigetragen, die monströse Regelung, die der Gesetzgeber zudem in eines der schönsten Beispiele juristischer Langsatzarchitektur (§ 2 Abs. 1 SGB VII) einzupassen hatte, verständlicher zu machen. Für den Nicht-Rechtskundigen ist die Bandwurmvorschrift wohl komplett unüberschaubar, und auch der Rechtskundige hat große Mühe, sich in ihr zurechtzufinden. Dies darf selbst für den erfahrenen Sozialrechtler festgestellt werden, der als »gebranntes Kind« einige Übung mit der Entwirrung sozialrechtlicher Ketten- und Schachtelsätze hat.

1. Die von der Regelung erfassten Organisationen

Der Annäherungsprozess an den Regelungsinhalt von § 2 Abs. 1 Nr. 10a, Nr. 10b SGB VII erfolgt am besten wohl in der Weise, dass zunächst zu klären versucht wird, welche Organisationen die Regelungen im Einzelnen erfassen.

a) Organisationen nach Nr. 10a, 1. Alt., 2. Alt., Nr. 10b, 1. Alt. SGB VII

Auf Seiten des Staates (Nr. 10a, *1. Alt.*) kommen insoweit als taugliche Einrichtungen Körperschaften, Anstalten und Stiftungen des öffentlichen Rechts einschließlich deren Verbände und Arbeitsgemeinschaften in Betracht. Der Körperschaftsbegriff wird dabei traditionell weit verstanden: Er soll jede verbandsmäßig organisierte juristische Person des öffentlichen Rechts umfassen.[34] In die Rubrik »Körperschaften« gehören – um nur einige zu nennen – Gebietskörperschaften (Bund, Länder, Gemeinden, Gemeindeverbände), die Sozialversicherungsträger, die Handwerkskammern, die Industrie- und Handelskammern, die Innungen und die Kreishandwerkerschaften, Rechtsanwalts- und Notarkammern, die Ärzte-, Zahnärzte, Apotheker- oder Architektenkammern. Zu den erfassten Anstalten des öffentlichen Rechts gehören beispielsweise die Landesrundfunkanstalten der ARD, das Zweite Deutsche Fernsehen. Auch Universitäten, Studentenwerke und öffentliche Krankenhäuser können Anstalten des öffentlichen Rechts sein. Zu den Stiftungen des öffentlichen Rechts rechnen beispielsweise die Stiftung Preußischer Kulturbesitz, die Conterganstiftung für behinderte Menschen, die Heimkehrerstiftung oder die Stiftung Erinnerung, Verantwortung und Zukunft; Hauptzweck der letztgenannten ist die Entschädigung ehemaliger Zwangsarbeiter.

Hinsichtlich der Verbände und Arbeitsgemeinschaften besteht in organisationsrechtlicher Hinsicht ein weiter Anwendungsbereich: Sie können sowohl privatrechtlich (im sozialrechtlichen Bereich z.B. Deutsche Gesetzliche Unfallversicherung [DGUV], Verband der Angestelltenkrankenkassen [VdAK]) als auch öffentlich-rechtlich (z.B. Bundesverbände oder Landesverbände der Krankenkassen) mit

---

34 BSGE 40, 139 (140).

oder ohne eigene Rechtspersönlichkeit organisiert sein. Notwendig ist aber bereits dem Wortlaut (»*deren* Verbände oder Arbeitsgemeinschaften«) nach, dass es sich um *eigene* Verbände der öffentlich-rechtlichen Einrichtung handelt, wobei eine überwiegende Beteiligung als ausreichend erachtet wird.[35] Fehlt es an diesem Zuordnungsgrund, kommt eine analoge Begründung des Versicherungsschutzes nicht in Betracht, auch dann nicht, wenn die Organisation im öffentlichen Interesse tätig wird.[36]

Unfallversicherungsschutz besteht des Weiteren (Nr. 10a, *2. Alt.*) für die unmittelbare ehrenamtliche Tätigkeit in einer von § 2 Abs. 1 Nr. 2 oder Nr. 8 SGB VII genannten Einrichtung.[37] Gemeint sind etwa Lehrwerkstätten, Kindergärten, allgemein- oder berufsbildende Schulen, Fachhochschulen und Universitäten oder ähnliche Bildungseinrichtungen. Diese Regelung kommt vor allem dort zum Tragen, wo die betreffende Bildungseinrichtung keine ausreichende Verbindung zu einer öffentlich-rechtliche Einrichtung oder zu einer öffentlich-rechtlichen Religionsgemeinschaft besitzt, wie das etwa bei einer privaten Bildungseinrichtung oder bei einem Betriebskindergarten der Fall ist.

§ 2 Abs. 1 Nr. 10b SGB VII nennt jetzt ausdrücklich auch öffentlich-rechtliche Religionsgemeinschaften, die bis 2005 noch unter den Begriff »Körperschaften« zu subsumieren waren.[38] In Betracht kommen nur diejenigen Gemeinschaften, die gemäß Art. 140 GG i.V.m. Art. 137 Abs. 5 WRV den Status einer öffentlich-rechtlichen Körperschaft (eigener Art) haben. Das sind derzeit – regional differierend – ca. 30 Religionsgemeinschaften: neben den altkorporierten Religionsgemeinschaften der evangelischen Kirche (gegliedert in Landeskirchen und Gemeinden), der katholischen Kirche (gegliedert in Bistümer und Kirchengemeinden) sowie einzelnen jüdischen Gemeinden etwa die neukorporierten Religionsgemeinschaften Altkatholiken, Russisch-Orthodoxe Kirche in Deutschland, Griechisch-Orthodoxe Metropolie von Deutschland, der Landesverband der Jüdischen Gemeinden und verschiedene jüdische Einzelgemeinden, Evangelisch-Freikirchliche Gemeinden (Baptisten), Bund Evangelischer Freikirchlicher Gemeinden, Bund Freier Evangelischer Gemeinden in Deutschland, Evangelisch-Lutherische Freikirche, Selbständige Evangelisch-Lutherische Kirche (SELK), Bund Freikirchlicher Pfingstgemeinden, Methodisten, Adventisten, Mennoniten, Heilsarmee, Mormonen, Christengemeinschaft, Unitarier, Unitarische Freie Religionsgemeinde, Neuapostolische Kirche, Zeugen Jehovas sowie verschiedene freireligiöse Gemeinden.

---

35 *Kater/Leube* Kommentar zur gesetzlichen Unfallversicherung SGB VII, 1997, § 2 Rn. 247; KassKomm/*Ricke* (Fn. 11) § 2 Rn. 47a.

36 BSGE 59, 284 (289) hat daher bei einer Tätigkeit für eine politische Partei den Unfallversicherungsschutz abgelehnt. Dasselbe gilt für Gewerkschaften und sonstige privatrechtlich organisierte Interessenvertretungen, denen deshalb seit dem Gesetz von 2004 die Möglichkeit zu freiwilliger Versicherung (vgl. § 6 Abs. 1 Nr. 4 SGB VII) eingeräumt ist (näher unter III.).

37 Dazu ausf. *Leube* SozVers 2001, 178 ff.

38 BSGE 34, 163 (164); 39, 24 (27); Lauterbach/*Schwerdtfeger* (Fn. 11) § 2 Rn. 348.

Ferner werden »deren Einrichtungen«[39] genannt, also solche, die den vorgenannten öffentlich-rechtlichen Religionsgemeinschaften in einer bestimmten Weise zugeordnet werden können (etwa Caritasverband e.V., Diakonisches Werk e.V., aber auch Schulen, Krankenhäuser, Kindergärten, Jugenddörfer, Altenheime usw.), wobei, genauso wie auf staatlicher Seite, keine organisationsrechtlichen Einschränkungen gemacht werden, soweit ein hinreichender Zuordnungsgrund besteht;[40] insoweit ist erforderlich, aber auch ausreichend, dass die öffentlich-rechtliche Religionsgemeinschaft einen wesentlichen Einfluss auf die Einrichtung hat.[41]

b) Organisationen nach Nr. 10a, 3. Alt., Nr. 10b, 2. Alt. SGB VII

Mit den bislang genannten Organisationen, für die der Ehrenamtliche (unfallversicherungsrechtlich geschützt) tätig werden kann, hat es aber noch nicht sein Bewenden. Es muss nämlich – wie das nähere Studium von § 2 Abs. 1 Nr. 10a, Nr. 10b SGB VII zeigt – in beiden Nummern nochmals unterschieden werden: In der (bereits vor der Reform durch das Gesetz zur Verbesserung des unfallversicherungsrechtlichen Schutzes bürgerschaftliche Engagierter und weiterer Personen vom 9. Dezember 2004 geregelten) ersten Tatbestandsvariante wird der Ehrenamtliche *unmittelbar* für die genannten öffentlich-rechtlichen Organisation oder deren Verbände oder Arbeitsgemeinschaften bzw. für die Einrichtungen nach § 2 Abs. 1 Nr. 2 oder Nr. 8 SGB VII tätig. Hinzu kommt seit 2004 eine zweite Tatbestandsvariante, die auf den Fall abhebt, dass eine privatrechtliche Organisation vermittelnd zwischen eine Gebietskörperschaft (Bund, Länder, Gemeinden, Gemeindeverbände) oder eine öffentlich-rechtliche Religionsgemeinschaft bzw. »deren Einrichtungen« und den ehrenamtlich Tätigen tritt (Nr. 10a, *3. Alt.*, Nr. 10b, *2. Alt.*).

Auffällig ist, dass der Gesetzgeber auf Seiten der Hoheitsträger den Kreis der übertragungsberechtigten Einrichtungen auf Gebietskörperschaften beschränkt hat. Kein Unfallversicherungsschutz für den ehrenamtlich Tätigen besteht also, wenn *andere* Körperschaften, Anstalten und Stiftungen des öffentlichen Rechts oder deren Verbände oder Arbeitsgemeinschaften sowie Bildungseinrichtungen im Sinne von § 2 Abs. 1 Nr. 2 und Nr. 8 SGB VII privatrechtliche Organisationen einsetzen, für die wiederum der Ehrenamtliche tätig wird. Der Gesetzgeber gibt dazu nur den empirischen Hinweis,[42] dass er mit § 2 Abs. 1 Nr. 10a, 3. Alt. SGB VII darauf zu reagieren versucht habe, dass bei Städten und Gemeinden vermehrt nicht Einzelpersonen angesprochen, sondern Aufgabenübertragungen auf privatrechtliche Organisationen vorgenommen würden, die ihrerseits zur Aufgabenerledigung Ehrenamtliche einsetzten. Eine überzeugende inhaltliche Begründung für diese Beschränkung auf Gebietskörperschaften fehlt, ebenso wenig – außer der auch hier wohl greifen-

---

39 Dazu ausf. *Leube* ZFSH/SGB 2006, 579 (581 ff.).
40 Umfassend *Leube* ZFSH/SGB 2006, 579 (580 f.).
41 BVerfGE 46, 73 (87 ff.); 53, 366 (392 ff.).
42 BT-Drs. 15/3439 S. 5.

den quantitativen Begründung – eine Erklärung dafür, dass diese Sonderregelung auch für ehrenamtliche Tätigkeiten in privatrechtlichen Organisationen geschaffen wurde, die von öffentlich-rechtlichen Religionsgemeinschaften eingeschaltet werden (Nr. 10b, 2. Alt.).

Die Formulierung »privatrechtliche Organisation« ist jedenfalls weit und beschränkt den Kreis einbezogener Organisationen, für die die Bürgerinnen und Bürger unfallversicherungsgeschützt ehrenamtlich tätig werden können, nicht auf juristische Personen. Neben eingetragenen Vereinen – in Deutschland gibt es nach der Vereinsstatistik 2005 allein etwa 595.000 eingetragene Vereine, davon soll die Hälfte gemeinnützig sein – gehören nicht eingetragene Vereine ebenso wie auch Institutionen ganz ohne körperschaftliche Struktur wie etwa Bürgerinitiativen, Eltern-Kind-Gruppen oder eine kirchliche Frauengemeinschaft, die einen Büchereidienst anbietet, zu den Organisationen, die nach § 2 Abs. 1 Nr. 10a, 3. Alt., Nr. 10b, 2. Alt. SGB VII grundsätzlich den für sie ehrenamtlich Tätigen Unfallversicherungsschutz vermitteln können.[43]

2. Vorliegen einer erfassten Tätigkeit in einer erfassten Organisation

Der zweite Verstehensschritt muss der Frage gelten, welche Tätigkeiten für eine der soeben genannten öffentlich-rechtlichen und privatrechtlichen Organisationen, Einrichtungen und Religionsgemeinschaften von der Regelung erfasst werden. Im Unterschied zu § 2 Abs. 1 Nr. 9 SGB VII (Tätigkeit im Gesundheitswesen oder in der Wohlfahrtspflege), wo zentral auf Unentgeltlichkeit (oder auf eine selbstständige Tätigkeit) und nur regelbeispielartig auf eine ehrenamtliche Tätigkeit abgestellt wird, setzen sowohl § 2 Abs. 1 Nr. 10a SGB VII wie § 2 Abs. 1 Nr. 10b SGB VII als Handelnden *konstitutiv* den Typus des *ehrenamtlich Tätigen* voraus. Eine Tatbestandserweiterung findet hier freilich insoweit statt, als dass zu den von § 2 Abs. 1 Nr. 10a, Nr. 10b SGB VII erfassten Tätigkeiten neben der ehrenamtlichen Tätigkeit selbst auch *Ausbildungsveranstaltungen* für diese ehrenamtliche Tätigkeit hinzugehören. Einschränkend muss dabei allerdings gefordert werden, dass der Schwerpunkt der entsprechenden Ausbildung auf der Vermittlung von für die ehrenamtliche Tätigkeit nützlichen Kenntnissen und Informationen liegt.

a) Ehrenamtsfähiges »Amt« und entsprechende Handlungstendenz

Ehrenamtliches Tätigwerden meint die »Wahrnehmung« eines »Amtes« (nicht der Bezahlung, sondern) »der Ehre wegen«.[44] Es kommt mithin auf zweierlei an: Zunächst muss es sich um ein ehrenamtsfähiges Amt handeln, ferner muss diese Aufgabe mit entsprechender Handlungstendenz wahrgenommen werden. Zunächst zum ehrenamtsfähigen »Amt«, das nach allgemeiner Meinung von fünf Merkmalen bestimmt wird: Es ist *freiwillig* (in Abgrenzung zur vertraglich festgelegten und ab-

---

43 Vgl. dazu BT-Drs. 15/3439 S. 5; KassKomm/*Ricke* (Fn. 11) § 2 Rn. 47c.
44 BSG SozR 3-2200 § 539 RVO Nr. 11.

hängigen Erwerbsarbeit) und *unentgeltlich* (im Gegensatz zur bezahlten Arbeit; eine Auslagenerstattung, etwa Reise-, Telefon- oder Portokosten ist unschädlich, ebenso eine maßvolle Aufwandsentschädigung)[45]; es erfolgt *für andere* (in Abgrenzung zur Selbsthilfe, die deutlich eigenbezogen ist); es findet *in einem organisatorischen Rahmen* (in Abgrenzung zu individueller oder spontaner Hilfeleistung und informellen sozialen Systemen wie Familie und Nachbarschaft) und möglichst *kontinuierlich* (in Abgrenzung zu einmaliger und kurzfristiger Hilfe) statt.

Abgrenzungsschwierigkeiten bereitet am ehesten die Feststellung eines organisatorisch-aufgabenmäßigen Rahmens. Hierbei geht es um die verantwortliche Wahrnehmung eines eigenen Pflichtenkreises,[46] wobei aber nicht erforderlich sein soll, dass der Pflichten- bzw. Aufgabenkanon allgemein, d.h. durch Gesetzes- oder Satzungsrecht oder durch sonstige organisatorische Vorgaben, als eine in ehrenamtlicher Funktion auszuübende Tätigkeit ausgewiesen ist.[47] Unerheblich soll auch sein, ob die Pflichtenbindung nur intern zu einer bestimmten Organisation oder Einrichtung besteht oder ob sie auch im Außenverhältnis zur Allgemeinheit festgelegt ist.[48] Wichtig soll hingegen sein, ob die Veranstaltung für die Körperschaft oder Religionsgemeinschaft insgesamt bedeutsam ist. Das nur auf einzelne Bürger oder Kirchengemeindemitglieder beschränkte Interesse genügt nicht.[49] Ehrenamtlich wird in diesem Rahmen nur tätig, wer entweder einen ausdrücklichen oder einen stillschweigenden Auftrag zum Tätigwerden erhalten hat.[50] Der stillschweigende Auftrag setzt einen klaren Zuordnungsgrund zum Aufgaben- und organisatorischen Verantwortungsbereich der Körperschaft sowie – z.B. durch laufende Förderung eines langjährigen Brauchtums (bei Kommunen etwa durch Zuschüsse, Zur-Verfügung-Stellung eines gemeindeeigenen Grundstücks, Schirmherrschaft durch den Bürgermeister) – eine erkennbare Bereitschaft der öffentlich-rechtlichen Körperschaft voraus, jeden einzelnen, der dem Brauch entsprechend mitarbeitet, stillschweigend demgemäß zu beauftragen.[51]

---

45 LSG NRW, Urt. vom 28.2.2001, L 17 U 259/00, HV-Info 2001, 1947 ff. Ist die »Aufwandsentschädigung« allerdings so hoch, dass sie in ihrer Wirkung ein Entgelt darstellt (z.B. bei Bundestags- und in der Regel auch bei Landtagsabgeordneten), entfällt der Charakter der Ehrenamtlichkeit (vgl. BSGE 78, 34 [35 f.]). S. auch *Marburger* DÖD 2000, 121 (128 f.); Lauterbach/*Schwerdtfeger* (Fn. 11) § 2 Rn. 359 f. S. ferner: *Seewald* SGb 2001, 213 ff., 286 ff.

46 BSGE 39, 24 (28 f.).

47 Vgl. BSG SozR 3-2200 § 539 RVO Nr. 11; BSG SozR 3-2200 § 539 RVO Nr. 31; BSG HVBG-Info 2002, 3468 ff. (dazu Bericht bei *Fuchs/Höller* in: Jahrbuch des Sozialrechts [JbSozR] 2002, 197 [199]); BSG Breithaupt 2005, 281 (283).

48 BSGE 40, 139 (144 f.).

49 BSG SozR 2200 § 539 RVO Nr. 95.

50 BSG SozR 3-2200 § 539 RVO Nr. 31; BSG HVBG-Info 2002, 3468 ff. (dazu *Fuchs/Höller* JbSozR 2002, 197 [199]).

51 BSG SozR 3-2200 § 539 RVO Nr. 31; BSG HVBG-Info 2002, 3468 ff. (dazu *Fuchs/Höller* JbSozR 2002, 197 [199]). Abgelehnt für einen »Böllerschützen«, der beim althergebrachten Dorfbrauch des Böllerns zum Osterfest einen Arm verloren hatte, BSG SozR 3-2200 § 539 RVO Nr. 10; dazu *Burchardt* ZTR 1998, 109 (112).

Insgesamt wurden früher eher hohe Anforderungen an den organisatorischen Rahmen und auch an die Kontinuität der Tätigkeit gestellt. Als Ehrenamtliche im Sinne des § 2 Abs. 1 Nr. 10 SGB VII a.F. wurden regelmäßig nur Personen angesehen, die in gesetzlichen oder kirchenverfassungsrechtlichen Gremien der Körperschaften bzw. Religionsgemeinschaften bzw. in Organen von deren Verbänden oder Arbeitsgemeinschaften tätig waren, und denen dieses Amt offiziell übertragen wurde und die dabei Tätigkeiten ausübten, die rechtlich im Wesentlichen dem Aufgaben-, Sach- und organisatorischen Verantwortungsbereich der Körperschaft oder Religionsgemeinschaft zuzuordnen sind (sog. Kernbereichsaufgaben). Diese Voraussetzungen erfüllte prototypisch der Ehrenbeamte. Auch wenn klar war, dass § 2 Abs. 1 Nr. 10 SGB VII a.F. den Versicherungsschutz nicht auf diesen Personenkreis beschränkte, orientierte sich die Rechtsauslegung weithin an diesem Prototyp.

Als »ehrenamtlich« wurden etwa die Tätigkeiten als Mitglieder des Gemeinderats, Wahlhelfer, Schöffen und ehrenamtliche Richter angesehen, bei Sozialversicherungsträgern die Tätigkeiten als Mitglieder der Vertreterversammlungen oder Verwaltungsräte, ggf. Vorstandsmitglieder, Versichertenälteste und Vertrauenspersonen,[52] in der beruflichen und wirtschaftlichen Selbstverwaltung etwa die Tätigkeit von Kammervorständen, in den Bildungseinrichtungen etwa die Tätigkeiten gewählter Repräsentanten der Eltern[53] in Klassen- und Jahrgangsstufenpflegschaften/-elternschaften, Schulkonferenzen bzw. Schulelternräten, Gemeinde- und Kreis- bzw. Stadtelternräten und Landeselternräten, in den Religionsgemeinschaften etwa die Tätigkeiten von Synodalen, Mitgliedern des Kirchenvorstandes, des Presbyteriums oder des Gemeindekirchenrates, ferner diejenigen von Ministranten, nicht aber diejenigen von Kindergottesdiensthelfern. Unfallversichert waren ferner auch die Mitglieder von Gruppen, Kommissionen oder Fachausschüssen, die von den Organen der Körperschaften oder Religionsgemeinschaft für die Erledigung von Kernbereichsaufgaben eingesetzt wurden.

Dass diese ziemlich hoch gezogene Grenze um »Ehrenamt« zwar gezogen, aber nicht sicher befestigt war, zeigt jedoch ein Urteil des Bundessozialgerichts,[54] das auch die Mitglieder von Kirchenchören oder Posaunenchören als Ehrenamtliche und damit als unfallversichert ansah. Solche Chöre würden im organisatorischen Verantwortungsbereich der Kirchengemeinde errichtet, weshalb Versicherungsschutz nach § 2 Abs. 1 Nr. 10 SGB VII a.F. bestehe, wenn das Chormitglied im

---

52 Näher *Butzer* Schriftenreihe des Deutschen Sozialrechtsverbandes (SDSRV) 50 (2003), S. 51 (60 ff.).

53 Die Mitwirkung Erziehungsberechtigter in den Klassen- und Jahrgangsstufenpflegschaften ist dagegen in erster Linie als Ausfluss des eigenen Interesses der Eltern an der Erziehung und Bildung ihrer Kinder in der Schule zu werten, so dass kein Versicherungsschutz nach § 2 Abs. 1 Nr. 10a, 2, Alt. SGB VII besteht. Vgl. BAGUV (später BUK, jetzt DGUV), »Versicherungsschutz für Mitglieder von Schulpflegschaften«, Die Ortskrankenkasse (DOK) 1982, 550 (550).

54 BSG SozR 3-2200 § 539 RVO Nr. 31. Vgl. zuvor schon BSGE 34, 163 (165 ff.) ablehnend, BSGE 40, 139 (141 ff.) bejahend.

Rahmen der allgemeinen Zweckbestimmung des Kirchenchores tätig geworden sei.[55] Auch soll es für den Schutz nach § 2 Abs. 1 Nr. 10 SGB VII a.F. nicht erforderlich sein, dass die versicherte Tätigkeit üblicherweise ehrenamtlich ausgeübt wird; daher wurde der Unfallversicherungsschutz auch für den Wegeunfall eines pensionierten Beamten (Hochschullehrer) angenommen, der bei der Abnahme einer Diplomprüfung weder als Beschäftigter noch als Wie-Beschäftigter versichert war.[56] In dieselbe Richtung ging eine Entscheidung des Landessozialgerichts Rheinland-Pfalz[57] zu einer Missionarin auf Zeit, die von einer katholischen Gemeinde in der Pfalz für ein Jahr unentgeltlich in eine Partnergemeinde nach Brasilien entsandt worden war. Die Frau, die in Brasilien einen schweren Verkehrsunfall hatte, als dessen Folge sie eine Querschnittslähmung mit einer Blasen- und Mastdarmlähmung erlitt, wurde ebenfalls als Ehrenamtliche (für die deutsche Gemeinde) im Sinne von § 2 Abs. 1 Nr. 10 SGB VII a.F. erachtet. Schließlich war mit einer engen Sicht von »ehrenamtlich«, die die entsprechenden Tätigkeiten zum Teil auf die Wie-Beschäftigung (etwa bei handwerklichen Tätigkeiten) verlagert, sie zum Teil aber auch ganz aus dem Versicherungsschutz hinausinterpretiert (etwa bei Engagements als Gruppenleiter oder im Rahmen von Besuchsdiensten), nicht vereinbar, dass die Rechtsprechung seit langem anerkennt, dass die Ehrenamtsfähigkeit einer Tätigkeit nicht von ihrer Dauer abhängt und ehrenamtliche Tätigkeiten durchaus auf eine einzelne Veranstaltung begrenzt sein[58] und nur für wenige Stunden ausgeübt werden können[59].

Schon die in diesen Rechtsprechungsergebnissen zum Ausdruck kommende Erosion des klassischen Ehrenamtsbegriffs spricht dafür, den Begriff »ehrenamtlich« in § 2 Abs. 1 Nr. 10a, Nr. 10b SGB VII nicht zu eng auszulegen. Diese Rechtsprechung zeigt vielmehr, dass die Anforderungen an den aufgabenmäßig-organisatorischen Rahmen und auch an die Kontinuität der Tätigkeit nicht überspannt werden dürfen. Ehrenamtliches Tätigwerden ist eben im Gegensatz zu einer abhängigen Beschäftigung freiwillig, und es ist daher heute, wenn man etwa die im heutigen Berufs- und Familienleben erwartete Mobilität und Flexibilität berücksichtigt, auch in

---

55 Gegen dieses Ergebnis (nach damaliger Rechtslage zu recht) *Schlegel* (Fn. 18) § 14 Rn. 115. Das Amt des Chorgesangs sei – so *Schlegel* – nicht dem einzelnen Chorsänger individuell, sondern dem Chor als Ganzem zugeordnet, der es, ungeachtet seines ggf. auch wechselnden Mitgliederbestandes, wahrnehme. Für das einzelne Mitglied handele es sich folglich um eine – unversicherte – Wahrnehmung mitgliedschaftlicher Rechte und Pflichten. Seit 2005 ist dieser Fall aber unzweifelhaft von § 2 Abs. 1 Nr. 10b, 2. Alt. SGB VII erfasst.

56 BSG Breithaupt 2005, 281 (283). Anders als Vorinstanz LSG Niedersachsen-Bremen Breithaupt 2003, 498 ff.

57 LSG Rheinland-Pfalz NZS 2005, 438 (439 f.).

58 BSG SozR 3-2200 § 539 RVO Nr. 11 (Wegeunfall eines Pferdehalters bei einmaliger Mitwirkung am St. Martins-Zug).

59 BSG SozR 2200 § 539 Nr. 95 (jährlich einmaliges Herrichten von Feuerholz anlässlich eines Gemeindefestes – König-Ludwig-Feuer); BSG 3-2200 § 539 RVO Nr. 11 (Mitwirkung eines Pferdehalters am St. Martins-Zug für nur wenige Stunden). Auch Wahlhelfer sind nur maximal einen Arbeitstag Ehrenamtsinhaber.

zeitlicher Dimension regelmäßig keinen festen Vorgaben mehr zu unterwerfen, sofern man eine zur ehrenamtlichen Arbeit bereite Person nicht von vornherein verschrecken will. Nicht außer acht gelassen werden darf ferner der rechtstatsächliche Wandel im Erscheinungsbild von Ehrenämtern; diese werden heute – anders als früher – immer mehr projektbezogen und damit einmalig und eher kurzzeitig ausgeübt (sog. »neues Ehrenamt«). Auch das Förderungsziel des Staates, bei dem das Unfallversicherungsrecht eine wichtige Rolle spielt, legt es nahe, den Begriff »ehrenamtlich« so zu verstehen, dass entsprechend der Intention des Gesetzgebers bestehende Schutzlücken möglichst geschlossen werden.

Demnach sind heutzutage unentgeltliche Tätigkeiten von gewisser Stetigkeit und feststehendem Aufgabenkreis, die früher allenfalls als Wie-Beschäftigungen eingeordnet wurden oder unversichert blieben,[60] allesamt als »ehrenamtliche« Tätigkeiten im Sinne des § 2 Abs. 1 Nr. 10a, Nr. 10b SGB VII anzusehen.[61] Das gilt etwa für Tätigkeiten als Helfer bei Eigenbau-, Renovierungs- oder Instandsetzungsarbeiten, regelmäßige Mithelfer beim Sauberhalten eines Spielplatzes oder Stadtangers, Naturschutzwarte, Betreuer von Freizeiten, Leiter oder Helfer in Jugend- oder Seniorengruppen, Hausarbeitenbetreuer, Unterstützer der Aufsicht an kindergärtlichen oder schulischen Wandertagen, Ausflügen, Gruppen- oder Klassenfahrten oder Festen, Schulweghelfer oder Schulbusbegleiter, Katecheten, Kindergottesdiensthelfer oder Sternsinger, Trauerbegleiter, Verteiler des Gemeindebriefes oder Servicekräfte im Gemeindecafé oder Verkäufer im »Eine-Welt-Laden« oder Organisatoren von Basaren oder Pfarrfesten, auch für die Betreiber eines Würstchen- oder Waffelstandes auf einem mehrstündigen Gemeinde- oder Kirchenfest. Nicht ehrenamtsfähig sind demgegenüber weiterhin spontane, kurzzeitige Gefälligkeits- oder Hilfsdienste von eher situativer Art (im Rahmen eines Dorf- oder Gemeindefestes etwa: Aufsicht an einem Kinderspielgerät, Einsammeln leerer Gläser, Tragedienste, Spülen, Kuchen backen, Aushilfe beim Grillen von Würstchen – immer wenn es sich nur um kürzere Dienste handelt).

Dass eine grundsätzlich ehrenamtsfähige Aufgabe vorliegt, genügt indes alleine nicht, um den Schutz auszulösen. Vielmehr muss auch mit ehrenamtlicher Handlungstendenz gehandelt werden. Zwar bedarf es, was unstrittig ist, um ehrenamtliches Handeln anzunehmen, keiner förmlichen Ernennung.[62] Doch muss der Handelnde mit der Zielrichtung tätig werden, ehrenamtlich zu handeln. Der Versicherungsschutz scheidet mithin aus, wenn der Handelnde gar nicht weiß, dass er ehrenamtlich handelt, oder wenn er gar nicht ehrenamtlich tätig werden will, sondern mit seinem Handeln ganz andere (nicht altruistische) Interessen verfolgt. Natürlich

---

60 Ein Kindergottesdiensthelfer wurde von der Verwaltungs-BG als Wie-Beschäftiger eingestuft. Nachweis bei *Molkentin* BG 2006, 17 (23, Fn. 38).
61 Wie hier (ersichtlich an der Aufzählung von Tätigkeiten, die von § 2 Abs. 1 Nr. 10b SGB VII erfasst seien): Verband der Diözesen Deutschlands/*Mooren* (MEDITÜV Rhein-Ruhr), Sicheres Arbeiten mit Ehrenamtlichen in der Kirchengemeinde, 2006, S. 5. Vgl. auch Lauterbach/*Schwerdtfeger* (Fn. 11) § 2 Rn. 356.
62 *Schmitt* (Fn. 20) § 2 Rn. 70.

ergeben sich hier Feststellungsschwierigkeiten. Wer wird schon einräumen, wenn davon sein Versichertsein abhängt und vom äußeren Anschein her ein ehrenamtsfähiges »Amt« vorliegt, dass er nicht ehrenamtlich handeln wollte? Und wann sind entgegen dem ehrenamtlichen Anschein die widerstreitenden Umstände so klar, dass eine Schutzbehauptung entkräftet und festgestellt werden kann, dass der Verunfallte in der konkreten Situation mit anderer als ehrenamtlicher Zielrichtung gehandelt hat?

b) Der innere Zurechnungszusammenhang von Tätigkeit und Ehrenamt

Hinsichtlich des Umfangs der versicherten Tätigkeiten lässt sich § 2 Abs. 1 Nr. 10a, Nr. 10b SGB VII entnehmen, dass versicherte Tätigkeit allein die ehrenamtliche Tätigkeit selbst oder die Teilnahme an Ausbildungsveranstaltungen für diese ehrenamtliche Tätigkeit ist. Versichert sind also nur diejenigen Tätigkeiten, die in einem inneren Zusammenhang mit dem Ehrenamt stehen. Genau hier bestehen nun erhebliche dogmatische und in der Folge auch rechtspraktische Probleme, die für den Gesetzgeber wesentlicher Grund für die Neuregelung des § 2 Abs. 1 Nr. 10 SGB VII a.F. gewesen sind.

Mit Tätigkeiten, die in einem inneren Zusammenhang mit dem Ehrenamt stehen, sind zunächst einmal alle Tätigkeiten gemeint, die die Wahrnehmung des Ehrenamtes zwangsläufig mitbringt, ferner der Rechtsprechung zufolge auch solche Tätigkeiten, zu denen das Ehrenamt den Handelnden nötigt, drängt oder zumindest in vernünftigen Grenzen veranlasst.[63] Ein innerer Zusammenhang besteht ferner zu unmittelbar mit der konkreten Tätigkeit zusammenhängenden Vorbereitungs- und Nachbereitungshandlungen,[64] nicht dagegen zu rein geselligen Begleitveranstaltungen[65] der eigentlichen ehrenamtlichen Tätigkeit wie etwa Sommerfesten oder Weihnachtsfeiern. Ein konkretes Beispiel: Ein Ministrant ist bei seiner Tätigkeit während der Messfeier seiner Kirche unfallversichert. Er steht auch unter Versicherungsschutz, wenn er auf dem Heimweg verunglückt, nachdem er bei einer Messe gedient hat (mitversicherter Wegeunfall). Am inneren Zusammenhang von kirchlichem Ehrenamt und Tätigkeit fehlt es hingegen, wenn der Ministrant an einer Wochenendfreizeit teilnimmt, die nicht der Vorbereitung oder Ausbildung für die Erlernung des Kirchdienstes, sondern allgemeinen christlichen Zielsetzungen dient.[66] Denn die

---

63 LSG Rheinland-Pfalz HVBG-Info 1988, 708 ff.

64 BSG SozR 3-2200 § 539 RVO Nr. 14.

65 Anderes gilt aber, wenn die gesellige Tätigkeit, etwa der Besuch eines gemeindlich organisierten Heimatfestes, zum Aufgabenkreis eines ehrenamtlichen Beigeordneten einer Gemeinde gehört (vgl. BSG NVwZ 1998, 111 [112]; dazu *Burchardt* ZTR 1998, 109 [111 f.]).

66 LSG NRW HVBG-Info 1997, 2917 ff.; BSG SozR 3-2200 § 539 RVO Nr. 45. Ein Unfall während einer derartigen Freizeit ist auch heute nicht § 2 Abs. 1 Nr. 10b, 1. Alt. oder 3. Alt. SGB VII zuzuordnen. Im Zusammenhang mit dem »Ehrenamt« als Ministrant fehlt es nämlich am inneren Zusammenhang mit der Ministrantentätigkeit, und hinsichtlich der Teilnahme an einer Freizeit fehlt es am Charakter als »ehrenamtliche Betätigung«. Anders sieht es hingegen aus, wenn der Ministrant auf die Freizeit als Helfer mitfährt, der andere

Organisation und Durchführung einer solchen Freizeit gehört nicht zum unmittelbaren Aufgaben- und Organisationsbereich der Religionsgemeinschaft und damit auch nicht zum eigentlichen Funktionsbereich des Verunfallten als Ministrant.[67]

Oder: Ein Kirchenchormitglied ist bei der Liturgie oder bei der Pflege der geistlichen Kirchenmusik (das kann im Gottesdienst sein, aber grundsätzlich auch in öffentlichen Auftritten außerhalb wie in Taufen, Hochzeiten oder Beerdigungen) versichert.[68] Auch die Chorproben sind als Vorbereitungshandlungen vom Versicherungsschutz mit umfasst. Am inneren Zusammenhang mit dem Ehrenamt im Chor fehlt es hingegen, wenn die Tätigkeit nicht die Chorarbeit im engeren Sinne betrifft, so z.B. bei Konzertreisen, weltlichen Chorkonzerten, geselligem Beisammensein nach den Proben oder Konzerten. Entschieden worden ist insoweit der Fall einer gemeinsamen zweitägigen Busreise der Chormitglieder, die überwiegend der Förderung der Gemeinschaft und des Gesanges diente und bei der der Besuch einer früheren Pfarrhelferin auf dem Programm stand, der nach einem ihr dargebrachten Ständchen auf dem Parkplatz endete, bei welchem ein Chormitglied durch einen Wespenstich verunglückte.[69]

3. Die Zurechnung bei Einschaltung privatrechtlicher Organisationen

Nach § 2 Abs. 1 Nr. 10a, Nr. 10b SGB VII n.F. sind nunmehr auch alle diejenigen kraft Gesetzes unfallversichert, die in Vereinen oder Verbänden im Auftrag, mit Einwilligung oder mit Genehmigung für Gebietskörperschaften oder Religionsgemeinschaften ehrenamtlich tätig werden. Diese Formulierung macht zunächst deutlich, dass es keinen Unterschied machen soll, ob die Tätigkeit seitens des Handelnden *unmittelbar* für die Gebietskörperschaft oder für die Religionsgemeinschaft erfolgt (Fall des § 2 Abs. 1 Nr. 10 SGB VII a.F. bzw. jetzt des § 2 Abs. 1 Nr. 10a, 1. Alt., Nr. 10b, 1. Alt. SGB VII) oder ob sie *mittelbar* im Rahmen eines Engagements für eine »privatrechtliche Organisation«, etwa als Mitglied eines eingetragenen Vereins, erbracht wird, an die die Aufgabe »weitergegeben« ist (jetzt: Fall des § 2 Abs. 1 Nr. 10a, 3. Alt., Nr. 10b, 2. Alt. SGB VII). Das ist aber nicht das Entscheidende. Hinter der schlecht formulierten Gesetzesänderung steckt, wie die Gesetzesbegründung deutlicher erkennen lässt, vielmehr die Absicht einer Rechtsprechungskorrektur qua Gesetz. Dieser Hintergrund soll im Folgenden zunächst dargelegt werden.

Jugendliche betreut. In diesem Fall liegt eine ehrenamtliche Tätigkeit vor, die allerdings bereits nach § 2 Abs. 1 Nr. 10 SGB VII a.F. (und somit natürlich auch nach der neu gefassten Regelung) unfallversichert ist.

67 Am inneren Zusammenhang fehlte es auch bei der Verletzung eines Mitglieds der Katholischen Jungen Gemeinde beim Auftritt als »Feuerspucker« anlässlich einer Nachtwanderung im Rahmen einer Pfingstfreizeit (BSG SGb 2002, 671 [671 f.]).

68 SG Mainz Breithaupt 1991, 204 (206).

69 BSG SozR 3-2200 § 539 RVO Nr. 31. Der Insektenstich führte zu einer Atemlähmung mit Kreislaufkollaps und knapp zwei Jahre später zur Dienstunfähigkeit.

a) Zum Problemkontext: Engagement von Vereinsmitgliedern

Seit jeher hat im Kontext ehrenamtlicher Betätigung das Thema einer Vereinsmitgliedschaft des ehrenamtlich Tätigen besondere Bedeutung besessen. Genauso wie zur Wie-Beschäftigung hatten Rechtsprechung und Literatur[70] nämlich auch in puncto ehrenamtliche Tätigkeit die Auffassung vertreten, dass der erforderliche innere Zusammenhang mit dem Ehrenamt bei solchen Tätigkeiten des Handelnden fehle, die sich als interne, verbandsspezifische Tätigkeiten innerhalb der privatrechtlichen Organisation qualifizieren lassen (»geschuldeter Einsatz«). Anderes sollte nur gelten, wenn sich das Engagement des Vereinsmitglieds heraushebt (»überobligatorischer Einsatz«). Bei Funktionsträgern, die nach den Satzungsvorschriften in ihr Amt gewählt worden sind, gilt sogar alle Tätigkeit zugunsten des Vereinszwecks – auch »überobligatorische« Tätigkeit – als Wahrnehmung eines durch die Satzung vorgesehenen »offiziellen Amtes«.

Diese Ablehnung des inneren Zusammenhangs von unfallbringender Tätigkeit und Ehrenamt bei Vereinsmitgliedern führte naturgemäß zu unbefriedigenden Ergebnissen. Ein Beispiel[71]: Eine Kommune wollte aus Kostengründen ein Freibad schließen. Engagierte Bürger ermöglichten den Weiterbetrieb, in dem sie den Betrieb sicherstellten. Sie waren nach § 2 Abs. 1 Nr. 10 SGB VII a.F. unfallversichert.[72] Dieser Versicherungsschutz endete nach bisheriger Rechtslage, wenn sie sich professionalisierten und einen Förderverein gründeten, dessen satzungsmäßiger Zweck der Schwimmbadbetrieb war. Jetzt konnten sie nur noch unfallversichert sein, wenn ihre Tätigkeit über das hinausging, was man im Allgemeinen von den Vereinsmitgliedern erwartete. Anderenfalls bestand in dieser Konstellation weder Unfallversicherungsschutz nach § 2 Abs. 1 Nr. 10 SGB VII a.F. (wegen des fehlenden inneren Zusammenhangs) noch, unter dem Gesichtspunkt der Wie-Beschäftigung, Schutz nach § 2 Abs. 2 Satz 1 SGB VII (wegen der infolge der Vereinsmitgliedschaft fehlenden Arbeitnehmerähnlichkeit). Ein anderes Beispiel: Ein Dorfgemeinschaftshaus wurde von einem örtlichen Betreiberverein geführt. Ging es um die Renovierung dieses Hauses und stellte die Kommune dafür sogar das Baumaterial zur Verfügung, waren die Mitglieder des Betreibervereins, wenn sie die Maßnahmen im Wege unbezahlter freiwilliger Arbeit durchführten, nicht unfallversichert.

---

70 Siehe dazu oben Fn. 26, Fn. 27.

71 Nach *Molkentin* BG 2006, 17 (24).

72 A.A. *Molkentin* BG 2006, 17 (24), der offenbar davon ausgeht, dass bei einer solchen Tätigkeit die Ehrenamtsschwelle des § 2 Abs. 1 Nr. 10 SGB VII a.F. noch nicht überschritten war, so dass nur eine Versicherung der Freibad-Helfer als Wie-Beschäftigte in Frage kam. Bei dieser Sichtweise ist es indes unlogisch, diesen Fall nunmehr § 2 Abs. 1 Nr. 10a SGB VII zuzuordnen, da die Neufassung des Gesetzes nicht anders als zuvor § 2 Abs. 1 Nr. 10 SGB VII a.F. auf eine ehrenamtliche Tätigkeit abstellt. Wären die Freibad-Helfer dagegen mit *Molkentin* nicht als Ehrenamtliche, sondern nur als Wie-Beschäftigte anzusehen, hülfe ihnen die Gesetzesänderung nicht, da § 2 Abs. 2 Satz 1 SGB VII unverändert geblieben ist und somit die Rechtsprechung zur Vereinsmitgliedschaft in diesem Kontext weiterhin Relevanz besitzt. Vgl. nochmals oben bei Fn. 26, Fn. 27.

Nicht-Vereinsmitglieder, die in gleicher Weise mithalfen, waren dagegen nach § 2 Abs. 1 Nr. 10 SGB VII a.F. versichert. Dasselbe galt in Kirchengemeinden: Tätigkeiten bei einem Gemeindefest, z.b. Waffelbacken oder Würstchengrillen, waren bislang nicht versichert, wenn ein Vereinsmitglied, z.b. ein Mitglied des nicht eingetragenen Vereins Katholische Frauengemeinschaft Deutschland (kfd),[73] sie als vereins- oder verbandsmitgliedschaftliche Verpflichtung ausführte. Das galt aber letztlich für alle Tätigkeiten von Mitgliedern in kirchlichen Vereinen (z.B. Pfadfinderverband, CVJM, Kolpingwerk oder ein Verein zur Förderung des Orgelneubaus e.V.).

Diesen wertungsmäßigen Ungereimtheiten und auch den Schwierigkeiten bei der Feststellung, ob überobligatorisches Engagement vorliegt oder nicht, sucht die Neuregelung von 2004 abzuhelfen. Die ganze Regelung zielt dabei, wie dargestellt, im Kern darauf, die Vereinsmitglieder-Rechtsprechung und die hinter ihr stehende Problematik des (hier fehlenden) inneren Zusammenhangs von Tätigkeit und Ehrenamt zu überspielen. Um über diese Problematik hinwegzukommen, bestimmt der Gesetzgeber in § 2 Abs. 1 Nr. 10a, 3. Alt., Nr. 10b, 2. Alt. SGB VII, dass bei mittelbarer Erbringung nicht der innere Zusammenhang der Tätigkeit des Handelnden mit dem Ehrenamt entscheidend sein soll, sondern ein anderer innerer Zusammenhang, der durch das Vorliegen eines Auftrags, einer Einwilligung oder einer Genehmigung gegenüber der privatrechtlichen Organisation hergestellt wird.[74]

Freilich ist das Anspruchstatbestandsmerkmal »ehrenamtlich« im Gesetzestext so platziert, dass es auch für den Fall mittelbarer Erbringung Relevanz zu besitzen scheint. Damit würde freilich der in der überaus knappen Gesetzesbegründung eindeutig erklärte Willen des Gesetzgebers konterkariert, die Vereinsmitglieder-Rechtsprechung zwar nicht im Fall der unmittelbaren, wohl aber im Fall der mittelbaren Erbringung hinfällig werden zu lassen. Dieser Widersprüchlichkeit[75] kann man aber entkommen, wenn man den Gesetzgeber so versteht, dass er fingieren will, im Fall der Einschaltung einer privatrechtlichen Organisation handele diese – bei Vorliegen eines Auftrags, einer Einwilligung oder einer Genehmigung – selbst

---

73 Vgl. BSG HVBG-Info 2002, 3468 ff. – Waffelbäckerin der kfd (dazu *Fuchs/Höller* JbSozR 2002, 197 [199]).

74 Die Gesetzesbegründung auf BT-Drs. 15/3439 S. 5 lautet: »Vielmehr nimmt im Allgemeinen eine privatrechtliche Organisation unmittelbar die Aufgaben wahr. Dieser gegenüber werden die einzelnen Engagierten regelmäßig im Rahmen ihrer mitgliedschaftlichen Verpflichtung tätig, so dass ein Versicherungsschutz für diese Tätigkeiten nach bisheriger Rechtslage versagt bleiben musste. Nach neuem Recht ist für das Bestehen des Versicherungsschutzes entscheidend, ob die Gebietskörperschaft zur Durchführung eines konkreten Vorhabens einen Auftrag erteilt ...«. Eine weitere Bundestagsdrucksache (Drs. 15/4051) und die 2. und 3. Lesung (BT-PlPr 15. WP/136. Sitzung vom 29.10.2004/ S. 12457 ff.) geben für die Auslegungs- bzw. Verständnisfrage ebenfalls nichts her.

75 Bezeichnend hierfür ist die sogleich unter c) behandelte Kontroverse zwischen *Merten/Ziegler* SGb 2005, 427 (433) und *Molkentin* BG 2006, 17 (25). Dr. *Thomas Molkentin* ist der für Unfallversicherung im Bundesministerium für Arbeit und Soziales zuständige Referatsleiter.

»ehrenamtlich« gegenüber der Gebietskörperschaft oder Religionsgemeinschaft. Wird nämlich fingiert, dass bereits die Organisation ehrenamtlich agiert, spielt es keine Rolle mehr, dass deren Mitglieder ihre unentgeltliche Leistung regelmäßig bloß als mitgliedschaftsbezogene Verpflichtung, also, folgt man Rechtsprechung und Literatur, gerade nicht ehrenamtlich erbringen.

In der weiteren Konsequenz heißt das aber auch, dass – soweit vorhanden – gewählte Vertreter der Organisation, also Inhaber eines in der Satzung vorgesehenen, offiziellen Amtes, in der von § 2 Abs. 1 Nr. 10a, 3. Alt., Nr. 10b, 2. Alt. SGB VII beschriebenen Situation ebenfalls Unfallversicherungsschutz kraft Gesetzes genießen. Denn im Fall mittelbarer Erbringung kommt es nunmehr weder für »einfache« Vereinsmitglieder noch für »gewählte Ehrenamtsträger« auf den inneren Zusammenhang ihrer Tätigkeit mit dem Ehrenamt an, sondern allein auf die Zurechnungsvoraussetzungen Auftrag, Einwilligung oder Genehmigung gegenüber der privatrechtlichen Organisation.[76] Gegen dieses Ergebnis scheint auf den ersten Blick der zusammen mit den obigen Regelungen neu eingeführte § 6 Abs. 1 Nr. 3 SGB VII zu sprechen. Danach besteht für »gewählte Ehrenamtsträger in gemeinnützigen Organisationen« die Möglichkeit freiwilliger Versicherung. Heißt das – so könnte man fragen – im Umkehrschluss, dass gewählte Vertreter auch im Fall mittelbarer Erbringung ihres Engagements keinen Unfallversicherungsschutz genießen, weshalb sie sich – um geschützt zu sein – freiwillig versichern müssen? Dieses systematische Argument träfe allerdings nur zu, wenn § 2 Abs. 1 Nr. 10a, Nr. 10b SGB VI und § 6 Abs. 1 Nr. 3 SGB VII in konsumtiver Normenkonkurrenz stünden. Anders gesagt: Richtig wäre dieses Argument (nur), wenn § 6 Abs. 1 Nr. 3 SGB VII für die gewählte Vereinsvertreter gegenüber § 2 Abs. 1 Nr. 10a, Nr. 10b SGB VII den Vorzug genösse, also letztere insoweit verdrängte.

Verschiedene Gründe sprechen indes dafür, dass dies nicht der Fall ist, mithin eine Situation kumulativer Normenkonkurrenz vorliegt: Zunächst gibt weder der Wortlaut von § 2 Abs. 1 Nr. 10a, Nr. 10b SGB VI noch irgendeine Andeutung in den Gesetzgebungsmaterialien einen Anhaltspunkt dafür, dass im Kontext dieser Norm zwischen einfachen Vereinsmitgliedern und gewählten Vertretern unterschieden werden soll. Zudem lässt die Fiktion einer das gesetzliche Anspruchstatbestandsmerkmal »ehrenamtlich« erfüllenden Organisation (anstelle von »ehrenamtlich« handelnden Individuen) die reale Grundlage für die Differenzierung entfallen: Mit diesem Regelungskonzept des Gesetzgebers, das allein auf einen Zurechnungszusammenhang zwischen Gebietskörperschaft bzw. Religionsgemeinschaft und privatrechtlicher Organisation abstellt, passt es nicht zusammen, gleichwohl für die handelnden Individuen unterschiedliche Zurechnungszusammenhänge beizubehalten, je nachdem, ob sie ihr Engagement als Mitglieder oder als gewählte Vertreter des Vereins zeigen. Schließlich gibt es auch keine inhaltliche Rechtfertigung dafür, warum einfaches Mitglied und gewählter Vertreter unfallversicherungsrechtlich ver-

---

76 Nur halbherzig, aber wohl in diese Richtung tendierend: *Merten/Ziegler* SGb 2005, 427 (434).

schieden gestellt werden sollten, wenn sie Seite an Seite etwa ein Schwimmbad betreiben, ein Dorfgemeinschaftshaus renovieren oder beim Gemeindefest Würstchen grillen. Beide Vereinsmitglieder werden hier aus der Sicht der Gebietskörperschaft oder Religionsgemeinschaft in derselben Weise und mit derselben Handlungstendenz unentgeltlich für »ihre« Organisation tätig.

Freilich bleibt – und darin liegt nun der (den obigen Umkehrschluss verbietende) »Zusatznutzen« des § 6 Abs. 1 Nr. 3 SGB VII – bei Vereinsmitgliedern immer noch die Möglichkeit, dass sie ihre ehrenamtliche Leistung unmittelbar, also *ohne* Beauftragung durch eine Gebietskörperschaft oder Religionsgemeinschaft, erbringen, etwa indem sie von sich aus eine Naturschutzaufgabe erledigen, einen Park säubern, einen Basar organisieren oder sonst gemeinnützig tätig werden. Hier gilt – weil § 2 Abs. 1 Nr. 10a, 3. Alt., Nr. 10b, 2. Alt. SGB VII nicht greifen – die Vereinsmitglieder-Rechtsprechung weiter, und zwar sowohl hinsichtlich der einfachen wie hinsichtlich der in Ämter gewählten Vereinsmitglieder. In dieser Konstellation schafft § 6 Abs. 1 Nr. 3 SGB VII nun eine Kompensationsmöglichkeit für die gewählten Vertreter; diese können sich zwar nicht durch überobligatorischen Einsatz, wohl aber durch freiwillige Versicherung den Unfallversicherungsschutz verschaffen. Aus der Existenz von § 6 Abs. 1 Nr. 3 SGB VII kann somit nicht darauf geschlossen werden, dass Inhaber eines in der Satzung der Organisation vorgesehenen offiziellen Amtes in der Situation des § 2 Abs. 1 Nr. 10a, 3. Alt., Nr. 10b, 2. Alt. SGB VII keinen Unfallversicherungsschutz kraft Gesetzes besäßen. Richtig ist das Gegenteil.

b) Modi: Auftrag, ausdrückliche Einwilligung oder schriftliche Genehmigung

Wie bereits erwähnt, verlangt der Gesetzgeber nunmehr anstelle des individuumbezogenen Zurechnungszusammenhangs einen Zurechnungszusammenhang zwischen der Gebietskörperschaft bzw. der Religionsgemeinschaft und der quasi ehrenamtlich handelnden privatrechtlichen Organisation. Für diesen andersartigen Zurechnungszusammenhang finden sich, wie ebenfalls schon kurz angedeutet, im Gesetzestext drei Handlungsalternativen. Die privatrechtliche Organisation muss danach, damit ein innerer Zusammenhang mit der Tätigkeit der Gebietskörperschaft oder der öffentlich-rechtlichen Religionsgemeinschaft zu bejahen ist, entweder im »Auftrag« oder mit »ausdrücklicher Einwilligung« oder (in besonderen Fällen) mit »schriftlicher Genehmigung« dieser Gebietskörperschaft oder öffentlich-rechtlichen Religionsgemeinschaft tätig werden.

Als *erste* Handlungsform nennt das Gesetz den *Auftrag*. Man könnte hier fragen, ob der Auftragsbegriff des § 2 Abs. 1 Nr. 10a, Nr. 10b SGB VII inhaltlich deckungsgleich mit dem des § 662 BGB[77] oder aber umfassender ist und somit auch so genannte reine Gefälligkeitsverhältnisse umfasst[78]. Doch ist dies für die Begründung

---

77 So *Merten/Ziegler* SGb 2005, 427 (431); *Molkentin* BG 2006, 17 (24); *Kreutz* ZFSH/SGB 2005, 145 (147).
78 Franke/Molkentin/*Franke* (Fn. 11) § 2 Rn. 92; KassKomm/*Ricke* (Fn. 11) § 2 Rn. 47e.

des Unfallversicherungsschutzes unerheblich. Insoweit kommt es nämlich nur darauf an, dass die privatrechtliche Organisation eine von einer Gebietskörperschaft oder öffentlich-rechtlichen Religionsgemeinschaft übertragene Aufgabe ehrenamtlich übernimmt. Bei dem Vorhaben handelt es sich also um ein eigenes Projekt der Kommune, mit dem diese an eine Personengruppe herantritt und deren Tätigkeit initiiert. Das Rechtsverhältnis zwischen Körperschaft und privatrechtlicher Organisation ist dabei, sofern die Erledigung durch die Gruppe insgesamt von ehrenamtlichem Charakter geprägt ist, nicht beachtlich. Die Zuständigkeit für die Beauftragung – ebenso die Zuständigkeit für »Einwilligung« und »Genehmigung« – richtet sich dabei nach den internen Organisationsregeln der Gebietskörperschaft oder öffentlich-rechtlichen Religionsgemeinschaft, wobei es zu beachten gilt, dass Zuständigkeitsverletzungen insoweit unschädlich sind, als dass die privatrechtliche Organisation nach den für sie erkennbaren Umständen davon ausgehen konnte, dass eine Zuständigkeit der übertragenden Körperschaft gegeben ist. Als Mindestanforderung muss allerdings gelten, dass die übertragende Körperschaft die Verbandskompetenz für die Aufgabe besitzt.

Fraglich und von erheblicher Praxisrelevanz ist, ob eine Auftragserteilung auch *konkludent* möglich ist. Vom Wortlaut der Norm her scheint dies möglich zu sein, da anders als bei der (»ausdrücklichen«) Einwilligung und der (»schriftlichen«) Genehmigung für den Auftrag kein spezielles (Form-)Erfordernis vorgesehen ist. Doch gilt es zu beachten, dass in der Entwurfsfassung von § 2 Abs. 1 Nr. 10a, Nr. 10b SGB VII neben »Auftrag« nur der Begriff »Zustimmung« genannt wurde, und zwar ohne dass für »Zustimmung« ein spezielles (Form-)Erfordernis vorgesehen war.[79] Erst im weiteren Gesetzgebungsverfahren wurde auf Vorschlag des Ausschusses für Gesundheit und Soziale Sicherung im Gesetzestext der Begriff »Zustimmung« durch »Einwilligung« und »Genehmigung« ersetzt,[80] und zwar mit der Begründung, dass nur auf diese Weise angesichts der vielfältigsten Erscheinungsformen bürgerschaftlichen Engagements ausreichend Rechtssicherheit und Rechtsklarheit hergestellt werden könnte, ob tatsächlich seitens der Gebietskörperschaft bzw. öffentlich-rechtlichen Religionsgemeinschaft eine Aufgabenübertragung stattgefunden habe.[81] Diese Genese deutet nun eher darauf hin, dass auch ein Auftrag nicht konkludent, sondern nur »ausdrücklich« bzw. sogar nur »schriftlich« erteilt werden kann. Gleichwohl erscheint dieser Schluss vorschnell, weil er die unterschiedlichen Strukturelemente zwischen der Handlungsform »Auftrag« einerseits und den Handlungsformen »Einwilligung« und »Genehmigung« andererseits außer Betracht lässt. Die Lösung kann sich somit nur einer genaueren Betrachtung der Divergenzen von Auftrag und Einwilligung ergeben.

Eine *»ausdrückliche Einwilligung«* – so die heutige *zweite* Handlungsalternative – ist eine *vorherige*, schriftlich oder mündlich erteilte Zustimmung der Gebietskör-

---

79 BT-Drs. 15/3439 S. 3.
80 BT-Drs. 15/4051 S. 5.
81 BT-Drs. 15/4051 S. 12.

perschaft oder öffentlich-rechtlichen Religionsgemeinschaft zu einer Aufgaben-wahrnehmung durch eine privatrechtliche Organisation. Mit dem Begriff »Einwilligung« bzw. »(vorherige) Zustimmung« ist dabei verbunden, dass initiativ die privatrechtliche Organisation tätig geworden sein muss. Sie macht mithin das Angebot zur ehrenamtlichen Übernahme bestimmter Aufgaben.[82] So könnte etwa eine Anwohnerinitiative einer Gemeinde anbieten, auf eigene Kosten einen Spielplatz zu bauen; soll hier Unfallversicherungsschutz bestehen, müsste die Gemeinde ausdrücklich einwilligen. Beim »Auftrag« dagegen geht – rein begriffslogisch – die Initiative vom Auftraggeber aus, vorliegend also von der Gebietskörperschaft oder Religionsgemeinschaft.

Dies berücksichtigend, erscheint der Ausschluss einer konkludenten Auftragserteilung weder rechtlich zwingend noch notwendig.[83] Denn die Gefahr des Eintretens eines Zustandes der Rechtsunsicherheit besteht nur in Konstellationen, in denen die Gebietskörperschaft oder öffentlich-rechtliche Religionsgemeinschaft die Aktivitäten der privatrechtlichen Organisation nicht initiiert hat, letztere sich indes auf eine stillschweigende Zustimmung der Gebietskörperschaft oder öffentlich-rechtlichen Religionsgemeinschaft beruft, obwohl diese von der streitigen Tätigkeit keine Kenntnis gehabt hat. Stellt hingegen die Gebietskörperschaft einer privatrechtlichen Organisation nach Ablauf eines Auftrages auch im Folgezeitraum weiterhin sächliche oder personelle Ressourcen zur Verfügung, so ist, ohne dass dadurch ein Zustand der Rechtsunsicherheit geschaffen würde, von einem erkennbaren Einwilligungs-Willen hinsichtlich der Fortsetzung der Aufgabenerfüllung auszugehen. Die Bedenken des Gesetzgebers, die zur Ersetzung des Begriffs »Zustimmung« durch »Einwilligung« bzw. »Genehmigung« geführt haben, sind in der Konstellation des Auftrages folglich nicht gegeben. Mithin kann Unfallversicherungsschutz für ehrenamtlich Tätige auch dann bestehen, wenn die privatrechtliche Organisation, für die der Ehrenamtliche tätig geworden ist, von der Gebietskörperschaft oder öffentlich-rechtlichen Religionsgemeinschaft nicht ausdrücklich, sondern nur konkludent »beauftragt« worden ist. Dass es sich aus Gründen der Rechtssicherheit generell empfiehlt, schriftliche Erklärungen über Aufträge bzw. Einwilligungen abzuschließen, um spätere Unklarheiten über das Bestehen von Unfallversicherungsschutz zu vermeiden, steht auf einem anderen Blatt.

Als *dritte* Handlungsform nennt das Gesetz die (nachträgliche) *Genehmigung*. Diese setzt allerdings Schriftform voraus. Weiterhin ist diese Handlungsform auf »besondere Fälle« beschränkt. Aus der Gesetzesbegründung ergibt sich dabei, dass die vorzunehmende Prüfung in den Entscheidungsbereich der jeweilig übertragenden Körperschaft und nicht etwa in denjenigen des über die Anerkennung eines Versicherungsfalles entscheidenden Unfallversicherungsträgers fallen soll. Maßgeblich soll weder die Art der Tätigkeit sein, der zugestimmt werden soll, noch die

---

82 Franke/Molkentin/*Franke* (Fn. 11) § 2 Rn. 92; *Merten/Ziegler* SGb 2006, 427 (431).
83 *Merten/Ziegler* SGb 2006, 427 (432 f.); *Plagemann/Radtke-Schwenzer* Gesetzliche Unfallversicherung, 2. Aufl. 2007, Rn. 148.

Schwere eines etwaigen bereits vorgefallenen Unfalls. Vielmehr kommt es allein darauf an, ob die ausgeführte Tätigkeit für die Gebietskörperschaft oder die öffentlich-rechtliche Religionsgemeinschaft objektiv nützlich (gewesen) ist und eine Beauftragung bzw. eine Einwilligung in ein Angebot der privatrechtlichen Organisation etwa wegen einer besonderen Dringlichkeit der Tätigkeit nicht erteilt werden konnte.[84] Damit soll der Gebietskörperschaft oder öffentlich-rechtlichen Religionsgemeinschaft die Möglichkeit gegeben werden, nachträglich doch noch einen Versicherungsschutz begründen zu können. Rechtspolitisch ist das nicht unbedenklich, weil die Gefahr besteht, dass das Prüfungs- und Genehmigungsrecht in Fällen fraglicher Nützlichkeit für die Gebietskörperschaft oder Religionsgemeinschaft möglicherweise sachwidrig ausgeübt wird, wenn es bei der durchgeführten Tätigkeit zu einem Unfall des ehrenamtlich Tätigen gekommen ist.[85] Hat die Kommune oder Religionsgemeinschaft eine Einwilligung verweigert, kann sie nicht nachträglich eine Genehmigung erteilen.

c) Zurechnung nur bei konkreter ehrenamtlicher Handlungstendenz?

Nicht gesehen oder jedenfalls in der Gesetzesbegründung nicht behandelt hat der Gesetzgeber die Frage, ob für die Entstehung des Unfallversicherungsschutzes vonnöten ist, dass der bürgerschaftlich Engagierte mit der Zielrichtung tätig wird, für die Gebietskörperschaft oder Religionsgemeinschaft, die ihm nach § 2 Abs. 1 Nr. 10a, 10b SGB VII den Unfallversicherungsschutz vermittelt, ehrenamtlich zu handeln. Anders gewendet: Scheidet der Unfallversicherungsschutz aus, wenn der Handelnde überhaupt keine Kenntnis von der Beauftragung »seiner« privatrechtlichen Organisation besitzt und bei seiner Tätigkeit nur dieser gegenüber seine mitgliedschaftlichen Pflichten erfüllen will?

Im Schrifttum[86] ist insoweit eine konkret auf die Gebietskörperschaft oder Religionsgemeinschaft bezogene ehrenamtliche Handlungstendenz des tätig Gewordenen verlangt worden. Diese Sichtweise knüpft an die Rechtsprechung des Bundessozialgerichts[87] an, das, allerdings lange vor der Neuregelung von 2004, den Versicherungsschutz abgelehnt hat, wenn der Handelnde bei seiner Tätigkeit nicht den Willen hatte, für die konkrete Organisation, Einrichtung oder Religionsgemeinschaft ehrenamtlich tätig zu werden, die ihm den Unfallversicherungsschutz vermittelt. Die *Gegenansicht*[88] hat diese Position scharf zurückgewiesen: Im Fall des Tätigwerdens für eine dazwischen geschaltete privatrechtliche Organisation sei auf das Erfordernis einer ehrenamtlichen Handlungstendenz gegenüber Gebietskörperschaft oder Religionsgemeinschaft zu verzichten. Für den Versicherungsschutz sei ausrei-

---

84 BT-Drs. 15/4051 S. 12.
85 So auch KassKomm/*Ricke* (Fn. 11) § 2 Rn. 47e.
86 So i.E. *Merten/Ziegler* SGb 2006, 427 (433 f.).
87 BSG SGb 1993, 28 ff.
88 *Molkentin* BG 2006, 17 (25); ebenso Franke/Molkentin/*Franke* (Fn. 11) § 2 Rn. 92; KassKomm/*Ricke* (Fn. 11) § 2 Rn. 47f.

chend, dass die zu erfüllende Aufgabe von der Gebietskörperschaft bzw. von der öffentlich-rechtlichen Religionsgemeinschaft dem Handelnden übertragen wurde.

In der Tat sprechen wohl bessere Gründe für die letztgenannte Sichtweise. Zunächst gibt es den eindeutig erklärten Willen des Gesetzgebers, dass nur ein Zurechnungszusammenhang in Form eines Auftrages, einer Einwilligung oder einer Genehmigung erforderlich sein soll. Ferner sind, wenn eine ehrenamtliche Handlungstendenz gegenüber Gebietskörperschaft oder Religionsgemeinschaft verlangt wird, Feststellungs- bzw. Beweisschwierigkeiten vorprogrammiert. Die geforderte Handlungstendenz wird sich kaum positiv feststellen lassen, wenn der Handelnde in der konkreten Situation gar nicht genau weiß bzw. überhaupt nicht darüber nachgedacht hat, ob er nur für »seine« privatrechtliche Organisation mitgliedschaftlich geschuldete Tätigkeiten erbringt oder ob er in Erfüllung einer dieser durch eine Gebietskörperschaft oder eine Religionsgemeinschaft übertragenen Aufgabe ehrenamtlich tätig wird. Diese Schwierigkeit dürfte sich immer dann ergeben, wenn bereits der Organisationszweck der privatrechtlichen Organisation auf die Förderung fremder Belange gerichtet und damit bereits für sich genommen »ehrenamtgeeignet« ist.

Auch das Argument, dass für eine Gebietskörperschaft oder Religionsgemeinschaft, die eine privatrechtliche Organisation einsetzen will, eine Risikoabschätzung hinsichtlich der durch die Aufgabenübertragung unter Umständen entstehenden unfallversicherungsrechtlichen Haftungsrisiken möglich sein müsse,[89] überzeugt nicht. Denn es ist generell nicht ersichtlich, wie für eine Gebietskörperschaft oder Religionsgemeinschaft erkennbar sein sollte, welche Unfallrisiken im Blick auf die Art der anfallenden Tätigkeiten und den Wissens- und Ausbildungsstand der eingesetzten Helfer bestehen; in den allermeisten Fällen wird noch nicht einmal bekannt sein, wie viele Vereins- oder Verbandsmitglieder die zwischengeschaltete Organisation für die Erledigung des Auftrags einsetzt. In Zwischenschaltungsfällen dürfte deshalb eine genauere Abschätzung der Haftungsrisiken weitestgehend unmöglich sein. Daher gilt: Solange der gesetzlich geforderte Zurechnungszusammenhang zwischen privatrechtlicher Organisation und Gebietskörperschaft bzw. Religionsgemeinschaft und damit die Ehrenamtlichkeitsfiktion eingreift, ist ohne Relevanz, mit welcher Handlungstendenz der bürgerschaftlich Engagierte tätig werden will.

4. Die Bestimmung des zuständigen Unfallversicherungsträgers

Welcher Unfallversicherungsträger ist für einen ehrenamtlich Tätigen zuständig, der nach § 2 Abs. 1 Nr. 10a, Nr. 10b SGB VII Versicherungsschutz genießt? Grundregel ist, dass die Zuständigkeit für die Versicherung des Ehrenamtlichen der Zuständigkeit für die Einrichtung folgt, der die ehrenamtliche Tätigkeit zuzurechen ist. Bei

---

89 Vorgebracht etwa von der Bundesvereinigung der kommunalen Spitzenverbände und den damaligen Spitzenverbänden der Träger der gesetzlichen Unfallversicherung (HVBG und BUK). Nachweise bei *Merten/Ziegler* SGb 2006, 427 (432, Fn. 33–36).

einer Tätigkeit, die unmittelbar oder mittelbar einer (Gebiets-)Körperschaft, Anstalt oder Stiftung oder deren Verbänden oder Arbeitsgemeinschaften zugute kommt, sind dementsprechend die jeweiligen Versicherungsträger der öffentlichen Hand (§§ 125 ff. SGB VII) zuständig. Bei Ehrenamtlichen, die unmittelbar oder mittelbar für eine Religionsgemeinschaft oder deren Einrichtungen tätig werden, ist dagegen die Verwaltungsberufsgenossenschaft zuständig, es sei denn, es handelt sich um Einrichtungen des Gesundheitsdienstes oder der Wohlfahrtspflege, für die – wie bereits erwähnt – die Berufsgenossenschaft für Gesundheitsdienst und Wohlfahrtspflege fachlich zuständig ist. Dieser Nachrang ist aus § 135 Abs. 3 SGB VII ersichtlich, wonach eine Versicherung nach § 2 Abs. 1 Nr. 10a, Nr. 10b SGB VII nachrangig gegenüber einer Versicherung nach § 2 Abs. 1 Nr. 9 SGB VII ist, aber vorrangig gegenüber einer solchen nach § 2 Abs. 1 Nr. 17 SGB VII (Pflegepersonen).

Eine Konkurrenz zwischen der Versicherung nach § 2 Abs. 1 Nr. 10a, Nr. 10b SGB VII gegenüber derjenigen nach § 2 Abs. 1 Nr. 1 SGB VII (»reguläre« Beschäftigtenversicherung) ist für die Fälle denkbar, in denen die ehrenamtliche Tätigkeit Ausfluss einer Beschäftigung ist. In diesen Fällen ist für die Zuständigkeit darauf abzustellen, ob der Beschäftigte den betrieblichen Funktionszusammenhang unterbrochen hat. Besteht ein qualifizierter Wertungszusammenhang mit der Ausübung als ehrenamtliche Tätigkeit, ist die Versicherung nach § 2 Abs. 1 Nr. 10a, Nr. 10b SGB VII lex specialis.[90]

III. Die Versicherung kraft Satzung (§ 3 Abs. 1 Nr. 4 SGB VII)

Die Reform von 2004 hat nicht nur den Versicherungsschutz ehrenamtlich Tätiger kraft Gesetzes erweitert, sondern auch für alle Unfallkassen im Landesbereich (§ 128 Abs. 1 Nr. 11 SGB VII) die Möglichkeit geschaffen, einen Versicherungsschutz für ehrenamtlich Tätige kraft Satzung zu begründen (§ 3 Abs. 1 Nr. 4 SGB VII). Die Unfallversicherungsträger haben dabei eine umfassende Gestaltungsfreiheit hinsichtlich Art, Umfang und institutionellen Anbindung der konkreten Tätigkeit.[91]

Zu beachten ist, dass in § 3 Abs. 1 Nr. 4 SGB VII neben dem Begriff des ehrenamtlich Tätigen auch der ansonsten im SGB VII nicht verwandte Begriff »bürgerschaftlich Engagierte« eingefügt worden ist. Diese textliche Ergänzung geht auf einen Vorschlag des Bundesrates zurück,[92] der auf diese Weise den personellen Anwendungsbereich der Vorschrift erweitern wollte. Im Blick war dabei der damals nur in Niedersachsen und Hessen, heute in den meisten Bundesländern[93] in Form von privatversicherungsrechtlichen Sammelverträgen bestehende, über den personellen Anwendungsbereich von § 2 SGB VII hinausgehende Versicherungsschutz

90 *Kater/Leube* (Fn. 35) § 2 Rn. 261; Franke/Molkentin/*Franke* (Fn. 11) § 2 Rn. 98.
91 KassKomm/*Ricke* (Fn. 11) § 3 Rn. 11.
92 BT-Drs. 15/3920 S. 8; *Kreutz* ZFSH/SGB 2005, 145 (147).
93 Nachweise unter www.buerger-engagement.de.

für *alle* bürgerschaftlich Engagierten. In Niedersachsen etwa hat das Land bereits zum 1.10.2003 mit der Versicherungsgruppe Hannover (VGH) Rahmenverträge für einen subsidiären Unfall- und Haftpflichtversicherungsschutz abgeschlossen. Bürgerinnen und Bürger aus Niedersachsen ohne privaten oder gesetzlichen Unfall- und Haftpflichtschutz sind seither während der Ausübung jedweden Ehrenamtes unfall- und haftpflichtversichert. Die Prämien zahlt das Land. Doch handelt es sich um eine reine Auffanglösung: Der Schutz aus diesen Verträgen tritt gegenüber dem Schutz aus Versicherungen der Trägerorganisationen und Vereine oder gegenüber privatem Unfall und Haftpflichtschutz nur nachrangig ein.

Der Zweck der Ermächtigung des § 3 Abs. 1 Nr. 4 SGB VII liegt also darin, über die Unfallkasse einen Schutz herzustellen, der hinter dem der privatversicherungsrechtlichen Sammelverträge nicht zurücksteht. Soweit ersichtlich, ist von der personellen Erweiterungsmöglichkeit des Unfallschutzes durch Versicherung kraft Satzung aber bislang noch kein Gebrauch gemacht worden. Das dürfte daran liegen, dass für eine Versicherung kraft Satzung keine Notwendigkeit besteht, wenn Gebietskörperschaften und öffentlich-rechtliche Religionsgesellschaften ihr ebenfalls seit Anfang 2005 bestehendes Recht der Auftragserteilung bzw. nachträglichen Genehmigungserteilung entsprechend nutzen.[94]

IV. Die freiwillige Versicherung ehrenamtlich Tätiger (§ 6 Abs. 1 SGB VII)

Für eine bestimmte Gruppe ehrenamtlich Tätiger – das hat bei der Interpretation von § 2 Abs. 1 Nr. 10a, 3. Alt., Nr. 10b, 2. Alt. SGB VII schon eine Rolle gespielt – gibt es noch eine weitere Möglichkeit zur Begründung eines Unfallversicherungsschutzes. Im Wege der freiwilligen Versicherung können nämlich seit 2004 auch gewählte Ehrenamtsträger gemeinnütziger Organisationen (vgl. § 52 AO) in den Schutz einbezogen werden (§ 6 Abs. 1 Nr. 3 SGB VII). Gemeint sind diejenigen Personen, die – wie der Jubilar in der Wilhelm-Busch-Gesellschaft e.V. – innerhalb der verbandlichen Organisation ein offizielles Amt innehaben und damit in gewissem Umfang Verantwortung für die Organisation innehaben. Dieser Personenkreis nimmt nämlich, wie bereits erörtert, mit seinem Handeln eine verbandsinterne Aufgabe wahr, bei der es am nötigen qualifizierten Zurechnungszusammenhang mit der *unmittelbaren*[95] Ausübung einer ehrenamtlichen Tätigkeit i.S.v. § 2 Abs. 1 Nr. 10a, 1. Alt., Nr. 10b, 1. Alt SGB VII gerade fehlt. Diese Kausalitätsproblematik war für den Gesetzgeber im Übrigen das ausschlaggebende Moment, statt einer Pflichtversicherung kraft Gesetzes für diesen Personenkreis eine freiwillige Versicherungsmöglichkeit in das Gesetz aufzunehmen.[96] Größere Organisationen, etwa

---

94 Wichtiger Hinweis bei *Molkentin* BG 2006, 17 (24).
95 Anders verhält es sich – wie oben dargelegt – im Fall der mittelbaren Ausübung (dazwischen geschaltete privatrechtliche Organisation).
96 Zum Ganzen siehe BT-Drs. 15/3439 S. 6. Die Kosten für eine solche freiwillige Versicherung liegen im Jahre 2008 bei 2,73 Euro pro Versichertem pro Jahr.

im Bereich des Sports, können Rahmen- bzw. Sammelverträge abschließen; im Übrigen besteht für die gewählten Ehrenamtlichen die Möglichkeit, sich individuell durch Einzelvertrag zu versichern.

Sinngemäß dasselbe gilt für Personen, die in Verbandsgremien und Kommissionen für Arbeitgeberorganisationen und Gewerkschaften sowie in anderen selbstständigen Arbeitnehmerorganisationen mit sozial- oder berufspolitischer Zielsetzung ehrenamtlich tätig sind (siehe § 6 Abs. 1 Nr. 4 SGB VII). Es geht hier neben den Gewerkschaften um Verbände der Industrie, des Handwerks, des Handels und der Bauern, aber auch um den Sozialverband Deutschland (SoVD) oder den Sozialverband VdK – Verband der Kriegs- und Wehrdienstopfer, Behinderten und Rentner Deutschlands e. V. Im ersten Fraktionsentwurf war für diesen Personenkreis sogar noch eine Pflichtversicherung kraft Gesetzes vorgesehen (§ 2 Abs. 1 Nr. 10c SGB VIII – Entwurf) – nur so könne eine Gleichstellung mit ehrenamtlich Tätigen in den Handwerks- sowie in den Industrie- und Handelskammern, die, wie dargestellt, Versicherungsschutz nach § 2 Abs. 1 Nr. 10a SGB VII genießen, bewirkt werden. Zwar seien – so die Begründung im Fraktionsentwurf – Arbeitnehmer- und Arbeitgeberorganisationen privatrechtlicher Art, doch rechtfertige sich die Gleichstellung aus dem Umstand, dass sie Träger der verfassungsrechtlich gewährleisteten Koalitionsfreiheit (Art. 9 Abs. 3 GG) seien.[97] Auf Vorschlag des Bundestagsausschusses für Gesundheit und Soziale Sicherung wurde diese Regelung dann aber doch in eine freiwillige Versicherungsmöglichkeit transformiert, und zwar mit dem Argument, dass es hier – genauso wie bei der Tätigkeit in gemeinnützigen Organisationen im Sinne des § 6 Abs. 1 Nr. 3 SGB VII – am qualifizierten Zurechnungszusammenhang fehle. Auch erschien fraglich, ob der Aspekt der Koalitionsfreiheit ausreichen kann, um den Körperschaftsstatus der anderen wirtschaftlichen Interessenverbände zu überspielen.[98]

V. Exkurs: Die Anerkennung ehrenamtlicher Tätigkeit beim Leistungsumfang

Die Anerkennung des ehrenamtlichen Engagements durch den Sozialgesetzgeber bleibt – das sei abschließend noch kurz erwähnt – bei der 2004 deutlich erweiterten Einbeziehung Ehrenamtlicher in den Versichertenkreis der Gesetzlichen Unfallversicherung nicht stehen. Vielmehr hat der Gesetzgeber auch auf der Leistungsseite Verbesserungen eingeführt.[99] Relevanz im Zusammenhang mit der Versicherung nach § 2 Abs. 1 Nr. 10a, Nr. 10b SGB VII besitzt dabei § 94 SGB VII. Danach kön-

---

97 BT-Drs. 15/3439 S. 5 f.
98 BT-Drs. 15/4051 S. 13.
99 Geändert wurde ferner § 13 SGB VII, der nunmehr auch für Personen, die in Unternehmen zur Hilfe bei Unglücksfällen oder im Zivilschutz ehrenamtlich tätig sind (Versicherte nach § 2 Abs. 1 Nr. 12 SGB VII), unter bestimmten Voraussetzungen einen Anspruch auf Sachschadens- und Aufwendungsersatz zugesteht.

nen die einzelnen Versicherungsträger, um altruistisch motiviertes Tätigwerden im Versicherungsfall zu »belohnen«, qua Satzungsregelung u. a. auch für Versicherte nach § 2 Abs. 1 Nr. 10a, Nr. 10b SGB VII so genannte Mehrleistungen festlegen.[100] § 94 SGB VII gilt allerdings nicht für ehrenamtlich Tätige, deren Versicherungspflicht auf einer Satzungsregelung (§ 3 Abs. 1 Nr. 4 SGB VII) beruht; für diese Exklusion sind sachlich überzeugende Argumente aber nicht ersichtlich.[101] Dem Unfallversicherungsträger kommt ein umfassender Gestaltungsspielraum sowohl hinsichtlich des »Ob« der Mehrleistungen als auch bezüglich des »Wie« zu. Damit sie dem Ehrenamtlichen auch tatsächlich zu Gute kommen, enthält § 94 Abs. 3 SGB VII die Regelung, dass etwaige Mehrleistungen auf Geldleistungen, deren Höhe vom Einkommen abhängt, nicht angerechnet werden.

E. RESÜMEE UND RECHTSPOLITISCHER AUSBLICK

Resümee und Ausblick können kurz ausfallen. Ehrenamtliche Tätigkeit ist für die Menschen wichtig. Sie trägt zur Weiterentwicklung der Gesellschaft bei. Sie fördert Kooperationsfähigkeit und lässt Vertrauen von Menschen zueinander und damit soziales Kapital entstehen. Zudem benötigt auch der Staat in Zeiten der Finanzknappheit ehrenamtliche Tätigkeit. Er muss folglich das Ehrenamt fördern. Da die ehrenamtliche Verrichtung von Tätigkeiten mit zahlreichen Gefährdungsrisiken verbunden ist, gerät der Haftpflicht- und Unfallversicherungsschutz zu einem wichtigen Förderbaustein. Jedoch ist der durch das SGB VII vermittelte Schutz, dies trotz gravierender Verbesserungen durch das Änderungsgesetz vom 9.10.2004, immer noch nur selektiv. Deswegen – und damit ist schon das Thema »Ausblick« erreicht – sahen sich mittlerweile fast alle Bundesländer gehalten, Sammelverträge mit privatwirtschaftlichen Versicherungsunternehmen abzuschließen und so für *alle* von der Gesetzlichen Unfallversicherung nicht erfassten bürgerschaftlich Engagierten einen beitragsfreien privatrechtlichen Unfallversicherungsschutz zu begründen.

Rechtspolitisch wird in den nächsten Jahren zu diskutieren sein, ob der derzeitige, wenngleich im Bereich von Staat und Religionsgemeinschaften schon ziemlich dichte GUV-Flickenteppich weiter gestopft werden soll. Dazu könnte etwa § 2 Abs. 1 Nr. 9 SGB VII über die bisherigen Sachbereiche »Gesundheitswesen« und »Wohlfahrtspflege« hinaus um alle im steuerrechtlichen Sinn gemeinnützig Tätigen erweitert werden, was nach Vorlage des Berichts der Enquete-Kommission »Zukunft des Bürgerschaftlichen Engagements« des Bundestages auch vorgeschlagen worden ist.[102] Würden indes weitere oder sogar alle derzeit noch unversicherten Gruppen ehrenamtlich Tätiger kraft Gesetzes im Zuständigkeitsbereich der Berufsgenossenschaft für Gesundheitswesen und Wohlfahrtspflege versichert, scheint die

---

100 Dazu grundlegend *Leube* NZS 2006, 410 (413).
101 So auch *Leube* NZS 2006, 410 (413).
102 Etwa *Igl* SGb 2002, 705 (714).

Finanzkraft bzw. Solidarität dieser Berufsgenossenschaft überfordert. Ggf. wäre daher über eine Ko-Finanzierung durch Bund und Länder nachzudenken.

Ungeachtet solcher Reformüberlegungen – die derzeitige Normenlage ist unbefriedigend. Die heute zentrale Regelung des § 2 Abs. 1 Nr. 10a, Nr. 10b SGB VII ist hochkompliziert, zugleich aber immer noch lückenhaft. Beides erzeugt Rechtsunsicherheit. Eine klare, transparente, möglichst einheitliche Regelung wäre vonnöten. Immerhin: Für den Staat müsste die Zielrichtung zukünftiger Gesetzgebung auf dem Ehrenamts-Feld klar sein. Er muss alles in seinen Kräften Stehende daran setzen, dass man den eingangs zitierten Ratschlag des Humoristen künftig (um-)formuliert: »Lass' ein Ehrenamt Dir geben, willst Du froh und glücklich leben!«

5 Tage im April – ein Tagebuch

EKKEHART SCHÄFER

A. SAMSTAG, 22.4.2006, 14:30 UHR

Vielleicht ist es die Zahlenkombination, die meinen Blick an dem an der Kabinendecke hängenden Monitor etwas länger festhält: 1200 Meter Höhe und noch 12 Minuten bis zur Landung. Ich schaue nach rechts aus dem Fenster. Unter mir nichts als das blau heraufscheinende, die Sonne reflektierende Wasser des Mittelmeeres, fast glatt wie ein Spiegel. Und in meinen Händen ein schon älteres Taschenbuch, der Roman »Black Box« des Israeli *Amos Oz*, Preisträger des Friedenspreises des Deutschen Buchhandels des Jahres 1992, das Buch damals gekauft, aber noch nicht gelesen. Das habe ich die letzten dreieinhalb Stunden auf dem Flug von Frankfurt nach Tel Aviv nachgeholt, unterbrochen nur vom erstaunlich schmackhaften Essen, das uns die umsichtige Kabinenbesatzung der Lufthansa-Maschine um die Mittagszeit servierte. Wir, das sind 12 Anwaltskollegen, Präsidenten regionaler Anwaltskammern, der amtierende Präsident der Bundesrechtsanwaltskammer und sein Vorgänger und zwei ihrer Geschäftsführer. Zu der Delegation gehören noch 5 weitere Kollegen, die zur gleichen Zeit in einem aus Wien kommenden Flugzeug der Austrian Airlines sitzen und eine halbe Stunde nach uns auf dem Ben-Gurion-Flughafen landen sollen. Wir treffen sie später im Hotel.

Anlass unserer Reise ist die für den nächsten Tag vorgesehene feierliche Unterzeichnung eines Freundschaftsvertrages der Bundesrechtsanwaltskammer mit der Israel Bar, der Israelischen Anwaltskammer. Sie hatte, ein bisher einzigartiger Vorgang in der Geschichte unserer Anwaltsorganisation, den Abschluss eines solchen Vertrages angeregt, um die besonderen und sich in der Tat freundschaftlich entwickelten Beziehungen zwischen den Institutionen auch offiziell und nach außen sichtbar zu dokumentieren. Selbstverständlich hatten wir uns diesem Wunsch nicht verschlossen. In den internen Gesprächen, die ich im Vorfeld der Reise im Kollegenkreis geführt hatte, war jedoch eine gewisse Ratlosigkeit zu spüren, wie ein solcher Vertrag mit Leben erfüllt werden könnte. Aber das ist natürlich kein Grund, ihn nicht abzuschließen.

Der besondere Charakter unserer Reise wird u. a. dadurch betont, dass alle Kollegen – zurzeit hat nur eine deutsche Regionalkammer eine Präsidentin, sie lässt sich in dieser Woche von einem ihrer Vizepräsidenten vertreten – dass also alle Kollegen ohne Begleitung fahren, ihre Ehefrauen nicht mitgenommen haben. Dies unterstreicht, dass dies trotz eines umfangreichen Programms kein Touristenausflug einiger älterer Herren ist, sondern offizielle Vertretung und Repräsentanz der deut-

151

schen Anwaltschaft im Ausland. Für mich ist dies eine ganz neue Erfahrung, und obwohl ich nur nachrangiges Mitglied der Delegation bin, spüre ich jetzt doch eine Art von Beklemmung. Verstärkt wird sie sicherlich durch die Tatsache, dass ich das erste Mal nach Israel komme und Land und Leute nicht kenne. Die aktuelle politische Situation ist bekanntlich auch nicht unproblematisch. Erst am letzten Mittwoch, also 3 Tage vor unserer Abreise, war am Busbahnhof in Tel Aviv von einem Selbstmordattentäter eine Bombe gezündet worden. Ich erinnere mich noch genau, wie Vera leicht verkrampfte, als die Nachricht in der Tagesschau gebracht wurde. Wir haben beide nichts gesagt, aber wahrscheinlich hat sie das Gleiche gedacht wie ich: Er – ich – fährt trotzdem.

Meine Beklemmung hat natürlich auch die bekannten historischen Ursachen. Was Nazi-Deutschland den Juden angetan hat, kann nicht ungeschehen gemacht, ausgeklammert, verschwiegen werden. Verdrängung sollten wir überwunden haben, und so bekommt die Geschichte unserer Nation auf einmal eine bedrückende Aktualität, wenn man sich auf eine Reise nach Israel vorbereitet. Mit einer gewissen Hilflosigkeit hatte ich deshalb vor einigen Woche *Günter Krabbe* angesprochen, ihm über die beabsichtigte Reise kursorisch berichtet und ihn gefragt, wie ich mich denn verhalten sollte. Er hat in einer für ihn ungewohnten Kürze geantwortet: »*Ganz normal!*«. Ganz normal, geht das?

B. SONNTAG, 23.4.2006, 9:40 UHR

Wir sitzen im Bus und fahren nach Norden. Aus seinen Lautsprechern ertönt wieder die sonore Stimme unseres heutigen Reiseleiters. »*Schauen Sie jetzt bitte einmal nach links. In 5 Kilometern erreichen Sie den Strand des Mittelmeeres, wenn Sie in diese Richtung laufen. Schauen Sie jetzt bitte nach rechts. In 10 Kilometern verläuft die Grenze zur Westbank. Und wenn Sie sich nun vorstellen, dass dort die ersten Panzer stehen könnten, die gegen uns gerichtet sind, dann können Sie ermessen, wie wir uns manchmal fühlen!*« *Ehud Sternbach*, den alle Udi nennen und auf dessen Visitenkarte »Licenced Tourist Guide« steht, klingt nicht angriffslustig oder so, als ob er sich rechtfertigen müsste. Er will uns – jedenfalls zunächst – lediglich die israelische Wirklichkeit näher bringen, übrigens in perfektem Deutsch, und deshalb befrachtet er uns nicht mit Zahlen und Fakten aus Historie und Gegenwart, sondern erläutert uns die Situation Tel Avivs und seiner Umgebung, wie sie sich für ihn, der um all diese Zahlen und Fakten kenntnisreich weiß, darstellt.

Er macht dies heute schon seit mehr als einer halben Stunde, also seitdem wir ihn am Busbahnhof in Tel Aviv just dort, wo vor vier Tagen der Bombenanschlag verübt wurde, aufgenommen haben. Als erstes, selbstverständlich nach einer höflichen Begrüßung und Vorstellung, beruhigt er uns wegen der Vielzahl von jungen uniformierten Soldatinnen und Soldaten, die wir – im Gegensatz zu gestern – heute überall auf den Straßen und Plätzen sehen, auf der Fahrt vom Hotel in die Innenstadt und auch jetzt beim Verlassen des Zentrums. Sie tragen ihr Gepäck und ihr Gewehr mit einer für den Beobachter aufdringlichen Lässigkeit, von militärischer Strenge ist nichts zu sehen. »*Bei uns müssen die Wehrpflichtigen nach dem Wochenende erst am Sonntagmittag wieder in ihre Kasernen einrücken. Und da sie nichts bezahlen müssen, wenn sie öffentliche Verkehrsmittel benutzen, sind sie jetzt natürlich fast alle unterwegs! Und ihr Gewehr müssen sie immer bei sich haben!*« Eine einleuchtende und gleichzeitig beruhigende Erklärung.

Wir erreichen die Autobahn nach Haifa, und Udi macht uns auf die Gegenfahrbahn aufmerksam. In Dreierreihen stehen die Fahrzeuge über mehr als 15 Kilometer, um sich in den Moloch Tel Aviv einzureihen. »*Wir haben die gleichen Fehler gemacht, obwohl sie uns doch in Amerika und wohl auch bei Ihnen in Europa eindrucksvoll vorgemacht wurden. Auch wir haben gemeint, die Attraktivität der großen Städte, die es zugegeben gibt, dadurch zu vergrößern, dass wir ihren Einwohnern gestatten, deren Außenbezirke immer mehr zu erweitern, ohne gleichzeitig für eine vernünftige, effektive und kundenfreundliche öffentliche Verkehrsinfrastruktur zu sorgen. Und so versucht jeder, sein Heil – sprich: seinen Arbeitsplatz – mit dem eigenen Auto zu erreichen. So wie es heute aussieht um diese Zeit, ist es jeden Tag. Und wenn wir heute Nachmittag vom See Genezareth zurück wieder in die Stadt fahren, ist es in umgekehrter Richtung genauso, Sie werden es sehen!*«

C. SONNTAG, 23.4.2006, 18:30 UHR

Unser Bus bringt uns in die Rehov Daniel-Frisch 10. Hier residiert in einer Nebenstraße des Zentrums von Tel Aviv und in unmittelbarer Nähe der Deutschen Botschaft die Israel Bar. Die beiden Sicherheitsleute am Eingang des architektonisch konventionellen Bürogebäudes begrüßen uns freundlich mit ein paar deutschen Wortbrocken und weisen ohne jede weitere Kontrolle den Weg in den 2. Stock. Niemand benutzt den Fahrstuhl. Wir verlassen das Treppenhaus nach rechts und kommen in einen quadratischen Vorraum. Charmante junge Damen eines Catering-Unternehmens reichen uns einen Aperitif. Mit dem Glas in der Hand geht es durch eine zweiflügelige Tür ein paar Treppenstufen hinab in einen fensterlosen, mit Holztäfelungen versehenen Vortragsraum. Er dürfte nach den mit einem Mittelgang und zwei Seitengängen aufgestellten Stuhlreihen etwa 120 Leute fassen. An der dem Eingang gegenüber liegenden Seite des Raumes ist über die ganze Breite ein leicht erhöhtes Podest errichtet, das gerade so tief ist, das auf seiner linken Seite ein Steinway-Flügel Platz hat. Rechts steht ein Tisch mit zwei Namensschildern, unmittelbar daneben ein schlichtes hölzernes Stehpult, geziert mit dem Wappen der Israel Bar.

Der Saal ist schon gut gefüllt, überwiegend, so scheint es, mit Kollegen in anwaltlichem grauen oder blauen Tuch, ein paar Kolleginnen sind auch da. Einige Gesichter habe ich schon am Vorabend in der Residenz des deutschen Botschafters gesehen, die meisten kenne ich nicht.

Am Eingang begrüßt der Präsident der Israelischen Anwaltskammer, *Dr. Shlomo Cohen*, Anwalt aus Tel Aviv, jeden Einzelnen von uns in fließendem, akzentfreien

Englisch mit Handschlag und ein paar persönlichen Worten. Er bittet uns, sich mit den weiteren Anwesenden selbst bekannt zu machen, und so werden wir von einer kleinen Gesprächsgruppe zur nächsten gereicht. Wie üblich kann ich mir die Namen nicht merken, aber das eine oder andere bekomme ich schon mit: Alle 5 regionalen israelischen Kammerpräsidenten sind anwesend, Richter des Supreme Court und des Tel Aviver Bezirksgerichtes stellen sich vor, ein ehemaliger Ankläger des Eichmann-Prozesses, Gabriel Bach, auch er Gast der Veranstaltung, spricht uns auf Deutsch an.

Offiziell eingeleitet und umrahmt wird die feierliche Stunde von einer ebenso attraktiven wie brillant aufspielenden Pianistin. Wohl als Hommage an die deutschen Gäste beginnt sie mit dem langsamen ersten Satz aus Beethovens Mondschein-Sonate. Dann folgt die Begrüßung durch *Dr. Cohen*. Er betont in seiner Rede natürlich die besondere Komplexität der Beziehungen zwischen Juden und Deutschen, schlägt dann eine verbale Brücke zu den freundschaftlichen Beziehungen unserer Anwaltskammern. Sie, so betont er, beruhen auf den Werten der Demokratie, des Humanismus und der Menschenrechte und auf der sicheren Überzeugung, dass diese Werte ihrerseits nur auf der Grundlage des Rechtsstaates Bestand haben können. Der Rechtsstaat werde seinerseits, so *Dr. Cohen*, von einer unabhängigen und unparteiischen Richterschaft und einer unabhängigen Anwaltschaft getragen. Und wie er dies formuliert, klingt es gar nicht nach Sonntagsrede, sondern aufrichtig und bitter ernst. Mir fällt auf, dass wir deutschen Advokaten äußerst selten so grundlegend argumentieren. Liegt es vielleicht daran, dass wir das alles schon für selbstverständlich halten?

Dr. Dombek, der Präsident der Bundesrechtsanwaltskammer, antwortet im Namen unserer Delegation. Er hält dabei Rückschau auf Beginn und Entwicklung der bisherigen Begegnungen unserer Kammern. Er erinnert an die auch in Israel gezeigte Wanderausstellung »Anwalt ohne Recht«, die auf eine Anregung eines anwesenden israelischen Kollegen, *Joel Levi* aus Tel Aviv, zurückgeht und das Schicksal jüdischer Anwälte nach 1933 in Deutschland nachzuzeichnen versucht. Und er dankt unter Hinweis auf ein in der Bibel überliefertes Wort des Propheten *Hesekiel*, wonach der Sohn nicht die Schuld des Vaters und der Vater nicht die Schuld des Sohnes tragen soll, dafür, dass wir als Freunde empfangen und uns Großzügigkeit und Gastfreundschaft entgegengebracht wurden.

Dankbarer Applaus des Publikums auf beiden Seiten, *Dr. Dombek* hat das richtige gesagt und den richtigen Ton getroffen.

Es schließt sich die Unterzeichnung des Vertrages an, der Austausch der Urkunden zwischen den Präsidenten wirkt leicht histrionisch, dann werden wir in das dritte Stockwerk des Bürogebäudes gebeten, wo uns ein kaltes Buffet, das an runden Stehtischen eingenommen werden kann, erwartet, dazu die üblichen alkoholischen und nicht alkoholischen Getränke. Die feierliche Stimmung löst sich schnell, man steht dicht gedrängt, isst und trinkt und unterhält sich über ernste und weniger ernste Dinge gerade so, wie der Zufall die Gesprächspartner und Themen finden lässt.

Ich bin, nachdem der erste Hunger gestillt ist, mit einem israelischen Kollegen, *Michael Kempinski*, den ich schon einmal in Berlin anlässlich einer europäischen Berufsrechtskonferenz getroffen hatte, und einer deutschen Rechtsreferendarin, die im Rahmen ihrer Ausbildung gerade eine Auslandsstation an der Deutschen Botschaft absolviert, ins Gespräch gekommen. Wir sprechen über ihre beruflichen Perspektiven nach ihrem Examen in Deutschland und die Möglichkeiten, gegebenenfalls als deutscher Jurist in Israel arbeiten zu können. Da tritt mein sächsischer Präsidentenkollege *Dr. Kröber* an uns heran, neben sich eine leicht untersetzte Frau in einem blauen Kostüm mit weißer Bluse, kurzen gewellten Haaren, offenem Gesicht – sie dürfte etwas älter sein als ich. *»Darf ich Ihnen eine Kollegin vorstellen, Martha Raviv?«* Und mit dem gleichen, fast freudigen Lachen kommt der zweite Satz: *»Wir haben gerade festgestellt, dass wir in Leipzig im gleichen Gefängnis gesessen haben, sie allerdings 25 Jahre vor mir!«*. Ich bin irritiert, sowohl über das, was er gesagt hat, als auch über das wie. Ich stammele verlegen ein paar Worte, *»tut mir leid«* oder so. Was soll man sagen, wie reagieren? Frau *Raviv* hilft mir und erzählt in den nächsten 10 Minuten mit dem charmanten Akzent der Ungarn, wenn sie deutsch sprechen, ihre Geschichte. Und das sowohl mit großer Intensität als auch mit bescheidener Unaufgeregtheit, ohne zu aggravieren oder zu verharmlosen, ich bin beeindruckt und bewegt.

Martha Raviv wurde 1938 in Budapest geboren, das trotz Besatzung erst relativ spät von deutschen SS-Schergen terrorisiert wurde. Sie selbst hatte davon jedenfalls nichts mitbekommen, sondern, soweit sie sich erinnern kann, eine friedvolle Kindheit verlebt. Bis zu dem Tag im Jahre 1944, als sich alle dort lebenden Juden zum Abtransport in eine ungewisse Zukunft an einem Bahnhof der Stadt einfinden mussten, auch Budapest sollte judenfrei werden. Die Eltern wurden noch am Bahnsteig getrennt, Martha blieb bei ihrer Mutter, ihren Vater hat sie nie wieder gesehen. Frauen und Kinder wurden in einen Zug gepfercht, die Reise sollte, so die Information, nach Frankreich gehen. Und so kam es tatsächlich auch, und das war ihr Glück: Die pedantische Organisation der SS hatte gefordert, die zur Ermordung in Auschwitz vorgesehenen, aus den von Deutschland besetzten osteuropäischen Ländern Ungarn, Rumänien, Serbien stammenden Juden in Frankreich in einer Region westlich des Elsass zu sammeln und von dort geschlossen nach Osten abzuschieben. Deshalb wurden Kleintransporte in den betroffenen Gebieten zusammengestellt und zunächst nach Westen in Marsch gesetzt, so auch der Zug aus Budapest. Er sollte sein vorläufiges Ziel erst nach mehr als 8 Wochen erreichen. Der Weg führte durch Österreich und die Tschechoslowakei nach Deutschland, immer wieder unterbrochen durch die Wirren der gerade aktuellen kriegerischen Auseinandersetzungen. Und wenn es deshalb nicht weiter ging, weil die Strecke beschädigt war oder die Waggons für andere, dringendere Transporte benötigt wurden, wurden die Insassen in die nächst gelegenen Gefängnisse gesteckt, bis die Fahrt fortgesetzt werden konnte. So kam es für *Martha Raviv* zu einem längeren Halt in Leipzig, und damit zu 10 Tagen Aufenthalt im dortigen Gefängnis. Zusammen mit ihrer Mutter wurde sie noch in Frankreich von den Amerikanern befreit. Nach Budapest wollten und konnten beide nicht mehr zurück. Sie entschlossen sich, zunächst zu bleiben, aber bald nach Israel auszuwandern.

»Und in das gleiche Kittchen hat mich die Stasi 25 Jahre später gesteckt, wegen staatsfeindlicher Umtriebe!«, ergänzt *Dr. Kröber*, und er lächelt erneut. *»Da wird dann ja auch was dran gewesen sein!«*, vermute ich, und jetzt kann auch *Martha Raviv* wieder schmunzeln.

D. MONTAG, 24.4.2006, 12.00 UHR

Für ein modernes, von außen großzügig und repräsentativ wirkendes Gebäude ist der Eingang auffällig bescheiden. Nach der Passkontrolle und dem Durchlaufen der Sicherheitsschleuse betreten wir eine über mehr als 2 Stockwerke gerade nach oben führende, sich zur Spitze hin verjüngende geschlossene Steintreppe. Die rechte Seitenwand besteht aus grob behauenen, fugenlos aufeinander gesetzten Steinen aus bernsteinfarbenem Jerusalemer Naturstein. An ihrem Fuß ist über die gesamte Länge der Treppe ein Spiegelstreifen eingelassen, der die Illusion erweckt, die Wand schließe nicht mit der Treppe ab, sondern reiche tief nach unten hinab. Die linke Wand ist dagegen glatt verputzt und weiß gestrichen, ebenso die hohe Decke. *»Die Architekten wollten mit dieser Gestaltung eine typische Jerusalemer Altstadtgasse nachempfinden!«*. Diese Erklärung erhalten wir von der Leiterin des Public Affaires Departement des *Supreme Court* in Jerusalem, einer schlanken Frau mittleren Alters mit einem gut geschnittenen Gesicht unter schon grau gewordenen, modisch frisierten Haaren und in flottem, dunkelblauen Hosenanzug. Sie spricht ein temporeiches, differenziertes Englisch mit deutlich amerikanischem Akzent. Und obwohl sie trotz hochhackiger Schuhe mit Abstand die kleinste aller Teilnehmer unserer Gruppe und ihrer sie begleitenden beiden Assistentinnen ist, ist sie für die nächste dreiviertel Stunde das Zentrum unserer Aufmerksamkeit, während sie uns durch den dem Publikum zugänglichen Teil des Gerichtsgebäudes führt: Eine perfekte Leiterin einer Abteilung für Öffentlichkeitsarbeit. Ich habe leider ihren Namen vergessen. Für heute nenne ich sie *Lady T.*, wie Temperament.

Lady T. führt uns nach Verlassen der Treppe an der vom großzügigen Flur nur mit Glaswänden abgetrennten und deshalb ihr Innenleben freigebenden Bibliothek vorbei in das ca. 150 m lange und 20 m breite sogenannte Foyer. Von hier gehen nach links die 5 Gerichtssäle ab, in denen der *Supreme Court* in je nach Verfahren unterschiedlich großer Besetzung von 3 bis maximal 12 Richterinnen und Richtern die anhängigen Prozesse verhandelt. Die Säle haben alle das gleiche Aussehen, die gleiche Ausstattung, die gleiche Aufteilung für Richter, Prozessbeteiligte, Presse und Öffentlichkeit. Sie unterscheiden sich also nur in der Größe, ihre grundlegende architektonische Struktur ist dieselbe. Auffällig sind die Säulen, die im Saal einen inneren Bereich von einem äußeren abzugrenzen scheinen und offenkundig die hohen Decken tragen. Der Eindruck verstärkt sich dadurch, dass natürliches Licht nur durch die zwischen den Außenwänden und den Säulen eingebauten Dachluken in den Saal fällt.

Lady T. erzählt uns von der Historie des Gebäudes. Gebaut (und bezahlt) wurde es von der Rothschild-Stiftung, eröffnet im Jahre 1992, und es lebt von seiner Symbolik, oder besser: Von dem Versuch der Architekten, einem Geschwisterpaar aus Tel Aviv, moderne Architektur mit der israelischen und im Besonderen mit der Jerusalemer Geschichte zu verbinden und Konzepten des Gesetzes und der Gerechtigkeit, die in den alttestamentarischen Psalmen als Gerade und Kreise beschrieben werden, einen visuellen Ausdruck zu geben. Diese Formen, Gerade und Kreise, fallen immer wieder auf.

Nach der Besichtigung der Säle bringt uns *Lady T.* in einen kreisrunden Besprechungsraum, der von einem ebensolchen Tisch beherrscht wird. Unsere gesamte Delegation findet an ihm Platz. Wir bedienen uns an den bereitgestellten Getränken und warten auf unseren Gastgeber, den Präsidenten des israelischen *Supreme Court Aharon Barak.* Und als er kommt und wir uns alle zur Begrüßung von unseren schwarzen Lederstühlen erheben, meldet sich *Lady T.* ein letztes Mal zur Wort. Halb anerkennend für uns, halb entschuldigend ihm gegenüber ruft sie aus: »*Das habe ich unseren Gästen nicht gesagt, dass sie aufstehen sollen!*«. Herr *Barak* winkt milde lächelnd ab, bittet uns, Platz zu nehmen und beginnt ein mehr als einstündiges Gespräch.

Der Präsident ist knapp unter 70 Jahre alt und hat noch volles weißes Haar. Zu einer schlichten grauen Hose trägt er über einem weißen Hemd, dessen oberster Knopf geöffnet ist, weil ihn keine Krawatte behindert, eine blaue no-name-Wollstrickjacke mit breitem Kragen – modisches Accessoire der frühen 80-er Jahre des vorigen Jahrhunderts. Und so bescheiden und zurückhaltend wie er wirkt, gibt er sich auch. Er entschuldigt sich dafür, dass er zwar Deutsch versteht, aber nicht spricht – wahrscheinlich eine maßlose Untertreibung – redet bedächtig und sorgfältig formulierend in einem gut verständlichen Englisch und entfaltet dabei eine eindrucksvolle Persönlichkeit. Er wird im nächsten Jahr mit Erreichen der Altersgrenze nach 28-jähriger Tätigkeit seine Richterlaufbahn am *Supreme Court* beenden, davon war er 12 Jahre deren Präsident.

Aus diesem Fundus schöpfend erläutert Herr *Barak* uns das Verfassungssystems Israels. Für die meisten von uns ist völlig neu, dass Israel keine einheitliche Verfassungsurkunde hat, sondern nur eine Ansammlung verschiedener und unterschiedlicher Grundregeln, die noch ihrer Zusammenfassung als Grundgesetz bedürfen. Aus vielerlei innenpolitischen Gründen, insbesondere dem immer noch bestehenden Konflikt zwischen der Vorstellung Israels als demokratischem Rechtsstaat auf der einen und als jüdischem Religionsstaat auf der anderen Seite, ist das bis heute unterblieben. Die dadurch bestehende Vakanz wird durch das von *Barak* und seinem *Supreme Court* entwickelte Prinzip der juristischen Gesetzgebung gefüllt: Bei mangelnder Eindeutigkeit des Gesetzes müsse, so der Präsident, ein Richter nach eigenem Gutdünken – in des Wortes ursprünglich positiver Bedeutung – urteilen. In solchen Fällen entscheide er also nicht nach den vermeintlichen Vorgaben des Gesetzes, sondern schaffe selbst Recht. Dabei komme es darauf an, sich von seinen persönlichen Werten und Normen frei zu machen und ein Gespür für die zugrunde liegenden Werte der Gesellschaft zu entwickeln und zu gewinnen – auch wenn die Mehrheit der Parlamentarier oder der Bevölkerung mit der Einschätzung nicht übereinstimmen sollte. Und das sei fast regelmäßig dann der Fall, wenn der Status persönlicher Grund- und Freiheitsrechte mit dem Sicherheitsbedürfnis des Staates, im Einzelfall sogar mit seinem Recht auf bloße Existenz kollidiere.

Beispielhaft verweist *Barak* auf die Entscheidung seines Senats, die es der Generalität der israelischen Armee untersagt hat, Häuser palästinensischer Familien zerstören zu lassen, aus deren Mitte sich Selbstmordattentäter für gegen Israel gerichtete Anschläge zur Verfügung gestellt haben, so geurteilt, weil es in einem freiheitlichen demokratischen Staat das Rechtsinstitut der Sippenhaft nicht gibt. Oder auf die von seinem Gericht verfügte Korrektur des Verlaufs der neu errichteten Grenzmauer, weil sie im konkreten Einzelfall Land, das einem palästinensischen Bauern zum Broterwerb diente, so teilte, dass es nicht mehr sachgerecht bestellt werden konnte, ohne dass eine solche Teilung aus Sicherheitsgründen geboten gewesen wäre.

Und wie *Aharon Barak* die Fälle beschreibt, wird mir langsam die bittere Wahrheit verständlich, die seine Eingangssätze geprägt hatten. Er behauptete, dass es in Israel kaum eine Institution gäbe, die in der öffentlichen Meinung so unbeliebt sei wie der *Supreme Court*, und dass es einer gehörigen Portion Standhaftigkeit bedürfe, sich von den Anfeindungen des Parlaments und den bissigen Kommentaren der Presse nicht allzu sehr beeindrucken zu lassen, ganz zu schweigen von den bis ins persönlich-existenzielle gehenden Angriffen religiöser Fanatiker. Aber, so schließt *Barak*, das Wissen um den Holocaust bedeute gleichzeitig das Wissen darum, wohin ein Unrechtstaat führen kann. Und deshalb habe gerade der von ihm geführte *Supreme Court* als höchstes israelisches Gericht die Verpflichtung und Aufgabe, bei aller Bedrängnis das Recht als einen die Demokratie tragenden Pfeiler hoch zu halten und zu gewährleisten, dass der Staat selbst nicht in vermeintlicher Verteidigung seiner Existenz in der Ausübung seines Gewaltmonopols zu einem Unrechtsstaat verkommt.

E. DIENSTAG, 25.4.2006, 09.50 UHR

Wir verlassen in kleinen Gruppen den Vortragssaal der Israel Bar, der uns schon bei der Unterzeichnung des Freundschaftsvertrages zwei Tage vorher gesehen hatte. Pünktlich um 09.00 Uhr hatte dort eine Arbeitssitzung unserer Delegation mit unseren israelischen Funktionärskollegen begonnen. Unsere Gastgeber hatten für sie das Thema »Sicherheit und Menschenrechte« gewählt und dafür eine hervorragende Protagonistin gefunden: Die ehemalige Richterin am Israelischen *Supreme Court* *Dalya Dorner*. Und obwohl sie eine ganz andere Stimme hat und auch völlig anders artikuliert, der Vergleich zu unserer ehemaligen Verfassungsgerichtspräsidentin *Jutta Limbach* drängt sich auf.

Höflich aber bestimmt hat *Dr. Cohen*, der die Sitzung leitet, ihren Vortrag vor wenigen Minuten unterbrochen und uns alle nach draußen an die nächste Straßenecke gebeten. Heute ist der *Holocaust Remembrance Day*, der Tag, an dem der Staat Israel alljährlich einmal seiner 6 000 000 Opfer der Nazi-Herrschaft gedenkt. Zu dem Ritual, das diesen Tag prägt, gehören die um 10.00 Uhr für 2 Minuten im ganzen Land heulenden Sirenen. Wir sollten davon einen unmittelbaren Eindruck bekommen.

Die Rehof Ibn Gvirol ist eine breite Durchgangsstrasse, die die Innenstadt Tel Avivs in Nord-Süd-Richtung durchtrennt. Ihre Fahrbahn wird von einem von Randsteinen eingefassten, spärlich und lieblos mit kleinen Büschen bepflanzten Mittelstreifen in zwei Hälften geteilt. Auf den drei Fahrspuren, die in jeder Richtung den Verkehr zu regulieren suchen, schlagen die von den vorbeifahrenden Fahrzeugen verursachten Geräusche den bekannten Takt motorisierter Großstädte, bestimmt durch das regelmäßige Umschalten der automatisch gesteuerten Ampeln. Die breiten Bürgersteige sind zur Zeit nicht stark belebt. Auf beiden Seiten führen sie zu 4- bis 6-geschossigen Gebäuden, die, jedenfalls soweit von hier einsehbar, ihre beste Zeit schon hinter sich zu haben scheinen. Ich sehe die Werbetafeln von Ladengeschäften und Kneipen, die oberen Stockwerke der Häuser werden offenkundig bewohnt. Wir bleiben an der Straßenecke stehen, unterhalten uns zwanglos.

Und dann ertönt das erste Mal mit einem lauten, eindringlichen Dauerton eine Sirene. Das Gespräch verstummt, wir stehen still. Die Autos, die gerade noch fuhren, werden angehalten, ihre Motoren abgestellt. Ihre Insassen öffnen die Türen, steigen aus und bleiben neben ihnen auf der Fahrbahn stehen. Radios und Musikanlagen sind ausgeschaltet. Außer der Sirene hört man nichts mehr, abgesehen vom Flügelschlag zweier Tauben, die offenkundig von der ungewohnten Situation irritiert sind und sich kurz um einen Platz auf dem Vordach eines Hauseingangs streiten, das sie aufgeregt angeflogen haben. In dessen Tür steht mit gesenktem Kopf eine junge Frau mit einer Einkaufstasche in der Hand.

Die Sirene verstummt kurz, dann ein neues Signal, und so geht es drei oder vier Mal während der nächsten zwei Minuten, ohne dass sich irgend etwas bewegt, ohne dass jemand etwas ruft, sagt oder sich auch nur räuspert. Das Leben steht für einen kurzen Moment im wahrsten Sinne des Wortes still. Und als die Sirene dann endgültig zu heulen aufhört, geht es wieder los, unaufgeregt, aber entschlossen, ich meine, fast so etwas wie Selbstbewusstsein zu spüren, als die Motoren wieder anspringen und sich die Fahrzeuge in Gang setzen. Nach einer weiteren Minute hat Tel Aviv seinen Alltag wieder gefunden. Wir gehen zurück in unser Tagungsgebäude. Das Gedenken an den Holocaust hat eine beeindruckende Form gefunden, stellen wir später übereinstimmend fest.

F. Mittwoch, 26.4.2006, 14.00 Uhr

»Wie lange waren Sie in Israel?« »4 Tage, seit letzten Samstag!« »Reisen Sie allein?«
»Nein, ich gehöre zu einer Delegation aus Deutschland.« »Welcher Delegation?«
»Der Bundesrechtsanwaltskammer!« »Sie gehören zu Herrn Filges?« »Er gehört
auch zu unserer Delegation!« »Wo haben Sie gewohnt?« »Im Hotel The Dan in Tel
Aviv.« »Die ganze Zeit?« »Die ganze Zeit!« »Wieviel Gepäck haben Sie dabei?«
»Eine Tasche und einen Koffer!« »Wann haben Sie Ihren Koffer gepackt?« »Vor
zwei Stunden, im Hotel!« »Wo im Hotel?« »In meinem Zimmer.« »Allein?« »Ja.
Allein.« »Haben Sie Ihre Koffer danach immer bei sich gehabt?« »Ja!« »Tatsächlich
immer?« »Ja, im Bus zum Flughafen natürlich in dessen Gepäckraum.« »Waren Sie
nur in Tel Aviv?« »Nein, auch in Jerusalem und am See Genezareth!« »Wo haben
Sie da gewohnt?« »Ich habe immer in Tel Aviv gewohnt!« »Ach ja, das sagten Sie ja.
Und Ihr Gepäck haben Sie immer bei sich gehabt?« »Nein, natürlich nicht!« »Ich
meine: heute?« »Ja, heute habe ich es immer bei mir gehabt, nachdem ich gepackt
hatte.« »Haben Sie die Sachen nicht im Gepäckraum des Hotels abgestellt?« »Nein!«
»Warten Sie hier bitte einen Augenblick!«

Der junge Mann, nicht älter als mein Sohn und ersichtlich noch ungeübt im Tragen von Sakko und Krawatte, lässt mich an der Stelle stehen, wo er mich interviewt hat, und verschwindet mit seiner etwa gleichaltrigen Begleiterin schnellen Schrittes hinter dem nächsten Abfertigungsschalter. Sie hat unseren Dialog, neben ihm stehend, wortlos und ohne erkennbare Emotion verfolgt und sich nur ein oder zwei Stichworte auf einen kleinen Zettel notiert.

Das ist also der berühmt-berüchtigte Sicherheitscheck am Flughafen bei der Ausreise aus Israel, denke ich, oder zumindest ein Teil davon. Du wirst einfach aus der Warteschlange, in die du dich eingereiht hattest, herausgerufen und dann inquisitorisch befragt. Und, darauf hatten uns unsere Gastgeber schon vorbereitet, dann werden die Antworten ausgewertet und mit denen verglichen, die andere Teilnehmer gemacht haben, wenn eine Reisegruppe wie die unsere gemeinsam ausreist. Mein Kollege *Filges* war tatsächlich der erste gewesen, der Auskunft erteilen musste. Wenn mein Fragesteller seinen Namen kannte, hatte er also von ihm gehört, seine Antworten vielleicht von dessen Interviewer erfahren. Und jetzt werden wohl meine mit seinen abgeglichen oder mit denen anderer, die schon befragt wurden. Wenn das nur gut geht, bei 17 Advokaten!?

Rückblick auf die Arbeit der Satzungsversammlung

ALFRED ULRICH

Dr. *Ulrich Scharf* arbeitete über drei Sitzungsperioden hinweg intensiv und engagiert in der Satzungsversammlung. Sein Jubiläum gibt daher Anlass zu einem Rückblick auf die Einrichtung und insbesondere die Arbeitsergebnisse dieses so genannten Anwaltsparlaments:

A.

Im Rahmen der Neuordnung des anwaltlichen Berufsrechts infolge der bekannten Bastille-Entscheidungen des Bundesverfassungsgerichts aus dem Jahre 1987 wurden durch die Novelle zur BRAO vom 2.9.1994 Bestimmungen über die Schaffung einer Satzungsversammlung durch den Gesetzgeber getroffen. Dieser Satzungsversammlung wurde zur Aufgabe gestellt, eine Berufsordnung für die Ausübung des Rechtsanwaltsberufs zu erlassen. In § 59b BRAO wurde ein umfassender Katalog der inhaltlichen Bereiche festgelegt, zu denen die Satzungsversammlung die Kompetenz zur Erarbeitung einer Berufsordnung erhielt.

Gemäß § 191b Abs. 2 BRAO waren und sind die stimmberechtigten Mitglieder der Satzungsversammlung durch Briefwahl zu wählen. Die Präsidenten der Rechtsanwaltskammer wurden – sofern sie sich nicht selbst der Wahl zur Satzungsversammlung stellten – zu geborenen Mitgliedern mit allerdings nur beratender Stimme bestimmt.

B.

Die Satzungsversammlung trat erstmals vom 7. bis 9.9.1995 in Berlin unter Leitung des damaligen BRAK-Präsidenten, Herrn Dr. Eberhard Haas, zusammen.

Dr. *Ulrich Scharf* gehörte hier zu den Kollegen der ersten Stunde. Er führte als Präsident der Rechtsanwaltskammer Celle als geborenes Mitglied die Celler Fraktion an, die aus den Kollegen Dr. *Berner*, *Colshorn*, der Kollegin *Fischedick* – damals wie heute Hauptgeschäftsführerin der Rechtsanwaltskammer Celle – sowie Herrn Kollegen Dr. *Stobbe* bestand.

Im Vorfeld des erstmaligen Zusammentritts der Satzungsversammlung hatten sowohl der Deutsche Anwaltverein als auch die Bundesrechtsanwaltskammer durch Vorlage von Diskussionsvorschlägen ihre Überlegungen über die zukünftige Gestaltung der Berufsordnung der Kollegenschaft vorgestellt. So hatte der Deutsche Anwaltverein im April 1995 einen vergleichsweise knappen, insbesondere die Wiederholung gesetzlicher Bestimmungen vermeidenden Diskussionsentwurf einer Berufsordnung vorgelegt. Er enthielt als wesentlichen Regelungsgegenstand einer Berufsordnung auch Bestimmungen zu den Fachanwaltsbezeichnungen.

Demgegenüber hatte die Bundesrechtsanwaltskammer einen sehr viel umfangreicheren Diskussionsvorschlag einer Berufsordnung vorgelegt, darüber hinaus auch einen detaillierten Vorschlag für eine Fachanwaltsordnung.

Aufgrund der überaus konträren Diskussionsvorschläge des DAV und der BRAK war befürchtet worden, es käme in den Sitzungen der Satzungsversammlung zu einem »Lager«-Denken und -Verhalten. Erfreulicherweise erwiesen sich diese Befürchtungen sowohl in der ersten Sitzung wie auch in den folgenden Sitzungen als unbegründet. Es gab zwar stets intensive, zum Teil auch kontroverse, stets aber sachliche Diskussionen, die ersichtlich nicht von verbandspolitischen Zielsetzungen, sondern ausschließlich von dem Willen geprägt waren, zu Lösungen zu kommen, die von einer breiten Mehrheit getragen werden könnten.

Die erste Sitzung der Satzungsversammlung war geprägt durch eine Generaldebatte, die sich mit Sinn und Zweck der Berufsordnung, dem Verfahren zu ihrer Festlegung sowie mit Fragen ihrer inhaltlichen Gestaltung befasste.

In Anlehnung an die unterschiedlichen Diskussionsentwürfe von DAV und BRAK wurden zur inhaltlichen Gestaltung der Berufsordnung im Zuge der Generaldebatte zwei Hauptströmungen deutlich: Ein Teil der Diskutanten befürwortete eine bewusst »schlanke« Berufsordnung, die nur solche Gegenstände behandeln sollte, die in Ergänzung zu den gesetzlichen Vorschriften regelungsbedürftig seien. Dabei solle eine Wiederholung des Gesetzestextes sowie die Abhandlung im Gesetz fixierter Generalklauseln und unbestimmter Rechtsbegriffe durch neue entsprechende Formulierungen in der Berufsordnung vermieden werden.

Die Gegenposition hierzu bildete die Auffassung, dass die zukünftige Berufsordnung ein »Vademecum« für die Kollegenschaft sein sollte, also ein Kompendium der anwaltlichen Berufsbestimmungen, das auch ohne ergänzende Lektüre des Gesetzestextes aus sich heraus umfassend die Rechte und Pflichten der Kollegenschaft darstellen sollte, soweit hierzu in § 59b BRAO eine Regelungskompetenz der Satzungsversammlung gegeben war.

Diese unterschiedlichen Grundansätze prägten die Generaldebatte, die sich insbesondere mit den allgemeinen Berufspflichten und Grundpflichten des Anwalts, der Ausgestaltung der Werbungsregelungen sowie in diesem Zusammenhang mit der Frage der Einführung von Interessen- und Tätigkeitsschwerpunkten befasste.

Die im Übrigen auch breit erörterte Frage der Fachanwaltsbezeichnungen führte zu zwei überraschend schnellen Beschlüssen: Bereits die erste Sitzung der Satzungsversammlung beschloss die Einführung der Fachanwaltschaften für Strafrecht und Familienrecht.

Zum Abschluss der ersten Sitzungsperiode beschloss die Satzungsversammlung die Einrichtung von insgesamt fünf Ausschüssen, die sodann nicht nur für die erste, sondern auch für die zweite und dritte Satzungsversammlung Bestand haben sollten. Diesen Ausschüssen wurden folgende Themen zugeordnet: Fachanwaltsbezeichnung und Fortbildung (Ausschuss 1), Werbung, Interessen- und Tätigkeitsschwerpunkte (Ausschuss 2), Geld-/Vermögeninteressen/Honorar (Ausschuss 3), Allgemeine Berufs- und Grundpflichten (Ausschuss 4) sowie Grenzüberschreitender Rechtsverkehr (Ausschuss 5). Dr. *Ulrich Scharf* schloss sich dem Ausschuss 3 an – als ausgewiesener Gebührenrechtler konnte er hier sicherlich in besonderem Maße seine Kompetenz einbringen.

Zur zweiten Sitzungsperiode der Satzungsversammlung im Februar 1996 in Bonn legten sodann alle fünf Ausschüsse umfassend begründete Beschlussvorlagen für das Plenum vor.

Trotz dreitägiger Sitzungsperiode konnten jedoch nur die Vorschläge der Ausschüsse »Fachanwaltsbezeichnungen und Fortbildung« sowie »Werbung, Interessen- und Tätigkeitsschwerpunkte« abgearbeitet werden.

Zu den Fachanwaltsbezeichnungen verständigte man sich auf ein Konzept, wonach die Führung einer Fachanwaltsbezeichnung zunächst eine mindestens dreijährige Tätigkeit als Rechtsanwalt/Rechtsanwältin voraussetzt und im Übrigen besondere theoretische Kenntnisse durch Teilnahme an einem Fachanwaltslehrgang mit mindestens 120 Zeitstunden nachzuweisen sind, darüber hinaus besondere praktische Erfahrungen durch Nachweis einer bestimmten Anzahl selbständig bearbeiteter Fälle im Fachgebiet. Im Übrigen verständigte man sich auf die Möglichkeit eines Fachgesprächs vor dem jeweiligen Vorprüfungsausschuss der Rechtsanwaltskammer.

Nach kontroverser Diskussion wurde ausdrücklich eine so genannte »Alte-Hasen-Regelung« abgelehnt, die es langjährig im Fachgebiet erfahrenen Kolleginnen und Kollegen ermöglicht hätte, ohne Nachweis theoretischer Kenntnisse den Fachanwaltstitel zu erhalten.

Zum Thema Werbung verständigte sich die Satzungsversammlung darauf, dass in Praxisbroschüren, Rundschreiben und vergleichbaren Informationsmitteln der Rechtsanwalt sachbezogene Angaben machen darf, die über die bloße Bezeichnung von Personen und Dienstleistungen hinausgehen. Mandate und Mandanten sollten mit entsprechender Einwilligung der Betroffenen aufgeführt werden dürfen. Demgegenüber wurde beschlossen, sowohl die Angabe von Umsatzzahlen als auch bezahlte Werbung in Radio, Fernsehen, Kino oder öffentlichen Reklameflächen zu verbieten. (Das Verbot bezahlter Werbung wurde bemerkenswerterweise dann aber in den Folgeberatungen vor endgültiger Verabschiedung der Berufsordnung wieder gestrichen).

Ferner verständigte man sich auf Regelungen zur Verwendung von Kurzbezeichnungen für Anwaltskanzleien sowie zur Gestaltung des Briefbogens einschließlich der Kundmachung von beruflicher Zusammenarbeit.

Weiter beschloss die Satzungsversammlung, dass Teilgebiete der Berufstätigkeit als Interessens- und/oder Tätigkeitsschwerpunkte angegeben werden dürfen. Gemäß dieser Beschlussfassung durften maximal drei Teilgebiete als Tätigkeitsschwerpunkte angegeben werden, falls der betreffende Kollege/Kollegin mindestens zwei Jahre nach der Zulassung auf diesen Gebieten nachhaltig tätig gewesen ist. Insgesamt wurden fünf Schwerpunktangaben für zulässig erklärt, wobei die Interessen- und Tätigkeitsschwerpunkte als solche bezeichnet werden müssen.

Hintergrund der seinerzeitigen Beschlussfassungen war der Gedanke einer »Stufenleiter« zur Schwerpunktbildung und Spezialisierung der beruflichen Tätigkeit beginnend mit dem Interessensschwerpunkt als unterster Stufe, dem Tätigkeitsschwerpunkt als folgender Stufe und dem Fachanwalt als maximaler Qualifizierung.

In ihrer dritten Sitzung im April 1996 befasste sich die Satzungsversammlung schwerpunktmäßig mit den Regelungsvorschlägen des Ausschusses zum Thema »Geld, Vermögensinteressen, Honorar«. Die umfassenden Regelungsvorschläge des Ausschusses wurden überaus kritisch diskutiert mit der Tendenz, die Berufsordnung solle – entgegen den Ausschussvorschlägen – nur zwingend erforderliche Konkretisierungen von Rechten und Pflichten des Anwalts zu dem genannten Themenkreis vornehmen. Nach anfänglicher Ablehnung der Detailvorschläge des Ausschusses setzte sich in der Versammlung dann aber doch die Überlegung durch, dass eine Berufsordnung – trotz diesbezüglich bereits bestehender gesetzlicher Regelungen – anwaltliche Sorgfaltspflichten im Umgang mit den vom Mandanten anvertrauten Vermögensgegenständen nicht unerwähnt lassen könnte. So verständigte sich die Satzungsversammlung dann doch auf Bestimmungen zur Verpflichtung zur Führung von Anderkonten, der Handhabung anvertrauter Wertpapiere und geldwerter Urkunden, Details zu Honorarvereinbarungen, Einzelheiten zur Zulässigkeit einer Gebührenteilung, der Hinweispflicht auf die Möglichkeit der Prozesskosten- und Beratungshilfe sowie die Modalitäten berechtigter Vorenthaltung von Handakten.

Einen weiteren Schwerpunkt bildeten die vom Ausschuss 4 »Allgemeine Berufs- und Grundpflichten« vorgeschlagenen Regelungen.

Im Ergebnis erlag die Satzungsversammlung nicht der Versuchung, aus Zeiten der alten Standesrichtlinien vertraute, inzwischen aber überflüssige und nicht mehr zeitgemäße Regelungen in die Berufsordnung aufzunehmen. Man entschied sich vielmehr für letztlich wenige, komprimierte Regelungen, die der seinerzeitige Präsident des Deutschen Anwaltvereins *Felix Busse* mit den Worten kommentierte: »Der Grundsatz »*in dubio pro libertate*« hat sich durchgesetzt« (so Anwaltsblatt 1996, Seite 273).

Entsprechend einem flammenden Plädoyer, mit dem der Nürnberger Kammerpräsident Dr. *Christian Bissel* die Satzungsversammlung schon bei ihrer ersten Sitzung tief beeindruckt hatte, wurde ein § 1 mit der Bezeichnung »Freiheit der Advokatur« beschlossen. In einem § 2 wurden Regelungen zur »Verschwiegenheit« festgelegt. In einem § 3 wurde eine vergleichsweise strenge Regelung dazu beschlossen, wie die Anwälte »Widerstreitende Interessen« zu vermeiden haben.

§ 1 der Berufsordnung wurde quasi als Präambel zu dem von der Satzungsversammlung geschaffenen Regelwerk in folgender Fassung beschlossen:

»1. *Der Rechtsanwalt übt seinen Beruf frei, selbstbestimmt und unreglementiert aus, soweit Gesetz und Berufsordnung ihn nicht im besonderen verpflichten.*

2. *Die Freiheitsrechte des Rechtsanwalts gewährleisten die Teilhabe des Bürgers am Recht. Seine Tätigkeit dient der Verwirklichung des Rechtsstaats.*

3. *Als unabhängiger Berater und Vertreter in allen Rechtsangelegenheiten hat der Rechtsanwalt seinen Mandanten vor Rechtsverlusten zu schützen, ihn rechtsgestaltend, konfliktvermeidend und streitschlichtend zu begleiten, vor Fehlentscheidungen durch Gerichte und Behörden zu bewahren und vor verfassungswidriger Beeinträchtigung und staatlicher Machtüberschreitung zu sichern.«*

Die Satzungsversammlung setzte ihre Beratungen mit der vierten Sitzung vom 13. bis 15.6.1996 in Berlin fort. Einen der Schwerpunkte bildete die Diskussion über die Vorschläge des Ausschusses 5 (Grenzüberschreitender Rechtsverkehr). Im Ergebnis verständigte man sich darauf, dass für die internationale und grenzüberschreitende Tätigkeit des Rechtsanwalts die Berufsregeln der Rechtsanwälte der Europäischen Gemeinschaft (CCBE) anstelle der Berufsordnung gelten sollten, soweit nicht Europäisches Gemeinschaftsrecht oder Deutsches Verfassungs-, Gesetzes- oder Verordnungsrecht Vorrang hat.

Am 29.11.1996, zum Abschluss der fünften Sitzung schlug die historische Stunde der Satzungsversammlung: An diesem Tage wurde mit der überwältigenden Mehrheit von 78 von 88 Stimmen die Berufsordnung verabschiedet. Es wurde damit ein vorläufiger Schlussstrich unter die vom Bundesverfassungsgericht durch seine Entscheidungen vom 14.7.1987 ausgelöste Berufsrechtsdiskussion gezogen. Die Satzungsversammlung unterteilte die als Ganzes und einheitlich beschlossene Satzung aus Gründen der Zweckmäßigkeit in zwei Teile, nämlich eine *Berufsordnung*, welche die allgemeinen und besonderen Rechte und Pflichten enthält, sowie in eine *Fachanwaltsordnung*, mit der die bisher bestehenden Fachanwaltschaften um die Fachanwaltsbezeichnungen für Familienrecht und Strafrecht erweitert wurden.

Rechtsanwalt und Notar Dr. *Eberhard Haas* als Vorsitzender der Satzungsversammlung nannte die Verabschiedung der Berufsordnung zu Recht einen denkwürdigen Augenblick für die Rechtsanwaltschaft. Die Mitglieder der Satzungsversammlung hatten in überzeugender Weise die ihnen gestellte Aufgabe bewältigt, in einem parlamentarisch strukturierten Verfahren das anwaltliche Berufsrecht im Rahmen der gesetzlichen Möglichkeiten selbstverantwortlich zu gestalten. Einen wesentlichen Beitrag zur ganz überwiegend disziplinierten und effizienten Arbeitsweise der Satzungsversammlung leistete Dr. *Haas* in seiner Eigenschaft als Vorsitzender durch seine straffe, wenn auch konziliante und im Übrigen jederzeit souveräne Verhandlungsführung. Die Versammlungsteilnehmer dankten ihm an diesem 29.11.1996 zu Recht mit »standing ovations«.

In der Folgezeit wurde deutlich, dass das neue Berufsrecht von der Anwaltschaft ganz überwiegend positiv aufgenommen wurde und sich in der anwaltlichen Tagesarbeit als durchaus tauglich erwies. Bis zur weiteren (sechsten) Sitzung der ersten Satzungsversammlung im November 1998 in Berlin wurden keine größeren Probleme zu den neuen Berufsnormen bekannt. Zahlreiche Einzelvorschläge zu Änderungen, Ergänzungen oder Aufhebungen der neuen Berufsregeln wurden von der ersten Satzungsversammlung in ihrer Sitzung vom November 1998 allesamt verworfen.

Dennoch brachte diese Sitzung eine ganz wesentliche Neuerung, nämlich im Bereich der Fachanwaltschaften. Basierend auf einem Antrag des Vorstands der Rechtsanwaltskammer Celle setzte sich Dr. *Ulrich Scharf* nachdrücklich für die Einführung des Fachanwalts für Insolvenzrecht ein. Er begründete den entsprechenden Antrag mit einem intensiven, geradezu leidenschaftlichen Plädoyer. Mit der Einführung des Fachanwalts für Insolvenzrecht könne die Satzungsversammlung die Aufgabe wahrnehmen, Berufspolitik zu machen. Es bestehe bisher faktisch ein closed shop auf diesem Gebiet unter Einschluss von Nicht-Anwälten. Mit der Einführung des Fachanwalts für Insolvenzrecht könne die Anwaltschaft dieses Rechtsgebiet für sich reklamieren. Für die Einführung der neuen Fachanwaltsbezeichnung spreche auch der zunehmende Wettbewerb, der in den Aktivitäten der Wirtschaftsprüfungsgesellschaften, in wirtschaftlich interessante Gebiete zu expandieren und Rechtsberatungsabteilungen auszugliedern, sichtbar werde. Für die Einführung eines neuen Fachanwalts dürfe nicht die Orientierung an der Gerichtsbarkeit, sondern an eigenen Verfahrensordnungen maßgeblich sein. Dr. *Scharf* betonte, dass ohne eine Ausweitung der Fachanwaltschaften deren Bedeutung verloren gehen könne. Die Fachanwaltschaft sei zu fördern, weil nur sie für verbürgtes, hohes Niveau stehe. Dies gelte auch und insbesondere im Bereich der Insolvenzordnung.

Nach lebhafter, zunächst kontroverser Diskussion wurde dann mit überwiegender Mehrheit bei nur acht Gegenstimmen die Einführung des Fachanwalts für Insolvenzrecht beschlossen. Gegenstand dieser Beschlussfassung war zugleich die Einrichtung eines Ausschusses, der bis zur letzten Sitzung der ersten Satzungsversammlung im März 1999 ein Konzept für die inhaltlichen Anforderungen an den Fachanwalt für Insolvenzrecht erarbeiten sollte. Selbstverständlich wurde Dr. Ulrich Scharf zum Mitglied dieses Ausschusses berufen.

Die erste Satzungsversammlung fand dann ihren Abschluss mit der siebten Sitzung in Köln im März 1999, in welcher auf der Grundlage des schon im November 1998 gefassten Grundsatzbeschlusses die Fachanwaltschaft für Insolvenzrecht in ihren Details normativ festgelegt und abschließend beschlossen wurde.

Als Resümee der Arbeit der ersten Satzungsversammlung lässt sich feststellen, dass ihr das Verdienst zukommt, eine Berufsordnung geschaffen zu haben, die in ihren Grundzügen durchaus als gelungen bezeichnet werden kann (auch wenn in der Folgezeit einige Einzelregelungen durch die höchstrichterliche Rechtsprechung kassiert wurden, so das Verbot der Stern-Sozietät unter Einbeziehung nichtanwaltlicher Mitglieder gemäß § 31 Satz 1 BORA sowie die Verpflichtung zur vorherigen Ankündigung eines Versäumnisurteils).

C.

Im Juni 2000 nahm die zweite Satzungsversammlung ihre Arbeit auf. Die Erwartungen der Kollegenschaft gingen dahin, dass sie das von der ersten Satzungsversammlung erarbeitete Berufsrecht weiter entwickeln und Feinabstimmungen in Berufsordnung und Fachanwaltsordnung vornehmen würde. Sicherlich muss man der zweiten Satzungsversammlung zu Gute halten, dass nach der Pionierarbeit der ersten Satzungsversammlung kein Raum für einen weiteren großen Wurf verblieb. Dennoch wird man im Rückblick aus heutiger Sicht der zweiten Satzungsversammlung attestieren müssen, dass ihre Normsetzung nur sehr überschaubare, um nicht zu sagen dürftige Ergebnisse brachte.

Der Beginn der Sitzungsperiode war durch eine Generaldebatte geprägt, die sich dem Sinn und dem Zweck der Fachanwaltschaft und der Überlegung, weitere Fachanwaltschaften einzurichten widmete. Sie endete mit einem mit deutlicher Mehrheit gefassten Grundsatzbeschluss, weitere Fachanwaltschaften zunächst abzulehnen – allerdings vorbehaltlich eines vom zuständigen Ausschuss noch zu erarbeitenden Fachanwaltskonzepts.

In der zweiten Sitzung der zweiten Satzungsversammlung im Februar 2001 in Berlin gelang es dann auf der Grundlage der Vorarbeiten des Ausschusses, sich auf ein Konzept für zukünftige Fachanwaltschaften zu verständigen. Demnach sollte das für eine Fachanwaltschaft in Aussicht genommene Rechtsgebiet seinem Aufgabenspektrum nach hinreichend breit, vielfältig und als eigenständiges Rechtsgebiet von anderen Rechtsgebieten, insbesondere bestehenden Fachanwaltschaften abgrenzbar sein. Es solle von potentiellen Mandanten hinreichend nachgefragt sein. Als dritte Voraussetzung solle es einen rechtlichen Schwierigkeitsgrad und eine Komplexität der Lebenssachverhalte beinhalten, die die Bearbeitung durch einen Spezialisten erfordere. Als viertes Kriterium wurde die Dienlichkeit zur Erhaltung oder Ausweitung anwaltlicher Tätigkeitsfelder im Wettbewerb mit Dritten festgelegt. Dabei war man mehrheitlich der Auffassung, dass für eine etwaige neue Fachanwaltschaft die vorgenannten vier Kriterien nicht notwendigerweise kumulativ vorliegen müssten.

Trotz der Verständigung auf diesen Kriterienkatalog lehnte die Satzungsversammlung dann aber in den nachfolgenden Einzelabstimmungen jede vorgeschlagene neue Fachanwaltschaft ab. So wurden mit großen Mehrheiten eine Fachanwaltschaft für privates Baurecht, Immobilien- und Mietrecht, Immobilien- und Wohnungseigentumsrecht, Verkehrsrecht, Informationstechnologierecht, Finanzdienstleistungsrecht, Versicherungsrecht, Transportrecht, Europarecht sowie Unternehmens- und Gesellschaftsrecht abgelehnt. Auch die Fachanwaltsbezeichnung für Medizinrecht wurde abgelehnt, wenngleich mit einer knappen Mehrheit von 47 Gegenstimmen bei 43 Befürwortern.

Die den Einzelabstimmungen vorangegangenen teils heftigen Diskussionen zeigten, dass viele Mitglieder der Satzungsversammlung von tiefgreifenden Ängsten über den Fortbestand der Einzelanwälte geprägt waren. Nur hieraus erklärt sich der

167

Verhaltenswiderspruch, dass neue Fachanwaltschaften komplett abgelehnt wurden, obwohl der zuvor beschlossene Kriterienkatalog für diverse Anwaltschaften ein positives Votum nahegelegt hätte.

Die zweite Satzungsversammlung wurde daher von vielen kritischen Stimmen als »Fachanwaltsverhinderungsparlament« gebrandmarkt.

Die Kollegin Gerlinde Fischedick, Hauptgeschäftsführerin der Rechtsanwaltskammer Celle und Mitglied des Vorstands des DAV, legte ihr Mandat in der Satzungsversammlung aus Protest zum 21.2.2001 nieder und artikulierte ihre Kritik am Verhalten der Satzungsversammlung in einem vielbeachteten Editorial im Anwaltsblatt 4/2001.

Dieser Stillstand zum Thema Fachanwaltsbezeichnungen blieb prägend für die gesamte zweite Satzungsversammlung mit Ausnahme ihrer letzten Sitzung im März 2003. Hier beschloss sie unter dem Eindruck eines engagierten Plädoyers des Kölner Versicherungsrechtsexperten Dr. van Bühren die Einführung der Fachanwaltschaft für Versicherungsrecht. Herr Kollege *Felix Busse* kommentierte dies mit den Worten: »2. Satzungsversammlung endet tröstlich« (Anwbl 2003, 294), an anderer Stelle bezeichnete *Busse* allerdings die Einführung dieser einzigen Fachanwaltschaft durch die zweite Satzungsversammlung »fast als Feigenblatt zur Verbrämung des schlechten Gewissens wegen vorausgegangenen Tuns« (Anwbl 2005, 29).

D.

Die dritte Satzungsversammlung traf sich zu ihrer konstituierenden Sitzung im November 2003 in Berlin. Sie nahm dann mit ihrer zweiten Sitzung im April 2004 die eigentliche Sacharbeit auf. In dieser Sitzung wurde eine ersatzlose Streichung der Absätze 2 und 3 zu § 9 der Berufsordnung beschlossen. Dies ermöglichte den Anwaltskanzleien, Kurzbezeichnungen nach allgemeinem Recht zu führen und beseitigte das frühere Erfordernis, den Namen eines tätigen oder früheren Mitglieds der Berufsausübungsgemeinschaft in den Kanzleinamen aufzunehmen.

Breiten Raum nahm im Übrigen die Diskussion zur Neuregelung des Verbots der Vertretung widerstreitender Interessen ein. Nachdem das Bundesverfassungsgericht in seiner Sozietätswechslerentscheidung die entsprechende Vorschrift der BORA kassiert hatte, stand die Satzungsversammlung vor der Aufgabe, eine Neufassung des § 3 Abs. 2 und Abs. 3 BORA zu formulieren.

Bahnbrechende Entscheidungen für das Recht der Fachanwaltschaften brachte dann die dritte Sitzung im November 2004. Alle sechs vom Ausschuss 1 konzeptionell vorbereiteten Fachanwaltschaften fanden die Zustimmung der Satzungsversammlung. Zunächst wurde der Fachanwalt für Medizinrecht mit großer Mehrheit beschlossen. Es folgte die Diskussion zum Fachanwalt für Miet- und Wohnungseigentumsrecht. Herr Kollege Dr. *Michael Krenzler*, Präsident der Rechtsanwaltskammer Freiburg, fragte: »Muss es ein Fachanwalt sein?«. Dr. *Ulrich Scharf* konterte: »Der Fachanwalt für Mietrecht und Wohnungseigentumsrecht ist eine

Einstiegsmöglichkeit für den Allgemeinanwalt«. Mit großer Mehrheit wurde dann auch dieser Fachanwalt beschlossen. Es folgten eindeutige Mehrheitsbeschlüsse für den Fachanwalt für Verkehrsrecht, für Bau- und Architektenrecht sowie für Erbrecht. Schließlich wurde noch der Fachanwalt für Transport- und Speditionsrecht eingeführt, obwohl kritische Stimmen zu Recht in Frage stellten, ob es für eine solche Fachanwaltschaft überhaupt ein breites Mandanteninteresse gäbe.

Wesentliche Änderungen und Lockerungen des anwaltlichen Werberechts brachten Entscheidungen der vierten Sitzung der dritten Satzungsversammlung im Februar 2005. Vorangegangen war die so genannte »Spezialistenentscheidung« des Bundesgerichtshofs, wonach unter bestimmten Voraussetzungen (auch ohne Vorliegen eines Fachanwaltstitels) die Selbstbenennung als »Spezialist« für ein spezifisches Rechtsgebiet für zulässig erklärt wurde.

Gemäß der bislang geltenden Regelung des § 7 BORA durften unabhängig von der Angabe von Fachanwaltsbezeichnungen als Teilbereiche der Berufstätigkeit nur Interessen- und/oder Tätigkeitsschwerpunkte benannt werden. Die Zahl der Benennungen war auf fünf beschränkt, wobei höchstens drei Tätigkeitsschwerpunkte angegeben werden durften. Weitergehende Hinweise zur eigenen Tätigkeit waren gemäß der bislang geltenden Werbevorschrift des § 6 Abs. 2 BORA nur in Praxisbroschüren, Rundschreiben und anderen vergleichbaren Informationsmitteln zulässig. In ihrer vierten Sitzung beschloss die Satzungsversammlung, den vorgenannten § 6 Abs. 2 BORA zu streichen und den bisherigen § 7 BORA vollständig neu zu fassen. Die von der ersten Satzungsversammlung kreierte »Stufenleiter«, wonach nur mit Interessengebieten, Tätigkeitsschwerpunkten und – auf höchster Stufe – mit Fachanwaltstiteln geworben werden durfte, wurde abgeschafft. Damit entfiel sowohl die Regelung, dass die Werbung mit Tätigkeitsschwerpunkten erst nach zweijähriger Tätigkeit auf dem betreffenden Rechtsgebiet zulässig war als auch die zahlenmäßige Beschränkung auf maximal fünf Benennungen. Die alte Überschrift des § 7 BORA (»Interessen- und Tätigkeitsschwerpunkte«) wurde ersetzt durch die Formulierung »Benennung von Teilbereichen der Berufstätigkeit«. Hierzu traf die Satzungsversammlung in den neu geschaffenen Absätzen 1 und 2 der Vorschrift folgende Regelungen:

»(1) Unabhängig von Fachanwaltsbezeichnungen darf Teilbereiche der Berufstätigkeit nur benennen, wer seinen Angaben entsprechende Kenntnisse nachweisen kann, die in der Ausbildung, durch Berufstätigkeit, Veröffentlichungen oder in sonstiger Weise erworben wurden. Wer qualifizierende Zusätze verwendet, muss zusätzlich über entsprechende theoretische Kenntnisse verfügen und auf dem benannten Gebiet in erheblichem Umfang tätig gewesen sein.

(2) Benennungen nach Abs. 1 sind unzulässig, soweit sie die Gefahr einer Verwechselung mit Fachanwaltschaften begründen oder sonst irreführend sind«.

Darüber hinaus sah die Satzungsversammlung in § 7 Abs. 3 BORA die Regelung vor, dass derjenige, der Teilbereiche der Berufstätigkeit benennt, verpflichtet sein sollte, sich auf diesen Gebieten fortzubilden und dies auf Verlangen der Rechtsanwaltskammer nachzuweisen.

Diese der Satzungsversammlung seinerzeit überaus wichtige Fortbildungspflicht fand jedoch nicht die erforderliche Genehmigung des Bundesjustizministeriums (wegen fehlender gesetzlicher Satzungsermächtigung).

In der fünften Sitzung vom November 2005 beschloss dann die Satzungsversammlung »schweren Herzens«, § 7 BORA trotz »Streichung« der Fortbildungspflicht in Kraft treten zu lassen.

Ferner brachte die fünfte Sitzung die Erweiterung der Fachanwaltschaften um den Fachanwalt für gewerblichen Rechtsschutz sowie Handels- und Gesellschaftsrecht.

Als weitere wichtige Beschlussfassung ist zu berichten die Neufassung des § 3 BORA betreffend »*Widerstreitende Interessen, Versagung der Berufstätigkeit*«. Bislang war es unumstößliches Allgemeingut der Anwaltschaft, dass das Verbot der Vertretung widerstreitender Interessen uneingeschränkt zu gelten habe, also nicht zur Disposition der beiderseitigen Mandanten stehen dürfe. Demgegenüber brachte die fünfte Sitzung eine von vielen Teilnehmern als geradezu revolutionär empfundene Ausnahmeregelung, wonach das Verbot der Vertretung widerstreitender Interessen nicht gelten sollte, »*wenn sich im Einzelfall die betroffenen Mandanten in den widerstreitenden Mandaten nach umfassender Information mit der Vertretung ausdrücklich einverstanden erklärt haben und Belange der Rechtspflege nicht entgegenstehen*« (so § 3 Abs. 2 Satz 2 BORA n. F.).

Die beiden letzten Sitzungen der dritten Satzungsversammlung im April 2006 sowie Juni 2007 brachten nochmals Erweiterungen der Fachanwaltschaften: So wurden in der sechsten Sitzung die Fachanwaltschaften für Medien- und Urheberrecht sowie Informationstechnologierecht beschlossen. Mit der Verabschiedung der weiteren Fachanwaltschaft für Bank- und Kapitalmarktrecht schloss die dritte Satzungsversammlung in ihrer siebten Sitzung im Juni 2007 ihre Arbeit ab. Insgesamt hatte damit die dritte Satzungsversammlung in ihrer vierjährigen Legislaturperiode 11 Fachanwaltsbezeichnungen kreiert, deren Gesamtzahl damit auf 19 Fachanwaltschaften anwuchs.

E.

Mit Niederlegung seines Präsidentenamtes der Rechtsanwaltskammer Celle im Mai 2008 wird Dr. *Ulrich Scharf* aus dem »Anwaltsparlament« ausscheiden. Zur konstituierenden Sitzung der vierten Satzungsversammlung im Januar 2008 setzte er nochmals einen vielbeachteten Akzent durch ein leidenschaftliches Plädoyer für die Einführung des Fachanwalts für Agrarrecht, die aller Wahrscheinlichkeit nach in der kommenden Sitzung beschlossen werden wird. Vermutlich wird in Zukunft auch noch die eine oder andere weitere Fachanwaltschaft folgen.

Wesentliche weitere Neuerungen des Berufsrechts sind allerdings auf der Grundlage des aktuellen Gesetzesrechts nicht zu erwarten. *Kleine-Cosack* (Anwbl 2007, 410) hat daher schon gemutmaßt, dass »*sich ein Teil der Mitglieder der Satzungs-*

versammlung unterbeschäftigt fühlt«. Er hat darüber hinaus gar die weitere *»Existenzberechtigung«* der Satzungsversammlung in Frage gestellt.

Dr. *Ulrich Scharf* kann demgegenüber auf seine gut 12-jährige Tätigkeit in der Satzungsversammlung mit der Gewissheit zurückblicken, dass er an den für die Anwaltschaft so überaus wichtigen Pionierarbeiten der ersten Satzungsversammlung ebenso beteiligt war wie an den nachfolgenden Feinabstimmungen des Berufsrechts und der für die Anwaltschaft höchst bedeutsamen weiten Öffnung der Fachanwaltschaften im Zuge der dritten Satzungsversammlung.

PRO BONO und Ehrenamt

NORBERT WESTENBERGER

A. EINLEITUNG

Die Vita des hier zu Ehrenden, vor allem sein ehrenamtliches Engagement auf regionaler, nationaler und europäischer Ebene, gibt Veranlassung, über die Beziehung von ehrenamtlicher Tätigkeit und der bisher vor allem von angelsächsischen Ländern bekannten pro bono -Tätigkeit nachzudenken.

Das hieße zunächst, eine Begriffsklärung zu versuchen, die sich allerdings bei der ehrenamtlichen Tätigkeit erübrigt, da hier eine allgemeine Übereinstimmung, was Ehrenamt bedeutet, vorausgesetzt werden kann.

Wie aber ist pro bono -Tätigkeit zu definieren? Ist das, was man hierzulande darunter versteht, nämlich kostenlose anwaltliche Rechtsberatung, nicht sehr eng gesehen? Ist es nicht notwendig, den Begriff um einige Facetten zu erweitern? In welchen Bereichen ist pro bono -Tätigkeit wünschenswert, ja notwendig? Und wird pro bono -Tätigkeit eines Anwalts überhaupt in der Öffentlichkeit wahrgenommen? Müsste pro bono -Tätigkeit attraktiver werden und mehr in das Bewusstsein der Öffentlichkeit gebracht werden? Wie sieht es mit der Beteiligung von Kollegen an pro bono aus? Auf solche Fragen versucht dieser Beitrag aus der subjektiven Sicht einer ehrenamtlichen Tätigkeit heraus und mit einem Blick über unsere Grenzen eine Antwort zu geben.

Pro bono -Tätigkeit – gibt es das eigentlich in Deutschland? Passt das überhaupt zu dem Begriff des Anwalts als Unternehmer, denn Gewinnerzielung ist ein Ziel seiner Tätigkeit und er trägt zur volkswirtschaftlichen Wertschöpfung bei.[1] Und Gewinnerzielung ist gerade ja das Gegenteil von pro bono -Tätigkeit.

Juristische Publikationen über das Thema pro bono sind in Deutschland rar. Auch die Presse befasst sich bisher mit diesem Thema eher selten.

Als eine » neue Erfindung eines Richters« stellt die Berliner Morgenpost am 11.11.2002 die kostenlose Beratungstätigkeit von Anwälten für Hilfsbedürftige dar.[2] Allerdings räumt der Autor Seewald in diesem Artikel ein, dass die Idee von Anwälten aus den USA stammt. Träger dieser kostenlosen Rechtsberatung war damals das Diakonische Werk Berlin-Brandenburg, dem sich Rechtsanwälte zu solcher Beratung zur Verfügung stellten. Ziel war, Konzepte zu entwickeln, wie Anwälte auch außerhalb ihrer Praxis beraten können.

---

1 Vgl. *Weil* FS Karl Peter Mailänder, 2006, S. 638.
2 Berliner Morgenpost, Beilage vom 11.11.2002.

Wenig später führte die Anwaltschaft selbst eine pro bono – Aktion im DAV-Haus in Berlin für Berliner Bürger und Bürgerinnen auf dem Gebiet des Arbeitsrechts und des Sozialrechts durch. Unter dem Titel »kostenlose Rechtsberatung – pro bono oder pro Anwalt« berichtete damals *Swen Walentowski*, der Pressesprecher des DAV, über die Kritik von Kollegen an dieser Aktion.[3] Unter anderem wird moniert, dass kostenlos angebotene anwaltliche Dienstleistungen den Verdacht wecken können, dass diese Tätigkeiten grundsätzlich nichts wert seien, da sie ja umsonst angeboten werden. Auch befürchtete man, die wirtschaftliche Lage von Kollegen mit diesen Angeboten zu beeinträchtigen.

Einige regionale Anwaltskammern, wie die Berliner Kammer oder auch die Stuttgarter Kammer, bieten Bürgersprechstunden, in denen Bürger kostenlos beraten werden. Unter dem Titel »pro bono – Beratung für bestimmte Bevölkerungsgruppen als Werbung für den Berufsstand« fordert die Rechtsanwaltskammer Stuttgart ihre Mitglieder auf, an kostenlosen Rechtsberatungsaktionen mitzuwirken.[4]

Unter dem Titel »Advocaten für die gute Sache« berichtete die Frankfurter Allgemeine Zeitung am 6.10.2007 über die kostenlose Rechtsberatung in amerikanischen Großkanzleien und kommt zu dem Ergebnis, dass es in Deutschland ähnliche Beispiele gibt, jedoch die Möglichkeiten begrenzt seien.[5]

Im Rahmen der Internationalen Berliner Anwaltstage 2007 fand eine Konferenz der »Europäischen Rechtsanwaltschaften« zu dem Thema pro bono -Tätigkeiten von Rechtsanwälten statt.[6] Diese erstmals in Deutschland durchgeführte Konferenz, über die die Fachpresse berichtete, hatte neben dem Erfahrungs- und Meinungsaustausch das Ziel, die Diskussion um das Thema pro bono -Tätigkeit zu intensivieren.[7]

Dieser kurze Blick auf Publikationen in Deutschland zeigt bereits, dass der Begriff pro bono bisher nur recht selten in der Presse auftaucht und auch nur im Zusammenhang mit solchen anwaltlichen Tätigkeiten gesehen wird, welche die Beratung von Hilfsbedürftigen oder sozialen Organisationen zum Gegenstand haben.

Auch im Internet sind Erwähnungen von Pro bono meistens im Zusammenhang mit Tätigkeit von Anwälten für Sozialschwache zu finden und darüber hinaus meist nur in Bezug auf amerikanische Anwälte.

Zwar ist die Idee des gemeinnützigen anwaltlichen Engagements auch in großen und mittelständischen Kanzleien Deutschlands nicht mehr ganz unbekannt. Auch im Internetauftritt mancher großer Kanzleien wird gelegentlich die pro bono-Tätigkeit der Kanzlei erwähnt. Doch etwa von der US-amerikanischen Selbstverständlichkeit sind wir in Deutschland noch weit entfernt. Es ist daher zunächst an-

---

3 Berliner AnwBl 2005, 5.
4 Kammerreport der RAK Stuttgart vom 3.11.2007.
5 F.A.Z vom 6.10.2007, S. 13.
6 Am 2.11.2007.
7 U.a. hat RA *Heinrichst* darüber im Berliner AnwBl 2007, 442 berichtet.

gebracht, einen Blick über die Grenzen zu werfen, wobei nur beispielhaft die Situation in einigen Ländern dargestellt werden soll.

B. PRO BONO IN USA, KANADA, AUSTRALIEN, SÜDAFRIKA UND ISRAEL

In den USA ist der Begriff seit über 20 Jahren im Bewusstsein eines jeden Kollegen. Schon als Studierende werden die Kollegen angehalten, ehrenamtlich zu arbeiten. Die American Bar Association, in der über die Hälfe aller amerikanischen Kollegen Mitglied sind, hat eine Abteilung pro bono, in der über 40 000 Kollegen mitarbeiten. Schon in der Ausbildung können angehende Juristen an pro bono – Programmen teilnehmen.

Entstanden ist die pro bono – Idee in Amerika im Zusammenhang mit dem so genannten Civil-rights-movement in den 70er Jahren. In New York wurde bereits 1976 eine Organisation »New York Lawyers for the public interest« (NYLPI) gegründet, die sich um Gefängnisse, mental homes und diskriminierte Minderheiten kümmert. In den 1989er Jahren erhielt die Idee neuen Auftrieb, als die Reagan-Regierung die Prozesskostenhilfe drastisch einschränkte.

150 Großkanzleien in den Vereinigten Staaten nehmen inzwischen an einer vom pro bono – Institut in Washington initiierten Selbstverpflichtung teil. Danach müssen sie je Anwalt mindestens drei Prozent ihrer ›billable hours‹ oder insgesamt 60 Stunden im Jahr kostenlosen Rechtsrat erteilen.[8]

Zahlreiche Kammern empfehlen pro bono – work, so z.B. die New York State Bar Association.[9] Die Verpflichtung, dass jeder Anwalt mindestens 50 Stunden pro Jahr pro bono arbeitet. ist mittlerweile in den »model rules« der ABA unter 6.1. festgeschrieben.[10]

Allerdings muss man dabei die besondere Situation in den USA berücksichtigen, die unser System der Prozesskostenhilfe nicht kennt. Der Zugang zum Recht ist dort insgesamt erschwert, weshalb sich auf verschiedenen Ebenen eine außergerichtliche »Civil legal Assistance« entwickelt hat, die auf private Unterstützung angewiesen ist.[11] Daneben gibt es einige Kanzleien, die mit staatlicher Honorierung nichts anderes tun, als kostenlosen Rechtsbeistand zu gewähren, so genannte Law Clinics.

Dass dann daneben über die Möglichkeit des Erfolgshonorars auch ein zulässiger Weg des Zugangs zum Recht gesehen wird, sei nur beiläufig erwähnt. Dass eine solche Möglichkeit in Deutschland in Ausnahmefällen auch gegeben sein kann, hat das

---

8 Zitat *Corinna Budrasin* FAZ 6.10.2007, S. 13.
9 So *Sandefur* in Lawyers Pro-bono-Service and American-Style civil legal assistent, Law Society Rewiev Band 41 Nr. 1.
10 S. http://www.abanet.org/legalservices/probono/rules.
11 Vgl. *Sandefur* (Fn. 9).

Bundesverfassungsgericht[12] jüngst in einer viel beachteten Entscheidung festgestellt.[13]

Nach einem Bericht des »American Bar Center for Pro bono« beteiligen sich 135 000 Anwälte in den USA an verschiedenen pro bono – Programmen verschiedener Organisationen. Begründet wird die Notwendigkeit von pro bono – Tätigkeit in den USA vor allem damit, dass Anwälte nicht nur für Klienten da sein sollen, sondern auch »Officers of the court« sind mit einer weitgehenden Verantwortung gegenüber dem Justizsystem und seinem Funktionieren. Damit wird dem Organ der Rechtspflege eine Verpflichtung auferlegt, die auch in Deutschland in ähnlicher Form zur standesrechtlichen ethischen Verpflichtung gehört, nämlich die Verpflichtung zur Übernahme von Prozesskostenhilfeverfahren für Mandanten und zur außergerichtlichen Rechtsberatung für Mandanten nach dem Beratungshilfegesetz.[14]

Darüber hinaus wird die Aufforderung zur pro bono – Tätigkeit in den USA auch damit begründet, dass andernfalls die Gefahr besteht, einen großen Teil der Klientel an andere zu verlieren, etwa an Sozialdienste, Finanzleistungsinstitute und ähnliche Beratungsinstitute. In einigen Bereichen, z.B. bei der Hilfe für Emigranten, wurde aufgrund des dramatischen Rückgangs staatlicher Unterstützungsleistungen für mittellose Rechtsuchende in den letzten Jahrzehnten immer häufiger von nichtanwaltlichen Beratern ehrenamtlich rechtliche Hilfestellung geleistet. Diesen Graubereich rechtlicher Tätigkeit hat die Regierung vor kurzem legalisiert.

Noch intensiver als in den USA wird für pro bono in Kanada geworben. So gibt es in der Provinz British Columbia ein pro bono – law, das den Zugang zum Recht für Minderbemittelte sichern soll, nachdem Legal Aid aus Kostengründen immer mehr reduziert wird. Darin ist als ein Rahmenwerk (in Kraft seit 2005) festgelegt, welche Anforderungen an pro bono – Leistungen zu stellen sind, auf welche Weise die Leistungserbringer zu versichern sind (etwa für Beratungsleistungen von nicht mehr im Beruf aktiven Kollegen) und welche Organisationen mit einzubeziehen sind.[15]

Die Forderung nach pro bono – Leistungen im Rechtsberatungsbereich wendet sich hier durchaus nicht nur an Anwälte, sondern darüber hinaus auch an verschiedene Organisationen. So spielt etwa bei der Organisation von Sprechstunden für Minderbemittelte die Heilsarmee eine große Rolle.

Im September 2008 findet in Vancouver die 2. Nationale pro bono – Konferenz statt. An den bereits 1996 von der Canadian Bar Association begonnenen Aktivitäten beteiligen sich mittlerweile alle relevanten Einrichtungen und Organisationen, von den Universitäten über die Gerichte bis zu Berufshaftpflichtversicherern.

---

12 BVerfG NJW 2007, 979.
13 Einen entsprechenden Gesetzesentwurf hat jetzt das Bundesjustizministerium vorgelegt.
14 Gesetz über Rechtsberatung und Vertretung für Bürger mit geringem Einkommen, BerHG, vom 18.6.1980, BGBl. I S. 689.
15 http.Probononet.bc.ca/history.php.

Als Begründung für die Notwendigkeit der Beteiligung der Anwaltschaft wird die professionelle Pflicht des Anwalts hervorgehoben, die ihm auf Grund seiner besonderen Stellung in der Justiz zukommt. "A lawyers duty to serve those unable to afford to pay is thus not an act of charity or benevolence but rather one of professional responsibility."[16]

Auch in Australien hat sich der Trend zu Gunsten pro bono etabliert,[17] ein Zeichen der engen Verbundenheit mit englischer Tradition. In New South Wales leisten die meisten Anwälte ca. 70 Stunden pro Jahr kostenlose Rechtsberatung für Hilfsbedürftige. Diese Tätigkeit wird als gesellschaftliche Verpflichtung verstanden, aber auch wahrgenommen, um sich als entsprechend engagierte Kanzlei in der Öffentlichkeit darzustellen.

Ebenso in Südafrika- auch hier hat die pro bono – Tätigkeit eine lange Tradition. Schon während der Apartheid haben sich viele Anwälte pro bono engagiert, insbesondere in Rassenfragen.

Nach dem Ende des Apartheid-Regimes befürchtete man einen Rückgang des Engagements, weshalb große Anstrengungen gemacht werden, pro bono – work für Einkommensschwache zu sichern, »to poor, marginalised and indigent individuals«, um » access to justice« zu ermöglichen.

Diese Bemühungen waren besonders im Rahmen des im Jahre 2002 vom Parlament ausgerufenen »Jahres der Freiwilligen« festzustellen. In einer eigens zu diesem Thema veranstalteten internationalen Konferenz im Mai 2002 wurde unter anderem eine adäquate soziale Anerkennung derer gefordert, die sich in pro bono engagieren.[18] Eines der wichtigsten Diskussionsthemen auf dieser Konferenz war die Frage, ob man pro bono – work für jeden Anwalt verpflichtend machen sollte.

Schließlich noch ein Blick zu unseren israelischen Kollegen. Im Jahre 2002 hat die Israel Bar, in der alle israelischen Kollegen Pflichtmitglied sind,[19] ein legal aid / pro bono – Programm veröffentlicht,[20] um Kollegen zu organisieren, die Beistand denen leisten, die »of limited means« sind. So fordert es Sektion 3.2 des Israel Bar Association Law. Schon nach kurzer Zeit waren fast 3000 Kollegen landesweit bereit und organisiert und in einem Zentralcomputer nach Region und Spezialisierung erfasst.

Seitdem haben sich überall Kollegen diesem Programm angeschlossen.

Auch Internationale Anwaltsorganisationen widmen sich mittlerweile dem Thema pro bono. Auf der letzten bar leaders conference der Union International des Avocats (UIA) beispielsweise befasste sich eine Arbeitsgruppe mit pro bono, insbe-

16 Unter Berufung auf R. Katzmann The law Firm and the public Good, Washington DC, Brooking Institution.
17 So *Kilian* AnwBl 2002, 691, nach welchem die deutsche Anwaltschaft damals noch abseits von diesem Trend stand.
18 Report der Konferenz »Lawyers for the public good« 10. may 2002.
19 Zurzeit 37 000 Rechtsanwälte bei 7,4 Mio. Einwohner.
20 The sahar mitzvah Programm.

sondere unter dem Gesichtspunkt grenzüberschreitender pro bono-Tätigkeit von Anwälten.

C. PRO BONO IN EUROPA

Von den USA nach Europa exportiert – wie viele Entwicklungen im anwaltlichen Berufsleben[21] – ist pro bono ein fester Bestandteil beruflicher Tätigkeit auch in England und Wales geworden. Im Jahre 2002 wurde in England seitens der Justizbehörden ein pro bono – Komitee gegründet, dem neben Vertretern der Barrister und der Solicitor auch verschiedene Beratungsorganisationen, wie z.B. das »Citizen advise bureau« angehören. Dieses Komitee trifft sich vierteljährlich und hat zur Aufgabe, bessere Kontakte herzustellen zwischen denen, die pro bono zu leisten bereit sind und denen, die kostenlose Rechtsberatung benötigen, sowie darüber hinaus mehr Anwälte an der Teilnahme an diesem Programm zu ermutigen.

Gleichzeitig motiviert das Komitee die Anwaltschaft, auch Studenten und junge Anwälte in pro bono -Tätigkeiten einzuweisen, da die Teilnahme an pro bono legal work zu sehen ist als "a characteristic of being a member of the legal profession"[22].

In einem »joint protocoll" dieser Kommission wird pro bono legal work definiert als "legal advice provided by lawyers to individuals and community groups who cannot afford to pay for the advice and when public funding is not available." Vor dem Hintergrund dieser Definition erklärt sich, warum bei uns in Deutschland pro bono im angeführten Sinne keine große Rolle spielt. Haben wir doch Prozesskostenhilfe und außergerichtliche Beratungshilfe. Allerdings wird dabei außer Acht gelassen, dass auch diese Tätigkeit für die Anwaltschaft mindestens teilweise eine pro bono -Tätigkeit darstellt. Darauf ist noch zurückzukommen.

Noch ein Blick in ein weiteres europäisches Nachbarland: Dänemark. Hier ist unmittelbare pro bono – Tätigkeit von Anwälten für Mandanten nicht üblich. In einer vom Staat organisierten Einrichtung, die über 100 Büros landesweit unterhält, stellen Kollegen ihre Arbeitskraft zeitweise zur Verfügung zur Beratung von Rechtssuchenden, ohne Honorierung. Diese Beratungsstellen kann man ähnlich unseren Verbraucherberatungsstellen in Anspruch nehmen ohne Rücksicht auf Einkommen. Außerdem gibt es, ähnlich wie bei uns, Prozesskostenhilfe.

Ob nicht doch einzelne Kollegen Bedürftige auch unmittelbar kostenlos beraten, ist bisher nicht veröffentlicht. Auch hier gilt offensichtlich nicht der Satz ›Tue Gutes und rede darüber‹.

In Österreich erhalten Kollegen, die kostenlose Verfahrenshilfe leisten, keine Vergütung. Ihre Leistung wird vom Staat in der Weise vergütet, dass den Kammern pauschale Beträge zugewiesen werden, die diese Beträge für die Alterssicherung der

---

21 Vgl. etwa die Diskussionen um das Erfolgshonorar oder die Class actions.
22 Ziff. 3 der »Ancillary Provisions« veröffentlicht von der Law Society of England and Wales.

Kollegen verwenden. Über diese von den Kammern organisierte pro bono – Tätigkeit hinaus ist nach Ansicht der österreichischen Kollegen ein pro bono – Einsatz einzelner Anwälte überflüssig.[23]

D. PRO BONO IN DEUTSCHLAND

In vielen Ländern gehört pro bono – Tätigkeit der Anwälte also zur Selbstverständlichkeit. Doch gilt das auch so in Deutschland? Es wurde oben bereits angeführt, wie wenig darüber in der Presse zu lesen ist und dass man auch bei deutschen Kanzleien das Thema pro bono selten findet.

Unter dem Titel ›Idee mit Zukunft‹ schreibt die Kollegin Anne Jacob von der Kanzlei Jones Day, Niederlassung Frankfurt, über pro bono – Projekte. Nach ihren Ausführungen wird in Deutschland nur wenig über das soziale Engagement von Kanzleien bekannt. Dabei ist gerade ihre Kanzlei sehr aktiv auf diesem Gebiet und schreibt auch darüber.[24]

›Edel sei der Anwalt‹ ist der Titel eines Aufsatzes von Rechtsreferendarin Gesine Bock,[25] in welchem sie fragt, ob pro bono Ausdruck eines schlechten Gewissens ist. »Noch ist nur Wenigen in Deutschland pro bono ein Begriff« stellt die Autorin zutreffend fest und weiter: »Wenige fühlen sich berufen, missionarisch die Idee der pro bono – Arbeit zu verbreiten«.

Und in der Tat ist ja auch bei den Großkanzleien nur wenig über pro bono auf der Homepage oder in den Kanzleibroschüren zu lesen. Als völlig neues Phänomen charakterisierte das HANDELSBLATT pro bono mit der Aufmachung »Anwälte entdecken ihr Herz, auch Großkanzleien verschenken jetzt ihre Dienste«. Allerdings wird hier nur berichtet über pro bono für gemeinnützige Einrichtungen, Organisationen und Vereine, die die teuren Dienste von Juristen nicht bezahlen können, was zweifellos auch unter den Begriff pro bono einzuordnen ist.

Ein wesentlicher Grund für die geringe Verbreitung und den geringen Bekanntheitsgrad von pro bono – Tätigkeiten ist sicherlich auch in der bisherigen Gesetzeslage zu sehen, die dem Anwalt untersagte, Mandanten kostenlos zu beraten. Das hat sich seit dem neuen Gesetz zur Neuregelung des Rechtsberatungsrechts geändert. Das Verbot unentgeltlicher Rechtsberatung steht nicht mit dem Gedanken von bürgerschaftlichem Engagement und zwischenmenschlicher Hilfe im Einklang.[26] § 6 erlaubt dementsprechend Rechtsdienstleistungen, »die nicht im Zusammenhang mit einer entgeltlichen Tätigkeit stehen (unentgeltliche Rechtsberatung)«.

---

23 So der Präsident des Österreichischen Rechtsanwaltskammertages auf der Konferenz in Berlin (vgl. Fn. 7).

24 Jones Day supports Special Olympics, Presseerklärung Mai 2003.

25 Http://rsw.beck.de.

26 So die Berichterstatter im Deutschen Bundestag zum Gesetzentwurf.

In diesem Zusammenhang soll noch einmal ein kurzer Blick auf die anwaltliche Tätigkeit im Zusammenhang mit Prozesskostenhilfe und außergerichtlicher Beratung geworfen werden. Auch diese Tätigkeit sollte man unter dem Aspekt der pro bono-Tätigkeit betrachten. Denn hier wird die Anwaltschaft in hohem Maße in die gesellschaftliche Pflicht genommen, für sozial Schwache tätig zu werden zu Beträgen, die sehr oft nicht einmal kostendeckend sind. Nach § 3 BerHG[27] wird die Beratungshilfe durch Rechtsanwälte gewährt, wenn der Rechtsuchende die erforderlichen Mittel nach seinen persönlichen und wirtschaftlichen Verhältnissen nicht aufbringen kann.[28]

Nach einer Berechnung von Rechtsanwalt *Hänsch* aus Dresden erbringt im Durchschnitt jeder deutsche Anwalt auf Grund der geringen Vergütung bei Prozesskostenhilfe und Beratungshilfe jährlich für 1700 Euro pro bono – Leistungen.[29] Und die dabei vom Staat aufgebrachten Mittel sollen nun auch noch reduziert werden.[30]

E. EHRENAMT ALS PRO BONO?

Pro bono – nach juristischer Tradition also bisher nur verstanden als kostenlose Rechtsberatung. Doch was hindert eigentlich daran, diesen Begriff auch für andere Tätigkeiten von Anwälten anzuwenden, wie etwa die ehrenamtliche Tätigkeit im Rahmen der Kammer und anderer Institutionen des Berufsstandes?

Wie zahlreich sind doch die ehrenamtlichen Einsätze unserer Kollegen, die nichts mit unmittelbarer Rechtsberatung zu tun haben, aber doch berufsbezogen sind. Die meisten dieser Tätigkeiten sind sogar unabdingbar mit einer ehrenamtlichen Position verbunden und unverzichtbar für die Anwaltschaft.

Die anwaltliche Selbstverwaltung in Deutschland lebt vom ehrenamtlichen Engagement. Nur so ist eine unabhängige, uneigennützige und kostengünstige Aufgabenwahrnehmung gewährleistet.[31]

Wie etwa sollte man sich die gesamte Selbstverwaltung der Anwaltschaft in den Kammern vorstellen, würden nicht Tausende von Kollegen ihre freie Zeit einsetzen im Kammervorstand,[32] in der Verwaltung der Versorgungswerke, in den Vorprüfungsausschüssen für die Fachanwaltschaften, als Arbeitsgemeinschaftsleiter für

---

27 Justizrat Dr. *Klinge* aus Koblenz gilt übrigens als einer der Väter dieses Gesetzes.
28 Zum Grundrecht auf Rechtsberatung vgl. *Dombeck* in »Akzente«, BRAK-Mitt. 2002 Heft 5.
29 www.ra-haensch-de.
30 Vgl. dazu ausführlich *Büttner* AnwBl 2007, 477.
31 So die etwas zu kurz geratene Erwähnung des Ehrenamts in dem jüngsten, noch nicht veröffentlichten Grundsatzpapier der BRAK.
32 Bei den 28 deutschen Rechtsanwaltskammern sind ca. 550 Vorstandsmitglieder ehrenamtlich tätig

Referendare, als Prüfer im ersten und zweiten Staatsexamen.[33] Diese Liste ließe sich – wohl auch europaweit – weiter fortsetzen. Die gelegentlich gezahlten Aufwandsentschädigungen[34] zwischen 25,00 und 100,00 e pro Tag lassen den Aufwand wirklich nicht als »entschädigt« oder gar angemessen vergütet erkennen. Nein, mit aller Deutlichkeit ist festzustellen, dass all diese Tätigkeiten in hohem Maße pro bono publico sind. Denn ohne sie würde die Selbstverwaltung der Anwaltschaft nicht funktionieren. Ohne dieses Engagement wäre der Staat gezwungen, diese Aufgaben durch dotierte Mitarbeiter erledigen zu lassen. Das Zulassungsverfahren, die Aufsicht über Anwälte, die Mitgliederverwaltung, all das müsste von einer staatlichen Institution geleistet werden, von Angestellten, Beamten, die von der Allgemeinheit finanziert werden müssten.

Gerade unlängst haben wir erlebt, wie viele Kräfte bei der Justizverwaltung und den OLG's anderweitig eingesetzt werden konnten, nachdem die Zulassungsverfahren auf die Kammern übertragen wurden.[35] Viele Richter und Beamte müssten eingestellt werden, würden sämtliche Kammeraufgaben auf die Justizverwaltung übertragen.

Die Bedeutung des ehrenamtlichen Engagements ist nicht nur bei den Anwaltskammern hervorzuheben. Auch viele Verbände werden im Ehrenamt geführt, teilweise sogar von Unternehmern.[36]

Auch muss hier kurz eingefügt werden, dass ehrenamtliches Engagement insgesamt in der Gesellschaft zugenommen hat.[37]

F. TUE GUTES UND REDE DARÜBER

Zu Recht moniert die Kammer Stuttgart[38], dass die pro bono-Tätigkeit zugunsten sozialer Einrichtungen in der Öffentlichkeit zu wenig bekannt ist und kündigt eine verstärkte Pressepräsenz an, das Ganze, wie oben erwähnt, als »Werbung für den Berufsstand«. Wenn Kammern beschließen, sich in dieser Weise mehr für die Wahrnehmung von pro bono – Tätigkeiten in der Öffentlichkeit einzusetzen und das als eine Werbung für den Berufsstand sehen, sollte der einzelne Anwalt, die ein-

---

33 Allein im Kammerbezirk Koblenz mit ca. 3500 Anwälten sind auf diese Weise ca. 200 Kollegen ehrenamtlich tätig.

34 Die nach einem Erlass der Senatsverwaltung in Berlin vom 6.6.2007 als Betriebseinnahmen zu erfassen sind, vgl. DStR 2007, 1728.

35 § 224 a BRAO wurde eingefügt durch Gesetz vom 7.9.1989, BGBl I, 2600. Als eine der ersten Länder erließ Rheinland-Pfalz eine entsprechende Rechtsverordnung, GVBL 98, 261.

36 Unternehmerisches und ehrenamtliches Engagement speisen sich aus der gleichen Quelle, so *Georg Giersberg* in F.A.Z vom 16.6.2007.

37 So die Fachzeitschrift in der Sozialen Arbeit FORUM sozial schon 2002, Internetausgabe I/2001.

38 S. o. Fn. 4.

zelne Kanzlei doch ebenfalls diese Möglichkeit ergreifen und über ein Engagement entsprechend informieren können .

Blättert man aber in den Homepages deutscher Großkanzleien, so findet man, wie ausgeführt, unter dem Stichwort pro bono so gut wie nichts. Das trifft auch auf mittlere und kleinere Kanzleien zu, soweit sie einen Internetauftritt haben.

Auch bei den so genannten Beautycontests wird dieses Thema ignoriert.[39] Dabei könnte es doch bei der Anwaltswahl durchaus eine Rolle spielen für die Mandanten, die Firma oder die Behörde, ob der Anwalt neben seiner fachlichen auch eine soziale Kompetenz hat, ob er sich gegenüber der Allgemeinheit verpflichtet fühlt, ein *zoon politikon* ist oder ob Geldverdienen alleinige Priorität hat.

So hätte bei der Mandatserteilung möglicherweise derjenige, der pro bono, auch im hier erläuterten erweiterten Sinne, engagiert ist, als Bewerber einen Vorsprung – natürlich bei gleichen sonstigen Voraussetzungen wie Fachkompetenz, Fortbildung, Erfahrung usw.

Voraussetzung ist natürlich, dass der Mandant davon weiß. Das Informationsgefälle wird verringert, und damit erhält der Mandant einen zusätzlichen Gesichtspunkt für seine Entscheidung.

Dies scheint auch ein Aspekt für die Praxis in Frankreich zu sein: Der französische Batonnier führt nach Ende seiner Amtszeit auf seinem Briefbogen – für alle Zeiten –den Titel Ancien Batonnier.[40] Dies sieht man als einen Ausweis seines Ansehens und seiner Seriosität, ein Hinweis zugleich darauf, dass er ein Jahr seines Lebens den Anliegen der Anwaltschaft gewidmet hat. Die damit verbundene Werbung ist ein gewiss nicht unerwünschter Nebeneffekt – schließlich fließt das Argument der Seriosität auch in die Berechnung des Honorars eines Avocat ein.

Warum also nicht einmal darüber spekulieren, ob es bei uns üblich werden könnte, dass jemand seine Funktion, seinen Einsatz als Mitglied des Vorstandes der Kammer oder sein sonstiges Engagement für den Berufsstand auf dem Briefbogen erwähnt? Nachdem die Rechtsprechung alle zutreffenden und im Zusammenhang mit Anwaltstätigkeit stehenden Funktionen, Titel oder Eigenschaften zur Erwähnung auf Briefbögen zulässt,[41] gibt es keine rechtlichen Gründe mehr dagegen. Und dass man so etwas eben nicht tut – nun das könnte sich bei unvoreingenommener Betrachtung der angeführten Argumentation möglicherweise ändern. Aber der Weg dorthin dürfte noch weit sein.

Sind doch die Widerstände schon gegenüber einer moderaten Praxis der Information über ein pro bono – Engagement der eigenen Kanzlei nicht zu unterschätzen. Es wird immer Stimmen geben, die davor warnen, das pro bono – Engagement,

---

39 Verschriftetes über diese Wettbewerbe um ein Mandat war in der Literatur nicht zu finden. Üblicherweise bedeutet es eine Darstellung der Leistungsmöglichkeiten einer Kanzlei in Bezug auf ein bestimmtes Mandat.

40 »Un usage constant«, so *Raymond Martin* in »Deontologie de l'Àvocat « 4. Aufl., S. 192.

41 So etwa Regierungsdirektor, Richter am Bundesverfassungsgericht, vgl. OLG Karlsruhe GRUR 1992, 180.

auch im engeren Sinne, in der Öffentlichkeit »breit zu treten«. Wohltätern stehe Zurückhaltung gut zu Gesicht.[42] Dass eine Information über pro bono – Tätigkeit des einzelnen Anwalts oder einer Kanzlei auf jeden Fall nur in einer seriösen Form, etwa in der Anwaltsfachliteratur oder in Praxisbroschüren, erfolgen sollte, bedarf wohl keiner Erwähnung.

Ein denkbarer weiterer Aspekt soll zum Schluss nur noch kurz eingeblendet werden: Das hier dargestellte ehrenamtliche Engagement von Anwälten könnte möglicherweise attraktiver werden, wenn es üblich würde, dass der Einzelne oder die Kanzlei über die pro bono -Tätigkeiten in angemessener Form informiert. Auf diese Weise würden vielleicht mehr Kollegen bereit sein, Arbeitsgemeinschaften für Referendare zu übernehmen oder die ungeliebten Gebührengutachten im Kammervorstand zu schreiben.[43]

Das Bild der Anwaltschaft hat sich seit der Bastille-Entscheidung[44] sehr gewandelt. Ein noch stärkeres Engagement des einzelnen Anwalts und der Kanzleien auf der Grundlage eines neuen pro bono – Verständnisses wird einen positiven Beitrag zu diesem Bild leisten.

Der Enthusiasmus, mit dem unser verehrter Kollege Scharf sich ehrenamtlich – in dem hier vorgeschlagenen erweiterten Verständnis also pro bono – einsetzt,[45] veranschaulicht in beeindruckender Weise Ziel und Weg der notwendigen Diskussion über im weitesten Sinne berufsbezogenes gemeinnütziges Engagement in der Anwaltschaft. Pro bono publico!

42 So RA *Gushurst von Booz Allen*, zitiert im Handelsblatt vom 23.10.03.
43 Wie schwer es generell bei Non Profit Organisationen ist, ehrenamtliche Führungskräfte zu finden, beschreibt *Charles Giroud*, in Verbände Report 2007, 8.
44 So bezeichnet, weil sie am 14.7.1987 verkündet wurde und einige bis dahin bestehende Festungen anwaltlichen Berufsrechts geschleift hat.
45 Vgl. z.B. BRAK- Magazin 5/2007: » Der Grandseigneur unserer Öffentlichkeitsarbeit«.

Die Rechtsanwaltskammer Celle im europäischen Kontext

– Zugleich ein Beitrag zur Zulässigkeit eingeschränkten grenzüberschreitenden Handels von Rechtsanwaltskammern –

THOMAS WESTPHAL

A. BESTANDSAUFNAHME

I. »Celle-Europa«

Die Rechtsanwaltskammer Celle, der *Scharf* über 13 Jahre als Präsident vorstand, verfügt zwar über keine Außengrenze zu einem Nachbarstaat aus der Europäischen Union, gleichwohl hat sie früh die Bedeutung der europäischen Dimension für die Rechtsanwaltschaft erkannt und ihr einen angemessenen Stellenwert in ihrer Arbeit eingeräumt. Hierbei geht es ihr nicht darum, europäische Berufspolitik auf regionaler Ebene zu betreiben. Eine lokale Rechtsanwaltskammer kann dies nicht leisten und eine solche Aufgabe würde ihr auch nicht zustehen. Es geht vielmehr im Kern darum, den Horizont zu erweitern, Informationen über gemeinschaftsrechtliche Bestimmungen, fremde Rechtsordnungen und berufsrechtliche Regelungen zu gewinnen und über die Grenzen hinweg Erfahrungen, Meinungen und Anregungen auszutauschen, um den eigenen Mitgliedern bei Bedarf Hilfestellungen geben zu können.

Die weitgehend hergestellte Dienstleistungsfreiheit für Rechtsanwälte in Europa, die den deutschen Rechtsanwälten den Markt für rechtliche Beratungen und Vertretungen in allen Mitgliedsstaaten der Europäischen Union geöffnet, und in umgekehrter Richtung den europäischen Rechtsanwälten denselben Markt in Deutschland erschlossen hat[1], bringt sowohl hinsichtlich des Exports als auch hinsichtlich des Imports von Rechtsdienstleistungen eine Vielzahl berufsrechtlicher Probleme und Fragen mit sich, denen sich eine regionale Rechtsanwaltskammer täglich ausgesetzt sehen kann. Es ist eine der gesetzlichen Aufgaben der Kammern, ihre Mitglieder auch in diesen Fragen zu beraten und zu belehren (§ 73 Abs. 2 Nr. 1 BRAO).

Die Rechtsanwaltskammer Celle stellt sich dieser Aufgabe durch eine aus den Mitgliedern ihres Vorstandes gebildete Abteilung (der auch *Scharf* als Kammerpräsident angehörte), die für grenzüberschreitendes Berufsrecht zuständig ist, ferner

---

1 Vgl. hierzu *Lach* NJW 2000, 1609 ff.; *Sassenbach/Stöhr* BRAK-Mitt. 2007, 155 ff.

durch einen auf einer Stabsstelle dem Präsidium zugeordneten Europabeauftragten, der zugleich den Kontakt zum Europaausschuss der Bundesrechtsanwaltskammer hält. Ihnen gemeinsam obliegt die Beurteilung und Lösung von in der Praxis auftretenden Fragen und Problemen im Bereich der Niederlassung europäischer Rechtsanwälte oder derjenigen Berufsangehörigen, die unter die Regelungen des § 206 Abs. 1 und 2 BRAO fallen, der Integration europäischer Rechtsanwälte in den deutschen Berufsstand und der dienstleistenden europäischen Rechtsanwälte. Sie sind auch bemüht, die beinahe unübersehbare Flut von europäischen Initiativen und Regelungen auf ihre Relevanz für die Kammer und ihre Mitglieder zu überprüfen und, soweit dies für erforderlich oder sinnvoll erachtet wird, für den Kammervorstand Stellungnahmen gegenüber der Bundesrechtsanwaltskammer zu erarbeiten. Gleichzeitig halten sie den Kontakt mit den Rechtsanwaltskammern im europäischen Ausland, mit denen partnerschaftliche Beziehungen gepflegt werden, und bringen die Stimme der Rechtsanwaltskammer Celle im Rahmen des Verbandes europäischer Rechtsanwaltskammern zu Gehör.

Das alles hat sich unter der Präsidentschaft von *Scharf* zu einer anerkannten und sogar von der Bundesministerin der Justiz in ihrem Festvortrag anlässlich der Feier zum 125-jährigen Bestehen der Kammer am 1.10.2004[2] ausdrücklich gelobten europäischen Orientierung entwickelt, für die *Scharf* selbst die schlagwortartige Überschrift »Celle-Europa« geprägt hat.

II. Partnerschaftsverträge

Die Rechtsanwaltskammer Celle ist mit insgesamt vier europäischen Kammern partnerschaftlich verbunden:

1. Frankreich

Der erste Partnerschaftsvertrag wurde bereits am 20.10.1989 mit dem *Barreau de Rouen* (Frankreich) geschlossen. Rouen und die Landeshauptstadt Hannover, der größten Stadt im Bezirk der Rechtsanwaltskammer Celle, verbindet seit vielen Jahren eine Städtepartnerschaft, die zu einer Vielzahl von Verflechtungen nicht nur wirtschaftlicher Art, sondern auch im Bereich des öffentlichen und privaten Verbandswesen geführt hat. Es lag für die Rechtsanwaltskammer Celle deshalb nahe, die Verbindung mit dem *Barreau de Rouen* zu suchen.

Der Partnerschaftsvertrag hat die Ziele der Zusammenarbeit wie folgt festgelegt:

In der Erwartung einer erheblichen Intensivierung der Rechtsbeziehungen im Gemeinsamen Markt sowie im Hinblick auf die Freizügigkeit des Dienstleistungsverkehrs und der Aufhebung der Zulassungsbeschränkungen für Rechtsanwälte schließen die Partner diesen Vertrag, um ihren Mitgliedern und interessierten Refe-

---

2 *Zypries* Europa bietet der Anwaltschaft neue Chancen, abzurufen unter www.bmj.bund.de.

rendaren Kenntnisse der deutschen bzw. französischen Rechtspraxis und der Berufsordnungen zu vermitteln:

§ 1
Informationen

Die Kammern Rouen und Celle unterrichten sich wechselseitig über Fragen der Rechtspflege, des Berufsrechts und den Vollzug der EG-Freizügigkeitsrechte. Die Informationen erfolgen im Regelfall schriftlich, und zwar so, dass sie für eine unmittelbare Weiterleitung an die Mitglieder der Kammern geeignet sind.

Der wechselseitige Empfang von Delegationen ist für den Fall vorgesehen, dass für ein besonderes Anliegen ein persönlicher Gedankenaustausch für sinnvoll angesehen wird. Dies stellen die Präsidenten der Kammern fest, die auch gegebenenfalls Ort und Zeit der persönlichen Begegnung abstimmen.

§ 2
Ausbildung

Die Kammern Rouen und Celle verpflichten sich, für Rechtsanwälte und interessierte Referendare, die der jeweiligen anderen Sprache hinreichend mächtig sind, Ausbildungsplätze in geeigneten Rechtsanwaltskanzleien wechselseitig zu vermitteln. Die Kammern werden hierfür Listen geeigneter Anwaltskanzleien erstellen. Die Ausbildung soll in einem anwaltlichen Praktikum bestehen, wobei die Praktikanten für alle übrigen Ausbildungs- und Fortbildungsveranstaltungen freizustellen sind, die seitens der Kammer im Bezirk, gegebenenfalls über Universitäten, angeboten werden. Im Regelfall soll dieses Praktikum 6 Monate dauern.

Soweit dies nötig und möglich ist, werden die Kammern dafür Sorge tragen, dass diese Praktika für Referendare einen anerkannten Teilbereich der Ausbildung darstellen.

Eine finanzielle Unterstützung gewähren die Kammern bei der Durchführung der Praktika nicht, ebenso wird im Regelfall seitens der ausbildenden Kanzlei keine Vergütung bezahlt. Dies gilt in jedem Falle für Referendare, bei denen das Praktikum einen anerkannten Teil der Ausbildung darstellt. Im Übrigen ist es den Praktikanten und den Kanzleien unbenommen, im Einzelfall die Zahlung eines Zuschusses für erhöhte Lebenshaltungskosten zu vereinbaren.

§ 3
Kontaktadressen

Die Kammern werden Listen aufstellen und austauschen, aus denen sich die Anschriften von Rechtsanwälten ergeben, die an der Übernahme von Mandaten zur alleinigen oder gemeinsamen Bearbeitung interessiert und nach eigener Einschätzung geeignet sind.

2. Großbritannien

Der zweite Partnerschaftsvertrag wurde am 31.5.1995 mit der *Bristol Law Society* geschlossen. Auch mit Bristol verbindet die Landeshauptstadt Hannover seit vielen Jahren eine Städtepartnerschaft. Die Unterzeichnung des Partnerschaftsvertrages war eine der letzten Amtshandlungen des Amtsvorgängers *Scharfs*, des damaligen Präsidenten *Hans-Joachim Brand*.

Die Ziele der Zusammenarbeit sind im Vertrag wie folgt formuliert:

In der Erwartung einer erheblichen Intensivierung der Rechtsbeziehungen im Gemeinsamen Markt sowie im Hinblick auf die Freizügigkeit des Dienstleistungsverkehrs und der Aufhebung von Zulassungsbeschränkungen für Rechtsanwälte schließen die Partner diesen Vertrag, um ihren Mitgliedern und interessierten Referendaren Kenntnisse der deutschen bzw. englischen Rechtspraxis und der Berufsordnungen zu vermitteln.

§ 1
Information

Die Bristol Law Society und die Rechtsanwaltskammer Celle unterrichten sich wechselseitig über Fragen der Rechtspflege, des Berufsrechts und den Vollzug der EG-Freizügigkeitsrechte. Die Informationen erfolgen im Regelfall schriftlich und zwar derart, dass sie für eine unmittelbare Weiterleitung an die Mitglieder der Kammern geeignet sind.

In geeigneten Fällen wird auch ein Austausch von Delegationen vorgesehen.

§ 2
Ausbildung

Die Bristol Law Society und die Rechtsanwaltskammer Celle verpflichten sich, für Rechtsanwälte und interessierte Referendare, die der jeweiligen anderen Sprache hinreichend mächtig sind, Ausbildungsplätze in geeigneten Rechtsanwaltskanzleien wechselseitig zu vermitteln.

Eine finanzielle Unterstützung gewähren die Vertragsschließenden bei der Durchführung der Praktika nicht.

§ 3
Kontaktadressen

Die Kammern werden Listen aufstellen und austauschen, aus denen sich die Anschriften von Rechtsanwälten ergeben, die bereit sind, bei der Durchführung der Partnerschaft mitzuwirken, insbesondere, die Ausbildungsplätze zur Verfügung stellen oder die an der Übernahme von Mandaten interessiert und nach eigener Einschätzung geeignet sind.

3. Italien

Am 30.10.1999 wurde der Kreis der Partnerkammern um den *Ordine degli Avvocati di Lucca* erweitert. Die Partnerschaft zu der toskanischen Kammer bot sich an, da diese bereits seit vielen Jahren mit dem *Barreau de Rouen* verbunden war und erfolgreich zusammen gearbeitet hat.

Der Partnerschaftsvertrag legt die Ziele der Zusammenarbeit wie folgt fest:

Vorwort

Um die Beziehungen zwischen den Angehörigen der Rechtswelt innerhalb der Europäischen Gemeinschaft zu verbessern und in Anbetracht des Prinzips des freien Ausübens der Tätigkeit und des Rechts der freien Niederlassung, das von den Rechtsanwälten anerkannt ist, haben die Parteien beschlossen, vorliegende Vereinbarung zu treffen. Diese ermöglicht sowohl den eigenen Mitgliedern, als auch jungen Praktikanten, ihre Kenntnisse des deutschen bzw. italienischen Rechts und der Bedingungen für die Ausübung des Rechtsberufes in den beiden Ländern zu verbessern.

Artikel 1
Informationsaustausch

Die Anwaltskammer Lucca und die Rechtsanwaltskammer für den Oberlandesgerichtsbezirk Celle tauschen alle Informationen aus, die in den Bereich der gerichtlichen Praxis, der berufsbezogenen Vorschriften und der Bedingungen für die Ausübung ihrer Tätigkeit fallen, mit spezifischem Bezug auf das europäische Recht.

Größtenteils erfolgt der Austausch schriftlich, so dass die Mitglieder der Anwaltskammer Lucca und der Rechtsanwaltskammer für den Oberlandesgerichtsbezirk Celle davon Kenntnis erlangen können.

Eine Abordnung einer Anwaltskammer wird von der anderen jedes Mal dann empfangen, wenn die Umstände dies erforderlich machen, um den Vergleich der verschiedenen Auffassungen zwischen den Mitgliedern der beiden Anwaltskammern zu ermöglichen. Diese Treffen werden auf Antrag des Präsidenten der Anwaltskammer Lucca und des Präsidenten der Rechtsanwaltskammer für den Oberlandesgerichtsbezirk Celle abgehalten, die jeweils Ort und Datum bestimmen.

Artikel 2
Praktika

Die Anwaltskammern Lucca und Celle verpflichten sich, Praktikanten aufzunehmen, die die Sprache des Gastlandes zur Genüge beherrschen.

Das Praktikum besteht aus einem Zeitraum praktischer Ausbildung. Es ist ausdrücklich vorgesehen, dass die Praktikanten allen Verpflichtungen im Rahmen der Ausbildung, die von der jeweiligen Anwaltskammer oder Universität vorgegeben sind, befolgen, außer, wenn die Einhaltung dieser Verpflichtung nicht mit dem Weiterführen des Praktikums zu vereinbaren ist.

189

Die Praktika können eine Dauer von 1 bis 6 Monaten haben.

Soweit dies nötig und möglich ist, werden die Kammern dafür Sorge tragen, dass diese Praktika für Referendare einen anerkannten Teilbereich der Ausbildung darstellen.

Prinzipiell werden von den Anwaltskammern Lucca und Celle keine finanziellen Unterstützungen gewährt. Die Praktikanten erhalten keine Bezahlung.

Artikel 3
Erstellen der Listen

Die Anwaltskammern Lucca und Celle verpflichten sind, eine Liste all jener Anwälte zu erstellen, die sich bereit erklären, Prozesse in ihren Niederlassungsländern zu führen. Jeder einzelne Prozess wird ausschließlich von dem Rechtsanwalt, dem dieser anvertraut wurde, oder zusammen mit dem Rechtsanwalt, von dem er kommt, bearbeitet. Die in diesen Listen eingetragenen Anwälte verpflichten sich, sich sorgfältig und professionell um die ihnen anvertrauten Verfahren zu kümmern. Außerdem verpflichten sich die Parteien, den Anwälten in berufsrechtlichen Fragen beizustehen.

4. Polen

Die letzte Partnerschaft wurde am 21.5.2003 mit der *Wielkopolska Izba Adwokacka w Poznaniu* (Großpolnische Rechtsanwaltskammer in Posen) geschlossen. Auch Posen ist seit vielen Jahren Städtepartner der Landeshauptstadt Hannover.

Der Partnerschaftsvertrag umschreibt die Ziele der Zusammenarbeit wie folgt:

Präambel
Unsere Rechtsanwaltskammern wollen die beruflichen und persönlichen Kontakte zwischen den polnischen und deutschen Rechtsanwälten vertiefen. Die Entfaltung unterer Beziehung erfolgt nicht nur im Hinblick auf die fortschreitende europäische Einigung, sondern auch deshalb, weil die Rechtsanwälte beider Kammern sich selbst für die weitere Verstärkung und Entwicklung der nachbarschaftlichen Beziehungen zwischen dem deutschen und dem polnischen Volk einsetzen möchten. Aus diesem Grund schließen die Parteien folgenden Vertrag:

§ 1

Beide Kammern beschließen, gegenseitig Informationen über den Stand der berufsrechtlichen Vorschriften, die Grundlagen der Ausbildung der Rechtsanwälte sowie die Möglichkeiten der Berufsausübung durch ausländische Juristen auszutauschen.

Beide Kammern werden bestrebt sein, die gegenseitigen Informationen in einer Form auszutauschen, die zur unmittelbaren Darstellung gegenüber den Mitgliedern geeignet ist. Die obersten Vertreter beider Kammern treten in persönlichen Kontakt, wenn der Dekan und der Präsident dies für erforderlich halten. Für diesen Fall werden Gegenstand, Ort und Zeitpunkt des Treffens vereinbart.

§ 2

Beide Kammern werden die Durchführung von Praktika ihrer Mitglieder in den Rechtsanwaltskanzleien der jeweils anderen Kammer ermöglichen. Beide Kammern werden zum 15. April eines jeden Jahres ein Verzeichnis von Kanzleien anfertigen, in denen interessierte Personen aus der jeweils anderen Kammer ein Praktikum absolvieren können.

§ 3

Soweit die Kammern oder einzelne ihrer Mitglieder nichts anderes bestimmen, dauern ein Praktikum ein Monat.

§ 4

Praktika sind unentgeltlich und jeder Praktikant wird seinen Unterhalt selbstständig bestreiten. Die Kammern verpflichten sich, den Praktikanten zu helfen, geeignete Unterkünfte zu finden.

§ 5

Die Parteien übersenden einander Listen von Rechtsanwälten, damit Interessierte direkte berufliche Kontakte knüpfen können.

Insgesamt hat sich dergestalt zwischen den Kammern Celle, Rouen, Lucca, Posen und der Law Society of Bristol innerhalb der vergangenen Jahre ein kleines Netzwerk gebildet, das von den beteiligten Kammern mit Engagement und großem persönlichen (und, was die Vorstandsmitglieder betrifft, ehrenamtlichen) Einsatz zum Nutzen ihrer Mitglieder mit Leben erfüllt wird. Es geht nicht um den repräsentativen Austausch von Vorstandsdelegationen und die Ausrichtung festlicher Empfänge, auch wenn diese gelegentlich dazu gehören. Es geht auch nicht um die Diskussion grundlegender berufspolitischer Fragen im europäischen Kontext oder gar um eine Standortbestimmung der deutschen Anwaltschaft, die alleine der Bundesrechtsanwaltskammer zugewiesen sind. Es geht vielmehr um Fragen und Probleme des täglichen beruflichen Alltags, um die kleinen Schritte der mit der Umsetzung des europäischen Binnenmarktes ohne Grenzen einhergehenden Bildung eines »Justizraumes ohne Grenzen«, in dem nicht nur den nationalen Berufsorganisationen, sondern auch den regionalen Kammern und deren Mitgliedern eine besondere Bedeutung zukommt.[3]

Das Ganze geschieht mit moderatem Einsatz von Haushaltsmitteln. Im Haushaltsjahr 2007 wurden von der Rechtsanwaltskammer Celle für den Kontakt und die Zusammenarbeit mit ausländischen Rechtsanwaltskammern Ausgaben in Gesamthöhe von 10 929,54 € getätigt, das entspricht bei einer Mitgliederanzahl von

---

3 So auch *Lauda* BRAK-Mitt. 2003, 259 ff.

etwa 5400 Anwälten im Jahresdurchschnitt 2007 einem auf jedes einzelne Mitglied entfallenden Kostenanteil von etwa 2,02 € im Jahr. Das ist sicherlich nicht als unverhältnismäßig anzusehen.[4]

III. Verband Europäischer Rechtsanwaltskammern

Bereits im Mai 1993, also noch unter dem Amtsvorgänger *Scharfs*, trat die Rechtsanwaltskammer Celle zwar nicht als erste deutsche Kammer, wohl aber als eine der ersten dem Verband Europäischer Rechtsanwaltskammern[5] bei, in dem sie bis heute aktiv mitarbeitet. Anders als der CCBE,[6] dem offiziellen und als solchen anerkannten Vertreter der nationalen europäischen Anwaltschaften bei den europäischen Institutionen, und nicht in Konkurrenz zu diesem versteht sich der Verband europäischer Rechtsanwaltskammern vor allem als Plattform für einen Erfahrungs- und Meinungsaustausch unter den regionalen Kammern Europas.[7] Ihm gehören derzeit 143 regionale Kammern aus 19 europäischen Staaten an, darunter 11 Kammern aus Deutschland.[8]

Scharf wurde im Frühjahr 2003 auf der Vollversammlung des Verbandes zu dessen Vizepräsident und im Frühjahr 2004 zu dessen Präsident gewählt.[9] Er war der erste deutsche Kammerpräsident, der dieses Amt innehatte.

B. Berufsrechtlicher Rahmen

I.

Ungeachtet des Umstandes, dass die Rechtsanwaltskammer Celle bei weitem nicht die einzige Regionalkammer in Deutschland ist, die Kontakte zu europäischen Partnerkammern unterhält und sich in die europäische Verbandsarbeit einbringt,[10]

---

4 Vgl. BGH BRAK-Mitt. 1996, 126 f. (127).
5 Fédération des Barreaux d'Europe, 3 Quai Jaques Sturm, 67000 Strasbourg (Frankreich), www.fbe.org.
6 Conseil des Barreaux Européens, Avenue de la Joyeuse Entrée, 1–5 – 1040 Bruxelles (Belgien), www.ccbe.org.
7 Vgl. die unter Ziffer IV. der Satzung des Verbandes formulierten Aufgaben des Verbandes. Der Volltext der Satzung in deutscher Sprache ist unter www.fbe.org abrufbar.
8 Neben Celle sind dies die Rechtsanwaltskammern Düsseldorf, Frankfurt am Main, Freiburg, Hamm, Kassel, Köln, München, Nürnberg, Sachsen und Tübingen.
9 Vgl. Kammerkurzmitteilung (KKM) der Rechtsanwaltskammer Celle Nr. 12/2004 vom 4.8.2004.
10 Vgl. etwa für die Aktivitäten der Rechtsanwaltskammer Frankfurt am Main die instruktive und engagierte Darstellung von *Lauda* (Fn. 3).

ist die These, dass eine regionale Rechtsanwaltskammer überhaupt berechtigt sei, sich grenzüberschreitend zu betätigen, nicht unbestritten.[11]

Rechtsanwaltskammern sind Körperschaften öffentlichen Rechts, also Behörden. Als Rechtsanwalt kann man sich ihnen nicht entziehen, da niemand in Deutschland als Rechtsanwältin oder Rechtsanwalt zugelassen werden kann, die bzw. der nicht Mitglied der für den Sitz seiner Kanzlei zuständigen Rechtsanwaltskammer ist. Diese Pflichtmitgliedschaft stellt im Ergebnis einen Grundrechtseingriff dar,[12] der freilich durch übergeordnete Gründe, die letztlich in den Aufgaben der Rechtsanwaltskammer ihren Ausdruck finden, gerechtfertigt ist.[13] Allerdings bedeutet dies, dass der Grundrechtseingriff auch nur so weit gehen darf, wie dies zur Erfüllung der den Rechtsanwaltskammern kraft Gesetzes zugewiesenen Aufgaben erforderlich ist. Überschreitet die Rechtsanwaltskammer diese Aufgaben, geht damit eine Verletzung des individuellen Rechts ihrer Mitglieder auf Freiheit vor unzulässigen Aufgaben (Art. 2 Abs. 1 GG) einher.[14] Insbesondere dürfen Haushaltsmittel nicht für Zwecke verwendet werden, die mit den gesetzlichen Aufgaben der Rechtsanwaltskammer unvereinbar sind.[15]

II. Der Aufgabenbereich der Rechtsanwaltskammern ist in § 73 BRAO umschrieben. Er enthält ein statisches und ein sich öffnendes, dynamisches Element:

1. Erfüllung der gesetzliche Aufgaben

Nach § 73 Abs. 1 Satz 1 BRAO hat der Vorstand der Kammer die ihm durch Gesetz zugewiesenen Aufgaben zu erfüllen. Diese Aufgaben sind vor allem in § 73 Abs. 2 BRAO bezeichnet, wobei die dort normierte Liste nicht enumerativ und abschließend ist, vielmehr nur die Aufgabenschwerpunkte wiedergibt und – wegen des Wortes »insbesondere« im ersten Halbsatz – Platz lässt für weitere Aufgaben, soweit diese von allgemeiner Bedeutung für die Rechtsanwaltschaft sind und die Gesamtheit der Rechtsanwaltskammern berühren.[16]

---

11 Vgl. *Feuerich/Weyland* BRAO, 6. Aufl. 2003, § 73 Rn. 22.
12 *Hennsler/Prütting/Hartung* BRAO, 2. Aufl. 2004, § 73 Rn. 18.
13 *Koch/Kilian* Anwaltliches Berufsrecht, 2007, Rn. 92 (S. 25).
14 BVerwG NJW 1980, 2595 ff. (2596 f.); BGH NJW 1986, 992 ff. (994); *Pietzcker* NJW 1987, 305 ff.; *Hennsler/Prütting/Hartung* (Fn. 13).
15 EGH Hamburg NJW 1985, 1084 ff. (1085); vgl. auch BVerwG NJW 1980, 2595 ff. (2596 f.) zur verfassten Studentenschaft und BVerwG NJW 1982, 1300 f. (1300) zur Ärztekammer.
16 BGH NJW 1986, 992 ff. (994); *Isele* Bundesrechtsanwaltsordnung, 1976, § 73 II A. (S. 1049); *Jessnitzer/Blumberg* BRAO, 9. Aufl. 2000, § 73 Rn. 1.; *Römermann/Hartung* Anwaltliches Berufsrecht, 2002, § 50 Rn. 45 (S. 301); str., **a.A.** *Kleine-Cosack* BRAO, 4. Aufl. 2003, § 62 Rn. 5.

Für grenzüberschreitende Sachverhalte von Bedeutung sind hierbei vor allem § 73 Abs. 2 Nr. 1 und 4 BRAO, die den Kammern die Aufgabe zuweisen, ihre Mitglieder in Fragen der Berufspflichten zu beraten und zu belehren, die Einhaltung dieser Berufspflichten zu überwachen und notfalls zu sanktionieren. Diese Beratungs-, Belehrungs- und Überwachungspflicht bezieht sich natürlich auch auf die besonderen Berufspflichten bei grenzüberschreitenden Tätigkeiten, also bei Tätigkeiten gegenüber Rechtsanwälten anderer Staaten und bei Tätigkeiten in anderen Staaten, für die – soweit der örtliche Bereich der Europäischen Union betroffen ist – die Berufsregeln der Rechtsanwälte der Europäischen Union (CCBE) Anwendung finden, die Bestandteil des deutschen Berufsrechts sind (§ 29 Abs. 1 der Berufsordnung). Darüber hinaus kann der grenzüberschreitend tätige Rechtsanwalt verpflichtet sein, neben seinem eigenen Berufsrecht auch das Berufsrecht desjenigen Staates zu beachten, in dem er tätig wird (vgl. für Europa Ziffer 2.4. der CCBE-Berufsregeln). Auch hierauf – nicht nur auf den Umstand, dass diese fremden Berufsregeln überhaupt zu beachten sind, sondern auch auf den Inhalt dieser Regeln – bezieht sich die Beratungs- und Belehrungspflicht des § 73 Abs. 2 Nr. 1 BRAO.

Weitere gesetzlich normierte Aufgaben der Kammern finden sich in anderen Vorschriften der BRAO (z.B. mit grenzüberschreitendem Hintergrund in § 207 BRAO, der den Regionalkammern die Aufgabe zuweist, über Niederlassungsanträge von Angehörigen eines Mitgliedsstaates der Welthandelsorganisation (§ 206 Abs. 1) oder anderer Staaten (§ 206 Abs. 2), die einen in der Ausbildung und den Befugnissen dem Beruf des deutschen Rechtsanwalts entsprechenden Beruf ausüben, zu entscheiden und die Einhaltung der Voraussetzungen für die Aufnahme in der Zukunft zu überwachen), und insbesondere auch im EuRAG. So hat die Rechtsanwaltskammer über den Antrag des europäischen Rechtsanwalts, der sich unter der Berufsbezeichnung seines Herkunftsstaates in Deutschland niederlassen will, auf Aufnahme in die Kammer zu entscheiden und hierbei die von dem Antragsteller beizubringenden Unterlagen zu prüfen (§ 3 EuRAG). Von der Aufnahme in die Kammer sowie die Rücknahme und den Widerruf der Aufnahme hat sie die zuständige Stelle des Herkunftsstaates in Kenntnis zu setzen (§ 4 Abs. 3 EuRAG). Nimmt der niedergelassene europäische Rechtsanwalt die Möglichkeit in Anspruch, sind von der Verpflichtung, eine Berufshaftpflichtversicherung nach § 51 BRAO zu unterhalten, zu befreien, hat sich die Rechtsanwaltskammer von ihm jährlich eine Bescheinigung vorlegen zu lassen, aus der sich ergibt, dass eine im Herkunftsstaat abgeschlossene Versicherung oder Garantie besteht, die hinsichtlich der Bedingungen und des Deckungsumfanges einer Versicherung gemäß § 51 BRAO gleichwertig ist (§ 7 Abs. 1, 2 EuRAG). Für die gemäß § 206 Abs. 1 und 2 BRAO zugelassenen anderen ausländischen Rechtsanwälte gilt ein Entsprechendes (§ 207 Abs. 2 in Verbindung mit § 51 BRAO).

Schließlich gehört es zu den gesetzlichen Aufgaben der zuständigen Rechtsanwaltskammer, die Aufsicht über dienstleistende europäische Rechtsanwälte aus dem der jeweiligen Kammer zugewiesenen Mitgliedsstaat auszuüben (§ 32 Abs. 1 EuRAG).

Für die Zukunft zeichnen sich im Zuge der Umsetzung der horizontalen europäischen Dienstleistungsrichtlinie[17] jedenfalls dann weitere gesetzliche Aufgaben der Rechtsanwaltskammern ab, wenn den Rechtsanwaltskammern von dem jeweiligen Landesgesetzgeber für den Bereich der Rechtdienstleistungen die Funktion des sogenannten Einheitlichen Ansprechpartners gem. Art. 6 der RiLi zugewiesen wird.[18]

2. Wahrung und Förderung der Belange der Kammer

Es besteht weitgehend Einigkeit, dass es bei der in § 73 Abs. 1 Satz 3 BRAO normierten Verpflichtung des Kammervorstandes, die Belange der Kammer zu wahren und zu fördern, weniger um die eigentliche »Kammer« an sich geht, sondern um die Belange der Mitglieder der Kammer.[19] Wahrung heißt hierbei, den Bestand zu schützen und äußere Angriffe hiergegen abzuwehren.[20] Die Förderung der Belange geht über deren Wahrung hinaus. Sie beinhaltet auch ein sich in die Zukunft öffnenden Element,[21] den Belangen der Mitglieder im Zuge der sich ständig entwickelnden nationalen und auch europäischen Rahmenbedingungen für die Ausübung des Rechtsanwaltsberufes Gehöhr und Geltung zu verschaffen. Die Entwicklung verläuft dynamisch.[22] § 73 Abs. 1 Satz 3 BRAO verpflichtet die Rechtsanwaltskammern, hierauf ebenso dynamisch und zeitnah zu reagieren. Maßnahmen, die noch vor einigen Jahrzehnten als mit dem anwaltlichen Selbstverständnis und den Aufgabenbereichen der Rechtsanwaltskammern unvereinbar erschienen wären, sind heute selbstverständlich. Dies gilt etwa für die oft mit nicht ganz unerheblichen Kosten verbundene gezielte Öffentlichkeitsarbeit einer Rechtsanwaltskammer[23] oder für den mittlerweile von praktisch allen Rechtsanwaltskammern über Telefon oder das Internet angebotenen Anwaltssuchservice.[24]

Die unbestreitbar größte Dynamik geht hingegen von Europa aus. Die Kammermitglieder müssen deshalb darauf vertrauen können, dass sich ihre Kammer auch in europäischen und grenzüberschreitenden Bereichen informiert und sachkundig macht, um ihren gesetzlichen Aufgaben nachzukommen und ihren Mitgliedern mit Rat und Tat zur Seite zu stehen. Dies gilt nicht nur für die bereits bestehenden Aufgabenbereiche mit europäischen und grenzüberschreitenden Bezügen, sondern als

---

17 Richtlinie 2006/123 EG des Europäischen Parlaments und des Rates über Dienstleistungen im Binnenmarkt vom 12.12.2006, Abl. L 376/36 vom 27.12.2006.

18 Über den aktuellen Stand der Umsetzung der Richtlinie informiert das zuständige Bundeswirtschaftsministerium unter www.bmwi.de/BMWi/Navigation/Europa/Wirtschaftsraum-Europa/dienstleistungsrichtlinie.

19 BGH NJW 2005, 1710; *Isele* (Fn. 16) § 73 III B. 1 (S. 1062); *Hennsler/Prütting/Hartung* (Fn. 12) § 73 Rn. 4 und 10; *Ehlers/Lechleitner* AnwBl. 2006, 361 ff. (363).

20 *Isele* (Fn. 16) § 73 III B. 1 (S. 1061); *Hennsler/Prütting/Hartung* (Fn. 12) § 73 Rn. 10.

21 *Isele* (Fn. 16) § 73 III B. 2 (S. 1062); *Hennsler/Prütting/Hartung* (Fn. 12) § 73 Rn. 10.

22 Str., **a.A.** *Kleine-Cosack* (Fn. 16) § 62 Rn 5.

23 AGH Bremen BRAK-Mitt. 1996, 86; AGH Niedersachsen BRAK-Mitt. 1996, 207.

24 AGH Frankfurt, Beschl. vom 9.6.1997 (1 AGH 4/96), zit. nach *Feuerich/Weyland* (Fn. 11) § 73 Rn. 18.

Folge des gesetzlichen Gebotes, die Belange der Kammer und ihrer Mitglieder zu fördern, auch und insbesondere für jene, von denen absehbar ist, dass sie sich in Zukunft entwickeln und konkretisieren werden.

C. Bewertung und Zusammenfassung

Eine Rechtsanwaltskammer, welche die ihr durch das Gesetz zugewiesene Aufgaben ordnungsgemäß erfüllen will, muss rechts- und sachkundig sein, und zwar nicht nur im Hinblick auf den rechtlichen Status Quo, also das, was ist, sondern auch im Hinblick auf die sich abzeichnenden rechtlichen Entwicklungen. Das, was für die nationalen Vorschriften eine schlichte Selbstverständlichkeit ist, gilt mit gleicher Evidenz auch für gemeinschaftsrechtliche Regelungen und solche ausländischer Rechtsordnungen, sofern diese für die Erfüllung der der Rechtsanwaltskammer zugewiesenen Aufgaben von Bedeutung sind oder von Bedeutung werden könnten.

Hierzu bietet der Austausch von Informationen und die wechselseitige Hilfestellung bei der Aus- und Weiterbildung von Praktikanten und Referendaren im Rahmen von Partnerschaften mit Rechtsanwaltskammern anderer europäischer Staaten,[25] die ihrerseits in eigene Netzwerke eingebunden sind, ein genauso geeignetes, angemessenes und deshalb auch zulässiges Instrumentarium, wie die Mitgliedschaft und die Mitarbeit in einem europäischen Dachverband,[26] wie dem Verband europäischer Rechtsanwaltskammern. Vorausgesetzt wird hierbei, dass der Inhalt der Partnerschaften an den gesetzlichen Aufgaben der Rechtsanwaltskammer ausgerichtet ist, also insbesondere die Förderung der Belange ihrer Mitglieder (§ 73 Abs. 1 Satz 3 BRAO), deren berufsrechtliche Beratung und Belehrung gerade auch im Hinblick auf die Besonderheiten bei grenzüberschreitender Tätigkeit (§ 73 Abs. 2 Nr. 1 BRAO) und die Mitwirkung bei der Ausbildung von Referendaren (§ 73 Abs. 2 Nr. 9 BRAO) zum Ziel hat.

Dass und mit welcher Dynamik und Konsequenz die europäischen und grenzüberschreitenden Dimensionen auf das nationale Berufsrecht ausstrahlen, war dem Kammerpräsidenten *Scharf* immer bewusst. Er hat sich stets mit großem persönlichen Engagement für die Öffnung und Sensibilisierung der Kammern für europäische Belange und Einflüsse eingesetzt. Unvergessen ist seine Rede anlässlich der Kammerversammlung der Rechtsanwaltskammer Celle am 12.5.2004 in Hannover, in der er nüchtern und sachlich über die auch die Rechtsanwaltschaft berührenden

---

25 Die sich nach hier vertretener Ansicht nicht auf diejenigen Mitgliedsstaaten der Europäischen Union beschränken müssen, für die der Rechtsanwaltskammer gemäß § 32 Abs. 4 EuRAG die Aufsicht zugewiesen ist; str., **a.A.** ausdrücklich die Rechtsanwaltskammer Celle nennend *Feuerich/Weyland* (Fn. 11) § 73 Rn. 22.
26 Vgl. zur Zulässigkeit der Mitgliedschaft der Patenanwaltskammer in einem internationalen Verband der Patentanwälte BGH BRAK-Mitt. 1996, 126 f. (127); vgl. ferner AGH Niedersachsen BRAK-Mitt. 1996, 207 ff. (209).

Deregulierungs- und Liberalisierungsbestrebungen der Generaldirektionen Wettbewerb und Binnenmarkt der Europäischen Kommission berichtete und die er mit dem engagierten, ja geradezu flammenden Plädoyer abschloss, die Anwaltschaften Europas mögen mehr noch als bisher zusammenrücken, zusammenstehen und sich ihrer gemeinsamen berufsrechtlichen Grundwerte besinnen, um bei den auf sie zukommenden Diskussionen um den Bestand elementarer Werte der freien und selbstbestimmten Advokatur in Europa glaubwürdig dazustehen.[27]

---

27 Die Rede ist in den wesentlichen Auszügen in der Sonderausgabe der Kammerkurzmitteilung (KKM) der Rechtsanwaltskammer Celle vom 2.6.2004 veröffentlich worden.

4. Teil Kampf ums Recht

Das »in camera«-Verfahren in der Hauptsache

REINHARD GAIER

A. »IN CAMERA«-VERFAHREN UND KAMERALJUSTIZ

Der Grundsatz der Parteiöffentlichkeit gerichtlicher Verfahren kollidiert nicht selten mit einem berechtigten privaten oder staatlichen Interesse an der Geheimhaltung bestimmter Vorgänge. Als Lösung bietet sich das »in camera«-Verfahren an, bei dem die Kenntnisnahme auf das Gericht beschränkt, dem Prozessgegner also vorenthalten wird.

»In camera«-Verfahren gemahnt an die Kameraljustiz der frühen Neuzeit, also an eine Organisation der Rechtsprechung, der eine Trennung von Verwaltungs- und Justizbehörden fremd war, und die insbesondere eine Kontrolle durch die Öffentlichkeit von Gerichtsverfahren vermissen ließ. Um die Wiedereinführung eines solchen Verfahrens geht es hier selbstredend nicht. Das Anliegen kann nicht ein Rückschritt hinter die Errungenschaften der Paulskirchenverfassung sein, die sich bekanntermaßen die Abschaffung der Administrativjustiz mit all ihren absolutistischen Eigenarten zum Ziel gesetzt hatte. Die erreichten rechtsstaatlichen Standards dürfen und sollen nicht in Frage gestellt werden. Andererseits darf aber nicht ein vorschneller Rekurs auf die rechtsstaatlichen Grundsätze der Öffentlichkeit von Gerichtsverfahren und des rechtlichen Gehörs dazu führen, dass gerade in verwaltungs- und zivilrechtlichen Streitigkeiten die ebenfalls geschützten Positionen weiterer Grundrechtsträger erst gar nicht in den Blick geraten.

Vor diesem Hintergrund geht es lediglich um die Frage, ob nicht in bestimmten Verfahrenskonstellationen und unter engen Voraussetzungen die Kenntnis einzelner Tatsachen auf das Gericht nicht nur beschränkt werden kann, sondern auch beschränkt werden muss, um staatlichen, aber auch privaten Geheimhaltungsinteressen Rechnung zu tragen.

B. Einschlägige Rechtsprechung des Bundesverfassungsgerichts

I. Beschluss vom 27.10.1999 (BVerfGE 101, 106)

Mit dem Thema des »in camera«-Verfahrens hat sich das Bundesverfassungsgericht bisher in zwei Senatsentscheidungen befasst: Der erste Beschluss aus dem Jahr 1999[1] betraf die gewissermaßen klassische Konstellation, bei der ein Bürger die Verletzung seines grundrechtlichen Anspruchs auf Rechtsschutz – hier gestützt auf Art. 19 Abs. 4 GG – gegenüber dem Staat geltend machte. Der Beschwerdeführer und Kläger im Ausgangsverfahren wandte sich gegen die Weigerung der Behörde, in einem Verwaltungsstreitverfahren Akten vorzulegen, die die Sicherheitsüberprüfung seiner Person betrafen. Die Verfassungsbeschwerde hatte Erfolg. Zwar hatte das Bundesverfassungsgericht nichts dagegen einzuwenden, dass Behörden in gerichtlichen Verfahren geheimhaltungsbedürftige Vorgänge zurückhalten. Es hat jedoch beanstandet, dass die betreffenden Akten nicht dem Gericht vorgelegt werden müssen, damit dieses – und nicht die Behörde – überprüfen könne, ob im konkreten Fall tatsächlich ein Bedürfnis an Geheimhaltung bestehe. Hierbei könne der Notwendigkeit der Geheimhaltung dadurch Rechnung getragen werden, dass bei dieser Prüfung die Kenntnisnahme der Akten auf das Gericht beschränkt bleibe, der Rechtschutz suchende Bürger von ihnen also keine Kenntnis erhalte.

Bereits in dieser Entscheidung, die allein das »bipolare Verhältnis« zwischen Bürger und Staat betraf, scheint die grundlegende Problematik auf. Darf der Staat, der zwar keine Grundrechte, wohl aber die Wahrnehmung von Gemeinwohlbelangen für sich beanspruchen kann, seine Geheimhaltungsinteressen dem Recht der Bürger auf effektiven Rechtsschutz ohne weiteres vorziehen, indem er dem Gericht einen wesentlichen Teil des verfahrenserheblichen Prozessstoffs vorenthält? Gibt es nicht einen Weg, der beide Interessen, Geheimhaltung einerseits und Rechtsgewährung andererseits, in Einklang bringt?

Im konkreten Fall konnte sich der Senat mit dem Hinweis auf ein gewissermaßen »kleines« »in camera«-Verfahren, begnügen. Es brauchte nur die »innerprozessuale« Frage geklärt zu werden, wie die rechtliche Kontrolle der Verweigerung der Aktenvorlage verbessert werden kann. Hierfür genügte ein »geheimes« Zwischenverfahren, das sich nur mit dieser Frage befasst. Zur Entscheidung in der Sache selbst und zur Bedeutung der vorenthaltenen Akte insoweit, äußerte sich der Senat hingegen nicht.

Dieser Beschluss führte zu einer entsprechenden Änderung des § 99 Abs. 2 VwGO. Folge ist seit 2002 ein recht kompliziertes Zwischenverfahren: Wird die Aktenvorlage aus Geheimhaltungsgründen verweigert, so entscheidet letztlich ein eigener »Fachsenat« des Bundesverwaltungsgerichts über die Berechtigung der

---

1 BVerfGE 101, 106.

Weigerung. Ihm werden die fraglichen Akten zur Prüfung zugänglich gemacht, allerdings bleibt die Kenntnisnahme auf die Richter beschränkt, alle weiteren Beteiligten bleiben von einer Kenntnisnahme ausgeschlossen, selbst die Entscheidungsgründe dürfen Art und Inhalt der geheim zu haltenden Akten nicht erkennen lassen.

II. »Telekom«-Beschluss vom 14.3.2006 (BVerfGE 115, 205)

Im Beschluss vom 14.3.2006 hatte das Bundesverfassungsgericht bereits Gelegenheit, sich mit der Neuregelung auseinanderzusetzen.[2] Die Regulierungsbehörde – jetzt die Bundesnetzagentur – hatte der Deutschen Telekom bestimmte Entgelte für den Netzzugang anderer Anbieter bewilligt. In diesem Verfahren musste die Telekom insbesondere ihre Kosten detailliert und umfassend nachweisen. Einigen der Wettbewerber erschienen die Entgelte überhöht. Sie griffen deshalb die Genehmigung im Wege der Drittanfechtungsklage an. Das Verwaltungsgericht forderte die Vorlage der Akten der Regulierungsbehörde, erhielt diese aber nach einer Entscheidung des zuständigen Ministeriums nur unvollständig und mit geschwärzten Passagen. Im Zwischenverfahren nach § 99 Abs. 2 VwGO erklärte der Fachsenat des Bundesverwaltungsgerichts diese Verweigerung vollständiger Offenlegung für rechtswidrig. Hiergegen wandte sich die Telekom mit ihrer Verfassungsbeschwerde. In den Akten befänden sich Unterlagen, die als Betriebs- und Geschäftsgeheimnisse einzuordnen seien. Sie werde durch die Entscheidung des Bundesverwaltungsgerichts gezwungen, diese Geheimnisse gegenüber Wettbewerbern zu offenbaren.

Das Bundesverfassungsgericht hat der Verfassungsbeschwerde bekanntlich stattgegeben, hierbei aber die gesetzliche Regelung unbeanstandet gelassen. Beanstandet wurden nur Abwägungsdefizite in den Beschlüssen des Bundesverwaltungsgerichts. Dieses habe einen zu strengen Maßstab für den Geheimnisschutz gewählt, nämlich die Abwehr »existenzbedrohender oder nachhaltiger Nachteile«.

C. KONFLIGIERENDE GRUNDRECHTPOSITIONEN

Über diese Lösung lässt sich streiten.[3] Allerdings wird die grundrechtliche Konfliktlage in der Mehrheitsentscheidung zutreffend dargestellt. Es geht nicht mehr nur um das bipolare Verhältnis zwischen Staat und Bürger, sondern um multipolare Beziehungen, bei denen der Staat den Grundrechten nicht nur einer, sondern mehrerer Personen Rechnung tragen muss. Auf Seiten der Beschwerdeführerin, also der Telekom, streitet die Garantie der Berufsfreiheit aus Art. 12 Abs. 1 GG. Dem steht auf Seiten der Kläger des Ausgangsverfahrens, also der Wettbewerber der Telekom, deren Verfassungsrecht auf effektiven Rechtsschutz (Art. 20 Abs. 3 GG oder – im

---

2 BVerfGE 115, 205 ff.
3 Kritisch etwa *Schütze* CR 2006, 665 (666).

speziellen Fall – Art. 19 Abs. 4 GG) gegenüber. Zwingt der Staat – wie hier bei der Offenlegung der Akten der Regulierungsbehörde – zur Offenbarung von Betriebs- oder Geschäftsgeheimnissen, so greift er in die Berufsfreiheit ein. Denn Art. 12 Abs. 1 GG schützt auch vor Behinderungen im Wettbewerb durch staatliche Maß- nahmen, wie etwa den Zwang, die Ausschließlichkeit der Nutzung der Betriebs- oder Geschäftsgeheimnisse für die eigenen Zwecke aufgeben zu müssen. Auf diese Weise erlangt also der Geheimnisschutz grundrechtliche Qualität.

Aus der Sicht der Wettbewerber, die die Entgeltgenehmigung angefochten haben, geht es um effektiven Rechtsschutz. Werden die Akten nicht vorgelegt, so wird sich schwerlich feststellen lassen, ob die genehmigte Entgelthöhe dem entspricht, was das Gesetz verlangt, und hier mit den Kosten »effizienter Leistungsbereitstellung« definiert. Erst aus den vollständigen Akten werden sich insbesondere der technische Aufwand und die betriebswirtschaftlichen Kalkulationen der Telekom ergeben, und erst diese Informationen werden eine Überprüfung auf Effizienz ermöglichen. Müs- sen diese Unterlagen dem Gericht nicht vorgelegt werden, so werden sie nicht Pro- zessstoff und der Prozess wird im Amtsermittlungsverfahren der Verwaltungsge- richtsbarkeit mit einer Entscheidung nach Maßgabe der materiellen Beweislast enden. Wer in Drittanfechtungsverfahren die Beweislast trägt ist von den Fachge- richten noch nicht abschließend geklärt. Vieles spricht dafür, dass es die Anfechten- den, hier also die Konkurrenten der Telekom sein werden,[4] so dass für sie ohne vollständige Offenlegung der Akten der Rechtsstreit nicht zu gewinnen ist.

Im Übrigen ändert sich an dem Konflikt der Berufsfreiheit mit dem effektiven Rechtsschutz auch dann nichts, wenn die Beweislast der Behörde zugewiesen wird, ihr also bei Verweigerung vollständiger Aktenvorlage der Prozessverlust droht. Es ändert sich nur die Person, deren Grundrechtsposition betroffen ist. Denn nun kol- lidieren zwar nicht Verfassungsrechte zweier Grundrechtsträger, wohl aber ver- schiedene Grundrechte ein und derselben Person, nämlich hier der Telekom. Sie ist es, die wirtschaftlich die Nachteile der prozessualen Niederlage der Regulierungs- behörde tragen muss, denn sie muss sich auf geringere Nutzungsentgelte ihrer Wettbewerber einrichten. Will die Beschwerdeführerin eine Entscheidung auf voll- ständiger Tatsachengrundlage und damit effektiven Rechtsschutz erreichen, so müsste sie hierfür ihre Geschäfts- und Betriebsgeheimnisse offenbaren, also inso- weit ihr Grundrecht auf Berufsfreiheit preisgeben.

Man kann sich auch nicht etwa mit dem Hinweis beruhigen, dass auch eine Be- weislastentscheidung rechtsstaatlichen Grundsätzen entspricht und damit das Rechtsschutzgebot erfüllt. Diese Überlegung greift zu kurz; denn effektiver Rechts- schutz bedeutet die umfassende Prüfung des Rechtsschutzbegehrens nicht nur in rechtlicher, sondern auch in tatsächlicher Hinsicht.[5] Gegenüber einer Beweislastent- scheidung ist mithin die vollständige Sachverhaltsaufklärung vorrangig. Solange sie

---

4 Vgl. *Schütze* (Fn. 3) 665 (666).
5 Vgl. BVerfGE 101, 106 (123).

den Umständen nach möglich ist, kommt eine Beweislastentscheidung gerade nicht in Betracht.

Als Zwischenergebnis gilt es danach festzuhalten: Wenn im Rahmen eines Rechtsstreits Betriebs- oder Geschäftsgeheimnisse berührt sind, so sieht sich der Staat vor die Aufgabe gestellt, einen Ausgleich zweier konfligierender Grundrechtspositionen zu erreichen. Er muss dem Geheimnisschutz einerseits und der Justizgewährung andererseits genügen.

D. Herstellung praktischer Konkordanz

Die Vorgaben für die Lösung des Konflikts sind ebenso klar wie verbindlich: es ist praktische Konkordanz herzustellen. Keine der Grundrechtspositionen darf vorschnell zugunsten der anderen aufgegeben werden, es ist vielmehr eine Lösung zu suchen, die einen Ausgleich zwischen Geheimnisschutz und Justizgewährung schafft. In dieser Hinsicht hat das Bundesverfassungsgericht in der »Telekom«-Entscheidung keine verfassungsrechtlichen Bedenken gegen die gesetzliche Regelung geäußert und die Herstellung praktischer Konkordanz zwischen den betroffenen Grundrechten der Rechtsanwendungsebene, konkret dem Fachsenat des Bundesverwaltungsgerichts, zugewiesen.

Es muss allerdings gefragt werden, ob eine verfeinerte, intensivierte Abwägung, wie sie nun von den Gerichten gefordert wird, das zu leisten vermag, was die Verfassung verlangt. Denn letztlich kann das Ergebnis eines solchen Abwägungsprogramms immer nur sein, dass im konkreten Fall entweder der Geheimnisschutz Vorrang hat, der Akteninhalt also nicht Prozessstoff wird und damit die Justizgewährung zurücktreten muss, oder aber, dass dem effektiven Rechtsschutz der Vorzug gegeben wird, die geheimen Unterlagen also offenbart werden müssen und damit der Geheimnisschutz auf der Strecke bleibt. Mit anderen Worten: Jede noch so perfekte Abwägung kann nichts daran ändern, dass de lege lata immer nur eine alternative Entscheidung zwischen Geheimnisschutz oder Justizgewährung das Ergebnis sein kann. Diese Alternativität ist aber gerade das Gegenteil eines Ausgleichs zwischen Grundrechten; denn praktische Konkordanz bedeutet, dass nicht eines, sondern beide Grundrechte ihre Wirksamkeit behalten sollen.

E. Beschluss des Bundesverwaltungsgerichts vom 9.1.2007 (BVerwGE 127, 282)

Der Fachsenat des Bundesverwaltungsgerichts, an den das Bundesverfassungsgericht zurückverwiesen hatte, brauchte sich mit diesen Problemen nicht auseinanderzusetzen. Für ihn galt es, die Bindungswirkung der Entscheidung des Bundesverfassungsgerichts nach § 31 Abs. 1 BVerfGG zu beachten. Danach lag eine erneute Abwägung der konfligierenden Grundrechtspositionen nahe. Dass sich an die Entscheidung des Bundesverwaltungsgerichts erneut eine Verfassungsbeschwerde anschließen würde, konnte – unabhängig vom Ergebnis dieser Entscheidung – erwartet werden; denn die unterlegene Partei hätte das Abwägungsergebnis wohl kaum ohne erneute verfassungsgerichtliche Überprüfung akzeptiert. Es drohte ein »prozessuales ›Ping-Pong‹«-Spiel[6] zwischen Bundesverwaltungsgericht und Bundesverfassungsgericht.

Hierzu ist es jedoch nicht gekommen. Das Bundesverwaltungsgericht hat sich in seinem Beschluss vom 9.1.2007[7] einer nochmaligen, nun verfeinerten Abwägung entzogen und gestützt auf das – zwischenzeitlich ergangene – »Mobistar«-Urteil des Europäischen Gerichtshofs vom 13.7.2006[8] weiterhin auf die Verpflichtung der Telekom zur vollständigen Offenlegung der umstrittenen Verwaltungsvorgänge erkannt.

In der genannten Entscheidung hatte der Europäische Gerichtshof über die Auslegung von Art. 4 Abs. 1 der Richtlinie 2002/21/EG über einen gemeinsamen Rechtsrahmen für effektive Kommunikationsnetze und -dienste (Rahmenrichtlinie)[9] zu entscheiden. Er gelangte zu dem Ergebnis, dass die Stelle, die über Rechtsmittel gegen Entscheidungen der nationalen Regulierungsbehörde befinde, einerseits über sämtliche zur Überprüfung nötigen Informationen der Regulierungsbehörde verfügen müsse und dies auch die vertraulichen Informationen umfasse, andererseits aber auch die vertrauliche Behandlung dieser Angaben gewährleistet sein müsse. Außerdem sei auf die Erfordernisse eines effektiven Rechtsschutzes ebenso zu achten wie auf die Verteidigungsrechte der am Rechtsstreit Beteiligten.

Hieraus hat das Bundesverwaltungsgericht die Notwendigkeit einer europarechtskonformen Auslegung des § 138 TKG gefolgert. Diese Bestimmung ist seit Mitte 2004[10] als speziellere Regelung für das Telekommunikationsrecht an die Stelle des § 99 VwGO getreten. Wesentliche Unterschiede zur allgemeinen Regelung sind, dass nicht ein Fachsenat (§ 189 VwGO), sondern das Gericht der Hauptsache über die Verpflichtung zur Aktenvorlage entscheidet. Außerdem ist nach § 138 Abs. 4 Satz 2 TKG mit Zustimmung aller Beteiligten auch ein »in camera«-Verfahren in der Hauptsache möglich. Durch die bereits geschilderte europarechtskonforme Auslegung öffnet des Bundesverwaltungsgericht § 138 TKG weitergehend und ohne Rücksicht auf die Zustimmung der Beteiligten für ein »in camera«-Verfahren in der Hauptsache.[11]Es wird also nicht nur in einem Zwischenverfahren über die Verpflichtung zur Aktenvorlage »in camera« entschieden, sondern auch in der Sache

---

6 So *Schütze* (Fn. 3) 665 (666 f.).
7 BVerwGE 127, 282 ff.; ähnlich bereits *Schütze* (Fn. 3) 665 (667).
8 EuGH CR 2006, 669 ff.
9 Vom 7.3.2002, ABL. EG Nr. L 108, 33.
10 Vgl. Telekommunikationsgesetz vom 22.6.2004 (BGBl I S. 1190).
11 BVerwGE 127, 282 (290).

selbst, hier also über die Berechtigung der Genehmigung der Tarife der Telekom für den Netzzugang.

F. Anforderungen an ein verfassungsgemässes »in camera«-Verfahren in der Hauptsache

Ob dieser »akademisch beeindruckende Drahtseilakt«[12] geglückt ist, soll nicht Gegenstand dieser Zeilen sein. Stattdessen soll überlegt werden, wie ein solches »in camera«-Verfahren in der Hauptsache gestaltet sein kann oder sogar gestaltet sein muss, um verfassungsrechtlichen, insbesondere rechtsstaatlichen Anforderungen zu genügen.

In einem ersten Schritt müsste zunächst geklärt werden, ob die Akten und Unterlagen, deren Offenlegung – entgegen einer entsprechenden Verpflichtung aus § 138 Abs. 1 TKG in Verbindung mit § 99 Abs. 1 VwGO – verweigert wird, tatsächlich geheimhaltungsbedürftig sind.[13] Selbstverständlich kann keine Behörde allein durch die schlichte Behauptung der Notwendigkeit eines Geheimnisschutzes einen solchen auch schon für sich beanspruchen. Wird ein Betriebs- oder Geschäftsgeheimnis geltend gemacht, so muss das Gericht also nach den gängigen Formeln prüfen, ob die fraglichen Unterlagen tatsächlich ein solches enthalten. Außerdem ist zu prüfen, ob den Akten entscheidungserhebliche Tatsachen oder Beweismittel zu entnehmen sind und keine anderen Möglichkeiten der Sachaufklärung bestehen. Diese Prüfung hat – wie bisher schon nach § 99 Abs. 2 VwGO oder § 138 Abs. 3 TKG – in einem »in camera«-Verfahren zu erfolgen. Die anderen Verfahrensbeteiligten erhalten also keinen Einblick in die Akten; auf diese Weise wird verhindert, dass bereits hier vollendete Tatsachen geschaffen werden.

Verneint das Gericht die Notwendigkeit eines Geheimnisschutzes, so werden die Akten und Unterlagen in den Prozess eingebracht, die anderen Beteiligten erhalten nun selbstredend auch Akteneinsicht, etwa im Verwaltungsstreitverfahren nach § 100 VwGO. Bejaht das Gericht hingegen die Notwendigkeit eines Geheimnisschutzes, so müsste sich nach der Rechtsprechung des Bundesverfassungsgerichts weiterhin im Zwischenverfahren die vom Senat geforderte Abwägung mit dem Justizgewährungsanspruch anschließen und mit dem Ergebnis enden, dass entweder die Akten offengelegt werden müssen oder aber geheim bleiben sollen und damit als Prozessstoff nicht existent sind. Es wäre also entweder der Geheimnisschutz nicht verwirklicht oder aber die Rechtsschutzgewährung gescheitert.

Nach der Lösung des Bundesverwaltungsgerichts wird dagegen das Verfahren in der Hauptsache als »in camera«-Verfahren fortgesetzt, was allerdings nur insoweit gelten kann, als der Geheimnisschutz dies erfordert. Die geheimhaltungsbedürftigen

---

12 So *Salevic* CR 2007, 435 (436).
13 So auch BVerwGE 127, 282 (293).

Akten und Unterlagen werden nur dem Gericht bekannt, nicht auch den anderen Verfahrensbeteiligten. Das Gericht hat den Akteninhalt als Prozessstoff zu berücksichtigen und seiner Entscheidung in der Hauptsache zugrunde zu legen. Auf diese Weise wird einerseits der Berufsfreiheit in Gestalt des Geheimnisschutzes Geltung verschafft und andererseits effektiver Rechtsschutz durch vollständige Sachverhaltsaufklärung gewährt.

Allerdings führt die Notwendigkeit des Geheimnisschutzes zwangsläufig zu Beeinträchtigungen des rechtlichen Gehörs (Art. 103 Abs. 1 GG). Nicht nur während des anhängigen Verfahrens wird den Prozessbeteiligten die Kenntnisnahme vorenthalten, die Geheimhaltung erstreckt sich vielmehr auch auf die Entscheidungsgründe und führt dazu, dass auch diese die geheim zu haltenden Umstände nicht erkennen lassen dürfen, so wie dies derzeit auch schon in § 99 Abs. 2 Satz 10 VwGO für das Zwischenverfahren bestimmt ist. Einschränkungen des Rechts auf Gehör begegnen jedoch keinen prinzipiellen verfassungsrechtlichen Bedenken. Das Bundesverfassungsgericht hat bereits in seiner ersten Entscheidung zu § 99 VwGO darauf hingewiesen, dass effektiver Rechtsschutz und Gewährung rechtlichen Gehörs nicht in Gegensatz zueinander gerückt werden dürfen, und das Gehörsrecht eingeschränkt werden kann, wenn dies durch sachliche Gründe hinreichend gerechtfertigt ist.

Es hat ferner klargestellt, dass eine solche Einschränkung des rechtlichen Gehörs möglich ist, wenn der begrenzte Verzicht auf Gehörsgewährung zu einer Verbesserung des Rechtsschutzes des Betroffenen führt.[14] Der verbesserte Rechtsschutz durch ein »in camera«-Verfahren in der Hauptsache ist aber offensichtlich, wenn ihm das gegenwärtige Rechtsschutzdefizit infolge der Nichtberücksichtigung des geheim gehaltenen Akteninhalts gegenüber gestellt wird.

Kein entscheidendes Argument gegen ein »in camera«-Verfahren in der Hauptsache kann ferner aus Erschwernissen im Rechtsmittelverfahren hergeleitet werden. Die aus Gründen des Geheimnisschutzes ggf. verknappten Entscheidungsgründe können allerdings die unterlegene Partei bei der Verteidigung ihrer Rechte im Rechtsmittelverfahren behindern. Da die Fachgerichte aber den Parteien den Zugang zu einer in der Verfahrensordnung eingeräumten Instanz nicht in unzumutbarer, aus Sachgründen nicht zu rechtfertigender Weise erschweren dürfen, müssen sie den eingeschränkten Überprüfungsmöglichkeiten des Rechtsmittelklägers durch eine großzügige Handhabung der Darlegungserfordernisse bei der Rechtsmittelbegründung Rechnung tragen.

14 BVerfGE 101, 106 (129).

G. RESÜMEE

Das »in camera«-Verfahren in der Hauptsache führt nicht nur zu einem optimierten Ausgleich der beiderseitigen Grundrechtspositionen, sondern es lässt sich auch ohne weiteres in das rechtsstaatliche System unserer Verfassung integrieren. Die Entscheidung des Bundesverwaltungsgerichts konnte das Hauptsacheverfahren nur für den Bereich des Telekommunikationsrechts öffnen; die rechtspolitische, vielleicht auch die verfassungsrechtliche Diskussion um weitere Möglichkeiten von »in camera«-Verfahren in der Hauptsache sollte daher nicht vorzeitig beendet werden.

Vertrauen in den Anwalt

Stephan Göcken

Kaum ein Thema hat die Anwaltschaft in den zurückliegenden fünf Jahren so intensiv und zugleich emotional beschäftigt, wie die Neuregelung des alten – mittlerweile durch das Rechtsdienstleistungsgesetz abgelösten – Rechtsberatungsgesetzes. Bereits mit der Master-Pat-Entscheidung des Bundesverfassungsgerichts vom 29.10.1997, spätestens jedoch mit seiner Entscheidung zur Tätigkeit eines Erbenermittlers vom 27.9.2002 stand die Forderung nach einer grundlegenden Überarbeitung des Rechtsberatungsgesetzes im rechtspolitischen Raum. Gefallen war damit auch der Startschuss für zahlreiche Dienstleister, am Rechtsberatungsmarkt im offenen Wettbewerb mit der Anwaltschaft umfassend konkurrieren zu können. Neben dem Anspruch sozialer und karitativer Organisationen formierte sich eine ernstzunehmende Lobby der Banken- und Versicherungsverbände, Unternehmensberater und Wirtschaftsjuristen. Erinnert sei nur an die Dramatik der Auseinandersetzung auf dem 65. Deutschen Juristentag in Köln im September 2004, in der die gegensätzlichen Positionen aufeinander stießen in der Hoffnung, über Abstimmungsmehrheiten den kurze Zeit später vorgestellten Diskussionsentwurf des BMJ beeinflussen zu können. Gegenwind kam auch aus der Europäischen Kommission mit dem »Monti-Bericht« und später der Deutschen Monopolkommission, die eine Freigabe der rechtsberatenden Tätigkeit in weniger komplexen Beratungsbereichen durch andere Dienstleister anmahnten. Der Leser dieses Beitrags weiß, wie es ausgegangen ist. Die schlimmsten Befürchtungen sind nicht eingetreten. Das Bundesjustizministerium hat seinen Entwurf mehrfach überarbeitet und der Gesetzgeber nach Beratungen im Rechtsausschuss ein Rechtsdienstleistungsgesetz verabschiedet, dass sich zwar von den historischen Wurzeln des Rechtsberatungsgesetzes löst, jedoch die Konzeption als Verbotsgesetz mit Erlaubnisvorbehalt beibehält. Die Kernaussage des Gesetzgebers: Rechtsberatung soll im Interesse des Gemeinwohls und des Verbraucherschutzes grundsätzlich den Rechtsanwälten vorbehalten sein. Allerdings öffnen sich Grenzbereiche, insbesondere bei der Annex-Rechtsberatung durch nichtanwaltliche Dienstleister.

Angriff abgewehrt – also zurück zum Tagesgeschäft? Keineswegs! Die sogenannten guten alten Zeiten sind vorbei und auch das Rechtsdienstleistungsgesetz wird hieran nichts ändern. Im Gegenteil, die Gefahr ist groß, sich in Sicherheit zu wiegen und jetzt die Augen zu verschließen vor den Realitäten. Das Rechtsdienstleistungsgesetz werde die schleichende Aufweichung des Beratungsmonopols der Anwaltschaft weiter vorantreiben, schreibt der Präsident der Rechtsanwaltskammer Freiburg und Vizepräsident der Bundesrechtsanwaltskammer Dr. Michael Krenzler im Mitteilungsblatt der Kammer. Und er könnte Recht behalten, denn die Diskussion zum Rechtsdienstleistungsgesetz hat gezeigt, welche Kräfte und Interessengruppen auf dem Markt walten und woher der Wind weht. So erklärte z.b. die Industrie- und Handelskammer für München und Oberbayern in ihrem aktuellen Magazin (Heft 12/2007): »Das neue Rechtsdienstleistungsgesetz eröffnet Unternehmen neue Spielräume: Sie müssen nicht wegen jedes Rechtsproblems einen Anwalt konsultieren und können sich mit juristischen Services von Wettbewerbern abheben«. Und der zuständige Rechtsreferent der IHK weist in seinem Artikel darauf hin, dass Unternehmen mit dem RDG ihr Dienstleistungsportofolio erweitern können. Illustriert werden diese Aussagen mit einem Foto einer KfZ-Werkstätte und dem Hinweis, dass diese jetzt mit Versicherungen Schadenspauschalen abrechnen können. Zugleich werden Beispiele dargestellt, in welchen Fällen Unternehmensberater, Architekten, Banken, KfZ-Versicherungen und Flottenmanagementdienstleister ihr Dienstleistungsportofolio mit rechtlichen Tipps dem Kunden schmackhaft machen können. Die im Gesetzgebungsverfahren heiß umkämpfte »Nebenleistung« wird begrifflich nach Auffassung der IHK durch die Rechtsprechung zu klären sein. Schon diese offene Aufforderung, die Grenzen des Machbaren zu versuchen lässt Schlimmes befürchten.

Es liegt auf der Hand, dass im Rahmen der Öffnungen des RDG Dienstleister und Verbrauchsgüteranbieter an dem bisher der Anwaltschaft vorbehaltenen Beratungsmarkt teilnehmen möchten. Diese werden die Grenzen ihres rechtlich zulässigen Tuns austesten. Das fordert nicht nur die Auslegungsfähigkeit der Regelungen des RDG heraus. Wichtiger noch ist der Wille dieser neuen Marktteilnehmer, mehr Marktmacht und neue Kunden durch neue und attraktive Nebenleistungen zu gewinnen. Im Vordergrund steht dabei nicht das Recht, sondern der Markt. Es liegt auch auf der Hand, dass diese Wettbewerber der Anwaltschaft am Dienstleistungsmarkt die Grenzen des Erlaubten herausfordern und gegebenenfalls überschreiten werden. Bis zu einer endgültigen gerichtlichen Klärung können Jahre vergehen und entscheidend ist der bis dahin gewonnene Marktanteil. Zu berücksichtigen ist schließlich, dass auch das RDG nicht in Stein gemeißelt ist, sondern wie sein Vorgängergesetz auf kurz oder lang den »gesellschaftlichen Entwicklungen« angepasst wird.

Wo also sind die Perspektiven der Anwaltschaft? Befindet sich die Anwaltschaft in einem dauerhaften Rückzugsgefecht um Marktanteile? Das Dilemma der Anwaltschaft resultiert dabei aus dem unvermeidbaren Widerspruch des freien Wettbewerbs in einer möglichst unreglementierten Gesellschaft frei von staatlichen Dirigismus und dem Interesse derselben Gesellschaft an einer funktionierenden Rechtsordnung. Es ist vieles geschrieben worden in den zurückliegenden Jahren über die Veränderung des Berufsbilds des Anwalts seit den Bastille-Entscheidungen des Bundesverfassungsgerichts von 1987. Die Anwaltschaft hat seither einen tiefgreifenden Wandlungsprozess erfahren. Kaum jemand wird heute den Anwalt von vor 1987 und den Anwalt von 2008 miteinander vergleichen. Manche trauern den sog. alten Zeiten nach; Andere wiederum haben keine Probleme mit den Veränderungen. Schließlich ist in den vergangenen 20 Jahren eine ganz neue Generation in die Anwaltschaft gewachsen, die die Zeiten von vor 1987 gar nicht erlebt hat.[1] Trotz aller Veränderungen ist das Berufsbild des Anwalts nach wie vor geprägt von dem Rechtsstaatsbezug anwaltlicher Tätigkeit. So schreibt *Gaier*[2] in seinen Ausführungen zu den berufsrechtlichen Perspektiven der Anwaltschaft, dass es dem Rechtsstaatsgedanken und der Rechtspflege dient, dass dem Bürger schon aus Gründen der Chancen- und Waffengleichheit Rechtskundige zur Verfügung stünden, zu denen er Vertrauen habe und die seine Interessen möglichst frei und unabhängig von staatlicher Einflussnahme wahrnehmen könnten. Er resümiert[3] dass der Rechtsstaat unserer Verfassung ohne eine unabhängige Anwaltschaft nicht funktioniere. Deshalb – und nicht um ihrer selbst willen – genieße die Anwaltschaft einen verfassungsrechtlichen Schutz, der über das hinausgehe, was andere freie Berufe für sich in Anspruch nehmen könnten.

Es ist das in den Anwalt gesetzte Vertrauen, was seine Sonderstellung gegenüber Dritten begründet. Die Sonderstellung des Anwalts im System einer wirksamen und geordneten Rechtspflege kann, wie *Gaier* zu Recht schreibt, nur dann erfüllt sein, wenn ein Vertrauensverhältnis zwischen Rechtsanwalt und Mandant begründet ist. Der Gemeinwohlbezug anwaltlicher Tätigkeit und nur dieser begründet die wesentlichen anwaltlichen Grundpflichten und Rechte.

Zurück zum Rechtsdienstleistungsgesetz. Die Diskussion über das Rechtsdienstleistungsgesetz war und ist im Kern eine Diskussion über das Vertrauen in die Anwaltschaft. Es geht nicht um die Schaffung von Monopolen und die Schaffung eines eigenen Marktes für einen Berufsstand. Im Mittelpunkt steht vielmehr das Vertrauen der Gesellschaft in den Beruf des Rechtsanwalts. Die Zukunft der Anwaltschaft steht und fällte deshalb mit der Frage, ob die Anwaltschaft das in sie durch die Gesellschaft gesetzte Vertrauen auch in Zukunft nachhaltig rechtfertigen kann. Die Zukunft der Anwaltschaft wird nicht über die Frage entschieden werden, wie diese das Spannungsverhältnis zwischen freiem Wettbewerb auf der einen Seite und Rechtspflege auf der anderen Seite löst. Soll es etwa ein anwaltliches Berufsbild ohne Rechtsstaatsbezug geben? Das ist nicht denkbar. Warum auf der anderen Seite soll Wettbewerb nicht möglich sein? Wirtschaftliches Gewinnstreben kann und darf für Anwälte nicht verwerflich sein. Dies setzt allerdings einen möglichst freien Wettbewerb auch zwischen den Anwälten voraus. Eine Auflösung dieses Spannungsverhältnisses Wettbewerb/Rechtspflege zu Gunsten der einen oder der anderen Seite kann nicht gelingen. Bereits *Gneist* schrieb bei seiner Forderung nach einer freien Advokatur, dass das Bedürfnis des rechtsuchenden Publikums an erster Stelle über die Gestaltung der Rechtsanwaltschaft entscheide.[4] Das Bedürfnis der

---

1 Der Netto-Zuwachs zwischen 1987 und 2008 in die Anwaltschaft betrug 97.305 (Bei einem Gesamtstand zum 1.1.2008 von 147.552)
2 BRAK-Mitt. 2006, 2 ff.
3 BRAK-Mitt. 2006, 2 (7).
4 *Gneist* Freie Advocatur – Die erste Forderung aller Justizreformen, S. 58.

Mandanten nach Recht und das Vertrauen der Mandanten in den Anwalt, dieses Recht effektiv durchzusetzen, entscheidet über die Zukunft der Anwaltschaft.

Wie steht es mit dem Vertrauen in die Anwaltschaft? Nach der insbesondere in den Medien zitierten Allensbacher Berufsprestige-Skala liegt die Anwaltschaft im oberen Drittel der durch die Bevölkerung am meisten geschätzten Berufe. Die Wertschätzung sinkt allerdings über den Zeitlauf der Studie. Lag das Vertrauen der Bevölkerung über die Jahre relativ konstant zwischen 33 und 36 %, ging das Ansehen seit der Jahrtausendwende langsam aber stetig zurück. Nach der aktuellen Studie von 2008[5] rangiert der Beruf des Anwalts in der Ansehensskala an 6. Stelle mit 27 %. Zum Vergleich: konstant das höchste Ansehen genießt der Beruf des Arztes mit großem Abstand (78 % in 2008). Der Beruf des Politikers rangiert mit 6 % hingegen am Ende der Beliebtheitsskala. Eine Studie des »Reader´s Digest European Trusted Brands«[6] sieht die Anwaltschaft im Mittelfeld. Das in die Anwaltschaft gesetzte Vertrauen liegt mit leicht ablaufender Tendenz bei 56 %, der Vertrauenswert der Ärzteschaft bei 86 % und dass der Politiker bei 6 %. Isoliert betrachtet geben diese Zahlen keinen Anlass zur Freude, man wird sie allerdings auch nicht als schlecht betrachten können. Anlass zur Nachdenklichkeit gibt aber die Tatsache, dass der Vertrauensberuf des Arztes über Jahre konstant weit über dem Vertrauensberuf des Anwalts rangiert. Etwas überraschend stellt die aktuelle Studie von Hommerich/Kilian[7] einen überwiegend positives Image der Anwaltschaft in der Gesamtbevölkerung fest. Nach der Studie gelten Anwälte grundsätzlich als vertrauenswürdige kompetente Problemlöser, die sich um die Rechtsprobleme der Mandanten kümmern. Das positive Bild über die Anwaltschaft wird abgerundet mit der Feststellung, dass 80 % der Mandanten mit der Gesamtleistung des Anwalts zufrieden sind und 67 % ihren Anwalt oder ihre Anwältin auf jeden Fall erneut beauftragen würden. Dieses positive und auch wünschenswerte Ergebnis darf allerdings nicht die Augen davor verschließen, dass sich die hohe Zahl der zufriedenen Mandanten bereits in einem anwaltlichen Beratungsverhältnis befindet. Hier wird also das der Anwaltschaft entgegengebrachte Vertrauen nicht enttäuscht. Jedoch wird man dieses Ergebnis auch von der Anwaltschaft fordern müssen. Denn wer einen Qualitätsanspruch an eine besondere Kompetenz setzt, muss sich auch den Spiegel vorhalten lassen, ob er diesen hohen Anspruch auch in den Augen seiner Mandanten erfüllt.

Bei der Fragestellung nach dem Vertrauen in die Anwaltschaft und deren Image ist es deshalb ebenso wichtig die Vorfeldfrage zu stellen, ob überhaupt und warum Personen mit Rechtsberatungsbedarf zum Anwalt gehen oder diesen vermeiden und sich Rat von anderer Stelle einholen. Die BRAK hat hierzu in 2002 durch das Frankfurter Forschungsinstitut psydata eine explorative Studie durchführen lassen,

---

5 http://www.ifd-allensbach.de/main_newst.php3?selection=3.
6 http://www.readers-digest.de/service_fuer_journalisten/index.php?id=etb&no_cache=1&t x_ttnews[tt_news]=548 &tx_ttnews[backPid]=14.
7 BRAK-Mitt. 2007, 191.

warum sich Personen für anwaltliche oder nicht-anwaltliche Beratung entscheiden, wie sie diese beiden Formen der Beratung wahrnehmen und welche Motive und Gründe der jeweiligen Wahl zugrunde liegen. Das Ergebnis der Studie zeigte eine klare Präferenz der Befragten für die nicht-anwaltliche Beratung als Vorfeldlösung. Der Rechtsanwalt ist ultima ratio, der nur dann ins Spiel kommt, wenn keine anderen Möglichkeiten mehr wahrgenommen werden. Nicht in Frage gestellt wurden die fachliche Kompetenz und die Autorität des Rechtsanwalts. Die Studie gab jedoch eine deutliche Tendenz zur Imageeinschränkung und damit verbundene steigende Akzeptanz nicht-anwaltlicher Berater, wie z.B. Finanz-, Vermögens- und Bankberater und auch Steuerberater. Auch wenn deren Image eingeschränkt wahrgenommen wird, wird die Beratung als ganz normaler, alltäglicher Vorgang begriffen. Erwartet wird dabei ein auf die persönlichen Bedürfnisse zugeschnittenes Angebot/Produkt, ein kalkulierbares Risiko sowie freundliche Zugewandtheit. Das deutliche, wenn auch nicht repräsentative Ergebnis dieser Studie sollte der Anwaltschaft Anlass zur Sorge geben. Es offenbart, dass große Bereiche der außergerichtlichen Beratung längst in den Händen anderer Beratergruppen sind. Dies ist auch Ausdruck eines Vertrauensschwunds und wenn sich erst einmal das Vertrauen der rechtsuchenden Bevölkerung zu anderen Beratern etabliert hat, wird die Bedeutung des Anwaltsberufs für diese Gesellschaft in Frage gestellt sein. Die BRAK hat mit ihrer Initiative »Anwälte – mit Recht im Markt« reagiert. Sie soll die Anwaltschaft von innen heraus stärken und konkrete Hilfe zur Selbsthilfe geben. Sie soll den Anwalt auf den zunehmenden Wettbewerb von außen einrichten und dort Hilfsmittel liefern, wo gerade der kleinen und mittelständischen Anwaltskanzlei Zeit und Mittel für ein notwendiges Engagement fehlen. Die anfangs überaus umstrittene Durchsetzung der Initiative in der BRAK und die durch die hohen Abnahmezahlen der Hilfsmittel[8] belegte Akzeptanz in der Anwaltschaft sind der große Verdienst von Ulrich Scharf, der sehr frühzeitig die Zeichen der Zeit erkannt hat und als Vizepräsident und Pressesprecher der BRAK das Image der kleinen und mittelständischen Anwaltskanzleien zu einem Schwerpunkt der Politik der BRAK machte.[9] Auch die seit Jahren durch den DAV betriebene Imagekampagne mit dem Slogan »Vertrauen ist gut, Anwalt ist besser« ist eine wertvolle Maßnahme, denn sie ist auf eine Stärkung des Vertrauens der Bevölkerung in die Leistung der Anwaltschaft gerichtet.

Vertrauen in den Anwalt – das ist die Herausforderung, vor der die gesamte Anwaltschaft steht. Nicht zu unterschätzende Teile der außergerichtlichen Beratungstätigkeit dürften bereits in den Händen nicht-anwaltlicher Berater liegen. BRAK und DAV haben diese Probleme erkannt und bieten mit ihren Initiativen, die sich gegenseitig ergänzen, der Anwaltschaft ein Rüstwerk. Dies alleine kann aber nicht ausreichen. Auch erfolgreiche Initiativen erliegen irgendwann einmal einem Ermü-

---

8 Bis Anfang 2008 wurden ca. 16 000 Leitfäden, 20 000 Wörterbücher und 650 000 Flyer bestellt.
9 *Scharf* BRAK-Magazin 2/2001, 3; Heft 4/2005, 3.

dungsfaktor. Die Anwaltschaft wird deshalb noch mehr Öffentlichkeitsarbeit für den Beruf betreiben müssen. Dies ist eine Aufgabe der Verbände, insbesondere von BRAK und DAV. Sie wird dazu auch noch mehr Finanzmittel investieren müssen, als bisher. Eine Richtschnur hierfür hat der AGH Hessen gegeben, der als Umlage für eine Werbemaßnahme eine Pro-Kopf Belastung je Anwalt von 20 Euro jedenfalls für verhältnismäßig hält.[10] Wer sich die Kapitalkraft und den daraus resultierenden Aufwand für PR- und Öffentlichkeitsarbeit der potentiellen Konkurrenz, insbesondere der Banken und Versicherer, vor Augen hält, muss erkennen, dass der bisherige Aufwand der BRAK nur ein Tropfen auf dem heißen Stein sein kann.

Weiterhin muss die Anwaltschaft die Qualität ihrer Arbeit nicht nur sichern, sondern auch dem Vorsprung gegenüber der nicht-anwaltlichen Konkurrenz ausbauen. Die Qualität ist das stärkste Kapital der Anwaltschaft. Die Untersuchungen von Hommerich/Kilian und der BRAK belegen dies. Ein Thema wird deshalb auch die Fortbildungspflicht und deren Kontrolle sein müssen. Der immer noch breite Widerstand in der Anwaltschaft, sowohl bei den Kammern als auch beim DAV, ist kurzsichtig. Die Werbung mit einer kontrollierten Fortbildungspflicht ist ein nicht zu unterschätzender Faktor, um das Vertrauen zu erhalten.

Auch dort, wo das Vertrauen bereits beeinträchtigt ist, gilt es, verlorenen Boden wieder zurückzugewinnen. Es sind die Fälle von Unzufriedenheit über anwaltliche Leistung, schlechte Beratung, aber auch kommunikative Probleme, die in der öffentlichen Wahrnehmung das Berufsbild des Anwalts beschädigen. Hier wird Vertrauen durch Einzelne zu Lasten des Berufsbilds einer ganzen Gruppe zerstört. Die durch die Hauptversammlung der BRAK einstimmig beschlossene Gesetzesinitiative einer Pflichtteilnahme des Anwalts an einer durch den Mandanten angerufenen Schlichtungsstelle bei der RAK und der Einrichtung des unabhängigen Ombudsmann bei der BRAK sollen diesem Vertrauensschwund entgegenwirken.

Schließlich wird die Anwaltschaft sich auf ihre Werte rückbesinnen müssen. Wenn ein Berufsstand sich nur noch nach den Vorgaben des Gesetzgebers und den Leitlinien des Bundesverfassungsgerichts definiert, dann ist es um ihn schlecht bestellt. Der Beruf des Anwalts ist kein gesetzlich begründetes Kunstgebilde und wer danach handelt, verkennt das anwaltliche Selbstverständnis. Dies ist keine Forderung nach Wiedereinführung der Standesrichtlinien. Liberalisierung und Ethik stehen nicht im Widerspruch. Um Ethik zu leben braucht es nicht gesetzlicher Regeln, sondern eines Selbstverständnisses. Die Anwaltschaft braucht keinen Compliance Act, um wie andere Berufsgruppen und börsennotierte Unternehmen verspielten Vertrauenskredit wegen Misswirtschaft zurückzugewinnen. Sie muss über ihre Ethik reden und danach leben. Recht ist keine Ware, sondern das Fundament unserer Gesellschaft. Wenn die Anwaltschaft aber das Recht zur Ware verkommen lässt, dann wird es irgendwann einmal heißen »Rechtsberatung? Das kann doch jeder!«.

10 BRAK-Mitt. 2008, 29 ff.

Mediation und Anwaltschaft
– Entwicklungen aus Sicht eines Richtermediators –

PETER GÖTZ VON OLENHUSEN

A. MEDIATION ALS NEUES BERUFSFELD

In der juristischen Festschrift für den Kammerpräsidenten *Ulrich Scharf* darf das Thema Mediation nicht fehlen. Wahrscheinlich wäre vor nicht allzu langer Zeit ein Beitrag zu Mediation und Anwaltschaft in solch einer Festschrift ein exotischer, ja wunderlicher Artikel, vielleicht sogar ein Fremdkörper gewesen. Die junge Zunft der Mediation hat in Juristenkreisen Bekanntheit und teilweise auch schon Anerkennung erfahren, mittlerweile Eingang in Kommentare zur Zivilprozessordnung gefunden[1] und sich in Stichwortverzeichnissen ihren Platz zwischen Mahnverfahren und Mehrfachpfändung erobert.[2] Heute wird bereits darum gerungen, ob Mediation in Konflikten mit rechtlichem Hintergrund das Berufsfeld der Anwälte oder der Richter sein soll.[3] Gerade unter diesem Aspekt hat das Thema Mediation in der Festschrift für *Ulrich Scharf* seinen Platz. Als sich Mediation verbreitete, insbesondere das Projekt Gerichtsnahe Mediation in Niedersachsen die systematische Anwendung der Mediation in Rechtskonflikten förderte,[4] hat *Scharf* sich als Interessenvertreter seines Berufsstandes des Themas angenommen und die Mediation als Berufsfeld der Anwaltschaft reklamiert. *Scharf* forderte frühzeitig, zum Beispiel in Anhörungen und Stellungnahmen gegenüber dem Niedersächsischen Justizministerium, die Förderung von Mediation nicht auf die Einführung von Gerichtsmediation zu beschränken, sondern breiter anzulegen und Rechtsanwältinnen und Rechtsanwälte als Mediatoren einzubeziehen. *Scharf* setzte sich nicht nur nach außen, sondern auch innerhalb seines Berufsstandes dafür ein, Mediation als Berufsfeld der Anwälte zu besetzen und zu unterstützen. Das hat seine Wirkung nicht verfehlt. Maßgeblich dank seines Engagements in seinem Amt als Präsident der Rechtsanwaltskammer hat die Rechtsanwaltskammer Celle ein Projekt zur Förderung der Mediation durch Anwälte im Gerichtsverfahren beschlossen. Im Bezirk des Oberlandesgerichts und der Rechtsanwaltskammer Celle werden an den Landgerichten Hildesheim und Stade seit 2007 Gerichtsverfahren von den Zivilrichtern über die

---

1 Zöller/*Greger* ZPO, 26. Aufl. 2007, § 278 Rn 3a, 5.
2 *Katzenmeier* Impulsreferat auf dem 5.Fachkongress, BAFM 2005.
3 Vgl. jüngst die Beiträge in AnwBl 2007, Heft 10.
4 Dazu *Götz v. Olenhusen* ZKM 2004, 104; *Spindler* AnwBl 2007, 655.

Geschäftsstelle der Rechtsanwaltskammer an Anwaltsmediatoren abgegeben.[5] Damit wird die Chance eröffnet, den Einsatz von Mediatoren in bei Gericht anhängigen Verfahren nicht auf Richter zu beschränken, sondern auf Anwälte zu erweitern. Die durch § 278 Abs. 5 S. 2 ZPO eröffnete Möglichkeit der Beauftragung eines außergerichtlichen Mediators wird so mit Leben erfüllt. Die Rechtsanwaltskammer Celle unterstützt die Anwaltsmediation in Gerichtsverfahren, indem sie die Vergütung des Mediators übernimmt. Dieses Projekt hat mit Skepsis und Widerstand zu kämpfen. Doch erste Erfolge sind zu verzeichnen. Eine nicht unerhebliche Anzahl gerichtlicher Verfahren konnte durch eine Einigung bei Anwaltsmediatoren beigelegt werden. Es ist ein Anfang gemacht, auf den aufgebaut werden kann. Für ihr Engagement gebührt der Rechtsanwaltskammer Celle und ihrem Präsidenten *Scharf* Dank. Ohne die Weitsicht, diese innovative Methode zu besetzen, und eine solche Anschubfinanzierung wäre es kaum möglich, die Anwaltschaft als Mediatoren in die gerichtsnahe Mediation einzubeziehen. Da im Verfahren bereits Gerichtskosten entrichtet sind, würde wenig Neigung der Parteien bestehen, für eine Mediation zusätzliche Kosten zu tragen.

Wessen Berufsfeld soll nun die Vermittlung in Konflikten als Mediator sein? Sollen die Gerichte neben streitigem Urteil und Vergleichsabschluss das Mediationsverfahren dauerhaft in ihr staatliches Konfliktlösungsangebot aufnehmen? Oder soll die Anwaltschaft den vorhandenen und noch entstehenden Bedarf an Mediation in Rechtskonflikten abdecken? Mit zunehmender Bekanntheit und Verbreitung der Mediation sind einerseits Konkurrenz und Besitzansprüche, andererseits Bedenken und Ablehnung entstanden. Vor allem mit der Zunahme gerichtlicher Mediation wuchs auch die Skepsis vieler Juristen. Kaum ein anderes Thema kann so unterschiedliche Reaktionen bei Juristen hervorrufen wie das Thema gerichtsnaher Mediation. Das Spektrum reicht von euphorischer Zustimmung bis zu teils rechtlich untermauerter, teils polemischer Ablehnung. So kann paradoxerweise die auf Konsenslösung ausgerichtete Mediation Streit verursachen. Dieser wird von Diskussionsveranstaltern und Zeitschriften bereitwillig aufgegriffen, weil endlich einmal Spannung in das als zu eintönig empfundene Harmoniegesäusel der Mediatoren zu kommen scheint. Vor allem das kräftige Wachstum gerichtlicher Mediation hat Kritiker aus den Gerichten und aus der Anwaltschaft auf den Plan gerufen.[6]

Ein kurzer Rückblick: Das als »Göttinger Modell« bekannt gewordene Verfahren der gerichtsnahen Mediation in Niedersachsen hat gezeigt, dass sich viele Rechtsstreitigkeiten mit Mediation zeitnah und nachhaltig beilegen lassen. In Streitigkeiten aus dem Baurecht, dem Anlagenbau, dem Gesellschaftsrecht, Bankrecht, Erbrecht

---

5 *Berner* Informationen der RAK Celle 1/2007, 29, 2/2007, 14. Vergleichbare Projekte werden in den Bezirken der RAK Braunschweig am Amtsgericht Göttingen und der RAK Köln am Landgericht Köln angeboten; vgl. *L. Koch* AnwBl 2007, 661; *Greger* NJW 2007, 3258.
6 *Hartmann* NJW Editorial 5/2005; *Spellbrink* DRiZ 2006, 88; *Aring* Mitteilungsblatt Nds. Richterbund 2006, 59; *Monßen* ZKM 2006, 83; *Härting* AnwBl 2007, 660.

und gewerblichen Mietrecht wurde über mehrere Jahre die Hälfte aller streitigen Verfahren am Landgericht im Wege der Mediation zur Lösung durch Vereinbarung der Parteien gebracht. Das Verfahren stellte sich wie folgt dar: Mediator und Richter sind streng getrennt. Mediatoren vermitteln nur in Verfahren, in denen sie selbst nicht richterlich zuständig sind oder werden. Der Richter gibt das Verfahren formlos an den Mediator ab. Dieser wirbt die Zustimmung der Verfahrensbeteiligten zur Mediation ein. Nach dem von anderen Gerichten vielfach übernommenen »Göttinger Modell« protokolliert der Richtermediator nach Abschluss der erfolgreichen Mediation einen Vergleich als beauftragter Richter des zuständigen Spruchkörpers.[7]

Nur wenige verwenden juristische Energie darauf, die Zulässigkeit von Gerichtsmediation zu stützen,[8] vielmehr wird versucht, deren rechtliche Unzulässigkeit zu beweisen. Ungeachtet mehrjähriger positiver praktischer Erfahrung und deren Bestätigung durch wissenschaftliche Begleitforschung[9] wird der Nutzen mediativer Konfliktvermittlung bei Gericht auch in Wirtschaftskonflikten verneint.[10] Die Spaltung reicht dabei rasch in die eigenen Kreise der Mediatoren.[11] Auch die Anwaltschaft rückt, jedenfalls in verbandspolitischen Äußerungen, von den in Sachen Mediation eigentlich Gleichgesinnten ab und macht den Richtern die Mediation streitig, reklamiert sie allein für sich.

Doch die Frage, wer zum Mediator berufen ist, ob Richter oder Anwalt, führt in die Irre. Sie lenkt von dem eigentlichen Thema ab und verursacht gegenseitige Blockade. Die Konkurrenzdiskussionen sollten im Interesse der Mediation schleunigst aufgegeben werden.[12] Das eigentliche Thema muss lauten: wem nützt die Mediation und wie kann sie denjenigen, denen sie nützt, am besten angeboten werden? Nützen soll Mediation in erster Linie den Konfliktparteien. Für die Konfliktparteien bedeutet Mediation: Ersparnis von Zeit, Nerven, Geld und Gesichtsverlust. Die bestmögliche Versorgung der Rechtsuchenden mit einem effektiven Instrument nachhaltiger Konfliktbeilegung steht im Vordergrund.[13] Daran haben Justiz und Anwaltschaft gleichermaßen mitzuwirken. Daneben können ökonomische Aspekte und Kostenfragen nicht außer Betracht bleiben. Das Verfahren streitiger juristischer Auseinandersetzungen muss so intelligent organisiert werden, dass nicht nur das Ziel effektiver, nachhaltiger Konfliktlösung erreicht wird, sondern auch eine Kostenminimierung für Parteien und Staat. Diesen Zielen dient Mediation, keinen anderen Zielen sollte sie sich verpflichtet fühlen. Auf welche Weise man diesen Zielen näher kommen könnte, soll unten angesprochen werden. Zuvor aber ein Blick auf

---

7 *Götz v. Olenhusen* DRiZ 2003, 396; *ders.* ZKM 2004, 104; *ders.*, in Isermann/Schlüter (Hrsg.), Justiz und Anwaltschaft in Braunschweig, 2004, S. 121.
8 *H. Koch* Neue Justiz 2005, 144; *Greger* NJW 2007, 3258; *Wimmer* NJW 2007, 3243.
9 *Spindler* Gerichtsnahe Mediation in Niedersachsen, 2006; *ders.* AnwBl 2007, 655; Forschungsbericht des arpos Instituts, www.arpos.de.
10 *Härting* (Fn. 6).
11 Z.B. *Monßen* ZKM 2006, 83.
12 Ebenso *Hinrichs* Berliner AnwBl 2007, 402.
13 Vgl. auch *Neuenhahn/Neuenhahn* NJW 2007, 1851.

diejenige Verhandlung, die ganz anderen Regeln folgt als Mediation und die Juristen viel vertrauter ist.

B. Mediative Entwicklung der »Mündlichen Verhandlung« im Zivilprozess

Bei aller Anerkennung erfolgreicher Modellprojekte gerichtlicher Mediation bestimmt der Zivilprozess die Auseinandersetzung um zivilrechtliche Ansprüche und damit auch die herkömmliche mündliche Verhandlung den Alltag in Gerichtsverfahren. Die Statistiken weisen aus, dass etwa 50 % der bei Land- und Amtsgerichten anhängig gemachten Verfahren sich »streitig« entwickeln, also zu einem Gütetermin und Termin zur mündlichen Verhandlung vordringen.[14] Die anderen 50 % enden z.b. durch Versäumnis- oder Anerkenntnisurteil, durch Rücknahme oder Erledigung der Verfahren. Auch bei zunehmender Verbreitung von Mediation wird die mündliche Verhandlung ihren gesetzlichen Stellenwert, ihre Aufgabe und ihre Funktion behalten. Sowohl Richter als auch Anwälte sind durch ihre Ausbildung und die juristische Praxis bislang allein auf die mündliche Verhandlung nach der Zivilprozessordnung ausgerichtet. In dieser Verhandlung sind Bühnenbild und Inszenierung, Regie, Rollenverteilung und Text klar und bekannt. Die Regie der Verhandlung mag von Fall zu Fall, von Gericht zu Gericht etwas voneinander abweichen, birgt aber in der Regel wenig Überraschungen. Der junge Richter lernte das »Verhandeln« früher vom Vorsitzenden, heute lernt der Einzelrichter als Autodidakt aus praktischer Erfahrung im Gerichtssaal und von Ratschlägen junger Kollegen. In jüngster Zeit und nicht zuletzt durch die Entwicklung der Mediation wird der Qualität der Zivilverhandlung vermehrt Aufmerksamkeit gewidmet. Aus Sicht der gerichtsnahen Mediation, die ja im anhängigen Prozess einsetzt, mag man die mündliche Zivilverhandlung äußerlich, in einzelnen Punkten möglicherweise sogar inhaltlich mit der Mediationsverhandlung vergleichen, denn die Mediation ersetzt die mündliche Verhandlung im Prozess, wenn sie zu einer Einigung führt.[15] Hinsichtlich der kommunikativen Fertigkeiten ist es insofern nahe liegend, mediative Elemente in die richterliche mündliche Verhandlung zu übernehmen. Das Bewusstsein ist gewachsen, dass die mündliche Verhandlung im Zivilprozess stärker professionalisiert und mit mediativen Elementen verbessert werden kann.

Eine gute mündliche Verhandlung wird als echte Verhandlung genutzt. Verhandlungstermine, die sich auf Antragstellung und die Bekanntgabe des Verkündungstermins beschränken, sollten der Vergangenheit angehören. Richter sollten bedenken, dass ein Verhandlungstermin für Anwälte und Parteien erheblichen zeitlichen Aufwand verursachen kann und gerade von Naturalparteien in einen solchen

---

14 Bundesamt f Statistik, www-ec.destatis.de, Fachserie 10, Justizstatistik der Zivilgerichte.
15 *Götz v. Olenhusen* ZKM 2004, 104; *Spindler* AnwBl 2007, 655.

Termin mitunter hohe Erwartungen gesetzt werden. Der Richter muss in der Zivilverhandlung stets eine Gratwanderung vollführen: Er muss gut vorbereitet sein und
sich mit dem Sachverhalt und der rechtlichen Würdigung auseinandergesetzt haben.
Andererseits muss er offen sein für neue Argumente und bereit sein, seine während
der Vorbereitung gewonnene Bewertung in Frage zu stellen. Der Rechtsanwalt und
die von ihm vertretene Partei dürfen in einer mündlichen Verhandlung erwarten,
dass ausreichend Zeit für die Erörterung des Falles vorgesehen ist. Das wiederum
bedingt eine gute Zeitplanung des Gerichts, die den Anwälten zuvor mitzuteilen ist,
wenn über die den Umständen nach zu erwartende Dauer hinaus Zeit beansprucht
wird. Offene rechtliche Hinweise des Gerichts auf die Rechtslage und den Stand des
Prozesses sind wichtig, damit die Parteien sich entsprechend verteidigen können.
Eine persönliche Anhörung erschienener Parteien gebietet schon der Respekt vor
den Beteiligten, für die ein Gerichtstermin ein singuläres, meist nicht sehr angeneh-
mes Ereignis darstellt. Es sollte eine Güteverhandlung geführt werden, in der das
Gericht möglicherweise einen Vorschlag unterbreitet, aber jede Art der Druckaus-
übung auf einen Vergleichsschluss vermeidet, auch wenn die Versuchung groß sein
mag, die Parteien von den Vorteilen einer Einigung nach Maßgabe desjenigen Vor-
schlags zu überzeugen, von dessen Richtigkeit der Richter selbst überzeugt ist. Die
mündliche Verhandlung im Zivilprozess ist dann eine gelungene Verhandlung,
wenn sich die Beteiligten engagiert und konstruktiv einbringen und das Gericht ihnen den notwendigen Spielraum einräumt.

Glänzend wie kaum ein anderer vermag nebenbei bemerkt *Scharf* die mündliche
Verhandlung zu nutzen, um die richterliche Überzeugung zu beeinflussen, zu ändern, die richterliche Einschätzung zu korrigieren und nach Möglichkeit von seiner
Auffassung zu überzeugen. Aus meiner Referendarzeit beim Oberlandesgericht
Celle ist mir die Senatsberatung nach dem Auftritt von *Scharf* in einer Zivilberu-
fungsverhandlung vor dem Senat unvergessen. Der Vorsitzende referierte den Sachverhalt und den Prozessverlauf. Sodann gab er einige vorsichtige Andeutungen zur
Einschätzung der Rechtslage. *Scharf* spürte rasch, dass diese Einschätzung des Senats sich möglicherweise nicht in die von ihm mit der Berufung erstrebte Richtung
entwickelte. Das war seine Stunde. Nun setzte sein gekonntes Plädoyer mit einem
Spektrum an Argumenten für seine Rechtsauffassung ein. In der Form charmant
und konziliant, rhetorisch brillant und eingängig, in der Sache fest und überzeugend, verfehlte die anwaltliche Rede ihren Eindruck auf den Richter nicht. Nach der
Verhandlung zog sich der Senat in das Beratungszimmer zurück. Der Vorsitzende
äußerte dort gegenüber Kollegen und Referendaren unter dem Eindruck des
Scharf'schen Plädoyers wiederholt bewundernd »Heute hat er mir wieder gut gefallen«.

Ein nicht geringer Teil der mediativen Kommunikation lässt sich in die klassische
richterliche Verhandlung transportieren. Der Mediator setzt Kommunikationsme-
thoden ein, die eine faire und klärende Verhandlung unter den Parteien ermöglichen. Er schafft eine Gesprächsstruktur, die die Parteien unterstützt. Der Mediator
lenkt die Verhandlung der Konfliktparteien durch Fragen. Der Mediator nimmt ge-

genüber den Parteien eine von Wertschätzung und Respekt geprägte Haltung ein. Er bringt seine allparteiliche Einstellung zum Ausdruck. In der streitigen zivilrichterlichen Verhandlung sollte den Beteiligten nicht weniger Wertschätzung und Respekt entgegen gebracht werden als in einer Mediation. Auch in der streitigen zivilrichterlichen Verhandlung kann mehr gefragt als vorgegeben werden. Nur hat das seine Grenzen: die Beteiligten eines Gerichtsverfahrens erwarten, dass der Richter seine Aufgabe des Hinweisens auf die Rechtslage, des richterlichen Bewertens und Entscheidens erfüllt. Deshalb wird es immer Grenzen mediativer Elemente in der richterlichen Verhandlung geben, werden richterliche Verhandlung und Mediation immer zwei unterschiedliche Verhandlungsformen bleiben.

C. DER ANWALTLICHE RAT ZUR MEDIATION

Eine wirksame Förderung der Mediation als Konfliktlösungsmethode ist nur mit der Unterstützung der Anwaltschaft möglich. Ein Mandant, der in eine rechtliche Auseinandersetzung geraten ist, wird sich vom Anwalt nicht nur in der Einschätzung der eigenen Rechtsposition und der materiellen Rechtslage beraten lassen. Ganz wesentlich wird es ihm auch auf den Rat des Anwalts ankommen, auf welchem Wege man die Auseinandersetzung führen und die eigene Position durchsetzen kann. Der Anwalt wird mit ihm erörtern und planen, wie man in der konkreten Angelegenheit vorgehen sollte. Die Mehrzahl der Rechtskonflikte wird im außergerichtlichen Bereich durch anwaltliche Intervention und Verhandlung zwischen den Streitparteien mit Unterstützung ihrer Anwälte beigelegt. Dennoch verbleibt eine erhebliche Anzahl an Konfliktfällen, die nicht außergerichtlich beigelegt werden können. Der übliche Weg zur Lösung beginnt dann mit der Klageerhebung. Die künftige Entwicklung der Mediation wird davon abhängen, ob Anwälte vermehrt zur Mediation raten werden, sei es an Stelle der Klageerhebung, sei es nach der Klageerhebung im Gerichtsverfahren. Nach den vom Verfasser als Richtermediator am Landgericht gewonnenen Erkenntnissen geht die überwiegende Anzahl der Prozessbevollmächtigten auf ein entsprechendes Mediationsangebot des Gerichts ein und rät den Mandanten zur (gerichtlichen) Mediation. In einigen Einzelfällen ergreifen Rechtsanwälte auch von sich aus die Initiative und bitten das Gericht um eine Mediation durch den Richtermediator. Das Beratungsverhalten lässt sich an der Quote der Zustimmungen zu dem gerichtlichen Mediationsangebot ablesen. Auf erstinstanzlicher Ebene in Prozessen vor den Land- und Amtsgerichten beträgt die Zustimmungsquote etwa 75%. Deutlich zurückhaltender nehmen Parteien und Anwälte das Angebot der Mediation an Oberlandesgerichten entgegen. Am Oberlandesgericht Celle kann die Zustimmungsquote derzeit im ersten Jahr der Einführung gerichtlicher Mediation im Berufungsverfahren nur als gering bezeichnet werden.

Welche guten Gründe gibt es, um dem Mandanten zu einer Mediationsverhandlung zu raten? Ist ein solcher Rat nicht für die Position des Mandanten nachteilig?

Dieses Vorurteil gilt es weiter auszuräumen.[16] In der kürzlichen Auseinandersetzung zwischen der Deutschen Bahn und der Gewerkschaft der Lokomotivführer (GDL) erhielt das Thema Mediation dadurch Publizität, dass die Konfliktparteien sich einer solchen Vermittlung stellten. Ein professioneller Konfliktberater tat dann in der Presse kund, die Bereitschaft zur Mediation sei der erste Fehler der GDL in der Verhandlung gewesen.[17] Bereitschaft zur Mediation werde als Schwäche der eigenen Position ausgelegt. Doch das ist zu kurz gedacht und geht an den Bedürfnissen und Interessen der Beteiligten vorbei. Mediation bedeutet zwar Bereitschaft zu verhandeln, unter Umständen auch Bereitschaft nachzugeben. Nur verkennt der zitierte Konfliktberater, dass das Wirtschaftsleben aus Verhandeln besteht, sei es mit oder ohne Konfliktvermittler[18] und Rechtsfrieden nur durch Verhandeln oder gerichtliche Entscheidung hergestellt werden kann.

Warum sollte ein Anwalt also zur Mediation raten? Diese Frage hat Verf. in zahlreichen Fällen zu beantworten versucht, in denen er Anwälten in Gerichtsverfahren Mediation angeboten hat. Gute Gründe für eine Mediation, mit denen Anwälte ihren Mandanten Mediation empfehlen können sind:

Der Mandant kann sein Anliegen im Rahmen einer fairen Verhandlung selbst in die Hand nehmen und zu einer interessengerechten Lösung gelangen. Im Konflikt mit dem Gegner stockt die Verhandlung. Die Mediation bietet die Chance, die Verhandlung mit Unterstützung eines Dritten erneut aufzunehmen und das Ergebnis zu beeinflussen. Der Mandant bestimmt die Lösung selbst.[19]

Die Risiken eines gerichtlichen Verfahrens werden vermieden. Nicht selten gehen beide Parteien siegesgewiss in das Gerichtsverfahren. Wichtige Risiken der eigenen Position werden dabei vielfach unterschätzt. Die eigene rechtliche Bewertung bleibt indessen immer eine subjektive Auffassung, die vielfach nicht durchsetzbar ist. Mediation verhilft zur Lösungsfindung ohne Gerichtsentscheid.

Verhandeln nutzt, Konfrontation schadet. Ein langer Prozess kostet nicht nur Geld, sondern vor allem Kraft und Nerven. Eine frühzeitigere Konfliktbeendigung durch Verhandeln lässt wieder Raum für kreative Arbeit. Die Beteiligten werden am Ende der Mediation zufriedener sein als nach einem streitigen Prozessverlauf.

Zustimmung zur Mediation bedeutet nicht Zwang zur Einigung. Seine Verhandlungsbereitschaft zu zeigen, bedeutet kein vorschnelles Nachgeben, sondern die Bereitschaft zur Kommunikation.

In der Mediationsverhandlung sind Mandant und Anwalt nicht auf die vom Gericht vorgegebenen Rechtsfragen beschränkt. Sie können über die Themen verhandeln, die ihnen wichtig sind. Hintergründe der Konflikte müssen aus Rechtsgründen im Verfahren der gerichtlichen Entscheidungsfindung oft als rechtlich

16 *Brinkamp/Spillner* AnwBl 2007, 701.
17 *Macioszek* Wirtschaftswoche vom 12.11.2007, 167; Hann. Allgemeine Zeitung vom 20.11.2007.
18 *Fisher/Ury/Patton* Das Harvard-Konzept, Einleitung.
19 Siehe *Neuenhahn/Neuenhahn* (Fn. 13); *Brinkamp/Spillner* (Fn. 16).

unerheblich außer Betracht bleiben, sind aber tatsächlich für die Parteien von immenser Bedeutung.

Mediation ist freiwillig. Jeder Schritt kann nur mit dem Einverständnis der Verhandlungspartner gegangen werden. Sie können die Verhandlung jederzeit beenden und das Gerichtsverfahren aufnehmen.

Mediation bedeutet Hilfe durch einen geschulten und neutralen Vermittler. Der Mediator ist neutral und wird die Standpunkte der Parteien mit Verständnis akzeptieren und Ihnen mit Respekt begegnen. Er wird die Verhandlung so leiten, dass die Parteien unterstützt werden ihre Anliegen vorzubringen.

Den Parteien wird ein flexibles Verfahren und ein breiteres Lösungsspektrum für den Konflikt geboten, als es im Rechtsstreit möglich wäre. Während im Prozess meist über rechtliche Konsequenzen aus vergangenem Fehlverhalten zu entscheiden ist, sollen die Parteien in der Mediation den Blick in die Zukunft richten. Hinzu kommt eine deutlich höhere Zufriedenheit der Parteien mit dem Verfahren und mit den gefundenen Lösungen.

Diesen Vorteilen werden unterschiedliche Bedenken entgegen gehalten. So wird angeführt, Recht und Gesetz blieben auf der Strecke. Es bestehe die Gefahr rechtswidriger Vereinbarungen, weil der Mediator diese nicht prüfe. Diesen Befürchtungen sind unbegründet, weil die Parteien während der Mediation rechtlich beraten sind. Das geschieht in der Regel durch die in der Verhandlung anwesenden Rechtsanwälte. Sollten tatsächlich einmal Bedenken gegen eine Vereinbarung bestehen, ist der Mediator frei, diese Bedenken zu äußern. Die Göttinger Erfahrung hat indessen gezeigt, dass in keinem der zahlreichen Mediationsfälle Vereinbarungen getroffen worden sind, in denen Bedenken gegen die rechtliche Wirksamkeit oder Umsetzbarkeit ersichtlich waren.

Mediation wird mitunter als »bloßes Palaver« abgetan. Derartige polemische Äußerungen gehen an der Sache vorbei. Die mediative Verhandlungs- und Lösungsmethode ist für die Beteiligten kein Palaver, sondern hilfreiche Kommunikation, die sich mit ihren Anliegen befasst. Sie ist eine andere Methode der Konfliktlösung, in deren Mittelpunkt nicht die rechtliche Bewertung durch den neutralen Dritten steht, sondern dessen Vermittlungsaufgabe. Mit Hilfe einer strukturierten Kommunikation und einer von Wertschätzung und Respekt für die Parteien geprägten Haltung hilft der Mediator den Parteien, ihre Verhandlung trotz des Konfliktes fort zu führen oder wieder aufzunehmen.

D. Der Anwalt als Parteivertreter
in der Mediationsverhandlung

Anwälte sind Verhandlungspartner der Richter, auch wenn Richter ihre Rolle wechseln und als Mediatoren wirken. So wurden in der gerichtlichen Mediation zahlreiche Anwälte mit Mediation konfrontiert, die dieses Instrument der Verhandlung bislang nicht erlebt und eingesetzt hatten. Die Anwaltschaft hat sich in hervorragender Weise auf diese andere Art der Verhandlung eingestellt. Begleitung und Beratung von Mandanten in einer Mediation stellt den Anwalt vor andere Aufgaben als die streitige Verhandlung im Zivilprozess.[20] Die maßgebliche Änderung liegt darin begründet, dass es nicht um richterliche Überzeugungsbildung geht. Der Schwerpunkt liegt auf der zukunftsgerichteten Lösungsoption im Interesse des Mandanten. Wo dessen Interessen liegen, wird oft erst in der Mediation genauer bekannt oder erkannt. Der Anwalt muss sich als Parteivertreter flexibel auf seinen Mandanten einstellen, ihn bei der Formulierung seiner Interessen unterstützen. Er muss ihn rechtlich informieren, möglicherweise warnen, unter Umständen aber bestärken. Es geht auch um rechtliche Verhandlung, um die Darstellung des Risikos, des rechtlichen Hintergrundes.

Mediation bietet wie jede andere Verhandlung auch ein geeignetes Feld für den Einsatz von Verhandlungstaktiken. Das Feld ist sogar größer als in der gerichtlichen Verhandlung, weil der einzelne Verhandlungsteilnehmer mehr Möglichkeiten hat, an Gegenstand, Inhalt und Verlauf der Verhandlung mitzuwirken. Während in der Gerichtsverhandlung das Gericht den Verhandlungsgegenstand vorgibt, bestimmen in der Mediation die Parteien die Themen der Verhandlung. Die gerichtliche Verhandlung steuert das Gericht mit Bewertung von Themen als »rechtlich erheblich« oder »rechtlich unerheblich«. Über rechtlich Unerhebliches wird nur insofern diskutiert, als es um die Einstufung als unerheblich geht. Das Gericht definiert mit der Relationsmethode den rechtlich relevanten Kern, über den verhandelt werden kann. Das ist natürlich eine andere »Verhandlung«, nämlich keine selbst bestimmte Disposition der Parteien über ihren Konfliktgegenstand. Rechtsanwälten kommt in der gerichtsnahen Mediation eine wichtige Rolle zu. Die Mediationserfahrung an den Gerichten hat gezeigt: versierte Anwältinnen und Anwälte unterstützen ihre Mandanten in Mediationsverhandlungen mit wertvollen Lösungsideen und helfen ihnen, ein interessengerechtes Ergebnis zu finden.

E. MEDIATION ALS BERUFSFELD SOWOHL DES ANWALTS ALS AUCH DES RICHTERS

Zurück zu der eingangs geschilderten Entwicklung. Der Gefahr, Anwaltsmediation und Richtermediation zu berufspolitischen Konkurrenzprodukten werden zu lassen, sollte begegnet werden. Versuche, die Mediation nur für einen Berufsstand zu reklamieren und andere auszuschließen, binden Kräfte an der falschen Stelle. Sie werden nur dazu führen, dass Mediation am Ende keine signifikante Bedeutung erlangt. Anwälte und Richter sollten gegenseitig ihr Interesse an Mediation anerkennen. Sie können nach mediativen Prinzipien versuchen, eine Lösung zu finden, die beiden Interessen gerecht wird. Das Interesse der Anwaltschaft, Mediation als ihr Berufsfeld

---

20 Dazu *Neuenhahn/Neuenhahn* (Fn. 13); *Hückstädt* Neue Justiz 2005, 294; *Wegener* SchlHAnz 2007, 138; *S. Koch* SchlHAnz 2007, 151.

auszubauen, ist anzuerkennen. Was die Richterschaft betrifft, haben die Projekte zur gerichtsnahen Mediation und deren rasche Verbreitung an den deutschen Zivilgerichten gezeigt, dass ein Bedarf an dem Angebot gerichtlicher Mediation besteht. Überall dort, wo Konflikte zu verhandeln sind, ist auch Mediation möglich. Gleich unter welcher Bezeichnung werden Richter, solange sie Konflikte zu verhandeln haben, mit den Parteien und Anwälten auch über eine Lösungsalternative zur gerichtlichen Entscheidung kommunizieren. Die Projekte der Mediation in Gerichtsverfahren durch Anwälte haben gezeigt, dass sich fast alle Grundsätze und Vorteile gerichtlicher Mediation auf die anwaltliche Mediation im Gerichtsverfahren übertragen lassen. Zahlreiche freie Mediatoren in Deutschland belegen darüber hinaus, dass Mediation auch außerhalb des Gerichtsverfahrens erfolgreich angeboten werden kann. Das Fazit lautet daher, dass nicht die berufliche Herkunft, sondern die persönliche und fachliche Qualifikation entscheidend ist. Mediation muss von den Juristinnen und Juristen angeboten werden, die sich dafür berufen fühlen und die entsprechende persönliche und fachliche Eignung mitbringen. Besitzansprüche der Justizmediatoren auf die zu ihnen gelangten Konflikte sind fehl am Platz. Die Klageerhebung ist kein geeignetes Kriterium für die Abgrenzung anwaltlicher oder richterlicher Mediationszuständigkeit. Davon geht auch § 278 Abs. 5 S. 2 ZPO aus. Die Klageerhebung ist alles andere als ein sicheres Zeichen dafür, dass zwischen den Parteien nicht mehr verhandelt werde oder werden könne. Daraus folgt, dass es keine innere Rechtfertigung gibt, das Konfliktstadium zum Gradmesser zu machen, ob eine Mediation stattfinden kann. Wer in der formalen Zäsur der Klageerhebung keine Sperre für Mediation sieht, kann in ihr auch keine Sperre für Mediation durch Anwaltsmediatoren sehen. Richtermediator und Anwaltsmediator stehen den Parteien mit dem gleichen Maß an Kompetenzen gegenüber, nämlich im Streitfall keine Entscheidungsbefugnis, sondern allein einen Vermittlungsauftrag zu haben.

Die weitere Entwicklung hängt davon ab, ob sich Anwaltschaft und Justiz von berufspolitischen Fixierungen lösen und gemeinsam das Ziel ansteuern können, den Konfliktparteien das Verfahren der Mediation effektiv und kostengünstig anzubieten. Um eine wirksame Förderung außergerichtlicher und damit auch anwaltlicher Mediation zu erreichen, bedarf es dabei allerdings anderer Werkzeuge als Projekte, Appelle, Bitten und schöne Worte, um die Parteien und ihre Prozessvertreter von den Vorzügen der Mediation zu überzeugen. Die Lösungssuche wird sich nicht einfach gestalten, weil nicht nur Organisationsaufgaben zu erfüllen, sondern auch Kostenfragen zu klären sind.

Zur wirksamen Förderung der Mediation muss an die Einführung einer richterlichen Befugnis gedacht werden, anhängige Rechtsstreitigkeiten auch ohne Zustimmung der Parteien vorübergehend auszusetzen und den Parteien einen Mediationsversuch aufzugeben. Vorsichtige Ansätze in dieser Richtung finden sich für den Bereich des Familienrechts im Regierungsentwurf zum FGG-Reformgesetz. Danach soll das Gericht ein Informationsgespräch über Mediation anordnen können.[21] Oh-

---

21 §§ 135, 156 RegE FGG-ReformG (www.bmj.bund.de, Themen, Rechtspflege).

ne eine Befugnis des Richters zur Anordnung der Mediation im Zivilprozess wird man in absehbarer Zeit nicht zu einer signifikanten Verbreitung von Mediation als Alternative zum streitigen Verfahren gelangen. Nur durch die Möglichkeit des Richters, im anhängigen Prozess Mediation anzuordnen, lässt sich das Instrument zielgerichtet dort einsetzen, wo es seine Wirkung und seine Vorteile voll entfalten kann. Demgegenüber erscheinen Modelle allein vorgerichtlicher obligatorischer Mediation als gerichtliche Zugangshürde aus mehreren Gründen ungeeignet. Erstens würden sich sogleich Umgehungsstrukturen bilden, die ein solches Werkzeug aushebeln. Mit einer richterlichen Anordnungsbefugnis würde demgegenüber das Konfliktstadium der Klageerhebung seine Bedeutung für die Mediationseignung verlieren. Zweitens bedarf es einer vom Gericht wahrgenommenen Filter- und Steuerungsfunktion. Wie oben erwähnt, gelangen nur etwa 50% der Zivilprozesse zu einer Verhandlung. Das Gericht muss eine Klärung herbeiführen, welche Verfahren nicht vermittlungsgeeignet sind, wie z.B. diejenigen Verfahren, die allein der raschen Titelbeschaffung dienen, wie das Versäumnis- oder Anerkenntnisverfahren, oder die vom Kläger nicht weiter betrieben werden und sich – meist nach außergerichtlicher Erledigung – durch Rücknahme, Nichtbetrieb oder Ruhen des Verfahrens erübrigen. In solchen Verfahren eine obligatorische außergerichtliche Mediation vorzuschalten, wäre höchst nachteilig, weil sie von den Schuldnern zur Verzögerung genutzt werden würde. Außerdem würde eine umfassende obligatorische Mediation zu hohe Kosten verursachen.

Im Zusammenhang mit der richterlichen Anordnungskompetenz sind dann Überlegungen anzustellen, wie die Kosten der richterlich angeordneten Mediation aufgebracht werden können, wenn ein außergerichtlicher Mediator im Verfahren tätig wird und zu vergüten ist. Bezieht man den Anwaltsmediator in das Gerichtsverfahren ein, erscheint es nicht ausgeschlossen, ihn für seine Vermittlungsleistung nicht unmittelbar von den Parteien vergüten, sondern ihn an den Gerichtsgebühren partizipieren zu lassen. Das wäre dann eine denkbare Möglichkeit, wenn die Konfliktlösung durch Mediation im Ergebnis insgesamt weder für die Parteien noch für den Staat kostenaufwendiger wird als das entsprechende Volumen richterlich geführter Verfahren ohne Hinzuziehung externer Mediatoren. Hierzu bedarf es noch genauerer Untersuchungen und Berechnungsmodelle. Alle Aktivitäten zur Weiterentwicklung der Mediation in juristischen Konflikten sollten dabei von Zusammenarbeit der Justiz und der Anwaltschaft geprägt sein.

Der Rechtsanwalt im Spannungsfeld zwischen organschaftlicher Unabhängigkeit und wirtschaftlicher Abhängigkeit

Elisabeth Heister-Neumann

Der Beruf des Rechtsanwalts ist begehrt. Diesen Schluss legt zumindest die Statistik nahe, wonach sich die Anzahl der in Deutschland zugelassenen Rechtsanwälte allein im Zeitraum von 1995 bis 2007 – von rund 74 300 auf knapp 143 000 – fast verdoppelt hat. Nach den von der Bundesrechtsanwaltskammer regelmäßig veröffentlichten Zahlen kam hier im Jahr 2004 eine Anwältin/ein Anwalt auf 651 Einwohner. Deutschland liegt damit rechnerisch zwar noch im europäischen Mittelfeld, da Länder wie Großbritannien, Spanien, Portugal, Italien, Griechenland, Luxemburg oder Liechtenstein eine noch höhere Anwaltsdichte aufweisen (zwischen 390 und 502 Einwohner je Anwalt). Die entsprechenden Zahlen aus Frankreich (1466 Einwohner je Anwalt), Österreich (1806 Einwohner je Anwalt), Tschechien (1443 Einwohner je Anwalt), der Schweiz (1051 Einwohner je Anwalt) oder den Niederlanden (1276 Einwohner je Anwalt) zeigen aber deutlich den quantitativen Unterschied zu den meisten Nachbarländern.

Natürlich dürften die Gründe für den Anstieg der Anwaltszulassungen in Deutschland mannigfalt sein; auch ist anzunehmen, dass die so genannte Anwaltsschwemme der Attraktivität des Berufes mittlerweile eher abträglich ist.

Dennoch: Der Beruf des Anwalts ist in der Gesellschaft hoch angesehen. Beauftragt der Bürger in einer Rechtssache einen Rechtsanwalt, tut er dies in der Regel im Vertrauen auf dessen Fähigkeit, ihm zur Durchsetzung seines Rechts zu verhelfen.

Und dieses Vertrauen hat seinen Grund:

Weil die Gesellschaft der anwaltlichen Tätigkeit eine für ihre Versorgung existentielle Bedeutung beimisst, hat sie ihr – im Verhältnis zu anderen beruflichen Tätigkeiten und ähnlich den Heilberufen – eine Sonderstellung eingeräumt: Die Freiberuflichkeit.

Der Anwalt ist also Inhaber eines freien Berufs, der wie alle freien Berufe durch die Übernahme gesellschaftlicher Verantwortung geprägt ist. Zugleich ist er an ein hohes Berufsethos gebunden, das gleichsam als Regulativ zur freiberuflichen Selbstverwaltung wirkt.

Diese Verknüpfung von Unabhängigkeit und Bindung ist weder eine deutsche Besonderheit noch ein Zufallsprodukt. Die Entwicklung der freien Berufe in Europa, zu denen neben den Anwälten und Ärzten beispielsweise auch Apotheker, Steuerberater, Wirtschaftsprüfer, Ingenieure, Architekten oder Publizisten gehören, ist vielmehr eng mit der Aufklärung und dem in ihrem Zuge veränderten Verständnis des Verhältnisses zwischen dem Individuum, dem Staat und der Gesellschaft verbunden. In dem Maße, in dem der Einzelne nicht mehr nur als Untergebener angesehen wurde, sondern der Staat seinerseits als Gebilde, das für das Funktionieren der Gemeinschaft zu sorgen hat und gegen den sich der Einzelne erforderlichenfalls zur Wehr setzen kann, erlangten auch die freien Berufe Bedeutung. Mit ihnen war es möglich, die Interessen des Einzelnen in den Vordergrund zu stellen und ihn als Subjekt statt als reines Objekt staatlichen Handelns begreifbar zu machen.

Der freie Beruf gründet daher zum einen auf essentiellen gesellschaftlichen Bedürfnissen – im Falle des Rechtsanwalts auf dem Bedürfnis nach der Besorgung juristischer Angelegenheiten –, zum anderen auf der besonderen Schaffenskraft des freiberuflich Tätigen, der zur Erbringung seiner individuellen Leistung der wirtschaftlichen und sozialen Selbständigkeit sowie fachlicher Unabhängigkeit bedarf. Diese Freiheiten konnten nur »aufgeklärte« Staaten bieten, daher verwundert es nicht, dass sich in absolutistischen Staaten weder eine freie Anwaltschaft noch sonstige freie Berufe entwickeln konnten. Nur in einem Staatsgebilde, das die Freiheit des Individuums nicht fürchtet, sondern schätzt, bestehen die für die Herausbildung freier Berufe notwendigen freiheitlichen Rahmenbedingungen.

Dabei waren im Übrigen das Ansehen und die Akzeptanz der freien Berufe auch immer zugleich mit der Selbstunterwerfung unter berufsethische Grundsätze verbunden. Anders wäre das notwendige Vertrauensverhältnis zwischen Freiberufler und Adressat der Leistung nicht begründbar gewesen. Die Herausbildung eines Berufsethos und die Sanktionierung etwaiger Verstöße sind daher Kennzeichen der Freiberuflichkeit.

Tatsächlich stellen das Standesrecht und das Berufsrecht der Rechtsanwälte die Säulen dar, auf denen die Freiheit des Anwaltsberufes ruht. Nicht zuletzt deswegen wacht auch die Anwaltschaft selbst durch ihre Standesvertretung, die Rechtsanwaltskammern, mit besonderer Aufmerksamkeit über die Einhaltung der berufsethischen Pflichten.

Der Anwalt ist mithin freischaffender Fachmann, Vertrauensperson und rechtlich-moralische Autorität in einem. Doch unterscheidet sich sein Berufsbild in einem wichtigen Punkt von dem anderer Freiberufler: Der Anwalt ist Organ der Rechtspflege und damit institutioneller Teil des staatlichen Rechtsfürsorgesystems.

Im Zusammenhang mit der beruflichen Tätigkeit des Rechtsanwalts fallen daher immer auch die Schlagwörter »unabhängiges Rechtspflegeorgan« und »Parteivertreter«.

Diese Charakterisierungen scheinen zunächst im Widerspruch zueinander zu stehen, denn wie kann jemand zugleich unabhängig und parteilich sein? Und wie passen die Zugehörigkeit zur Rechtspflege und eine einseitige Interessenwahrnehmung zueinander? Ist der Rechtsanwalt vielleicht gar nicht unabhängig, sondern mehr oder weniger willfähriges Werkzeug seines – ihn beauftragenden und bezahlenden – Mandanten? Oder irrt ein Mandant, wenn er meint, »sein« Anwalt habe uneingeschränkt seine Interessen zu vertreten?

Offensichtlich agiert der Anwalt also zumindest in einem Spannungsfeld zwischen organschaftlicher Unabhängigkeit und wirtschaftlicher Abhängigkeit: Grundlegende, den berufsrechtlichen Status des Rechtsanwaltes prägende Norm ist § 1 der Bundesrechtsanwaltsordnung (BRAO). Dort heißt es: »*Der Rechtsanwalt ist ein unabhängiges Organ der Rechtspflege.*«

Diese Einordnung des Anwalts als unabhängiges Rechtspflegeorgan bedeutet für ihn zunächst einmal die Freiheit von staatlicher Einflussnahme auf seine Berufswahl und auf die konkrete Berufsausübung.

Als Organ der Rechtspflege stehen ihm außerdem Rechte zu, die seinem Mandanten in dieser Weise nicht zustünden, wie zum Beispiel das Akteneinsichtsrecht und das Beweisbesichtigungsrecht des Strafverteidigers im Strafverfahren oder dessen Möglichkeit, die Ermittlungsakten mit nach Hause oder in die Kanzlei zu nehmen (§§ 147, 406e StPO). Auch sein Zeugnisverweigerungsrecht (§ 53 StPO, § 383 ZPO) ist Ausdruck seiner Privilegierung.

Zugleich unterliegt der Anwalt aber auch besonderen rechtspflegebezogenen, mithin öffentlich-rechtlichen Bindungen. So ist er beispielsweise in bestimmten Fällen der Beiordnung oder der Pflichtverteidigung zur Übernahme eines Mandates verpflichtet, ohne sich auf seine Vertragsabschlussfreiheit berufen zu können (z.B. §§ 141 ff. StPO, § 49 BRAO). Auch hinsichtlich der Leistung von Beratungshilfe kann er sich nicht grundsätzlich verweigern (§ 3 Beratungshilfegesetz, § 49a BRAO).

Als Rechtspflegeorgan hat er sich zudem selbstverständlich – neben den Regeln des Standesrechts – an Recht und Gesetz zu halten.

Freiheit und Unabhängigkeit des Anwalts haben also Grenzen – und zwar dort, wo es um das Gemeinwohlinteresse an einer geordneten Rechtspflege geht. Zu dieser gehören, neben einer funktionierenden Rechtsvorsorge, vor allem der unabhängige, neutrale Richter und der zur Objektivität verpflichtete Staatsanwalt. Damit aber ist ersichtlich noch nicht allen Interessen der Rechtspflege genügt: Richter und Staatsanwälte wären aufgrund ihrer spezifischen Funktionen als abwägende, entscheidende, ermittelnde oder strafverfolgende Organe gar nicht in der Lage, die seitens des Mandanten benötigte spezifische Interessenvertretung wahrzunehmen. Hierzu bedarf es des Rechtsanwalts, der kraft seiner besonderen Stellung – wie es häufig heißt – »Kämpfer für das Recht« seines Mandanten ist. Er vertritt dessen Rechtsposition, verschafft ihm Gehör und leistet damit einen wichtigen Beitrag zur Befriedung von Konflikten und zur Erlangung von Gerechtigkeit. Gerade in dem für den juristischen Laien oft schwer zu durchdringenden Dickicht gesetzlicher Vorschriften, Verfahrensnormen, Fristen und Vertragsgestaltungsmöglichkeiten ist eine effektive rechtliche Vertretung oft nur mit Hilfe anwaltlichen Beistands möglich. Ohne die Rechtsanwälte wäre »Recht« für den Bürger daher allzu häufig ein nicht erreichbares Ziel; ein auf bürgerschaftlichem Frieden und dem Ausgleich aller Interessen beruhendes Gemeinwesen könnte nicht existieren.

Damit wiederum wird deutlich, warum es tatsächlich *keinen* Widerspruch darstellt, wenn der Anwalt zugleich unabhängiges Rechtspflegeorgan ist *und* Interessenvertreter seines Mandanten: Seine Aufgabe im System der Rechtspflege erfüllt er nämlich gerade dadurch, dass er seine Rechtskunde und sein Fachwissen in den Dienst des Mandanten stellt und ihm bei der Durchsetzung seiner berechtigten Ansprüche, bei seiner Verteidigung oder bei sonstigen legitimen rechtlichen Anliegen hilft. Er *muss* also geradezu parteilich sein, will er seine Rolle im Rechtspflegesystem bestimmungsgemäß ausfüllen. Seine institutionelle Einbindung in die Rechtspflege gibt ihm hierbei die Möglichkeit, ein adäquates Gegengewicht zu den übrigen justiziellen Einrichtungen zu stellen.

Es kann daher nicht überraschen, dass die Rechtsordnung diese zweifache Funktion des Anwalts an vielen Stellen konkret abbildet und die herausragende Stellung des Anwalts durch besondere Regelungen wie beispielsweise das – im Wesentlichen auch nach Inkrafttreten des Rechtsdienstleistungsgesetzes fortbestehende – Rechtsberatungsmonopol und das allein den Rechtsanwälten zustehende Recht zur Vertretung vor Gericht verdeutlicht. Der Schutz des besonderen Vertrauensverhältnisses zum Mandanten spiegelt sich wiederum in den bereits genannten Verschwiegenheitspflichten und den daraus folgenden Zeugnisverweigerungsrechten und Beschlagnahmeverboten wider.

Dementsprechend hat auch die Rechtsprechung – insbesondere des Bundesgerichtshofs und des Bundesverfassungsgerichts – immer wieder die Berufsfreiheit der Anwälte hervorgehoben und in zahlreichen Urteilen bestätigt, dass es zum anwaltlichen Berufsbild gehört, einerseits die anwaltliche Tätigkeit möglichst frei und unabhängig von staatlicher Intervention wahrnehmen zu können und andererseits ein legitimes wirtschaftliches Interesse am Erfolg der Mandatsausführung haben zu dürfen. Jüngstes Beispiel ist die Entscheidung des 1. Senates des Bundesverfassungsgerichts zur Unvereinbarkeit des gesetzlichen Verbots anwaltlicher Erfolgshonorare mit Artikel 12 Abs. 1 GG (Urteil vom 12.12.2006, 1 BvR 2576/04). Darin heißt es:

>»Mit dem Schutz der anwaltlichen Unabhängigkeit verfolgt der Gesetzgeber mit Blick auf das übergeordnete Gemeinwohlziel einer funktionierenden Rechtspflege einen legitimen Zweck. Die Wahrung der Unabhängigkeit ist unverzichtbare Voraussetzung dafür, dass Rechtsanwälte als Organe der Rechtspflege (§ 1 BRAO) und berufene Berater und Vertreter der Rechtsuchenden (§ 3 Abs. 1 BRAO) durch ihre berufliche Tätigkeit zu einer funktionierenden Rechtspflege beitragen können (…).
>
>(…) Hiernach vermag allerdings das eigene wirtschaftliche Interesse des Rechtsanwalts an dem erfolgreichen Abschluss eines Mandats für sich genommen noch keine Gefährdung der anwaltlichen Unabhängigkeit zu begründen. Kommerzielles Denken ist mit dem Anwaltsberuf nicht schlechthin unvereinbar (vgl. BVerfGE 87, 287 [329 f.]). Das Gegenteil ergibt sich aus der Konzeption, die dem Berufsrecht der Rechtsanwälte zugrunde liegt. Als Angehörige eines freien Berufes (§ 2 Abs. 1 BRAO) tragen Rechtsanwälte regelmäßig unmittelbar oder – im Anstellungs- oder freien Mitarbeiterverhältnis - mittelbar das volle wirtschaftliche Risiko ihrer beruflichen Tätigkeit (vgl. BVerfGE 16, 286 [294]). Schon das geltende Recht kann und will es daher nicht ausschließen, dass Rechtsanwälte auf ihre durch die erfolgreiche Erledigung von Mandaten nachgewiesene Reputation auch deshalb Wert legen, weil sie sich dadurch für weitere wirtschaftlich interessante Mandate empfehlen. (…)«.

Das Bundesverfassungsgericht hat damit von neuem in aller Deutlichkeit zum Ausdruck gebracht, dass es keinen Widerspruch darstellt, als Anwalt institutionell unabhängig zu sein und trotzdem gewissen wirtschaftlichen Abhängigkeiten zu unterliegen.

Die »Doppelrolle« des Rechtsanwalts entspricht damit im Übrigen auch der pluralistischen Konzeption des Rechtspflegesystems unserer freiheitlichen Gesellschaft: Wie im politischen System ist die einseitige Interessenvertretung geradezu gewollt – aber eben als Teil einer Gesamtheit *vielfacher* einseitiger Interessenvertretungen, damit letztlich möglichst alle relevanten Interessen angemessen vertreten und berücksichtigt sind.

Dieses »janusköpfige« Berufsbild des Rechtsanwalts ist schließlich, wie die Herausbildung der Freiberuflichkeit, keine deutsche Besonderheit, sondern findet sich – wenn auch in unterschiedlicher Ausprägung – in ähnlicher Form in vielen anderen europäischen Rechtssystemen. Insbesondere gilt dies für die Staaten des romanischen Kulturkreises wie Italien, Spanien, Portugal, Frankreich, Belgien, aber auch Österreich und Griechenland, die den Rechtsanwalt ebenfalls gleichermaßen als Organ der Rechtspflege *und* als Vertragspartner seines Mandanten betrachten.

Auf die Einräumung einer organschaftlichen Stellung verzichten dagegen weitgehend zum Beispiel Finnland und Schweden sowie Großbritannien. Zwar erkennen auch sie an, dass der Anwalt im Dienste der Rechtspflege und des Gemeinwohls tätig ist, womit dann auch bestimmte Berufspflichten verbunden sind; nach dortiger Sicht definiert sich die anwaltliche Tätigkeit aber vorrangig über die Dienstleistung für den Mandanten, sodass die Berufspflichten gegenüber der vertraglichen Dispositionsfreiheit der Parteien des Anwaltsvertrages eher in den Hintergrund treten.

Tatsache ist, dass sich dort, wo die organschaftliche Stellung des Rechtsanwalts nicht ähnlich wie im deutschen Rechtssystem institutionalisiert ist, der Anwaltsberuf eher zum Dienstleistungsunternehmen hin entwickelt als in Richtung eines Rechtspflegeorgans.

Ohne die Qualität des einen oder anderen Systems abschließend bewerten zu wollen (hierfür wären ohnehin eine vertiefte Untersuchung und Analyse notwendig, die an dieser Stelle gar nicht geleistet werden können), steht zumindest fest, dass die eingangs genannten Anwaltsprivilegien genauso wie das weitgehende Rechtsberatungsmonopol der Anwälte nur dann ihre Berechtigung haben können, wenn dem auch bestimmte anwaltliche Berufspflichten und eine institutionelle Einbindung in das Rechtspflegesystem gegenüber stehen. Anderenfalls wären die besonderen Rechte der Anwaltschaft nicht haltbar; der Mandant könnte zwar den juristischen Fachmann, nicht mehr aber den im Justizgefüge ebenbürtigen Interessenvertreter beauftragen. Rechtsanwälte wären gezwungen, das Schwergewicht ihrer Tätigkeit auf die Mandantenanwerbung zu legen und zum reinen Dienstleister zu werden. Eine Senkung der Qualität der Rechtsberatung und damit ein geringerer Verbraucherschutz wären die Folge.

In diesem Sinne ist dieser Beitrag doch ein Plädoyer für den Status des Rechtsanwalts als Rechtspflegeorgan und die Erhaltung seiner institutionalisierten Unabhängigkeit.

Die Bedeutung des RDG
für den Rechtsdienstleistungsmarkt

– Gesetzgebung auf dem Prüfstand oder:
Der Versuch eines Blicks in die Zukunft –

MATTHIAS KILIAN

A. EINLEITUNG

Die kritische Begleitung der die anwaltliche Berufsausübung besonders intensiv betreffenden Reformprojekte der letzten Dekade durch *Ulrich Scharf* war Anstoß, Beiträgen zu den Themen RVG, RDG sowie ZPO in dieser Festschrift unter dem Titel »Kampf ums Recht« breiten Raum zu geben. Es ist eine willkommene Koinzidenz, dass wenige Tage vor dem Ereignis, das diese Festschrift würdigt, dem 70. Geburtstag *Ulrich Scharfs* am 14.7.2008, zwei dieser Reformprojekte ihren förmlichen Abschluss gefunden haben: Seit dem 1.7.2008 beansprucht das »Gesetz zur Neuregelung des Rechtsdienstleistungsrechts«[1] in jenen Teilen, die das Rechtsdienstleistungsgesetz[2] (RDG) enthalten, ebenso Geltung wie das »Gesetz zur Neuregelung des Verbots des Erfolgshonorars«[3], das sich entgegen seines Titels nicht nur mit dem Erfolgshonorar befasst, sondern das RVG im Bereich der vertraglich vereinbarten Vergütung umgestaltet. Das Generalthema »Kampf ums Recht«, unter dem die Beiträge zu RDG, RVG und ZPO in dieser Festschrift stehen, gibt vor diesem Hintergrund Anlass zur Überprüfung – was wurde erreicht, und welche Konsequenzen wird das neue Recht haben?

Gegenstand der Betrachtungen wird im Nachfolgenden das Rechtsdienstleistungsgesetz sein. Seine Überprüfung soll mit Blick auf den Jubilar mit einer besonderen Akzentuierung erfolgen: *Ulrich Scharf* hat als Pressesprecher der BRAK, zu dem er 1999 gewählt wurde, lange Jahre Recht in Bezug zur Rechtswirklichkeit setzen müssen, eine rein juristische Sicht ersetzen müssen durch den Blick auf die soziologische Dimension des Rechts, ist im Dialog mit den Medien ein Diskurs über dogmatische Details eines Rechtsproblems doch selten zielführend. Als Präsident der Rechtsanwaltskammer Celle – *Scharf* wurde dieses Amt im Jahr 1995 anvertraut

---

1 BGBl. I 2007 S. 2840 ff.
2 Hierzu überblicksartig etwa *Kleine-Cosack* BB 2007, 2637 ff.; *Sabel* AnwBl 2007, 816 ff.; *Henssler/Deckenbrock* DB 2008, 41 ff.
3 BGBl. I 2008 S. 1000.

– trug er eine besondere Verantwortung für die berufsrechtliche Dimension der anwaltlichen Tätigkeit. 2004 schließlich zum ersten deutschen Präsidenten des Verbandes Europäischer Rechtsanwaltskammern (FBE) gewählt, galt sein besonderes Interesse auch den Entwicklungen in den Anwaltschaften Europas.

Reizvoll erscheint es vor diesem persönlichen Hintergrund, mit dem Rechtsdienstleistungsgesetz eines der aktuellen Reformprojekte, die Gegenstand dieser Festschrift sind, aus dem Blickwinkel der Rechtstatsachenforschung, des Berufsrechts und der Rechtsvergleichung zu beleuchten. Eine erschöpfende Analyse kann dieser Beitrag freilich nicht leisten, er will lediglich einen vorsichtigen Ausblick wagen, ob die Reform des Rechtsdienstleistungsrechts für die Praxis der anwaltlichen Berufstätigkeit neue Herausforderungen mit sich bringt.

B. RECHTSDIENSTLEISTUNGSGESETZ: »MODERATE ÖFFNUNGEN«

I. Überblick

Das Rechtdienstleistungsgesetz beschäftigt die Rechtspolitik bereits seit mehreren Jahren, schon auf dem Juristentag im Jahr 2004 wurde auf Grundlage eines Diskussionsentwurfs des Justizministeriums[4] über die Frage des künftigen Zugangs zum Rechtsdienstleistungsmarkt beraten.[5] Im Oktober 2007 hat die Fassung, die nach jahrelangen Beratungen und Diskussionen schließlich konsensfähig war, Bundestag und Bundesrat passiert. Bundesjustizministerin *Brigitte Zypries* hat das Gesetz wie folgt charakterisiert: »Das neue Rechtsdienstleistungsgesetz erhält das Anwaltsmonopol für den gesamten Kernbereich rechtlicher Dienstleistungen. Allerdings wird es künftig moderate Öffnungen geben«.[6]

Diese moderaten Öffnungen, wie die Bundesjustizministerin formuliert, betreffen vor allem drei Bereiche: Zum einen wird die Rechtsdienstleistung, die weiterhin erlaubnispflichtig ist, begrifflich neu definiert. Diese Begriffsrafinesse wird es künftig Personen ermöglichen, im außergerichtlichen Bereich rechtsdienstleistend tätig zu werden, denen dies bislang verwehrt war. Oder etwas überspitzt formuliert: Sie sind rechtsdienstleistend tätig, ohne Rechtsdienstleistungen zu erbringen, und benötigen deshalb keine Erlaubnis. Zum anderen werden Rechtsdienstleistungen im Kontext einer nicht-rechtsdienstleistenden Hauptleistung zulässig. Schließlich wird die altruistisch erbrachte Rechtsdienstleistung möglich.

---

4 http://www.brak.de/seiten/pdf/aktuelles/bmj_RDG.pdf.
5 Hierzu *Prütting/Rottleuthner* Rechtsberatung zwischen Deregulierung und Verbraucherschutz, Gutachten für den 65. Deutschen Juristentag, 2004; sowie zu den Beratungen des DJT *Kilian* JZ 2005, 185 f.
6 Pressemitteilung des BMJ vom 11.10.2007.

II. Rechtsdienstleistungsbegriff (§ 2 RDG)

Die Eröffnung des Anwendungsbereichs des RDG ist an das Vorliegen einer Rechtsdienstleistung geknüpft. § 2 Abs. 1 RDG definiert als Rechtsdienstleistung jede Tätigkeit, die eine rechtliche Prüfung des Einzelfalls erfordert. Die lediglich schematische Anwendung von Rechtsnormen ohne eine regelrechte Rechtsprüfung soll demnach keine Rechtsdienstleistung seien. Ob diese Trennlinie, anhand derer sich die Eröffnung des Anwendungsbereichs des RDG bestimmen wird, tatsächlich so scharf gezogen werden kann, wie sich der Gesetzgeber dies offensichtlich erhofft, wird die Zukunft weisen müssen. Zulässig soll künftig für jedermann insbesondere die Geltendmachung unstreitiger Ansprüche sein. Dies betrifft die viel zitierte KFZ Werkstatt,[7] die für einen Unfallgeschädigten nicht nur die Reparaturrechnung abrechnet, sondern zugleich Ansprüche gegenüber Dritten geltend macht. Semioffiziell verwiesen wird etwa auf die allgemeine Schadenspauschale, die gegenüber der Haftpflichtversicherung des Schädigers geltend gemacht wird. Wie es mit anderen Ansprüchen aussieht, ist ein wenig unklar. Ist das Auffinden einer Verletzung in der Schmerzensgeldtabelle nicht möglicherweise eine lediglich schematische Rechtsanwendung, eigentlich mehr medizinische als juristische Kunst? Diffizil ist insbesondere, dass Ansprüche häufig dem Grunde nach unstreitig sind und erst dann streitig werden, wenn sie eine bestimmte Höhe erreichen. Schwierig also für die Kfz-Werkstatt zu entscheiden, ob sie im Einzelfall einen Anspruch noch geltend machen kann oder bereits die Grenze zur Erlaubnispflicht überschritten ist. Auf der sicheren Seite wäre sie im Zweifelsfall, wenn sie ihn nur in der Höhe geltend macht, dass er weder dem Grunde noch der Höhe nach von der Gegenseite streitig gestellt wird. Ob dies im Interesse des Geschädigten ist? Der Teufel steckt also, wie so häufig, im Detail.

III. Annex-Rechtsberatung (§ 5 RDG)

Der zweite Bereich, in dem es zu wesentlichen Änderungen kommt, betrifft die so genannte Annexrechtsberatung. Nach § 5 RDG ist es künftig jedermann gestattet, Rechtsdienstleistungen zu erbringen, wenn sie zum Berufsbild des Anbieters einer solchen Rechtsdienstleistung gehören. Auf das im bislang geltenden Recht geltende Erfordernis, dass eine Rechtsdienstleistung unverzichtbar für die sachgerechte Erbringung der eigentlichen Hauptleistung sein muss, um erlaubnisfrei erbracht werden zu dürfen, wird im RDG verzichtet. Von der praktischen Bedeutung dürfte § 5 RDG der wichtigste Einschnitt in das bis dato geltende Anwaltsmonopol sein. Die entsprechenden Stichworte sind aus der rechtspolitischen Diskussion hinlänglich bekannt. Möglich wird die Testamentsvollstreckung oder Nachfolgeberatung durch Banken, die Insolvenzberatung durch Betriebswirte oder Diplom-Wirt-

---

7 Pressemitteilung des BMJ vom 11.10.2007.

schaftsjuristen, die Fördermittelberatung durch Unternehmensberater oder die Beratung im Baurecht durch Architekten.[8]

Zulässig ist die Rechtsdienstleistung also für Angehörige eines beliebigen Berufs, wenn sie – negativ – nach ihrem Gewicht und ihrer Bedeutung nicht im Mittelpunkt des Leistungsangebots steht und – positiv – zum jeweiligen Berufsbild gehört. Damit ist bereits deutlich, dass ein flexibles System geschaffen worden ist, da das RDG nicht die Berufsbilder des Jahres 2007 zu dem für alle Zeiten verbindlichen Vergleichsmaßstab erklären kann. Interessant wird die Neuregelung also nicht in den nächsten Monaten, sondern in einigen Jahren, wenn es zu intensiven Diskussionen kommen wird, ob nicht möglicherweise etwa die umfassende Schadenregulierung – anders als in der Vergangenheit – zum Berufsbild einer Kfz-Werkstatt gehört, weil sie bereits seit 2008 »Fast-Rechtsdienstleistungen« im Sinne des § 2 RDG erbringen. Zu entscheiden sein wird, inwieweit Berufe in der Lage sind, ihr Berufsbild selbst so zu verändern, dass von ihnen entfaltete Tätigkeiten in den Anwendungsbereich des § 5 RDG fallen. Eine solche Gestaltungsmöglichkeit ist an sich zwangsläufige Folge des Regelungskonzepts des RDG. Sie wird freilich regelmäßig gerichtlich zu klären sein; dort, wo das RDG den Stoff für bislang liebgewonnene Auslegungsfragen rund um das RBerG nimmt, schafft es zugleich neuen Raum für Streitigkeiten zwischen jenen, die den Markt bislang besetzen, und potenziellen Wettbewerbern.

IV. Unentgeltliche Rechtsdienstleistungen (§ 6 RDG)

Dritte Säule des neuen Rechtsdienstleistungsrechts ist die Freigabe der unentgeltlichen Rechtsdienstleistung durch § 6 RDG. Nach dieser Norm sind Rechtsdienstleistungen, die nicht im Zusammenhang mit einer entgeltlichen Tätigkeit stehen, künftig erlaubt. Erfasst ist einerseits die Rechtsberatung im Familien- und Freundeskreis, andererseits auch die altruistische, karitative Rechtsberatung. Der gesetzliche Hinweis, dass die unentgeltliche Tätigkeit nicht im Zusammenhang mit einer entgeltlichen Tätigkeit stehen darf (§ 6 Abs. 1 RDG), soll verhindern, dass kommerzielle Anbieter eine Rechtsdienstleistung als kostenlose Zugabe zu einer Hauptleistung anbieten und diese isoliert als »unentgeltliche Rechtsdienstleistung« deklarieren.[9]

---

8 BR-Drs. 623/06 S. 112 ff.
9 BR-Drs. 623/06 S. 120.

C. DAS RECHTSDIENSTLEISTUNGSGESETZ
AUS SICHT DER RECHTSTATSACHENFORSCHUNG

I. Rechtssetzung im rechtstatsachenfreien Raum

Das in Auszügen präsentierte neue System der zulässigen Rechtsdienstleister ist vom Gesetzgeber weitgehend im »Blindflug« geschaffen worden – ob es ein entsprechendes Bedürfnis der Bevölkerung gibt, den neuen Typus Rechtsdienstleister in Anspruch zu nehmen, ist im Gesetzgebungsverfahren nicht ernsthaft thematisiert worden. Die deutsche Rechtspolitik pflegt die zweifelhafte Tradition, Normsetzung auf die Inzidenz von Gerichtsentscheidungen zu stützen, die ein überaus unzuverlässiger Indikator dafür ist, welche Rechtsprobleme Bürger tatsächlich betreffen. Reagiert das RDG auf tatsächliche Bedürfnisse der Bevölkerung oder liberalisiert es dort, wo keine Nachfrage seitens der Bürger besteht, ist es also eine bloße, in Teilen verfassungsrechtlich motivierte akademische Übung?

Ob durch das RDG eine neue Konkurrenz für die bislang durch das RBerG geschützten Rechtsberater erwächst, lässt sich verlässlich nur durch Befragung derjenigen klären, die Rechtsdienstleistungen am Markt einkaufen. Ob der Bürger Interesse daran hat, deliktsrechtliche Ansprüche durch seine Kfz-Werkstatt durchsetzen zu lassen, ob er in Vertragsangelegenheiten von einem Energieberater vertreten werden möchte, ob er seiner Bank eine Unternehmensnachfolge anvertrauen wird, ob er sich von einer Beratungseinrichtung Ratschläge erteilen lassen wird, ist nicht bekannt, weil die entsprechenden Fragen bislang noch nicht gestellt worden sind und es – naturgemäß – an Erfahrungswerten mangelt. Allerdings lässt eine Studie des *Soldan Instituts für Anwaltmanagement* aus dem Jahr 2007 zumindest gewisse Rückschlüsse zu, welche Strategien Bürger verfolgen, wenn sie sich einem Rechtsproblem ausgesetzt sehen. Das *Soldan Institut* hat Anfang 2007 gemeinsam mit *FORSA* mehrere Tausend Deutsche zu ihren Rechtsproblemen und ihrem Problemlösungsverhalten befragt.[10] Diese Fragen waren nicht an den Regelungen des Rechtdienstleistungsgesetzes orientiert, sondern wollten viel allgemeiner die Frage des Zugangs zum Recht und die Inanspruchnahme anwaltlicher Dienstleistungen ergründen.[11] Einige Erkenntnisse dieser Studie sind für die Beantwortung der Frage, welche Auswirkungen das Rechtdienstleistungsgesetz auf den Rechtsdienstleistungsmarkt haben wird, aber durchaus erhellend.

---

10 *Hommerich/Kilian* Mandanten und ihre Anwälte: Ergebnisse einer Bevölkerungsumfrage zur Inanspruchnahme und Bewertung von Rechtsdienstleistungen, 2007.
11 Zum Forschungsdesign *Hommerich/Kilian/Wolf* AnwBl 2007, 445 f.

II. Problemlösungsstrategien Rechtssuchender

Der Rechtsanwalt wird von der Bevölkerung bei einer abstrakten Frage nach dem ersten Ansprechpartner bei Auftreten eines Rechtsproblems mit Abstand am häufigsten genannt.[12] Ausgangsbefund ist, dass knapp die Hälfte der Deutschen (48 %) bei Auftreten eines Rechtsproblems Rechtsrat unmittelbar bei einem Rechtsanwalt oder einer Rechtsanwältin nachfragen würde. 14 % würden Freunde, Bekannte, Verwandte *ohne* besondere Rechtskenntnisse um Rat fragen. Freunde, Bekannte, Verwandte *mit* Rechtskenntnissen würden 8 % konsultieren. 8 % der Befragten würden Rat bei Freunden, Bekannten und Verwandten suchen, die selbst Anwälte sind, und 7 % würden eine Beratungsstelle aufsuchen. Die eigene Rechtsschutzversicherung würde von 6 % der Befragten im Falle eines rechtlichen Problems zu Rate gezogen. In Eigeninitiative würden 3 % Hilfestellung in Büchern, Ratgebern, Broschüren und im Internet suchen. Lediglich 2 % der deutschen Bevölkerung verfügen nach eigenen Angaben über hinreichend Kompetenzen und Erfahrungen, um das Problem eigenständig zu lösen.

Dieser Befund zeigt einerseits, dass Anwälte als die wichtigsten professionellen Dienstleister für Rechtsrat und Rechtsvertretung wahrgenommen werden; andererseits wird aber zugleich deutlich, dass ein großer Teil der Bevölkerung das Auftreten eines Rechtsproblems zunächst einmal dazu nutzt, Lösungen im unmittelbaren persönlichen Umfeld, bei mehr oder minder rechtskundigen Freunden und Bekannten, zu suchen. Es zeigt sich damit, dass aus Sicht der Bevölkerung die in § 6 RDG geregelte Hilfestellung durch nahestehende Personen wie Verwandte, Freunde, Bekannte oder Arbeitskollegen besondere Bedeutung hat. 30 % der Befragten würden sich mit einem Rechtsproblem zunächst an eine solche nahestehende Person wenden. Ob es für die weitere Alternative des § 6 RDG, die in seinem Abs. 2 vorgesehene Möglichkeit der unentgeltlichen Rechtsberatung durch beliebige Dritte, falls diese über die Befähigung zum Richteramt verfügen oder zumindest von einer derart qualifizierten Person beaufsichtigt werden, ein praktisches Bedürfnis gibt, lässt sich nur schwer einschätzen. Soweit von der Bevölkerung nicht-anwaltliche Rechtsberatung in Betracht gezogen wird, ist sie für die Befragten praktisch nur im Rahmen von Nähebeziehungen oder dann interessant, wenn sie in verfestigten Strukturen angeboten wird:[13] 7 % benennen als ersten Ansprechpartner Beratungsstellen wie Verbraucherschutzeinrichtungen, den Mieterbund oder vergleichbare Einrichtungen. Diese können nach dem RBerG bislang nur eingeschränkt, nach dem RDG künftig aber intensiver als in der Vergangenheit beraten.

---

12 Im Detail *Hommerich/Kilian* (Fn. 10) S.59 ff.; zusammenfassende Ergebnisse bei *Hommerich/Kilian* AnwBl. 2007, 612 ff.
13 *Hommerich/Kilian* (Fn. 10) S.66 ff.

III. Perspektiven für das künftige Recht

Für die Beantwortung der Frage, ob die nicht-anwaltliche Annex-Rechtsberatung oder die Rechtsdienstleistung im Sinne des § 2 RDG – das ist die Rechtsdienstleistung, die per definitionem keine Rechtsdienstleistung sein soll –, nachhaltige Bedeutung erlangen wird, ist mit dem für § 6 RDG unmittelbar einschlägigen Befund nicht viel gewonnen. Eine wichtige Erkenntnis ist allerdings, dass die Strategie der Bürger, zur Problemlösung Nicht-Anwälte zu konsultieren, offensichtlich nicht stets zu den erhofften Ergebnissen führt. Dies zeigt die Analyse der Antworten von Personen, die im Rahmen der Studie ihre Präferenzen bei der Lösung von Rechtsproblemen erfahrungsbasiert benannt haben:[14] Während 36 % der Bürger, die in einem Fünfjahreszeitraum (2002–2006) kein Rechtsproblem hatten, angeben, zunächst ihr persönliches Umfeld konsultieren zu wollen, halbiert sich dieser Wert bei der Teilgruppe jener Befragten, die im Referenzzeitraum wiederholt Rechtsprobleme hatten, annähernd auf nur noch 19%. Bei diesen mit der Lösung von Rechtsproblemen erfahreneren Personen werden Anwälte deutlich häufiger als bevorzugter Ansprechpartner benannt.

Für einen Blick in die Zukunft ist eine Erkenntnis besonders instruktiv: Der aus den vorstehenden Zahlen ablesbare offensichtliche Vertrauensverlust wird ausschließlich durch die Gruppe der nahestehenden nicht-anwaltlichen Berater verursacht, da die Bereitschaft, einen Rechtsanwalt aus dem Umfeld zu befragen, mit zunehmender Häufigkeit von Rechtsproblemen sogar noch leicht zunimmt. Klammert man diese anwaltlichen Vertrauten aus, ist der erfahrungsbasierte Verlust in das Vertrauen nicht-anwaltlicher Problemlösung noch dramatischer: Es sinkt von 29 % bei Befragten ohne Rechtsprobleme in den vergangenen fünf Jahren auf 19 % bei denjenigen mit einem Problem und 11 % bei den Bürgern mit mehreren Rechtsproblemen. Die Untersuchung zeigt, dass die Neigung von Personen, die wiederholt von Rechtsproblemen betroffen waren, sich nicht auf »Profis« zu verlassen, geringer ist; diese Problemlösungsstrategie besteht aus Sicht der Bürger also einen Praxistest nur eingeschränkt.

Dieser Befund wird unterstrichen bei einem Blick auf jene Bürger, die bei Auftreten von Rechtsproblemen Hilfe bei Beratungseinrichtungen gesucht haben:[15] Zwar werden Beratungsstellen, in denen im Zweifel eine gewisse juristische Kompetenz vorhanden ist, von Bürgern beim tatsächlichen Auftreten eines Rechtsproblems sogar noch häufiger kontaktiert als bei der rein hypothetischen Frage, ob sie als Anlaufstelle zur Lösung des Rechtsproblems überhaupt in Betracht kämen. Allerdings nimmt das Interesse der Bürger an der Inanspruchnahme entsprechender Beratungsstellen mit zunehmender Häufigkeit von Rechtsproblemen spürbar ab: 9 % der Bürger, die im Untersuchungszeitraum kein Rechtsproblem hatten, würden Beratungsstellen konsultieren, aber nur 4 % der Bürger, die sich mehrmals mit

---

14 *Hommerich/Kilian* (Fn. 10) S. 68 f.
15 *Hommerich/Kilian* (Fn. 10) S. 70.

Rechtsproblemen auseinandersetzen mussten: Ihr Vertrauen in die Effektivität der Problemlösung durch solche Einrichtungen ist erfahrungsbasiert deutlich niedriger. Auch hier zeigt sich, dass wohl bei vielen Bürger gilt: »Geprüft und für zu leicht befunden«.

Diese empirischen Erkenntnisse unmittelbar zu § 6 RDG dürften gewisse Rückschlüsse darauf zulassen, wie Bürger im Rahmen von § 2 RDG und § 5 RDG erteilten Rechtsrat erfahren werden, dessen Wertschätzung naturgemäß noch nicht abgefragt werden konnte. Es dürfte seitens der Bevölkerung eine gewisse Bereitschaft bestehen, sich auf entsprechende Angebote einzulassen. Der empirische Befund legt allerdings nahe, dass eine erhebliche Sensibilität für die Qualität von Rechtsrat besteht und die Neigung, auf anwaltlichen Rechtsrat zu verzichten, mit abnehmender Abstraktheit der »Bedrohungssituation« abnimmt. Wer ein konkretes Rechtsproblem hat, geht eher zum Rechtsanwalt als jemand, der sich nur theoretische Gedanken machen muss. Wer schließlich wiederholt Rechtsprobleme hat, ist noch weniger geneigt, auf anwaltlichen Rechtsrat zu verzichten.

Ein Einwand wird im Zweifelsfall erhoben werden: Werden nicht die Kosten maßgeblichen Einfluss auf das Beauftragungsverhalten eines Rechtsuchenden haben, nicht-anwaltliche Dienstleister ihre Kundschaft ohne weiteres über den Preis gewinnen? Prognosen fallen hier naturgemäß schwer. Allerdings sind zwei Fakten festzuhalten: Erfahrungen aus dem Ausland zeigen, dass nicht-anwaltliche Rechtsdienstleister in deutlich höherem Maße Spezialisten sind als Rechtsanwälte. Diese Spezialisierung führt fast immer zu höheren Preisen. Der Kostenvorteil »Nicht-Anwalt« wird quasi aufgezehrt durch den kostentreibenden Faktor »Spezialist«. So ist etwa in England herausgefunden worden, dass nicht-anwaltliche Rechtsdienstleister entgegen allgemeiner Erwartung aufgrund ihrer hohen Spezialisierung nicht selten teurer sind als Rechtsanwälte.[16] Überschätzt wird auch die Kostensensibilität von Rechtsuchenden. Im Rahmen der Studie des *Soldan Instituts* ist untersucht worden, welche Aspekte für Bürger wichtig sind, wenn sie einen Rechtsanwalt beauftragen, und welche Gründe es gibt, weshalb Bürger davon absehen, einen Rechtsanwalt zu konsultieren. In der Liste der Gründe, die bei der Beauftragung eines Rechtsanwalts bestimmend sind, wird der Preis des Rechtsanwalts erst als achtes von zwölf Kriterien genannt.[17] Dieser Durchschnittswert verschiebt sich zwar in Abhängigkeit von der Art der Finanzierung der Anwaltskosten – wer selbst finanziert, ist naturgemäß etwas kostensensibler –, allerdings ist die Kostenfrage auch bei Selbstfinanzierern keineswegs vorrangig bestimmend. Andere Faktoren, etwa die Möglichkeit zum sofortigen Gespräch, die Möglichkeit, schnell einen Termin zu erhalten, der Ruf der Kanzlei oder die Freundlichkeit des Personals sind deutlich wichtiger als die Preise der Kanzlei, wenn es um die Entscheidung der Mandatierung geht. Spiegelbildlich sind auch nicht die Kosten des Rechtsanwalts der wichtigste Grund, von dessen Beauftragung abzusehen, sondern der Wunsch, durch

---

16 *Moorhead/Sherr/Paterson* Law & Society Review 2003 (37), 765 ff.
17 *Hommerich/Kilian* (Fn. 10) S. 110.

Verzicht auf die Einschaltung eines Rechtsanwalts eine Streitigkeit nicht weiter zu eskalieren.[18] Ob es Bürgern leichter fallen wird, nicht-anwaltliche Rechtdienstleister zu beauftragen, weil bei diesen nicht die Gefahr einer weiteren Eskalation gesehen wird, wird sich zeigen müssen. Selbst wenn es so wäre, ist die Einsicht hilfreich, dass es sich bei diesen Aufträgen um solche handeln würde, die der Anwaltschaft nach bisheriger Rechtslage ohnehin nicht erteilt worden sind.

IV. Resümee

Was bleibt also als Resümee nach einem Blick auf die Rechtstatsachen? Die Deutschen sehen in Anwälten die bevorzugten Problemlöser schlechthin. Die Deutschen sind mit ihren Anwälten auch sehr zufrieden, sowohl was die Dienstleistung als auch das Ergebnis betrifft. Die hypothetische Wiederbeauftragungsquote ist hoch – 85 % der Mandanten würden beim nächsten Rechtsproblem ihren Rechtsanwalt mit Sicherheit oder wahrscheinlich erneut beauftragen.[19] Dies gibt mit Blick auf das RDG Anlass zu Selbstbewusstsein, nicht zu ängstlicher Verzagtheit. Rechtsuchende achten auf Qualität und Service, nicht primär auf Kosten, deshalb können Anwälte bewusst einen »Exzellenzwettbewerb« suchen.

D. DAS RECHTSDIENSTLEISTUNGSGESETZ AUS SICHT DES BERUFSRECHTS

Wenngleich nach dem Gesagten die Gefahren für die Anwaltschaft durch das RDG nicht überschätzt werden sollten, so bietet die Rechtsänderung bei realistischer Betrachtung naturgemäß ein gewisses Einfallstor für Konkurrenz auf dem Rechtsdienstleistungsmarkt. Da Rechtsdienstleistungen bislang untrennbar mit dem Anwaltsberuf verknüpft sind, schließt das Rechtdienstleistungsgesetz zwangsläufig eine bislang bestehende Distanz zwischen freiberuflich tätigen Rechtsanwälten und gewerblichen Dienstleistern, soweit es künftig eine Schnittmenge geben wird, in der beide dieselbe Dienstleistung anbieten können. Diese neue Rechtslage wird mittelfristig gewisse Weiterungen auch in rechtlicher Hinsicht bringen, die diesen Annäherungsprozess noch verstärken dürften. So ist bislang weitgehend ungelöst und kaum beachtet, dass aus Sicht des Verfassungsrechts die Rechtfertigung zahlreicher berufsrechtlicher Vorschriften, die den Rechtsanwalt und Steuerberater bei seiner Tätigkeit binden, umso schwerer fällt, desto intensiver sie auch in identischer Weise von nicht-anwaltlichen Rechtsdienstleistern erbracht werden dürfen. Gestattet der Gesetzgeber etwa der Kfz-Werkstatt, die Unfallregulierung ohne lästige Fesseln des Berufsrechts zu erbringen, muss sich diese Werkstatt allein am Gewerberecht orientieren. In einem solchen Fall stellt sich die Frage, warum eine identische Dienst-

---

18 *Hommerich/Kilian* (Fn. 10) S. 101.
19 *Hommerich/Kilian* (Fn. 10) S. 194.

leistung einmal durch das Berufsrecht strenger reguliert wird und ein anderes Mal ohne solche Zwänge erbracht werden darf. Verbraucherschutzgründe können in einem solchen Fall nicht für die Differenzierung streiten – wenn ein bestimmtes Verhalten im Rahmen der Erbringung einer Dienstleistung gefährlich ist, muss es unabhängig davon unterbunden werden, ob es von einem Rechtsanwalt oder einem nicht-anwaltlichen Rechtsdienstleister an den Tag gelegt wird. Differenziert man gleichwohl, wird man möglicherweise zu dem Ergebnis gelangen, dass entsprechende berufsrechtliche Vorschriften allein der Berufsbildpflege dienen. Eine solche Berufsbildpflege, dies hat das BVerfG wiederholt festgestellt, gestattet verfassungsrechtlich keine Einschränkung des Art. 12 GG.[20] Dies kann mittelfristig zu einer weiteren Zurückdrängung des Berufsrechts führen und damit zum Verlust eines wichtigen Differenzierungsmerkmals zwischen dem freiberuflich tätigen Rechtsanwalt und der gewerblichen Dienstdienstleistungsbranche.

Wir befinden uns bereits auf dem Weg in ein solches System, auch wenn dies bislang kaum gesehen wird: So ist etwa die aktuelle Diskussion, ob nicht das berufsspezifische Werberecht in den Berufsgesetzen ersatzlos aufgegeben werden sollte, um Fragen der Außendarstellung des Rechtsanwalts oder Steuerberaters allein dem Wettbewerbsrecht zu überlassen, bereits Ausdruck dieses Grundproblems. Das Berufsrecht der Wirtschaftsprüfer hat sich bereits von seinem berufsspezifischen Werberecht getrennt.[21] Ebenso ist im Berufsrecht der Wirtschaftsprüfer unabhängig von der Entscheidung des Bundesverfassungsgerichts zum anwaltlichen Erfolgshonorar das Verbot der erfolgsabhängigen Vergütung des Wirtschaftsprüfers aufgegeben worden, soweit es den Bereich betrifft, indem er außerhalb seiner Vorbehaltsaufgaben mit anderen Berufen konkurriert.[22] Diese Deregulierung beruht auf der schlichten Einsicht, dass man dem Wirtschaftsprüfer keine Fesseln in Bereichen anlegen kann, in denen er mit Wettbewerbern konkurriert, die solchen berufsrechtlichen Vorschriften nicht unterliegen. Warum dies im Verhältnis von anwaltlichen und nicht-anwaltlichen Rechtsdienstleistern anders sein soll – überzeugende Antworten auf diese Frage, die bislang offen zu stellen augenscheinlich niemand wagt, lassen sich schwerlich finden.[23]

---

20 BVerfG NJW 1988, 191 ff.; BVerfG NJW 1988, 194 f.
21 § 52 WPO in der Fassung des Berufsaufsichtsreformgesetzes (BARefG) vom 3.9.2007 lautet: »*Werbung ist zulässig, es sei denn, sie ist unlauter.*« Zum BARefG *Naumann/Hamannt* WPg 2007, 901 ff.; *Weidmann* WPK Magazin 2007/3, 55 ff.
22 § 55a WPO in der Fassung des Berufsaufsichtsreformgesetzes (BARefG) vom 3.9.2007 beschränkt das Verbot auf gesetzlich vorgeschriebene Abschlussprüfungen; hierzu *Naumann/Hamannt* WPg 2007, 901 ff.
23 Vgl. hierzu auch *Kilian* BB 2007, 1051 (1056).

E. Das Rechtsdienstleistungsgesetz
aus Sicht der Rechtsvergleichung

I. Einleitung

Ein dritter instruktiver Blickwinkel auf das Rechtsdienstleistungsgesetz ist jener der Rechtsvergleichung. Gerne, so auch im Gesetzgebungsverfahren, wird auf die Singularität des deutschen Rechtsdienstleistungsrechts hingewiesen,[24] also auf den Umstand, dass im Ausland Rechtsdienstleistungsmonopole weitgehend unbekannt sind. Die andersartige Regulierung dieser Märkte, auf die abgestellt wird, ist hierbei freilich weniger interessant als die praktischen Auswirkungen des weitgehenden Fehlens von Monopolrechten. Entsprechende Erkenntnisse können helfen, ein Gefühl dafür zu entwickeln, welche Auswirkungen eine Deregulierung in Deutschland haben könnte. Eine solche Prognose wird allerdings dadurch erschwert, dass mit dem RDG im Vergleich zum RBerG auf nationaler Ebene zwar ein liberaleres, aus rechtsvergleichender Sicht allerdings erneut ein singuläres Modell geschaffen worden ist. Gleichwohl will dieser Beitrag den Versuch unternehmen, durch einen Blick über die Grenzen einen Erkenntnisgewinn für die deutschen Verhältnisse herbeizuführen. Die Auswahl der Rechtsordnungen – Norwegen, Polen, Lettland – ist hierbei in gewisser Weise willkürlich und dem zur Verfügung stehenden Raum geschuldet,[25] orientiert sich aber zugleich an dem Bemühen, nicht wie so häufig bei der Rechtsvergleichung auf die Trias USA, Großbritannien, Frankreich zurückzugreifen. Die Erkenntnisse werden aufzeigen, dass es allgemeinverbindliche Lehren aus dem Ausland, die uns Antworten auf die Frage des »was wäre wenn?« geben könnten, nicht gibt.

II. Norwegen

Norwegen steht bei einer tour d'horizon für eine Rechtsordnung, in welcher sich der Gesetzgeber vor einigen Jahren bewusst für eine Aufbrechung eines seit langem existierenden Rechtsberatungsmonopols zu Gunsten der Anwaltschaft entschieden hat. Neben Rechtsanwälten gibt es in Norwegen seit Anfang der 1990er Jahre einige Hundert *Rechtshjelper* als Juristen mit Universitätsabschluss, aber ohne Anwaltszulassung. Dieser neue Berufsstand hat sich in Folge einer Novelle des Berufsgesetzes im Jahr 1990 (*lov om endringe i domstolloven* vom 26.10.1990) entwickelt. Die Zulassung der *Rechtshjelper* beruhte auch auf einem Bestreben der norwegischen Regierung, durch einen Wettbewerber die Vergütung der Rechtsanwälte unter Druck zu bringen. Norwegen kannte seit dem Jahr 1638 ein umfassendes Beratungsmonopol zu Gunsten der Anwaltschaft. Begründet wurde das Monopol mit dem Wunsch, die Öffentlichkeit vor unqualifiziertem Rechtsrat und die Gerichte

---

24 Vgl. BR-Drs. 623/06 S. 52 ff.
25 Informationen zu Rechtsdienstleistungsmärkten in zahlreichen weiteren Rechtsordnungen finden sich unter www.anwaltsrecht.org.

und Verwaltung in der Effektivität ihrer Tätigkeit zu schützen. Gleichwohl erfolgte 1990 eine teilweise Deregulierung der Rechtsberatung, um die Anwaltschaft durch mehr Wettbewerb zu modernisieren und Rechtsdienstleistungen für die Bevölkerung zu vergünstigen. Seitdem ist die Erbringung von außergerichtlichen Rechtsdienstleistungen nicht mehr an eine Anwaltszulassung gebunden, sondern darf von jedem Juristen mit einem entsprechenden Hochschulabschluss erbracht werden. Es hat sich daher mit dem *Rechtshjelper* ein weiterer rechtsberatender Berufsstand herausgebildet. Nach Einschätzung des norwegischen Anwaltsverbandes zeichnen sich *Rechtshjelper* am Markt durch eine größere Kreativität aus als die Rechtsanwälte und zeigen großes Geschick in der Vermarktung. Ihre Zielgruppe sind vor allem kleinere Firmen und Angehörige unterer Einkommensschichten. Das recht erfolgreiche Wirken der *Rechtshjelper* führte nach einiger Zeit zu einer neuerlichen Reformdiskussion hinsichtlich des verbliebenen Monopolbereichs der Rechtsanwälte im forensischen Bereich (allerdings besteht vor norwegischen Gerichten kein Anwaltszwang, so dass jeder Bürger darin frei ist, sich eines Rechtsanwalts zu bedienen oder nicht). Bemerkenswert ist, dass im Zuge der Diskussion, ob den *Rechtshjelpern* nicht auch das gerichtliche Tätigwerden ermöglicht werden sollte, der Vorstand des Anwaltsverbandes entsprechenden Vorschlägen durchaus aufgeschlossen gegenüber stand – offensiv wurde die Auffassung artikuliert, dass sich die Anwaltschaft in einem Leistungswettbewerb gegenüber der neuen Konkurrenz durchsetzen würde (»competition on excellence«).

III. Polen

Polen steht für eine Rechtsordnung, in der anwaltliche und gewerbliche Rechtsdienstleister in einem intensiven und vergleichsweise spannungsreichen Wettbewerb stehen.[26] Die Angehörigen der beiden polnischen Anwaltsberufe (*adwokaci* und *radcy prawni*) werden jenseits der forensischen Tätigkeit im Bereich des Familienrechts und der Strafverteidigung nicht durch Monopolrechte geschützt. Sie konkurrieren mit den sehr zahlreichen nicht-anwaltlichen Rechtsdienstleistern (*konsultanci prawni*), die ihre Dienstleistungen nach Gewerberecht erbringen. Die Zahl der *konsultanci prawni* wird auf mehr 25 000 Angehörige geschätzt, sie teilen sich mit einer in etwa ebenso großen Zahl von Rechtsanwälten und Rechtsberatern den umkämpften Markt der Rechtsdienstleistungen.[27] Dieser Konkurrenzkampf hat sich vor einigen Jahren verschärft, da die prozessrechtlich bewirkten, begrenzten Monopolrechte der Anwaltschaft im forensischen Bereich durch die Lockerung des Anwaltszwangs durch den Gesetzgeber in vielen Verfahrensarten zurückgedrängt worden sind. Auch Rechtsdienstleister können seitdem für ihre Mandanten vor Gericht auftreten, was insbesondere von der Richterschaft kritisch gesehen wird. Hintergrund dieser Dere-

---

26 Ausführlich *Kilian/Wielgosz* WiRO 2007, 257 ff.
27 Nichtanwaltliche Rechtsdienstleister sind in Polen kein modernes Phänomen; vgl. *Kilian/Wielgosz* WiRO 2007, 257 (258).

gulierung ist zum einen das Anliegen, einkommensschwächeren Bevölkerungsgruppen den Zugang zu professionellem Rechtsrat zu ermöglichen, der aufgrund der relativ geringen Zahl von Anwälten und des schwach ausgeprägten Wettbewerbs verbreitet als zu teuer eingeschätzt wird. Zum anderen soll der großen Zahl von Universitätsabsolventen, die sich bislang einem sehr kontrollierten Zugang zur beruflichen Weiterqualifizierung als Anwaltsanwärter bzw. Rechtsberateranwärter ausgesetzt sahen, eine juristische Betätigungsmöglichkeit eröffnet werden. Die nicht-anwaltlichen Rechtsdienstleister, die berufsrechtlich nicht gebunden sind, nutzen ihre neuen Betätigungsmöglichkeiten recht aggressiv, etwa indem sie vor Gerichtsgebäuden Flugblätter verteilen lassen oder in sonstiger Weise intensiv werben.

IV. Lettland

Der lettische Rechtsdienstleistungsmarkt ist ebenfalls von einem fast vollständigen Fehlen anwaltlicher Monopolrechte geprägt.[28] Die Strafverteidigung ist der einzige Bereich, in dem in Lettland Monopolrechte zu Gunsten der Anwaltschaft bestehen. Art. 96 Strafprozessordnung bestimmt seit 1992, dass ausschließlich ein Rechtsanwalt als Verteidiger in Strafverfahren auftreten darf.[29] Diese Bestimmung wurde vor einigen Jahren mit einer Verfassungsbeschwerde angegriffen.[30] Jenseits des auch nach der Entscheidung des Verfassungsgerichts beibehaltenen Anwaltsmonopols im Bereich der Strafverteidigung gibt es keine den Mitgliedern der Anwaltskammer vorbehaltenen Tätigkeitsfelder. Die Anwaltschaft steht deshalb im intensiven Wettbewerb zu sonstigen Rechtsdienstleistern, die nicht verkammert sind, berufsrechtlich ungebunden agieren können und aktuell noch steuerrechtliche Vorteile genießen. Da diese Rechtsdienstleister nicht organisiert sind, ist ihre Zahl nur schwer einzuschätzen. Die lettische Anwaltskammer geht davon aus, dass die Wettbewerber die Rechtsanwälte in ihrer Zahl um ein Mehrfaches übersteigen. Im freien Wettbewerb hat die Anwaltschaft lediglich den geringen Vorteil, dass die Berufsbezeichnung »(*zvērināti*) *advokāti*« geschützt ist. Dies hält andere Rechtsdienstleister allerdings bisweilen nicht davon ab, die geschützte Berufsbezeichnung im Geschäftsverkehr zu nutzen. Aus Sicht der Anwaltschaft besteht in der Wahrnehmung der Bevölkerung ganz generell keine hinreichende Trennschärfe zwischen den verschiedenen Rechtsdienstleistern. Deutlich abgegrenzte Teilmärkte, die von Rechtsanwälten einerseits und Rechtdienstleistern andererseits bedient werden, haben sich bislang nicht herausgebildet. So schätzt die Anwaltskammer, dass das forensische Geschäft zu 50 % durch nicht-anwaltliche Rechtsdienstleister abgedeckt wird. Unternehmen und ausländische Rechtsanwälte bevorzugen allerdings die Zusammenarbeit mit Rechtsanwälten, auch sehen die Gerichte in den Rechtsanwälten zumeist die versierteren Ansprechpartner.

---

28 Ausführlich *Kilian* WiRO 2007, 321 ff.
29 Als Beistand anderer Verfahrensbeteiligter können auch Nicht-Anwälte fungieren.
30 Näher zu diesem Verfahren *Kilian* WIRO 2007, 321 (323).

F. Ausblick

I. Die Erfahrungen in deregulierten Rechtsdienstleistungsmärkten zeigen, dass das Fehlen bzw. der Abbau von Monopolrechten zu Gunsten der Anwaltschaft zu sehr unterschiedlichen Konsequenzen führen kann. Häufig ist Folge einer Segmentierung des Marktes auf der Anbieterseite eine Segmentierung des Marktes auch auf Nachfragerseite. Dort, wo eine eher geringe Zahl Rechtsanwälte agiert, konzentrieren sich diese häufig auf institutionelle und ausländische Mandanten und überlassen das »Privatkundengeschäft« in gewissem Umfang dem Wettbewerb. Sind zahlenmäßig starke Anwaltschaften anzutreffen, ist der unmittelbare Wettbewerb intensiver, wobei es nicht-anwaltlichen Dienstleistern gemeinhin aber nicht gelingt, sich bestimmte Mandantenkreise zu erschließen.

II. Als besonders problematisch wird verbreitet die Zulassung von nicht-anwaltlichen Dienstleistern im forensischen Bereich eingeschätzt. Auch im Ausland werden entsprechende Monopolrechte zu Gunsten der Anwaltschaft weitgehend aufrechterhalten; dort, wo sie zurückgedrängt worden sind, ist eine gewisse Unzufriedenheit mit den erzielten Ergebnissen auszumachen (neben Polen etwa auch in Finnland[31]).

III. Rechtsvergleichend ist schließlich eine unterschiedliche Sensibilität der Betroffenen gegenüber dem Wettbewerb auffällig. Zum Teil wird dieser erbittert bekämpft, zum Teil aber mit einer gewissen Gelassenheit und ausgeprägtem Selbstbewusstsein als belebendes Element auch für den eigenen Berufsstand angesehen.

IV. Aus berufsrechtlicher Sicht führt eine Deregulierung des Rechtsdienstleistungsmarkts zu dem Problem der verfassungsrechtlichen Rechtfertigung von spezifischen Berufsausübungsregeln für einzelne Wettbewerber, namentlich für jene, die Rechtsanwälten gelten. Sind sie bei der Berufsausübung an Regeln gebunden, die ihre Wettbewerber bei derselben Tätigkeit nicht treffen, können diese Regeln aus verfassungsrechtlicher Sicht nicht der Abwehr von Gefahren für Gemeinwohlinteressen dienen, sondern allein der im Lichte des Art. 12 Abs. 1 GG unzulässigen Pflege eines bestimmten Berufsbildes.

V. Die Rechtstatsachenforschung lässt den Rückschluss zu, dass Bürger zwar ein gewisses Interesse an der Inanspruchnahme nicht-anwaltlicher Rechtsratgeber haben, die Neigung, sich auf diese zu verlassen oder sie wiederholt in Anspruch zu nehmen, erfahrungsbasiert allerdings stark abnimmt.

---

31 *Kilian* BRAK-Mitt. 2006, 194 ff.

Der Bundesgerichtshof und seine Rechtsanwälte im gemeinsamen Kampf ums Recht[*]

GERHART KREFT

A. EINLEITUNG

Die Rechtsanwaltschaft bei dem Bundesgerichtshof kommt aus der Kritik nicht heraus. Diese setzte im Jahre 1994 vermehrt ein.[1] Der damalige Kritiker führt seine Angriffe seitdem unvermindert fort.[2] Durch Entscheidungen des Bundesgerichtshofs und des Bundesverfassungsgerichts lässt er sich nicht überzeugen. Er erhält seit demselben Jahr von einem weiteren Dauerkritiker Unterstützung.[3] Nach dessen Meinung ist die »Sonderstellung der Singularzulassung der BGH-Anwälte … gemeinwohlschädlich und der Funktionsfähigkeit der Rechtspflege abträglich«.[4] Ein Dritter sieht in der BGH-Anwaltschaft ein »Relikt aus vorkonstitueller Zeit«,[5] ein isoliertes Zulassungsoligopol, für das weder eine Notwendigkeit noch – nach dem derzeitigen Auswahlverfahren – ein Qualitätsinteresse sprechen könnten.[6] Diese Instanzanwälte, die sich immer wieder mit den gleichen – zum Teil plakativ vereinfachten – Argumenten zu Wort melden und so die Entscheidungsträger dieser Republik in ihre Richtung zu drängen hoffen,[7] werden sich schwerlich von der einmal gefassten Meinung abbringen lassen. Möglicherweise haben sie eines Tages – wenn nicht beim Bundesverfassungsgericht, so doch beim Bundestag – Erfolg. Welcher Politiker lässt sich schon gern vorhalten, ein gemeinwohlschädliches, anachro-

---

[*] Nach Abschluss des Manuskripts hat das BVerfG mit Beschluss vom 27.2.2008 (NJW 2008, 1293) die Verfassungsmäßigkeit des Auswahlverfahrens für die Zulassung zur Rechtsanwaltschaft bei dem BGH mit Einschluss der Zulassungsbegrenzung bestätigt. Damit ist das Anliegen dieses Beitrags in verfassungsrechtlicher Hinsicht im Wesentlichen erfüllt.

1 *Hartung* JZ 1994, 117 ff. und 403.

2 Henssler/Prütting/*Hartung* Bundesrechtsanwaltsordnung, 2. Aufl. 2004, § 168 Rn. 14; *ders.* ZRP 2005, 153 – dazu *Deckenbrock* ZRP 2006, 26.

3 *Kleine-Cosack* NJW 1994, 2249 (2257).

4 *Kleine-Cosack* AnwBl 2001, 204 (206); ähnlich *ders.* NJW 2007, 1142 (1143) (ein abzuschneidender zivilprozessualer Traditionszopf); vgl. auch *ders.* BRAO, 4. Aufl. 2003, Vorbemerkung vor § 164 Rn. 7, 8, 10.

5 *Römermann* MDR 2002, 727.

6 *Römermann* ZRP 2007, 207.

7 »Benötigt werden Richter und Politiker, welche im Interesse des Rechtsstaats wie auch der Rechtsuchenden die gemeinwohlschädliche und anachronistische Zugangsbeschränkung wie auch das Verfahren« (»in Sachen BGH-Zulassung«) »reformieren«, *Kleine-Cosack* NJW 2007, 1142 (1143).

nistisches Relikt zu bewahren, ein Monopol, dem »der Verdacht der Verfassungs-widrigkeit anhaftet«[8]. Träfe die Meinung der Kritiker zu, wäre es mit Recht um die Singularzulassung von Rechtsanwälten bei dem Bundesgerichtshof geschehen. Bis-her gibt es jedoch keine Gründe, welche die Annahme zu rechtfertigen vermöchten, diese Singularzulassung mit Residenzpflicht am Sitz des Bundesgerichtshofs wider-spräche der Verfassung. Dann kann sich nur fragen, ob hinreichende andere Gründe für ihre Abschaffung sprechen. Auch dies ist nach Lage der Dinge zu verneinen.

B. Zur Verfassungsmässigkeit der Singularzulassung der Rechtsanwälte bei dem Bundesgerichtshof

I. Stand der Rechtsprechung

1. Ausgangspunkt ist der Beschluss des Bundesverfassungsgerichts vom 31.10. 2002.[9]

Mit ihm wurde eine Verfassungsbeschwerde gegen den Beschluss des Bundesge-richtshofs vom 4.3.2002[10], der die Singularzulassung der Rechtsanwälte bei dem Bundesgerichtshof für mit dem Grundgesetz vereinbar hielt, nicht zur Entschei-dung angenommen. Das Bundesverfassungsgericht sah die Freiheit der Berufsaus-übung des Beschwerdeführers als beschränkt an, weil es ihm seinem Begehren zu-folge nicht ermöglicht werde, sein bisheriges Tätigkeitsfeld um den ihm verschlossenen Teil seiner beruflichen Betätigung als Rechtsanwalt zu erweitern und nach einer Zulassung als Rechtsanwalt beim Bundesgerichtshof seine Mandan-ten in Zivilverfahren auch in der Revisionsinstanz zu vertreten. Deswegen bedürfe es keiner Entscheidung, ob von den mittelbar angegriffenen Vorschriften der §§ 164 bis 169, 171 bis 172a BRAO ein Eingriff in die Freiheit der Berufswahl ausgehen könne,[11] weil sich ein Rechtsanwalt entscheiden müsse, ob er sich darauf beschrän-ken wolle, bei dem Bundesgerichtshof und den sonstigen in § 172 Abs. 1 BRAO genannten Gerichten aufzutreten, oder ob er bei allen Gerichten mit Ausnahme des Bundesgerichtshofs (in Zivilsachen) postulationsfähig sein wolle.[12] Das Ergebnis des Bundesgerichtshofs, § 171 BRAO, wonach ein Rechtsanwalt bei dem Bundesge-richtshof nicht zugleich bei einem anderen Gericht zugelassen sein dürfe, sei mit dem Grundgesetz vereinbar, lasse derzeit keine Fehler erkennen, die auf einer

---

8 Zu dieser am 26.5.1994 im Bundestag gefallenen Äußerung *Schimansky* FS Odersky, 1996, S. 1083 (1086 f.) (wieder abgedruckt in: Verein der beim Bundesgerichtshof zugelassenen Rechtsanwälte [Hrsg.], Fortitudo Temperantia, Die Rechtsanwälte am Reichsgericht und beim Bundesgerichtshof – Ein Rückblick –, Festgabe zu 50 Jahren Bundesgerichtshof, 2000, S. 109 [112 f.]).
9 BVerfGE 106, 216.
10 BGHZ 150, 70.
11 Vgl. BVerfGE 33, 125 (161) – Facharzt.
12 BVerfGE 106, 216 (219).

grundsätzlich unrichtigen Anschauung vom Umfang des Schutzbereichs von Art. 12 Abs. 1 GG beruhten.[13] § 171 BRAO diene nach der Absicht des Gesetzgebers überkommenen legitimen Gemeinwohlinteressen; er bezwecke eine Stärkung der Rechtspflege durch eine leistungsfähige und in Revisionssachen besonders qualifizierte Anwaltschaft. Nach den verfügbaren statistischen Unterlagen, die in dem vom Bundesministerium der Justiz im Jahre 1998 herausgegebenen Bericht der Kommission zur Ausarbeitung von Vorschlägen zur Neuregelung des Rechts der Rechtsanwaltschaft bei dem Bundesgerichtshof ausgewertet worden seien,[14] sowie den vom Bundesgerichtshof herangezogenen Veröffentlichungen seien mit der Singularzulassung Vorteile für die Rechtsuchenden und das Revisionsgericht verbunden. Die Rechtsuchenden würden kompetent beraten und könnten im Vorfeld von aussichtslosen Rechtsmitteln Abstand nehmen, was ihnen Kosten erspare. Zugleich werde der Bundesgerichtshof von unzulässigen Rechtsmitteln entlastet. Obwohl bei den anderen obersten Gerichtshöfen des Bundes gleich starke Gemeinwohlinteressen ins Feld geführt werden könnten, habe der Gesetzgeber bei diesen von einer singular zugelassenen Anwaltschaft mit nachvollziehbarer Begründung abgesehen. Das stelle indessen die Gemeinwohlbelange nicht in Frage. Nach den gegenwärtigen Fallzahlen wäre nach der Einschätzung der Kommission, die sich der Gesetzgeber zu eigen gemacht habe, eine Spezialisierung bei anderen obersten Bundesgerichten – auch für solche Rechtsanwälte, die im jeweiligen Bereich als Fachanwälte tätig seien – wirtschaftlich nicht tragbar. Es könne dahinstehen, ob die in dem angegriffenen Beschluss erwähnte »Filterfunktion« durch die bei dem Bundesgerichtshof zugelassenen Rechtsanwälte zahlenmäßig genau belegbar sei. Jedenfalls werde etwa ein Viertel der eingelegten Revisionen wieder zurückgenommen, und es liege auf der Hand, dass bei offensichtlich aussichtslosen Revisionen das Mandat erst gar nicht übernommen oder vor der Begründung der Revision niedergelegt werde, sofern nicht schon die Einlegung des Rechtsmittels unterbleibe, was statistisch nicht erfasst werden könne.[15]

Nachvollziehbar habe der Bundesgerichtshof auch hervorgehoben, dass die europarechtlichen Vorschriften kein milderes Mittel aufzeigten, das dem Antrag des Beschwerdeführers gerecht werden könnte. Zwar könne auch ein vorgeschriebener Bearbeiterwechsel der Rechtspflege förderlich sein und in einem Teilbereich den Zielen dienen, die mit der angegriffenen Norm des § 171 BRAO umfassender verfolgt würden. Auf eine Stärkung des Vier-Augen-Prinzips durch Bearbeiterwechsel vor Eintritt in die Revisionsinstanz richte sich der Antrag des Beschwerdeführers jedoch nicht; er strebe mit der Simultanzulassung die durchgängige Vertretung eines Mandanten in allen Instanzen der Zivilgerichtsbarkeit an. Angesichts dieses Verfahrensziels lasse sich die Wertung des Bundesgerichtshofs, die Einschränkung durch das Verbot der Simultanzulassung bei dem Bundesgerichtshof sei für einen beim

---

13 BVerfGE 106, 216 (219 f.).
14 Dazu im Einzelnen BGHZ 150, 70 (76 f.).
15 BVerfGE 106, 216 (220 f.).

Landgericht und Oberlandesgericht zugelassenen Rechtsanwalt nur von geringer wirtschaftlicher Bedeutung, ebenfalls gut nachvollziehen. Wären alle Rechtsanwälte mit einiger Berufserfahrung berechtigt, ihre Mandanten vor dem Bundesgerichtshof zu vertreten, würden sich die dort anhängigen Verfahren auf viele Anwälte verteilen. Der Zuwachs an Mandaten bliebe gering. Das gelte insbesondere, weil nach bisherigem Recht (§ 546 ZPO a.F.) die Möglichkeiten der Revision in Zivilsachen eingeschränkt gewesen seien. Die Auswirkungen der Zivilprozessreform auf das Revisionsverfahren, insbesondere der Einführung der Nichtzulassungsbeschwerde gemäß § 544 ZPO n.F., seien zum gegenwärtigen Zeitpunkt noch nicht absehbar. Erst wenn dazu tatsächliche Erfahrungswerte vorlägen, werde sich beurteilen lassen, ob das Verbot der Simultanzulassung bei dem Bundesgerichtshof weiterhin mit dem Verfassungsrecht, insbesondere mit Art. 12 Abs. 1 GG, vereinbar sei.[16]

Die im Urteil des Bundesverfassungsgerichts vom 13.12.2000[17] angeführten Argumente zur fehlenden Eignung und Erforderlichkeit der in § 25 BRAO getroffenen Regelung über die Singularzulassung der bei einem Oberlandesgericht zugelassenen Rechtsanwälte ließen sich nicht ohne weiteres auf die tatsächlich und rechtlich abweichende Lage der Rechtsanwaltschaft bei dem Bundesgerichtshof übertragen, zumal da berufsrechtliche Lokalisation, Postulationsfähigkeit (§ 172 BRAO) sowie Kanzleisitz (§ 27 – [seit 1.6.2007 § 172b] – BRAO) weiterhin eine Einheit bildeten.[18] Weder aus der Systematik des Gesetzes noch aus der historischen Entwicklung oder der Umsetzung der Normen in der forensischen Praxis ergäben sich derzeit Anhaltspunkte dafür, dass die Singularzulassung nicht mehr als geeignetes und erforderliches Mittel zugunsten einer qualitativen Verbesserung der Rechtspflege angesehen werden könne. Ob allerdings die Sicherung der Arbeitsfähigkeit des Bundesgerichtshofs zur Begründung der Erforderlichkeit der Regelung tragfähig bleibe, werde anhand des neuen Prozessrechts mit seiner Veränderung von Berufungs- und Revisionsverfahren im Zivilprozess sowie der Annäherung der Revisionszulassung vor dem Bundesgerichtshof an die finanz-, sozial- und verwaltungsgerichtlichen Verfahren zu beurteilen sein. Die Beschränkungen der anwaltlichen Tätigkeit seien jedenfalls nicht schon deswegen erforderlich, weil sie in ihrem Geltungsbereich von den Richtern als sachdienlich empfunden würden.[19]

Zur Verfassungsmäßigkeit des Auswahlverfahrens (§§ 166 ff. BRAO) äußerte sich das Bundesverfassungsgericht in der Entscheidung vom 31.10.2002 mangels Betroffenheit des Beschwerdeführers nicht.[20]

– Offengeblieben ist nach dieser Entscheidung, ob von der Singularzulassung der Rechtsanwälte bei dem Bundesgerichtshof ein Eingriff in die Freiheit der Berufs-

---

16 BVerfGE 106, 216 (221 f.). Dazu *Papier* BRAK-Mitt. 2/2005, 50 (53).
17 BVerfGE 103, 1.
18 BVerfGE 106, 216 (222 f.).
19 BVerfGE 106, 216 (223).
20 BVerfGE 106, 216 (223 f.).

wahl ausgehen kann, weil ein Rechtsanwalt sich entscheiden muss, ob er sich darauf beschränken will, bei dem Bundesgerichtshof und den sonstigen in § 172 Abs. 1 BRAO genannten Gerichten aufzutreten, oder ob er bei allen Gerichten mit Ausnahme des Bundesgerichtshofs in Zivilsachen postulationsfähig sein will. Auch zu den Folgen einer Wertung der Singularzulassung als Eingriff in die Freiheit der Berufswahl äußert sich das Bundesverfassungsgericht nicht (S. 219).

– Weiter deutet das Bundesverfassungsgericht an, dass die Unterschiede zwischen dem Bundesgerichtshof in Zivilsachen einerseits und den anderen obersten Bundesgerichten andererseits ihre Eignung zur Rechfertigung der unterschiedlichen Regelungen im Hinblick auf die postulationsfähigen Rechtsanwälte verlieren können, wenn sich insoweit die vom Bundesgerichtshof festgestellten tatsächlichen Gegebenheiten verändern und der Gesetzgeber nicht mehr davon ausgehen kann, dass in den anderen Gerichtszweigen eine wirtschaftliche Grundlage für eine auf das jeweilige Revisionsgericht spezialisierte Anwaltschaft fehlt (S. 221).

– Ferner behält sich das Bundesverfassungsgericht eine erneute Beurteilung für die Zukunft vor, wenn tatsächliche Erfahrungswerte zu den Auswirkungen der Zivilprozessreform auf das Revisionsverfahren vorliegen (S. 222).

– Auch für das Auswahlverfahren ist mit einer künftigen verfassungsrechtlichen Überprüfung durch das Bundesverfassungsgericht zu rechnen.

2. Unterdessen hat sich der Bundesgerichtshof in mehreren Entscheidungen zu den meisten der danach noch entscheidungsbedürftigen Fragen geäußert.

a) Mit Beschluss vom 18.2.2005[21] hat er sich in einem Fall, in dem ein Rechtsanwalt begehrte, unter Aufgabe seiner bisherigen Zulassung bei einem Oberlandesgericht außerhalb des Verfahrens nach §§ 164 ff. BRAO als Rechtsanwalt bei dem Bundesgerichtshof zugelassen zu werden, zu der Frage geäußert, ob die Bestimmungen in §§ 164 ff. BRAO über die besonderen Voraussetzungen für die Zulassung als Rechtsanwalt bei dem Bundesgerichtshof verfassungswidrig seien, insbesondere auch dazu, ob durch sie in die Freiheit der Berufswahl eingegriffen werde.

Durch § 170 Abs. 1 in Verbindung mit § 164 BRAO werde die Berufsfreiheit des Rechtsanwalts eingeschränkt. Als Rechtsanwalt bei dem Bundesgerichtshof könne nur zugelassen werden, wer das in §§ 164 ff. BRAO vorgesehene Wahlverfahren durchlaufen habe. Dieser Eingriff in die Berufsfreiheit des Rechtsanwalts betreffe nicht die Berufswahl, sondern sie enthalte nach der vom Bundesverfassungsgericht mit Beschluss vom 24.3.1982[22] gebilligten Rechtsprechung des Bundesgerichtshofs[23]

---

21 BGHZ 162, 199 = NJW 2005, 2304 mit krit. Anm. *Braun/Köhler* NJW 2005, 2592.
22 BVerfG – 1 BvR 278/75, nicht veröffentlicht.

nur eine Berufsausübungsregelung, möge sie auch Elemente enthalten, die einer Beschränkung der Berufswahl nahekämen. Das Verfahren nach §§ 164 ff. BRAO schränke nicht die Freiheit ein, den Beruf des Rechtsanwalts zu wählen, sondern setze lediglich der Ausübung dieses Berufs mit Bezug auf einen speziellen Bereich der einem Rechtsanwalt eröffneten Tätigkeiten Grenzen. Um eine Einschränkung des Grundrechts auf freie Berufswahl handele es sich hierbei nicht, weil die Tätigkeit als Rechtsanwalt bei dem Bundesgerichtshof kein eigenständiges Berufsbild begründe. Zwar treffe der Rechtsanwalt, der als bei dem Bundesgerichtshof zugelassener Rechtsanwalt tätig werde, eine grundlegende und auf Dauer ausgerichtete Entscheidung, eine – in beruflicher Hinsicht – »Lebensentscheidung«[24]. Nach seiner Zulassung müsse er seine bisherigen Mandate aufgeben. Er sei darauf angewiesen, neue Mandanten zu gewinnen, die ihn mit der Vertretung in Revisionen oder Beschwerden in Zivilsachen betrauten, und müsse auch seine bisherige Sozietät aufgeben (§ 172a BRAO). Zudem sei seine Postulationsfähigkeit auf das Auftreten vor dem Bundesgerichtshof, den anderen obersten Gerichtshöfen des Bundes, dem Gemeinsamen Senat der obersten Gerichtshöfe und dem Bundesverfassungsgericht (sowie vor internationalen oder gemeinsamen zwischenstaatlichen Gerichten) beschränkt (§ 172 BRAO). Auch benötige der als Rechtsanwalt bei dem Bundesgerichtshof zugelassene Anwalt spezielles Fachwissen für das Revisions- und Beschwerdeverfahren. Diese Besonderheiten rechtfertigten es aber nicht, die Entscheidung, sich dieser Tätigkeit zu widmen, einer Berufswahl gleichzusetzen und die Zulassungsvoraussetzungen nach den Maßstäben für die verfassungsrechtliche Zulässigkeit von Einschränkungen der Berufswahlfreiheit zu beurteilen. Da die Zulassungsbeschränkungen für die Vertretung in zivilrechtlichen Revisions- und Beschwerdeverfahren nur einen Teil der anwaltlichen Berufsausübung beträfen und da dieser Teil infolge Einschränkung des Revisionszugangs seinerseits begrenzt sei, könnten die Zulassungsbeschränkungen nicht den gleichen strengen Anforderungen unterliegen wie in den Fällen, in denen qualifizierten Bewerbern der Zugang zu einem Beruf aufgrund von Bedürfnisprüfungen schlechthin versperrt werde.[25] Auch nach den Gesetzesmaterialien liege den Zulassungsbeschränkungen in §§ 164 ff. BRAO kein eigenständiges Berufsbild des Rechtsanwalts bei dem Bundesgerichtshof zugrunde. Die Zulassung sei nicht als originäre Zulassung zur Rechtsanwaltschaft ausgestaltet, sondern als bloßer Zulassungswechsel innerhalb der – als Einheit verstandenen – Rechtsanwaltschaft. Die besondere Stellung der Rechtsanwaltschaft bei dem Bundesgerichtshof sei (nur) durch ihren Wirkungskreis bedingt; diese bleibe aber »ein Teil der gesamten Anwaltschaft«.[26]

---

23 Beschlüsse vom 14.5.1975 – AnwZ 7/75; vom 10.5.1978 – AnwZ 11/78; vom 23.6.1980 – AnwZ 2/80 – jeweils nicht veröffentlicht; vom 28.2.1983 – AnwZ 37/82, BRAK-Mitt. 1983, 135, 136.
24 Hinweis auf BVerfGE 33, 125 (161) – Facharzt.
25 Hinweis auf BVerfG (Fn. 22).
26 Hinweis auf BT-Drs. 3/120 S. 110 zu § 178 und zu § 176.

Der in dem Auswahlverfahren liegende gesetzliche Eingriff in die Freiheit der Berufsausübung sei unter Beachtung des Gebots der Verhältnismäßigkeit durch hinreichende Gründe des Gemeinwohls gerechtfertigt. Es gebe jedem Bewerber eine faire Chance, entsprechend seiner Eignung berücksichtigt zu werden.[27] Wenn der Gesetzgeber für einen speziellen Teil der anwaltlichen Tätigkeit aus schwerwiegenden Gemeinschaftsbelangen (Sicherung der Leistungs- und Funktionsfähigkeit der Rechtsanwaltschaft bei dem Bundesgerichtshof als eines wichtigen Organs der Rechtspflege) Berufsausübungsbeschränkungen als unerlässlich erachte, so würden dadurch die durch Art. 12 Abs. 1 GG gezogenen Grenzen der gesetzgeberischen Regelungsbefugnis nicht überschritten, zumal da angesichts der für die anwaltliche Berufsausübung verbleibenden vielfältigen Möglichkeiten Rechtsanwälte nicht unverhältnismäßig beeinträchtigt würden. Diese Erwägungen des Bundesverfassungsgerichts in seinem Beschluss vom 24.3.1982[28] hätten weiterhin Gültigkeit. Die Besonderheiten des zivilrechtlichen Revisionsrechts stellten hohe Anforderungen an den bei dem Bundesgerichtshof tätigen Rechtsanwalt. Sie rechtfertigten es, nur solche Bewerber als Rechtsanwalt bei dem Bundesgerichtshof zuzulassen, die für diese Tätigkeit besonders qualifiziert seien.

Die gesetzliche Ausgestaltung des Auswahlverfahrens genüge den verfassungsrechtlichen Anforderungen. Mit den Bestimmungen in §§ 164 ff. BRAO werde nicht nur das Gemeinwohlinteresse an der Gewinnung besonders qualifizierter Bewerber für die Tätigkeit als Rechtsanwalt bei dem Bundesgerichtshof gewahrt, sondern auch der Anspruch der Bewerber auf chancengleichen Zugang zu dieser Tätigkeit. Das Vorschlagsrecht der Bundesrechtsanwaltskammer auf der Grundlage der Vorschläge der Rechtsanwaltskammern gewährleiste eine flächendeckende Einbeziehung aller geeigneten Bewerber und biete Bewerbern aus allen Rechtsanwaltskammerbezirken die Chance, an der Wahl teilzunehmen. Die Vorstände der Rechtsanwaltskammern (§ 166 Abs. 2, 3 BRAO) beurteilten die Eignung eines Bewerbers aufgrund ihrer Erfahrungen hinsichtlich dessen bisheriger anwaltlicher Tätigkeit. Die Bundesrechtsanwaltskammer vergleiche darüber hinaus die Bewerber aus den verschiedenen Rechtsanwaltskammerbezirken miteinander. Die Rechtsanwaltskammer bei dem Bundesgerichtshof bringe die besondere Sachkunde der bei dem Bundesgerichtshof zugelassenen Rechtsanwälte ein, ohne dass deren Interessen bei dem Vorschlagsrecht oder im Wahlausschuss ein Übergewicht erlangen könnten. Die anschließende Entscheidung darüber, welche Bewerber dem Bundesministerium der Justiz benannt würden, falle in einer Wahl, der ebenfalls eine Prüfung der persönlichen und fachlichen Eignung des Bewerbers zugrunde liege (§ 167 Abs. 1 BRAO). Im Wahlausschuss (§ 165 Abs. 1 BRAO) wirkten außer den wahlberechtigten Rechtsanwälten der Präsident und die Vorsitzenden Richter der Zivilsenate des Bundesgerichtshofs mit, die insbesondere die aus der richterlichen Sicht

---

27 Hinweis auf BVerfG ZIP 2004, 1649 – zur gerichtlichen Vorauswahl von Insolvenzverwaltern.
28 BVerfG (Fn. 22).

zu stellenden Anforderungen an einen zivilrechtlichen Revisionsanwalt zur Geltung brächten. Auch die abschließende Entscheidung des Bundesministeriums der Justiz darüber, welche Bewerber aus dem Kreis der vom Wahlausschuss benannten zur Rechtsanwaltschaft bei dem Bundesgerichtshof zugelassen würden, sei kein Formalakt, sondern beruhe nochmals auf einer selbständigen Prüfung, welche der vom Wahlausschuss benannten Bewerber für die Zulassung als Rechtsanwalt bei dem Bundesgerichtshof am besten geeignet seien. Dieses auf allen drei Stufen dem Prinzip der Bestenauslese verpflichtete Auswahlverfahren nach §§ 164 ff. BRAO sei geeignet und erforderlich, um das legitime Gemeinwohlinteresse an einer Stärkung der Rechtspflege durch eine leistungsfähige Anwaltschaft zu verfolgen. Sachgerechte Verfahrensalternativen für die Auswahl der am besten qualifizierten Bewerber seien zwar vorstellbar, begründeten aber nicht die Verfassungswidrigkeit der gegenwärtigen Regelung. So sei die der Entscheidung des Bundesministeriums der Justiz vorausgehende Wahl verfassungsrechtlich unbedenklich, und die Vorschriften über die Zusammensetzung des Wahlausschusses und über dessen Verfahren in §§ 165 ff BRAO verstießen ebenfalls nicht gegen Grundrechte des Bewerbers.[29]

Auch die nicht auf die Eignung des Bewerbers, sondern auf den objektiven Bedarf abstellende Regelung des § 168 Abs. 2 BRAO, nach welcher der Wahlausschuss aus den Vorschlagslisten die doppelte Anzahl von Rechtsanwälten benenne, die er für die Zulassung bei dem Bundesgerichtshof für angemessen halte, sei nicht verfassungswidrig. Dass das Gesetz keine Kriterien für die Bemessung der Neuzulassungen vorsehe, sondern als Vorgabe zur Bestimmung der Anzahl zuzulassender Rechtsanwälte bei dem Bundesgerichtshof den unbestimmten Rechtsbegriff »angemessen« verwende, werde dadurch ausgeglichen, dass über die Anzahl der Neuzulassungen der sachkundig und gemischt zusammengesetzte Wahlausschuss (§ 165 Abs. 1 BRAO) entscheide, dessen Zusammensetzung sicherstelle, dass partikulare Motivationen und Interessen nicht zu Lasten der Objektivität der Auswahlentscheidung gingen. Dass eine Beschränkung der Anzahl der bei dem Bundesgerichtshof zugelassenen Rechtsanwälte verfassungsrechtlich überhaupt zulässig sei, habe das Bundesverfassungsgericht in seiner Entscheidung vom 24.3.1982[30] bejaht, indem es die Regelung des § 168 Abs. 2 BRAO erörtert und gebilligt habe. Die neuere Rechtsprechung des Bundesverfassungsgerichts rechtfertige keine andere Beurteilung. Der dem Wahlausschuss eingeräumte Beurteilungsspielraum bei der Bestimmung der angemessenen Anzahl der bei dem Bundesgerichtshof zuzulassenden Rechtsanwälte werde dadurch konkretisiert, dass sich die Anzahl – ebenso wie bei der Bedürfnisprüfung für die Bestellung eines Notars (§ 4 BNotO) – nach den Erfordernissen einer geordneten Rechtspflege zu richten habe. Bezugspunkt für die Bemessung der Neuzulassungen sei dementsprechend der Geschäftsanfall bei den Zivilsenaten des Bundesgerichtshofs. Im Hinblick darauf habe der Wahlausschuss bei der ihm obliegenden Bedarfsprüfung das Bedürfnis nach einer angemessenen

---

29 Hinweis auf BVerfG (Fn. 22).
30 BVerfG (Fn. 22).

Versorgung der Rechtsuchenden, die Wahrung einer geordneten Altersstruktur der Rechtsanwaltschaft bei dem Bundesgerichtshof und das Vorhandensein ausreichender Betätigungsmöglichkeiten für die beim Bundesgerichtshof zugelassenen Rechtsanwälte zu berücksichtigen. Diese Kriterien seien weiterhin sachgerecht, um das Gemeinwohlinteresse an einer leistungsfähigen und in Revisionssachen besonders qualifizierten Anwaltschaft zu verfolgen und auch in Zukunft besonders qualifizierte Bewerber als Rechtsanwälte bei dem Bundesgerichtshof zu gewinnen. Aus der Billigung des Festhaltens an einer eigenständigen Rechtsanwaltschaft bei dem Bundesgerichtshof und dem Gebot der Singularzulassung (§ 171 BRAO) durch das Bundesverfassungsgericht[31] folge zwar nicht ohne weiteres die Zulässigkeit einer zahlenmäßigen Beschränkung der bei dem Bundesgerichtshof zugelassenen Rechtsanwälte. Beide Regelungen hingen aber insofern sachlich eng zusammen, als das Gebot der Singularzulassung eine zahlenmäßige Beschränkung der ausschließlich bei dem Bundesgerichtshof zugelassenen Rechtsanwaltschaft geradezu fordere. Ohne eine Bedarfsregelung wäre das Institut einer besonderen Rechtsanwaltschaft, die ausschließlich bei dem Bundesgerichtshof zugelassen sei und im Wesentlichen nur vor diesem Gericht auftreten könne, nicht aufrechtzuerhalten. Die vom Bundesverfassungsgericht als verfassungsgemäß angesehene Einheit von berufsrechtlicher Lokalisation (§§ 171, 162, 18 BRAO), eingeschränkter Postulationsfähigkeit (§ 172 BRAO) und Kanzleisitz (§§ 162, 27 BRAO) der Rechtsanwälte bei dem Bundesgerichtshof setze die fortbestehende Zulässigkeit der Bedarfsprüfung voraus. Dem Rechtsanwalt bei dem Bundesgerichtshof könnten die Beschränkungen seiner Berufsausübungsfreiheit nur auferlegt werden, wenn ihm ein ausreichendes Betätigungsfeld offenstehe, das ihm auch in wirtschaftlicher Hinsicht eine berufliche Existenz ermögliche. Gerade besonders gute und qualifizierte Rechtsanwälte seien für eine ausschließliche Tätigkeit bei dem Bundesgerichtshof nur zu gewinnen, wenn ihnen bei dem Bundesgerichtshof eine ausfüllende Beschäftigung mit ausreichendem wirtschaftlichem Ertrag geboten werde.

Die vom Bundesverfassungsgericht aufgeworfene Frage nach den Auswirkungen der Reform des Zivilprozesses auf das Revisionsverfahren sei gegenwärtig dahin zu beantworten, dass das Gebot der Singularzulassung und damit auch die Bedarfsprüfung weiterhin sachlich gerechtfertigt seien. Die Änderung des Revisionsrechts habe nicht zu einer derartigen Veränderung der Geschäftsbelastung der Zivilsenate des Bundesgerichtshofs geführt, dass sie im Hinblick auf das Interesse der Rechtspflege eine Öffnung der Tätigkeit der Rechtsanwälte bei dem Bundesgerichtshof für eine unbegrenzte Anzahl von Rechtsanwälten vertretbar oder gar geboten erscheinen ließe. Hinzu komme, dass selbst eine Steigerung der Rechtsmitteleingänge bei dem Bundesgerichtshof aufgrund der mit der Reform des Zivilprozesses neu eingeführten Rechtsmittel der Nichtzulassungs- und der Rechtsbeschwerde nicht ohne weiteres zu einer Steigerung des wirtschaftlichen Ertrags der Rechtsanwälte bei dem Bundesgerichtshof führen würde. Denn aufgrund der streitwertunabhängigen

---

31 BVerfGE 106, 216 (222 f.).

Statthaftigkeit von – (durch das Berufungsgericht) – zugelassenen Revisionen und – vorbehaltlich einer Gesetzesänderung – ab 1.1.2007 (§ 26 Nr. 8 EGZPO) auch von Nichtzulassungsbeschwerden[32] sowie aufgrund des Umstands, dass Revisionen – anders als nach früherem Recht – sowie Nichtzulassungsbeschwerden und Rechtsbeschwerden auch gegen Rechtsmittelentscheidungen des Landgerichts mit vergleichsweise niedrigem Streitwert statthaft seien, zeichne sich bereits jetzt ab, dass sich die wirtschaftliche Situation der bei dem Bundesgerichtshof zugelassenen Rechtsanwälte durch die Reform des Zivilprozesses jedenfalls nicht verbessert habe und deshalb – im Interesse der Rechtspflege an einer leistungsfähigen und in Revisionssachen besonders qualifizierten Anwaltschaft – ein Wegfall der Beschränkung des Zugangs zur Rechtsanwaltschaft bei dem Bundesgerichtshof nicht sachgerecht wäre.

b) Mit Beschluss vom 11.9.2006[33] hat der Bundesgerichtshof insbesondere die Kompetenz des Bundesministeriums der Justiz im Rahmen des Auswahlverfahrens näher umrissen. Erst die Entscheidung des Bundesministeriums der Justiz über den Zulassungsantrag sei Maßnahme der Justizverwaltung im Sinn von § 23 Abs. 1 EGGVG, die etwaige Rechte des Antragstellers beeinträchtigt, und damit ein nach § 223 Abs. 1 Satz 1 BRAO anfechtbarer Verwaltungsakt. Eine gesonderte Anfechtung der Wahlentscheidungen des Wahlausschusses in entsprechender Anwendung von § 223 Abs. 1 Satz 1 BRAO gebe es – abgesehen von dem Fall, dass ein Bewerber bei der Wahl nicht die erforderliche Mehrheit für seine Aufnahme in die dem Bundesjustizministerium vorzulegende Bewerberliste gefunden hat[34] – daneben nicht. Die Bewerbung desjenigen, der einen Platz in der Bewerberliste gefunden habe, sei anders als die der übrigen Bewerber, nach § 169 Abs. 2 BRAO dem Bundesjustizministerium vorzulegen. Dieses sei deshalb in der Lage und nach §§ 162, 21 Abs. 1, § 163 Satz 1, § 170 Abs. 1 BRAO verpflichtet, über die Zulassungsanträge aller Listenbewerber zu entscheiden und den erfolglosen Listenbewerbern einen abschlägigen Bescheid zu erteilen. Dieser Bescheid könne nach §§ 162, 21 Abs. 2 BRAO mit einem Antrag auf gerichtliche Entscheidung angegriffen werden, über den nach § 163 Satz 2 BRAO der Bundesgerichtshof zu entscheiden habe. Diesen Bescheid müssten Listenbewerber abwarten. Denn darin habe das Bundesjustizministerium auch formelle und inhaltliche Einwände gegen die Bewerberliste des Wahlausschusses zu überprüfen und berechtigten Einwänden Rechnung zu tragen. Das sei ihm

---

32 Die Gesetzesänderung erfolgte durch das 2. Justizmodernisierungsgesetz (BGBl. I S. 3416 [3420]), das die Geltung von § 26 Nr. 8 EGZPO bis einschließlich 31.12.2011 verlängerte. Nach dieser Norm ist die Beschwerde gegen die Nichtzulassung der Revision durch das Berufungsgericht – sofern das Berufungsgericht die Berufung nicht verworfen hat – nur zulässig, wenn der Wert der mit der Revision geltend zu machenden Beschwer zwanzigtausend Euro übersteigt.

33 BGHZ 169, 77 = NJW 2007, 1133.

34 Hinweis auf die Beschlüsse des Bundesgerichtshofs vom 14.5.1975 – AnwZ 7/75; vom 10.5.1978 – AnwZ 11/78; vom 23.6.1980 – AnwZ 2/80 – sämtlich nicht veröffentlicht.

möglich, weil es weder an eine in der Bewerberliste bestimmte Reihenfolge noch an den von dem Wahlausschuss festgelegten Bedarf gebunden oder hierdurch inhaltlich präjudiziert sei. Das Bundesjustizministerium habe eigenständig zu entscheiden, welche der vom Wahlausschuss benannten Bewerber für die Zulassung als Rechtsanwalt bei dem Bundesgerichtshof am besten geeignet seien. Dabei habe es zwar die vom Ausschuss bestimmte Rangfolge als wesentlichen Gesichtspunkt zu berücksichtigen. Es habe aber auch zu prüfen, ob die Rechtsanwaltschaft bei dem Bundesgerichtshof im Fall einer Zulassung der auf die erste Hälfte der Bewerberliste gewählten Bewerber auch in ihrer Gesamtheit den Erfordernissen einer geordneten Rechtspflege entspreche.[35] Dabei habe es der Frage nachzugehen, ob es sachlich geboten ist, im Rahmen des auch ihm zukommenden Beurteilungsspielraums eigene Akzente zu setzen, etwa um eine stärkere Verjüngung der Rechtsanwaltschaft bei dem Bundesgerichtshof oder eine Verstärkung ihres Frauenanteils zu erreichen. Schließlich sei das Bundesjustizministerium nicht an die Zahl von Rechtsanwälten gebunden, deren Zulassung der Wahlausschuss für angemessen erachte. Allerdings dürfe es die Zahl der Neuzulassungen im Rahmen der Bewerberliste des Wahlausschusses nicht nach Belieben festlegen, sondern habe sich bei der abschließenden Festlegung der Zahl der zuzulassenden Rechtsanwälte nicht anders als der Wahlausschuss daran zu orientieren, dass einerseits eine ausreichende Versorgung der Rechtsuchenden an revisionsanwaltlicher Beratung und Vertretung garantiert sein müsse, andererseits die beim Bundesgerichtshof singular zugelassenen Rechtsanwälte im Hinblick auf ihre Berufsausübungsfreiheit, vor allem aber auch im Hinblick auf die mit der Singularzulassung verfolgten Interessen des Gemeinwohls ausreichende Möglichkeiten revisionsanwaltlicher Betätigung haben müssten. Dabei werde es nicht ohne sachlichen Grund von der Einschätzung des sachnäheren und kompetenten Wahlausschusses abweichen. Im Rahmen seines Beurteilungsspielraums könne das Bundesjustizministerium die heranzuziehenden Gesichtspunkte in gewissem Umfang anders gewichten als der Wahlausschuss und könne im Interesse der Rechtspflege etwa auch darauf hinwirken, durch eine begrenzte Ausweitung der von dem Wahlausschuss für erforderlich gehaltenen Neuzulassungen weitere besonders qualifizierte Rechtsanwälte für die Rechtsanwaltschaft bei dem Bundesgerichtshof zu gewinnen.

c) Mit Beschluss vom 5.12.2006[36] hat der Bundesgerichtshof seine Entscheidung vom 18.2.2005[37] bestätigt und vertieft. Er vertritt weiterhin die Auffassung, bei den Regelungen über die Singularzulassung der Rechtsanwälte bei dem Bundesgerichtshof handele es sich nicht um Berufszugangs-, sondern um Berufsausübungsregelungen. § 168 Abs. 2 BRAO stelle auch als Berufsausübungsregelung zwar einen er-

---

35 Hinweis auf den BGH NJW 1984, 1042 – Zweiersozietät (mit teilweise krit. Anm. *M. Hirsch* NJW 1984, 2079).
36 BGHZ 170, 137 = NJW 2007, 1136 mit krit. Anm. *Kleine-Cosack* NJW 2007, 1142.
37 BGH (Fn. 21).

heblichen Eingriff in die Berufsfreiheit dar, sei aber verfassungsrechtlich unbedenklich, weil er einem entsprechend gewichtigen Regelungsziel diene. Der Norm liege die heute noch gültige Einsicht zugrunde, dass das Revisionsgericht in Zivilsachen seine Aufgaben – die Klärung grundsätzlicher Rechtsfragen, die Sicherung einer einheitlichen Rechtsprechung und die Fortbildung des Rechts – angesichts der Breite des Stoffs und der hohen Zahl von Fällen sachgerecht nur erfüllen könne, wenn die Parteien in Zivilsachen vor dem Revisionsgericht durch eine begrenzte Zahl besonders qualifizierter Rechtsanwälte vertreten werden, die über die notwendige innere und äußere Unabhängigkeit verfügen, um die Durchführung aussichtsloser Rechtsmittelverfahren abzulehnen. Diese der Entlastung der Zivilsenate des Bundesgerichtshofs dienende Filterfunktion der Rechtsanwaltschaft bei dem Bundesgerichtshof habe für die Konzentration der Zivilsenate des Gerichts auf ihre wesentlichen Rechtsprechungsaufgaben nach wie vor erhebliche Bedeutung und sei deshalb für den Bundesgerichtshof weiterhin unverzichtbar. Die Unabhängigkeit der Rechtsanwälte bei dem Bundesgerichtshof erlaube es ihnen darüber hinaus, die ihnen übertragenen Fälle im Interesse ihrer Mandanten noch einmal unbefangen von dem bisherigen Prozessgeschehen zu bewerten, sich auf die für die revisionsrechtliche Prüfung wesentlichen Punkte zu beschränken, bisher nicht oder nicht ausreichend gewürdigte Aspekte herauszuarbeiten und so zur Qualität der Rechtsprechung der Zivilsenate des Bundesgerichtshofs beizutragen.

Diese Aufgaben rechtfertigten es, nur solche Bewerber als Rechtsanwalt bei dem Bundesgerichtshof zuzulassen, die für diese Tätigkeit besonders qualifiziert seien. Die besonderen Aufgaben der Rechtsanwaltschaft bei dem Bundesgerichtshof könnten durch andere – nicht singular bei dem Bundesgerichtshof zugelassene – Rechtsanwälte nicht hinreichend erfüllt werden. Insbesondere Fachanwaltschaften deckten die Zuständigkeiten des Bundesgerichtshofs nicht ab und seien nicht auf die Bedürfnisse dieses Gerichts als Revisionsgericht in Zivilsachen und die Anforderungen an die Tätigkeit des Rechtsanwalts bei diesem Gericht zugeschnitten. Eine Alternativregelung, die allein eine strenge Qualitätskontrolle für Bewerber, hingegen keine Zahlenbeschränkung der zuzulassenden Rechtsanwälte vorsähe und eine Regulierung den Gesetzen des Marktes überließe, wäre für die mit der besonderen Rechtsanwaltschaft verfolgten Anliegen ungeeignet. Sie würde im Falle der Beibehaltung der Singularzulassung ein offensichtlich beträchtliches Risiko eröffnen und damit besonders geeignete Bewerber abschrecken. Bei gleichzeitiger Aufgabe der Singularzulassung würde sie dagegen zur Aufgabe der von der eigenen Vorbefassung unabhängigen Prüfung der Fälle durch den Rechtsanwalt bei dem Bundesgerichtshof führen, die als Vier-Augen-Prinzip zu den allgemein anerkannten Instrumenten der Qualitätssicherung gehöre und die besondere Rechtsanwaltschaft bei dem Bundesgerichtshof präge. Eine Abmilderung der mit der geltenden Regelung einhergehenden Beschränkungen durch Einführung einer starren Altersgrenze, die häufigere Neuzulassungen zur Folge hätte, wäre nicht undenkbar, aber doch ein Fremdkörper angesichts der sonst fehlenden Altersgrenzen im Bereich der Rechtsanwaltszulassungen. Verfassungsrechtlich geboten sei sie angesichts der überschaubaren Zahl von Rechtsanwälten bei dem Bundesgerichtshof jedenfalls dann nicht, wenn – was rechtlich möglich und im konkreten Wahlverfahren geschehen sei – die nachlassende Schaffenskraft einzelner Rechtsanwälte bei der Bemessung des Bedarfs an Neuzulassungen konkret berücksichtigt werde.

Es sei verfassungsrechtlich unbedenklich, dass der Gesetzgeber die nähere Ausgestaltung des Wahlverfahrens in § 168 BRAO nicht selbst geregelt, sondern dem Wahlausschuss überlassen, und dass er nicht alle Kriterien für die Auswahl der Bewerber gesetzlich festgelegt habe.

Im konkreten Fall seien die Bestimmung des Bedarfs von sieben Neuzulassungen und die Auswahl der in die Bewerberliste aufgenommenen Bewerber durch den Wahlausschuss nicht zu beanstanden.

II. Würdigung

In der Literatur wird dem Bundesgerichtshof vorgeworfen, er habe nicht berücksichtigt, dass sich die Rahmenbedingungen für die anwaltliche Berufsausübung spätestens seit der BRAO-Novelle von 1994 völlig verändert hätten. Der Markt der Anwaltschaft sei heute weitgehend liberalisiert. Damit habe sich das Anwaltsbild insgesamt verändert.[38] Die Judikatur zum Berufsrecht sei stärker als auf anderen Rechtsgebieten dadurch gekennzeichnet, dass die Gerichte unter Außerachtlassung der völlig veränderten Rechtswirklichkeit sich mehr von der Tradition als vom Recht – vor allem vom Verfassungsrecht – leiten ließen. Auch bei der in §§ 164 ff. BRAO normierten Beschränkung der Postulationsfähigkeit beim Bundesgerichtshof täten die Gerichte sich schwer, alte Zöpfe abzuschneiden. Die Erweiterung des Zugangs zum Bundesgerichtshof sei überfällig.[39]

In Frage gestellt wird die Annahme des Bundesgerichtshofs, bei den Vorschriften über die Zulassung zur Anwaltschaft bei dem Bundesgerichtshof handele es sich nicht um Berufswahlregelungen, sondern um Berufsausübungsregelungen.[40] Neue Argumente werden dazu nicht vorgebracht. Ob die Begründung des Bundesgerichtshofs, die sich auf eine frühere Entscheidung des Bundesverfassungsgerichts[41] stützt, einer erneuten Überprüfung durch dieses Gericht standhält, wird die Zukunft zeigen. Die Kritik scheint die angezogene Verfassungsgerichtsentscheidung ohne weiteres für überholt zu halten; sie erwähnt sie nicht einmal.

Im Übrigen soll die Zulassungsregelung auch bei einer Einstufung als Berufsausübungsregelung mit Art. 12 Abs. 1 GG nicht vereinbar sein, weil es hinreichende Gründe des Allgemeinwohls dafür nicht gebe. Insbesondere sei nicht erkennbar, wie mit dem derzeitigen Zulassungsverfahren jedem Bewerber um die Zulassung ei-

---

38 *Braun/Köhler* NJW 2005, 2592 unter Hinweis auf ein Editorial von *Göcken* NJW Heft 26/2005.
39 *Kleine-Cosack* NJW 2007, 1142.
40 *Braun/Köhler* NJW 2005, 2592 (2593).
41 BVerfG (Fn. 22).

ne »faire Chance« gegeben werden solle, entsprechend seiner Eignung berücksichtigt zu werden. Es sei noch nicht einmal für die Bewerber transparent und überprüfbar, welche konkreten Voraussetzungen er über die Mindestvoraussetzungen des § 166 Abs. 3 BRAO (Alter, Dauer der beruflichen Tätigkeit) hinaus erfüllen müsse und wie die Auswahlentscheidungen der verschiedenen beteiligten Gremien (Rechtsanwaltskammer, Bundesrechtsanwaltskammer, Wahlausschuss, Bundesministerium der Justiz) getroffen würden. Das gesamte Verfahren sei von allgemeinen Begriffen geprägt, deren Ausfüllung für den Bewerber um die Zulassung weder nachvollziehbar noch nachprüfbar sei. Auch im Hinblick auf das Verfahren könne von einer Gewährleistung der Chancengleichheit keine Rede sein, weil objektive Auswahlkriterien sich weder aus dem Gesetz noch aus der bisherigen Zulassungspraxis ergäben.[42]

Diese Kritik betrifft den Beschluss des Bundesgerichtshofs vom 18.2.2005.[43] Sie konnte den Beschluss des Bundesgerichtshofs vom 5.12.2006[44] noch nicht berücksichtigen. Mit dieser Entscheidung versucht der Bundesgerichtshof, der vermissten Transparenz und Überprüfbarkeit unter Rückgriff auf seine bisherige Rechtsprechung weitere Konturen zu geben (vgl. insbesondere Tz. 24). Danach muss der Bewerber das Zivilrecht in seiner ganzen Breite beherrschen, über besondere forensische Erfahrung verfügen und eine Persönlichkeit sein, die zu einer mit sachlicher Distanz verbundenen Beurteilung der vorgelegten Rechtsfälle fähig ist; insbesondere muss der Bewerber in der Lage sein, die Rechtsfälle wissenschaftlich zu durchdringen und die revisionsrechtlich relevanten und die Rechtsentwicklung weiterführenden Aspekte herauszuarbeiten. Das habe der Gesetzgeber nicht im Einzelnen gesetzlich festschreiben müssen. Es habe genügt, dass er die Einhaltung dieser Kriterien durch ein entsprechendes Verfahren sichergestellt habe. Denn ein Zusammenwirken aller Kräfte, die ein berechtigtes Interesse an der Auswahl hätten, gewährleiste am ehesten Sachverstand und Objektivität und sei hinlänglich geeignet, unterschiedliche Motivationen auszugleichen. Ein solches Verfahren sei hier vorgesehen. Auch insoweit kann der Bundesgerichtshof sich auf den Beschluss des Bundesverfassungsgerichts vom 24.3.1982[45] berufen. Ob dieses Gericht seine frühere Einschätzung bestätigt, kann wiederum nur die Zukunft zeigen. Dem Bundesgerichtshof ist nicht vorzuwerfen, dass er an den Ergebnissen seiner bisherigen, vom Bundesverfassungsgericht nicht beanstandeten Rechtsprechung festhält und nicht nach Art. 100 Abs. 1 GG verfährt, wenn nach seiner Überzeugung eine Verfassungswidrigkeit der §§ 164 ff BRAO zu verneinen ist.

Das gilt in gleicher Weise für die von Kritikern für verfassungswidrig gehaltene Bestimmung des § 168 Abs. 2 BRAO. Es kann nicht ernstlich in Frage gestellt wer-

---

42 *Braun/Köhler* NJW 2005, 2592 (2593 f.).
43 BGH (Fn. 21).
44 BGH (Fn. 36). Diesem Beschluss zustimmend Gaier/Wolf/Göcken/*Vorwerk* Kompaktkommentar anwaltliches Berufsrecht – im Erscheinen -, § 170 BRAO Rn. 2.
45 BVerfG (Fn. 22).

den, dass eine besondere Anwaltschaft mit (nahezu) ausschließlicher Postulationsfähigkeit bei den Zivilsenaten des Bundesgerichtshofs (§ 172 BRAO) zahlenmäßig eng begrenzt sein muss. Dies hat mit unzulässigem Schutz vor Konkurrenz nichts zu tun. Die zahlenmäßige Begrenzung ist vielmehr die notwendige Folge der ebenfalls begrenzten Geschäftsbelastung der Zivilsenate des Bundesgerichtshofs, an der sich die Anzahl der bei dem Bundesgerichtshof zugelassenen Rechtsanwälte ausrichtet. Sie ist ausschließlich durch sachliche Gründe gerechtfertigt. Denn nur wenn die Zahl der bei dem Bundesgerichtshof zugelassenen Rechtsanwälte sich an der Geschäftsbelastung dieses Gerichts orientiert, kann gewährleistet werden, dass jeder dieser Rechtsanwälte in der Lage ist, sich ständig und in so ausreichendem Umfang mit den Aufgaben eines Revisionsanwalts in Zivilsachen zu befassen, dass er die erforderlichen Kenntnisse, Erfahrungen und Fertigkeiten zu erwerben vermag, die von einem solchen Anwalt zu erwarten sind.[46] Dass eine Bestenauslese nur gelingen kann, wenn die Verdienstmöglichkeiten nicht zu niedrig angesetzt werden, liegt auf der Hand. Eine – vom Gesetzgeber festzusetzende – absolute Zahl der bei dem Bundesgerichtshof zugelassenen Rechtsanwälte wäre zwar denkbar. Mit der gegenwärtigen, seit jeher üblichen flexiblen Regelung lässt sich jedoch insbesondere Schwankungen in der Geschäftsbelastung der Zivilsenate des Bundesgerichtshofs oder Überalterungserscheinungen in der Rechtsanwaltschaft bei dem Bundesgerichtshof leichter Rechnung tragen.[47]

Gegen die Annahme des Bundesgerichtshofs, die Geschäftsbelastung der Zivilsenate des Gerichts habe sich seit Geltung des neuen Revisions- und Rechtsbeschwerderechts gegenüber dem alten Revisionsrecht nicht signifikant geändert, ist Kritik nicht laut geworden.

Damit ist dem Hinweis des Bundesverfassungsgerichts, ob »die Sicherung der Arbeitsfähigkeit des Bundesgerichtshofs, die in der angegriffenen Entscheidung[48] zum Beleg für die Erforderlichkeit der Regelung herangezogen wird, tragfähig bleibt, wird anhand des neuen Prozessrechts mit seiner Veränderung von Berufungs- und Revisionsverfahren im Zivilprozess sowie der Annäherung der Revisionszulassung vor dem Bundesgerichtshof an die finanz-, sozial- und verwaltungsgerichtlichen Verfahren« – seit 1.1.2005 wohl auch an die arbeitsgerichtlichen

---

46 Zutreffend *A. Krämer* JZ 1994, 400 (402); Gaier/Wolf/Göcken/*Vorwerk* (Fn. 44) vor §§ 162 ff. BRAO Rn. 5 f.

47 Nach der Aussage des Rechtsanwalts am Reichsgericht *Julius Haber* kann »ein tüchtiger Anwalt« 270 Sachen im Jahr »sorgfältig erledigen«, JW 1914, 329 (333), (wieder abgedruckt in: Fortitudo Temperantia [Fn. 8] S. 9, 18). Insbesondere wegen des seitdem gestiegenen Schwierigkeitsgrades des Rechts, mit dem sich die Zivilsenate des Bundesgerichtshofs zu befassen haben, ist eine solche Zahl heute kaum geeignet, an ihr in Verbindung mit der Geschäftsbelastung der Zivilsenate des Bundesgerichtshofs die Anzahl der bei dem Bundesgerichtshof zugelassenen Rechtsanwälte auszurichten. Zum heutigen Verhältnis der Eingangszahlen des Bundesgerichtshofs und der Zahl der bei dem Bundesgerichtshof zugelassenen Rechtsanwälte Gaier/Wolf/Göcken/*Vorwerk* (Fn. 44) § 172 BRAO Rn. 8.

48 BGHZ 150, 70 (76 bis 78).

Verfahren – »zu beurteilen sein«,[49] indes nur teilweise Rechnung getragen. Es bleibt insbesondere zu prüfen, ob beim Bundesgerichtshof die Zahl der Rücknahmen von Revisionen, die von den Berufungsgerichten zugelassen wurden, die Zahl der Rücknahmen von Nichtzulassungsbeschwerden sowie die Zahl der als unzulässig verworfenen Nichtzulassungsbeschwerden im prozentualen Verhältnis zu den entsprechenden Zahlen der anderen obersten Gerichtshöfe des Bundes nach wie vor signifikant abweichen, und zwar derart, dass beim Bundesgerichtshof die Zahl der zurückgenommenen Revisionen und Nichtzulassungsbeschwerden prozentual erheblich höher und die Zahl der als unzulässig verworfenen Nichtzulassungsbeschwerden prozentual erheblich niedriger ist als bei den anderen obersten Bundesgerichten. Nach der »Übersicht über den Geschäftsgang bei den Zivilsenaten des Bundesgerichtshofes 1.11.2006 – 31.10.2007 – Zwischenübersicht -« wurden von 2.454 in dieser Zeit erledigten Nichtzulassungsbeschwerden 91 oder 3,71 % durch Beschluss als unzulässig verworfen. Zurückgenommen wurden 508 Nichtzulassungsbeschwerden (20,68 %); weitere 81 (3,30 %) erledigten sich auf sonstige (nicht näher beschriebene) Weise. Von 696 erledigten Revisionen, die nach neuem Recht von Berufungsgerichten zugelassen wurden, erledigten sich 124 (17,82 %) durch Rücknahme, 92 (13,22 %) auf sonstige Weise. Angaben darüber, in wie viel Fällen Revisionen neuen Rechts oder Nichtzulassungsbeschwerden unterblieben sind, weil der beim Bundesgerichtshof zugelassene Rechtsanwalt davon abgeraten hat,[50] liegen mir nicht vor. Mir fehlen auch den obigen Zahlen des Bundesgerichtshofs entsprechende Zahlen der anderen obersten Bundesgerichte. Sollten diese Zahlen sich prozentual nicht wesentlich von denjenigen des Bundesgerichtshofs unterscheiden, könnte dies nach der Entscheidung des Bundesverfassungsgerichts den Schluss nahelegen, es bedürfe einer besonderen Rechtsanwaltschaft bei dem Bundesgerichtshof zur Sicherung von dessen Arbeitsfähigkeit nicht länger, weil die durch sie bewirkte Entlastung in gleicher Weise zu erzielen sei, wenn – wie bei den anderen obersten Gerichtshöfen – jeder bei einem deutschen Gericht zugelassene Rechtsanwalt auch vor dem Bundesgerichtshof auftreten könne, so dass von der Aufgabe dieser besonderen Rechtsanwaltschaft »Defizite in der Rechtsprechung« oder »evidente Fehlentwicklungen«[51] nicht zu erwarten seien.

Ob ein solcher Schluss unter der genannten Voraussetzung, die nur als ein Indiz gegen die Erforderlichkeit einer besonderen Rechtsanwaltschaft bei dem Bundesgerichtshof zu werten sein dürfte, tatsächlich gerechtfertigt ist, erscheint zumindest zweifelhaft. Zunächst wird im Einzelnen zu überprüfen sein, was darunter zu verstehen ist, wenn eine Nichtzulassungsbeschwerde »als unzulässig verworfen« wird. Es erscheint nicht ohne weiteres ausgeschlossen, dass diesem Entscheidungssatz bei

---

49 BVerfGE 106, 216 (223).
50 Vgl. BGHZ 150, 70 (75). *H. Schneider* in: Krüger-Nieland (Hrsg.), 25 Jahre Bundesgerichtshof, S. 325 (327) (wieder abgedruckt in: Fortitudo Temperantia [Fn. 8] S. 71 [74]) schätzte die Zahl im Jahr 1975 für das alte Revisionsrecht auf 10 %.
51 BVerfGE 103, 1 (17, 18). Vgl. Gaier/Wolf/Göcken/*Vorwerk* (Fn. 44) § 164 BRAO Rn. 9.

den einzelnen obersten Gerichtshöfen eine unterschiedliche Bedeutung beigemessen wird und darin im Hinblick auf zumindest einige der Zulassungsgründe in Wahrheit eine Zurückweisung als unbegründet liegt. Auch im Übrigen wird die Rechtsprechung des Bundesgerichtshofs einerseits und der anderen obersten Gerichtshöfe des Bundes andererseits auf ihre Vergleichbarkeit zu untersuchen sein.[52] Ferner wird die Frage, ob eine Abschaffung der Singularzulassung der Rechtsanwaltschaft bei dem Bundesgerichtshof »Defizite in der Rechtspflege« zur Folge hat, anhand der weiteren Gründe zu prüfen sein, welche der Bundesgerichtshof für die Erforderlichkeit einer singular bei ihm zugelassenen Rechtsanwaltschaft angeführt hat (Spezialisierung auf die Überprüfung der Berufungsurteile auf Rechtsfehler, überzeugendes Aufzeigen vorhandener Mängel oder – als Vertreter des Revisionsbeklagten – Erwiderung mit rechtlichen Gegenargumenten; Vier-Augen-Prinzip; besonders qualifizierte Kenntnisse im Verfahrensrecht sowie der aktuellen Rechtsprechung der einzelnen Zivilsenate und der daraus erkennbaren Tendenzen; deutlich höhere Gewähr sachgerechter Wahrnehmung der Belange der Rechtsuchenden; besonders intensive Berührung mit den Fragen, die durch die Entscheidungen der Instanzgerichte in allen Teilen der Bundesrepublik in grundsätzlicher Hinsicht oder im Zusammenhang mit der Fortbildung des Rechts aufgeworfen werden; daraus folgend die Eigenschaft der Rechtsanwälte als besonders kompetente Gesprächspartner der Richter, wobei im Einzelfall auch das Spezialwissen der Rechtsanwälte auf Gebieten bedeutsam werden kann, die nicht zum Zuständigkeitsbereich des jeweils erkennenden Senats gehören; dadurch maßgebliche Förderung der Qualität der Rechtsprechung[53]) und die mit ein Grund dafür waren, dass die anderen obersten Bundesgerichte laut Kommissionsbericht von 1998 auch bei ihnen eine besondere Rechtsanwaltschaft für wünschenswert hielten[54]. Dass mit all diesen Erwägungen keine »hervorstechenden Vorteile«[55] für die Rechtspflege am Bundesgerichtshof aufgezeigt werden, sondern in ihnen lediglich das für die verfassungsrechtliche Überprüfung einer solchen Rechtsanwaltschaft anhand von Art. 12 Abs. 1 GG unerhebliche subjektive Empfinden der Richter des Bundesgerichtshofs zum Ausdruck komme, eine besondere Rechtsanwaltschaft bei dem Bundesgerichtshof sei zur Aufrechterhaltung der (bisherigen) Qualität der Rechtsprechung der Zivilsenate des Bundesgerichtshofs erforderlich[56], vermag ich nicht zu sehen. In diesem Zusammenhang ist darauf hinzuweisen, dass es bislang an einer näheren Bestimmung des vom Bundesverfassungsgericht verwendeten Begriffs »Defizite in der Rechtsprechung« fehlt. Ein kürzlich unternommener Versuch einer solchen Begriffsbestimmung[57] deutet darauf hin, dass von einer Abschaffung der Singularzu-

---

52 Vgl. *E. Schneider* ZAP 2007, 1187, Nr. 21 vom 31.10.2007.
53 BGHZ 150, 70 (73 f, 75).
54 Vgl. BGHZ 150, 70 (76); *Nirk* NJW 2007, 3184 (3185).
55 BVerfGE 103, 1 (18).
56 BVerfGE 106, 216 (223).
57 Gaier/Wolf/Göcken/*Vorwerk* (Fn. 44) § 164 BRAO Rn. 11 ff; vgl. auch § 172 BRAO Rn. 13.

lassung der bei dem Bundesgerichtshof postulationsfähigen Rechtsanwälte durchaus gravierende Defizite in der Rechtsprechung zu erwarten sind.

C. ANDERE GRÜNDE FÜR EINE ABSCHAFFUNG DER RECHTSANWALTSCHAFT BEI DEM BUNDESGERICHTSHOF?

Geht man davon aus, dass die Regelung über die Rechtsanwaltschaft bei dem Bundesgerichtshof jedenfalls in ihrem Kern – Lokalisation, Singularzulassung (§ 172 BRAO), Residenzpflicht (§ 172b BRAO) und zahlenmäßige Beschränkung (§ 168 Abs. 2 BRAO) – verfassungsrechtlich nicht zu beanstanden ist, bleibt die Frage, ob diese Regelung aus politischen Gründen wegen der mit der weitgehenden Liberalisierung des Marktes der Anwaltschaft verbundenen Veränderung des Anwaltsbildes[58] abgeschafft werden sollte. Darüber, dass ihre Aufrechterhaltung verfassungsrechtlich nicht geboten ist, besteht stillschweigendes Einverständnis.

I. Qualitätsverlust der Rechtsprechung als Folge einer Abschaffung der Singularzulassung

Dass die Zivilsenate des Bundesgerichtshofs auch ohne eine besondere Rechtsanwaltschaft judizieren könnten, zeigen die anderen obersten Gerichtshöfe des Bundes, die einer nur bei ihnen zugelassenen Rechtsanwaltschaft ermangeln. Allerdings wurde eine besondere Rechtsanwaltschaft von kompetenter Anwaltsseite trotz der schon damals vertretenen modernen Vorstellung von der »Freiheit der Advokatur« nicht nur beim Bundesgerichtshof für richtig gehalten, sondern auch für diese Gerichtshöfe – hier freilich ohne Ausschließlichkeit – gefordert und bedauert, dass »der Gesetzgeber bis heute nicht die Kraft gefunden« habe, »dieses Postulat«, über das »im Grunde auch Einigkeit« bestehe, »zu verwirklichen«.[59]

Mit einer Abschaffung der bei dem Bundesgerichtshof zugelassenen Rechtsanwaltschaft wäre nicht nur – u.a. wegen des Wegfalls des Vier-Augen-Prinzips – eine höhere Belastung des Bundesgerichtshofs mit erfolglosen Revisionen, sondern wegen des dann – jedenfalls bei generalisierender Betrachtung – notwendig eintretenden Qualitätsverlusts der beim Bundesgerichtshof auftretenden Rechtsanwälte auch eine Verschlechterung des Rechtsschutzes der Rechtsuchenden und zugleich eine Minderung der Rechtsprechungsqualität zu besorgen.[60] Der Bundesgerichtshof, dem mit der Zivilgerichtsbarkeit der größte Rechtsbereich innerhalb der Gesamtrechtsordnung zugewiesen ist[61], und der im Bereich der Rechtsbeschwerde schon

---

58 *Braun/Köhler* NJW 2005, 2592.
59 *Redeker* NJW 1987, 2610 (2616).
60 Vgl. auch *E. Schneider* (Fn. 52).
61 Vgl. die Zahlenangaben bei *Nirk* NJW 2007, 3184 (3187).

des Sachverstandes der Oberlandesgerichte entbehren muss[62], würde darüber hinaus der juristischen Phantasie und Sachkunde von Rechtsanwälten beraubt, die eine Auslese darstellen und mit den Feinheiten des Revisionsrechts sowie mit den materiellrechtlichen Aufgaben eines höchsten Zivilgerichts – Wahrung der Rechtseinheit durch fundierte Auslegung und Fortbildung des Rechts – wie kein anderer Rechtsanwalt vertraut sind.[63]

Die Kritiker scheinen dem allen nur geringe Bedeutung beizumessen. Die Qualitätsfrage wird bagatellisiert, etwa mit den Worten: »Die wenigen ZPO-Paragrafen zum Revisionsverfahren sind überschaubar und stellen angesichts der Flut sonstiger Bestimmungen, deren Kenntnis von jedem Anwalt erwartet wird, keine nennenswerte Herausforderung dar.«[64] Oder es wird bei dem Bundesgerichtshof zugelassenen Rechtsanwälten ohne jeden Beleg die erforderliche Qualität sowie in Bausch und Bogen der Wille und die Bereitschaft zur Wahrung ihrer Unabhängigkeit abgesprochen, um die »einfach nicht hinnehmbar(e)« »derzeitige Beschränkung der Zulassung« zu diskreditieren. So führt einer der Dauerkritiker aus:

> »Der Haupteinwand ergibt sich daraus, dass von derzeit circa 140 000 Rechtsanwälten nur circa 30 zugelassen sind. Die besten deutschen Anwälte und die größten Spezialisten haben keine Möglichkeit, in Zivilsachen zu vertreten. Stattdessen ist der Rechtsuchende gezwungen, einen fremden – mit der fraglichen Materie oftmals kaum oder gar nicht vertrauten – Anwalt zu beauftragen, der vielfach nicht die Kompetenz und Spezialisierung seines Vertrauensanwalts aufweist.([65]) Auch ist nicht gesichert, dass Rechtsanwälte zum *BGH* zugelassen werden, die wirklich weit über dem Durchschnitt liegende Qualitäten aufweisen; dieser – tabuisierte – Umstand erhöht erfahrungsgemäß für den Rechtsuchenden den Qual der Wahl. Zudem ist bei der Beschränkung der Zulassung auf wenige Anwälte die nach § 1 BRAO erforderliche Unabhängigkeit nicht gewährleistet. Richter und Anwälte bilden eine Art ›Klostergemeinschaft‹ mit einer kompetenzbedingten Vorrangstellung der Richter, welche den Willen und die Bereitschaft der Anwälte zur Kritik an der Rechtsprechung verständlicherweise massiv einschränkt zum Nachteil der Rechtsuchenden, welche oftmals darauf angewiesen sind.«[66]

Das ist Populismus pur und macht deutlich, welcher Niveauverlust mit einem Wegfall der Rechtsanwaltschaft bei dem Bundesgerichtshof verbunden sein könnte.

Die Qualität der Rechtsanwaltschaft bei dem Bundesgerichtshof hängt (nach der gegenwärtigen Rechtslage) davon ab, dass sich Rechtsanwälte, die zu den besten des Landes gehören, mit Erfolg um eine Zulassung bei diesem Gericht bewerben. Das ist bis in die Gegenwart geschehen. In den Reihen der »BGH-Anwälte« befanden und befinden sich ganz exzellente Vertreter der Anwaltschaft, die eine Zierde ihres Standes waren und sind, unter ihren nicht bei dem Bundesgerichtshof zugelassenen Kollegen hohe Wertschätzung genießen und jedem Vergleich mit ihnen standhalten.

---

62 *Nirk* NJW 2007, 3184 (3185).
63 Gaier/Wolf/Göcken/*Vorwerk* (Fn. 44) § 164 BRAO Rn. 18.
64 *Römermann* ZRP 2007, 207 li. Sp. Demgegenüber *E. Schneider* (Fn. 52).
65 Vgl. dazu Gaier/Wolf/Göcken/*Vorwerk* (Fn. 44) § 164 BRAO Rn. 17.
66 *Kleine-Cosack* NJW 2007, 1142 (1143).

In der Literatur sind gelegentlich Grundsatzentscheidungen des Bundesgerichtshofs erwähnt worden, die durch Rechtsanwälte bei dem Bundesgerichtshof wesentlich beeinflusst wurden.[67] Jeder Zivilrichter des Bundesgerichtshofs kann derartige Entscheidungen nennen. Ich verweise als heraus stechendes Beispiel auf das Urteil des Bundesgerichtshofs vom 20.12.1988[68] zur Rechtsprechungswende in der Auslegung von § 17 KO, die wesentlich auch durch die (von Rechtsanwalt *Herbert Messer* verfasste) Revisionsbegründung angestoßen wurde.

Gewiss weisen die einzelnen bei dem Bundesgerichtshof zugelassenen Rechtsanwälte Qualitätsunterschiede auf. Das ist ganz normal und trifft für sämtliche aus mehreren Personen bestehende Gremien zu. Insgesamt ist die Qualität der Angehörigen der Rechtsanwaltschaft bei dem Bundesgerichtshof jedoch hoch. Dass sie dann und wann noch höher sein könnte, gilt nicht nur hier, sondern ist ebenfalls ein Kennzeichen sämtlicher Kollegien. Für die Rechtsanwaltschaft beim Bundesgerichtshof mag dies zum Teil an dem schon zu Zeiten des Reichsgerichts beklagten Umstand liegen, dass – aus welchen Gründen auch immer – nicht jeder dazu qualifizierte Rechtsanwalt um eine Zulassung beim höchsten Zivilgericht nachsucht.[69] Dies ändert aber nichts an dem nach wie vor insgesamt sehr positiven Befund und daran, dass die Rechtsanwälte bei dem Bundesgerichtshof ihren herausfordernden und schwierigen Aufgaben als Revisionsanwälte gerecht werden.

II. Keine Alternative zur Singularzulassung

Der mit einer Aufgabe der Singularzulassung zweifellos verbundene erhebliche Niveauverlust lässt sich auf andere Weise nicht verhindern. Gleichviel, ob man jedem bei einem deutschen Gericht zugelassenen Rechtsanwalt die Zulassung beim Bundesgerichtshof gewährt oder die Zulassung von besonderen Voraussetzungen abhängig macht (mehrjährige Tätigkeit auf dem Gebiet des Zivilrechts, Teilnahme an einem Lehrgang im Revisionsrecht,[70] Befugnis zur Führung der – noch zu schaffenden – Bezeichnung »Fachanwalt für Revisionsrecht in Zivilsachen«), würde in einem solchen Fall die Zahl der Rechtsanwälte, welche die Zulassungsvoraussetzungen erfüllten, unübersehbar groß.[71] Diese Rechtsanwälte wären – von zu vernachlässigenden Ausnahmen abgesehen – im großen Durchschnitt nicht in der Lage, sich »ständig und in solch ausreichendem Umfang mit Revisionsrecht« zu befassen, »dass sie die erforderlichen Kenntnisse und Erfahrungen erwerben können ... Eine

---

67 *H. Schneider* Ehrengabe für Heusinger, 1968, S. 101 (114) (wieder abgedruckt in Fortitudo Temperantia [Fn. 8] S. 43 [54]); vgl. auch *ders.* in: 25 Jahre Bundesgerichtshof (Fn. 50) S. 325, 335 bis 337 (wieder abgedruckt in: Fortitudo Temperantia [Fn. 8] S. 71 [82 bis 84]).
68 BGHZ 106, 236 = ZIP 1989, 171.
69 Vgl. *Axhausen* in: Lobe (Hrsg.), Fünfzig Jahre Reichsgericht, 1929, S. 206 (214) (wieder abgedruckt in Fortitudo Temperantia [Fn. 8] S. 27 [35]).
70 *Kleine-Cosack* NJW 2007, 1142 (1143).
71 Vgl. *A. Krämer* JZ 1994, 400 (402).

kritische Prüfung der Revisionsaussichten und eine ›klärende Vorarbeit‹, wie sie erwünscht und um der Qualität der Revisionsrechtsprechung willen geboten ist,([72]) wird kaum möglich sein.([73]) Die Alternative lautet daher: Entweder eine notwendigerweise zahlenmäßig begrenzte, ausschließlich beim *BGH* zugelassene Anwaltschaft, die – nicht zuletzt im Interesse der Rechtsuchenden – bereit ist, die Beschränkung ihrer Tätigkeit auf Revisionsfälle zu akzeptieren, oder die Öffnung der Zulassung für alle zivilrechtlich ausgewiesenen Kollegen mit der dann aber zwangsläufigen Folge eines Qualitätsverlustes – nicht notwendigerweise im Einzelfall, aber doch in der Breite anwaltlicher Tätigkeit auf revisionsrechtlichem Gebiet. Cui bono?«[74] Diese vor 14 Jahren niedergelegten Worte eines der herausragenden Rechtsanwälte bei dem Bundesgerichtshof haben nach wie vor Gültigkeit.

Wer als neu ernannter Richter am Bundesgerichtshof seinen Dienst in einem Zivilsenat antritt, benötigt in der Regel mehrere Jahre ständigen Einsatzes, um sich in die neue Aufgabe so hineinzufinden, dass er sämtlichen an einen Revisionsrichter zu stellenden Anforderungen, insbesondere der Fähigkeit zur Rechtsfortbildung, gerecht wird. Bei einem Revisionsanwalt, der bisher als Instanzanwalt tätig war, ist dies im Allgemeinen nicht anders. Dies gilt auch für die von der Kritik apostrophierten »besten deutschen Anwälte und die größten Spezialisten«, die nach der gegenwärtigen Rechtslage keine Möglichkeit haben, vor dem Bundesgerichtshof in Zivilsachen aufzutreten.[75] Soweit sie einen Mandanten bereits in erster und/oder zweiter Instanz vertreten haben, liegen ihre Äußerungen dem Bundesgerichtshof in den Akten vor und können von ihm berücksichtigt werden. Ob es der Partei gut tut, wenn diese Anwälte in der mündlichen Verhandlung das Wort ergreifen, ist nach aller Erfahrung – von Einzelfällen wieder abgesehen – zu bezweifeln. Wer es nicht gewohnt ist, Tatfrage von Rechtsfrage zu unterscheiden, wird auch in der mündlichen Verhandlung vor dem Revisionsgericht eher eine klägliche Figur machen und kaum in der Lage sein, sich – wie geboten – allein auf die rechtliche Problematik zu konzentrieren.

Die Aufrechterhaltung einer singular bei dem Bundesgerichtshof zugelassenen Rechtsanwaltschaft liegt nicht zuletzt auch im wohlverstandenen Interesse der Rechtsuchenden. Jede Partei, die eine Revision führen will, hat unabhängig vom Streitwert die Möglichkeit, einen bei dem Bundesgerichtshof zugelassenen und damit ausgesuchten Rechtsanwalt mit der Wahrnehmung ihrer Interessen zu beauftragen.[76] Das gilt insbesondere auch für diejenige Partei, die wirtschaftlich nicht so gestellt ist, dass sie eine Revision ohne die Bewilligung von Prozesskostenhilfe einzulegen und durchzuführen vermag. Bereits für das Prozesskostenhilfeverfahren

---

72 Zur Arbeitsweise eines Revisionsanwalts Gaier/Wolf/Göcken/*Vorwerk* (Fn. 44) § 164 BRAO Rn. 17 ff.
73 Vgl. die Zahlen bei Gaier/Wolf/Göcken/*Vorwerk* (Fn. 44) vor §§ 164 ff. BRAO Rn. 5.
74 *A. Krämer* JZ 1994, 400 (402 f.).
75 *Kleine-Cosack* NJW 2007, 1142 (1143).
76 Vgl. Gaier/Wolf/Göcken/*Vorwerk* (Fn. 44) § 164 BRAO Rn. 16.

kann sie sich eines Revisionsanwalts bedienen. Bei einem Wegfall der Singularzulassung wäre vor allem dieser Personenkreis aller Voraussicht nach weitgehend auf Rechtsanwälte angewiesen, die im Revisionsrecht nicht bewandert sind.[77]

III. Beispiele anderer Länder mit besonderer Rechtsanwaltschaft

Die große Bedeutung einer besonderen Rechtsanwaltschaft bei dem höchsten Zivilgericht wird dadurch unterstrichen, dass es – von der kaum vergleichbaren Lage der englischen hohen Gerichtsbarkeit mit ihren Barristern abgesehen[78] – bei den renommiertesten europäischen Gerichten, der französischen Cour de Cassation nebst dem Conseil d'Etat[79] und dem niederländischen Hoge Raad[80], ebenfalls und länger als in Deutschland besondere Rechtsanwaltschaften gibt, die sich nur der Bearbeitung der vor diesen Gerichten anhängigen Verfahren widmen.[81] Das gilt auch für die besondere Rechtsanwaltschaft bei der belgischen Cour de cassation.[82] Dass es bei dem Gerichtshof der europäischen Gemeinschaften mit seinen über das Zivilrecht weit hinausgehenden Zuständigkeiten an einer besonders zugelassenen Rechtsanwaltschaft fehlt, mag vor allem daran liegen, dass es sich um ein supranationales Gericht handelt, das für sämtliche Mitgliedstaaten der europäischen Union zuständig ist. Dieses Gericht verfügt zudem in den – den Richtern im Rang gleichgestellten – Generalanwälten über eine Institution, deren ausgezeichnete Qualität eine besondere Anwaltschaft leichter verschmerzen lässt.

IV. Zum Zulassungsverfahren

Soweit das Verfahren zur Zulassung der Rechtsanwälte bei dem Bundesgerichtshof kritisiert wird,[83] mag einiges verbesserungsfähig oder –bedürftig sein. Abgesehen von Hinweisen zur Verbesserung des geltenden Verfahrens[84] sind die bislang gemachten Vorschläge – etwa derjenige, das Wahlverfahren durch ein gerichtlich überprüfbares und damit milderes Prüfungsverfahren zu ersetzen, das sich an die

---

77 Dazu auch Gaier/Wolf/Göcken/*Vorwerk* (Fn. 44) § 172 BRAO Rn. 12.
78 Vgl. *Hirst* in: Fortitudo Temperantia (Fn. 8) S. 183.
79 Dazu *Barthélemy* in: Fortitudo Temperantia (Fn. 8) S. 161.
80 Dazu *Langeveld* in: Fortitudo Temperantia (Fn. 8) S. 193.
81 Vgl. Gaier/Wolf/Göcken/*Vorwerk* (Fn. 44) vor §§ 162 ff. BRAO Rn. 9, 11. Einen breiten Überblick über »Die Vertretung vor den Obersten Gerichtshöfen in Europa gibt *Gross* FS G. Hirsch, 2008, S. 483 ff.
82 Dazu *Delahaye* in: Fortitudo Temperantia (Fn. 8) S. 175; Gaier/Wolf/Göcken/*Vorwerk* (Fn. 44) vor §§ 162 ff. BRAO Rn. 10.
83 Vgl. *G. Krämer* Die Rechtsanwaltschaft beim BGH, 2004, S. 62 bis 64, 295 bis 298, 307; *Braun/Köhler* NJW 2005, 2592 (2593 f.); *Kleine-Cosack* NJW 2007, 1142 f; auch *Römermann* ZRP 2007, 207.
84 Vgl. Gaier/Wolf/Göcken/*Vorwerk* (Fn. 44) § 165 BRAO Rn. 12 bis 14, 16; § 170 BRAO Rn. 7 bis 9.

Fachanwaltsordnung anlehnen könnte,[85] oder ein anderer, die drei Stufen des geltenden Rechts durch eine einzige Entscheidungsinstanz, das Bundesministerium der Justiz, zu ersetzen[86] – jedenfalls unter der Voraussetzung einer der Geschäftsbelastung des Bundesgerichtshofs angepassten geringen Anzahl von bei diesem Gericht zugelassenen Rechtsanwälten wenig ausgegoren und kaum hilfreich. Die Anregung, die Rolle des Bundesgerichtshofs bei der Wahl zu überdenken, weil »außer Frage« stehe, »dass Anträge auf gerichtliche Entscheidung schon deshalb keine Chance haben, da BGH-Richter kaum gewillt sind, Verwaltungsentscheidungen des Wahlausschusses mit seinem eigenen Präsidenten an der Spitze zu kassieren« und nur »eine weltfremde und das Richterbild idealistisch verklärende Sicht … die insoweit bestehenden Bedenken übersehen« könne,[87] ist nicht ernst zu nehmen. Der Kritiker, der auch das Zulassungsverfahren »im Interesse des Rechtsstaats« reformieren will[88], scheint nicht zu bemerken, dass er selbst den Rechtsstaat unterhöhlt, wenn er die Notwendigkeit einer Reform unter anderem aus der durch nichts belegten, aber für den Kritiker »außer Frage« stehenden Annahme herleitet, dass Richter des Bundesgerichtshofs bei einer Überprüfung von Entscheidungen des Wahlausschusses ihre verfassungsrechtliche Pflicht, nach Gesetz und Recht zu entscheiden, deshalb verletzen, weil der Präsident des Gerichts nach § 165 Abs. 2 BRAO im Wahlausschuss den Vorsitz führt.

V. Ergebnis

Zusammenfassend komme ich zu dem Ergebnis, dass – die Verfassungsmäßigkeit der Singularzulassung vorausgesetzt – kein aus Sachgründen gebotener Anlass besteht, an der bewährten, in §§ 162 ff. BRAO geregelten besonderen Rechtsanwaltschaft bei dem Bundesgerichtshof nicht festzuhalten. Die an dieser Institution geübte Kritik, die es bereits zu Zeiten des Reichsgerichts gab,[89] ist weithin unsachlich und ohne Substanz. Der Gesetzgeber sollte sich durch sie nicht beeindrucken lassen und sich im Wesentlichen auf die ihm vom Bundesverfassungsgericht aufgegebene Überprüfung der Verfassungsmäßigkeit einer Aufrechterhaltung der Singularzulassung der Rechtsanwälte bei dem Bundesgerichtshof im Hinblick auf die Angleichung der Verfahrensordnungen der obersten Gerichtshöfe des Bundes konzentrieren. Darüber hinaus mag er, sofern er dazu Grund und Möglichkeiten sieht, das Zulassungsverfahren verbessern. Eine Abschaffung der singular bei dem Bundesgerichtshof zugelassenen Rechtsanwaltschaft wäre der Rechtskultur in diesem Lande abträglich und daher zu bedauern. Freilich ist eine Institution immer nur so gut wie

---

85 *G. Krämer* (Fn. 83) S. 295 ff, 307.
86 *Kleine-Cosack* NJW 2007, 1142 f.
87 *Kleine-Cosack* NJW 2007, 1142 (1143).
88 *Kleine-Cosack* NJW 2007, 1142 (1143).
89 *Axhausen* (Fn. 69) S. 206, 213 (wieder abgedruckt in: Fortitudo Temperantia [Fn. 8] S. 27 [34]).

die Menschen, die in ihr tätig sind. Deshalb sei die gesamte Rechtsanwaltschaft dazu aufgerufen, an der notwendigen Bestenauslese für die Rechtsanwaltschaft bei dem Bundesgerichtshof nach Kräften mitzuwirken. Für einen hoch qualifizierten Rechtsanwalt kann es kaum etwas Befriedigenderes geben, als an der für das Gemeinwesen so bedeutsamen Gestaltung des Rechts durch das höchste Zivilgericht an entscheidender Stelle dauerhaft mitzuwirken und sie mit zu beeinflussen. Die Legitimität einer singular bei dem Bundesgerichtshof zugelassenen Rechtsanwaltschaft steht und fällt mit der Qualität der Persönlichkeiten, die sich entschließen, eine Zulassung bei dem Bundesgerichtshof zu erstreben und die mit der Singularzulassung verbundenen Beschränkungen einschließlich der Residenzpflicht sowie der Aufgabe der bisherigen Sozietät und Mandanten anzunehmen und strikt einzuhalten. Nur wenn sich immer wieder Rechtsanwälte für den Bundesgerichtshof finden, deren persönliche und fachliche Qualitäten über jeden Zweifel erhaben sind, kann es auf Dauer gelingen, eine Institution zu bewahren, die sich seit mehr als 100 Jahren bewährt hat, von einer deutlichen Mehrheit der deutschen Rechtsanwälte noch immer begrüßt wird[90] und gerade auch für die Qualität einer modernen Justiz von unverzichtbarer Bedeutung ist.

D. PERSÖNLICHES

Es war am 2.2.1963, als der Jubilar sich in einer fünf- bis sechsköpfigen Gruppe von Kandidaten der Göttinger Georgia Augusta, zu denen auch ich gehörte, im ehrwürdigen Gebäude des Oberlandesgerichts Celle der mündlichen Prüfung im Referendarexamen unterzog und das Examen mit gehörigem Glanz bestand. Hätten wir damals unsere Berufswege genauer übersehen können, wäre ich gewiss versucht gewesen, *Ole Scharf* angelegentlich zu empfehlen, sich zu gegebener Zeit um die Zulassung als Rechtsanwalt bei dem Bundesgerichtshof zu bewerben. Ich habe keinen Zweifel, dass er ein tüchtiger Revisionsanwalt geworden wäre. Aber vielleicht lagen die praktischere Tätigkeit als Rechtsanwalt an einem Oberlandesgericht mit bundesweit gutem Ruf und die bunte Aufgabenvielfalt eines Vizepräsidenten der Bundesrechtsanwaltskammer und sonstiger Engagements seiner Persönlichkeit näher. Jedenfalls hoffe ich auf sein Verständnis, dass ich mich in der zu seinen Ehren erscheinenden Festschrift zu existentiellen Fragen der Rechtsanwaltschaft bei dem Bundesgerichtshof geäußert habe, die ihm möglicherweise ferner liegt, von deren sachlicher Unverzichtbarkeit im Interesse der Rechtspflege unseres Landes ich jedoch überzeugt bin.

---

90 *Hommerich/Kilian* NJW 2007, 2308 (2310).

Der freie Beruf des Rechtsanwaltes

– Ein Ausblick –

THOMAS REMMERS

Eine der aktuellen und wie ich meine auch zukünftigen Fragestellungen wird sein, wie sich der Rechtsanwaltsberuf auch in den kommenden Jahren und Jahrzehnten als freier Beruf darstellen und bewähren wird. Dr. *Ulrich Scharf* hat nicht nur im Rahmen seiner eigentlichen anwaltlichen Tätigkeit, sei es als singular zugelassener Anwalt am OLG Celle, sei es seit der Aufhebung der Zulassungsbeschränkungen als anwaltlicher Berater und Prozessanwalt in erster und zweiter Instanz, sondern auch und insbesondere seit 1977 als Mitglied des Vorstandes der Rechtsanwaltskammer Celle, seit 29 Jahren als Mitglied des Präsidiums dieser Kammer und seit 1995 als deren Präsident diesen besonderen Status der freien Anwalts immer wieder betont und sich hierfür auf allen Ebenen eingesetzt.

Die Problematik ist vielschichtig, es kann und soll daher nicht Aufgabe dieses Beitrages sein, alle Facetten anzusprechen. Aber einige Aspekte sollen genannt werden.

Man kann zunächst feststellen, dass sich das anwaltliche Berufsbild stark verändert hat. Es werden zwar immer noch jährlich mehrere tausend Anwälte zugelassen, aber nur ein Teil hiervon beantragt die Zulassung, um auch tatsächlich anwaltliche Tätigkeit auszuüben. Auch wenn dies bei der Zulassung natürlich immer angegeben wird, zeigen doch besonders die Nebentätigkeitsanträge und Befreiungen, welche Vielfalt an Tätigkeiten gut ausgebildete Juristen nach der anwaltlichen Zulassung ausüben. Nehmen dabei die Syndici – Anwälte noch eine besondere und nach der BRAO auch gesetzlich normierte Stellung[1] ein, so sind doch eine Vielzahl von Versicherungs- und Bankmitarbeitern, Verbandsjuristen in Bereichen tätig, die zwar, wenn überhaupt, im weiteren Sinne als juristisch bezeichnet werden können, die aber mit anwaltlicher Tätigkeit im eigentlichen Sinne nichts mehr zu tun haben.

Aber auch die zugelassenen, sei es in einer Einzelkanzlei, einer mittelgroßen oder einer Großkanzlei tätigen Kolleginnen und Kollegen üben ihren Beruf in höchst unterschiedlicher Art und Weise aus. Damit ist aber nicht nur die eigentliche Fallbearbeitung und Problemlösung gemeint, es sind weitere Unterschiede festzustellen.

Hinzuweisen ist zunächst auf die Differenzierung zwischen den Partnern, Gesellschaftern der anwaltlichen Sozietäten oder Gesellschaften einerseits und den angestellten Berufsträgern andererseits. Eine besondere, aber nicht weniger übliche

---

1 § 46 BRAO.

Form der anwaltlichen Berufsausübung findet sich daneben in den freien Mitarbeitern oder auch in den immer häufiger anzutreffenden Bürogemeinschaften, die offen beworben oder aber hinter einem gemeinsamen Briefkopf versteckt, existieren.

Gerade bei den angestellten Anwältinnen und Anwälten könnte die Frage auftauchen, ob deren Tätigkeit tatsächlich noch dem klassischen Bild der freien Advokatur entspricht. Kritiker meinen zwar, dass allein mit der abhängigen Beschäftigung der Status des Freiberuflers verloren geht. Diese Auffassung übersieht jedoch meines Erachtens, dass es allein auf die Organisationsform anwaltlicher Tätigkeit nicht ankommen kann. Alle zugelassenen Anwältinnen und Anwälte sind vereidigt worden und wirken, wenn sie in diesem Bereich tätig sind, als Organ der Rechtspflege oder auch als vertrauensvoller Berater in allen Rechtsfragen an der Gestaltung und Bewahrung des Rechtsstaates mit. Aus der Sozietätswechslerentscheidung[2] wird neben den Ausführungen zum Verbot der Vertretung widerstreitender Interessen auch deutlich, dass das besondere vertrauensvolle Mandatsverhältnis in der Regel hauptsächlich zwischen dem einzelnen sachbearbeitenden Anwalt besteht und die Sperrwirkungen auf die weiteren in der Sozietät tätigen Kollegen lediglich als Reflex angesehen werden können, der sich im Wesentlichen auf die Verschwiegenheitsproblematik bezieht. Die Frage, wie das Mandat konkret bearbeitet wird, bleibt aber dem einzelnen Anwalt überlassen. Er muss, im Rahmen der Gesetze, die Problemstellungen lösen, den Prozess führen und die Interessen der Mandantschaft wahren. Wenn er sich hierbei zugleich auch noch in ein bestimmtes Abwicklungsraster einer größeren oder kleineren Kanzleiorganisation einfügt, ändert dies nichts an der Stellung als Angehöriger des freien Berufes, denn die Weisungen, die diesen Status einschränken können, bleiben organisatorischer Art und betreffen nicht die Mandatsbearbeitung und damit das geschützte Verhältnis zum Mandanten als solches.

Dem Schutz des freien Berufes dient auch § 43a Abs. 4 BRAO der die Wahrung des Vertrauensverhältnisses zum eigenen Mandanten und die Sicherung der anwaltlichen Unabhängigkeit bezweckt.[3] Hinzu tritt das Verbot der Vertretung widerstreitender Interessen, das nicht nur dem freien Beruf wesensimanent zu sein scheint, sondern in Gestalt der Rechtspflege für das Gemeinwohl wesentlich ist, da, diese auf eine Geradlinigkeit der anwaltlichen Berufsausübung angewiesen ist,[4] also darauf, dass ein Anwalt nur einer Seite dient. Alle diese Belange treten nebeneinander und bedingen einander.[5] Der freie Beruf des Rechtsanwaltes ist damit auch durch das Bundesverfassungsgericht einem besonderen Schutz unterstellt worden, doch bedeutet dies nicht, dass alle Segnungen dieses Status dauerhaft in Anspruch genommen werden können. Es gilt Aufweichungserscheinungen entgegenzuwirken

---

2 BVerfGE 108, 150.
3 BVerfGE 108, 150 (160 f.).
4 BT-Drs. 12/4993 S. 27; BR-Drs. 93/93 S. 81
5 BVerfG (Fn. 3).

und die Bedeutung des freien Berufs für den Beruf des Rechtsanwaltes zu bewahren.

Als Organ der Rechtspflege als das sich zumindest die Mehrheit der Kollegen verstehen, die in Kanzleien tätig sind, haben Anwältinnen und Anwälte eine ganz besondere Funktion im Rechtsstaat. Diese Funktion und auch die juristische Auseinandersetzung in Augenhöhe mit den Richtern, Staatsanwälten oder Behördenvertretern kann nur erhalten werden, wenn sich die Anwaltschaft bereit findet, immer wieder die eigene Qualität der Dienstleistung zu überprüfen und durch Fortbildung dafür Sorge zu tragen, dass hier keine Schieflage entsteht.

Die anwaltliche Fortbildung ist bereits jetzt eine Verpflichtung, die durch § 43a Abs. 6 BRAO normiert wird. Die Fortbildungspflicht für jeden Rechtsanwalt ist aber, anders etwa in § 5 der Fachanwaltsordnung (FAO), bisher nicht sanktioniert. Zu dieser Thematik hat ein Diskussionsprozess eingesetzt, der besonders in den beiden großen Anwaltsorganisationen BRAK und DAV, aber auch und insbesondere in der 2007 neu gewählten und seit dem 18.1.2008 neu konstituierten IV. Satzungsversammlung geführt werden muss. Schon eine erste Meinungsbildung im zuständigen neu zusammengesetzten Ausschuss der Satzungsversammlung hat gezeigt, dass die Fortbildungspflicht als solche als selbstverständlich angesehen wird, aber die Meinungen zur Frage der Sanktionen bei Nichterfüllung dieser Pflicht bei den Mitgliedern des Ausschusses von absoluter Zustimmung bis hin zur totalen Ablehnung reicht. In diesem Zusammenhang ist auch das Stichwort »Online-Fortbildung« zu nennen. Sollte es möglich sein, den – sanktionsbewehrten – Fortbildungsnachweis durch eine internetbasierte Fortbildungsveranstaltung am heimischen PC oder Laptop erwerben zu können und wie können diesbezügliche Kontrollmechanismen aussehen?[6] Auch diese Entwicklung beinhaltet aus der Sicht der Kritiker einen erheblichen Angriff auf den Status des freien Berufes, warum soll sich die freie Anwältin, der freie Anwalt dem Diktat der Fortbildungseinrichtungen zur Erlangung der notwendigen Fortbildungsnachweise unterwerfen. Nach Meinung vieler reicht es völlig aus, wenn die vorgeschriebene Fortbildung, so wie bisher ohne weiteren Nachweis als durchgeführt behauptet werden kann. Ob dies allerdings den angesprochenen Qualitätskriterien langfristig entsprechen wird, erscheint zweifelhaft. Dies umso mehr, als davon ausgegangen werden muss, dass sich doch ein Teil der Kolleginnen und Kollegen allenfalls im Rahmen der konkreten Fallbearbeitung fortbildet.

Bei näherer Betrachtung sollte es daher möglich sein, die Anwaltschaft insgesamt davon zu überzeugen, dass eine sanktionierte Fortbildungsverpflichtung langfristig dazu beiträgt, den ausgeübten Beruf und auch dessen besondere Stellung im System des Rechtsstaates gegenüber Anfeindungen aus verschiedenen Bereichen besser zu schützen. Wohl nur über das Qualitätsargument lässt sich die angestrebte Abgren-

---

6 Als Varianten sind hier z.B. eine Pupillenüberwachung oder auch das Betätigen einer bestimmten Taste in festgelegten oder variablen kurzen Zeitabständen vorgeschlagen worden.

zung von anderen juristischen Tätigkeitsfeldern, die im Rahmen des Rechtsdienstleistungsgesetzes zulässigerweise ausgeübt werden dürfen, bewerkstelligen.

Die Sicherung des für die freiberufliche anwaltliche Tätigkeit erforderlichen Niveaus beginnt schon mit einer qualifizierten juristischen Ausbildung. Die Neugestaltung der Referendarausbildung mit einer deutlichen Ausdehnung der anwaltsbezogenen Ausbildungsinhalte ist noch nicht lange beendet und wurde unter dem weiten Stichwort: »Bologna-Prozess« abgelöst durch einen umfassenden Austausch über verschiedene Modelle zur Umwandlung der bisherigen universitären Juristenausbildung in das Bachelor und Master-System unter Beibehaltung des staatlichen Prüfungssystems. Der Vorschlag der BRAK und das Spartenmodell des DAV sind nur zwei der bekannteren. Alle Modelle gehen jedoch davon aus, dass auch weiterhin zwei, mindestens aber ein Staatsexamen erforderlich sind, um den Status des »Volljuristen« zu erreichen und damit die Zulassung zur Anwaltschaft beantragen zu können. Nicht übersehen werden darf dabei auch der Umstand, dass der Bachelor nach den einschlägigen europäischen Vorgaben einen berufsqualifizierenden Abschluss darstellt. Nach dem derzeitigen Diskussionsstand wird einhellig die Auffassung vertreten, dass die Zahl der Studenten, die einen Master und dann auch die Staatsprüfung anstreben, umso geringer ausfallen wird, je mehr Berufsfelder bereits dem Bachelor-Absolventen offen stehen. Dabei darf es sich aber nur um solche Berufsfelder handeln, die zumindest von der Grundanlage her nicht geeignet sind, den Rechtsberatungsmarkt zu bedienen. Dieser muss den »Volljuristen« und damit dem freien Beruf der Anwaltschaft vorbehalten bleiben. Die Ermittlung und auch die Schaffung dieser Berufsfelder wird daher Teil der weiteren Überlegungen sein müssen. Hilfreich könnte dabei auch ein Blick auf die aktuellen Tätigkeitsfelder zugelassener Anwältinnen und Anwälte sein.

Die Untersuchungen des HIS – Instituts aus Hannover zeigen, dass eine Vielzahl von Anwältinnen und Anwälten schon nach fünf Jahren der Zulassung nicht mehr im eigentlichen Anwaltsmarkt, das heißt als Wettbewerber im Bereich der freien Advokatur tätig sind, sondern als Hauptbeschäftigung die unterschiedlichsten Tätigkeiten ausüben und die Kanzlei allenfalls noch nebenbei betreiben.[7] Die wenigsten dieser Tätigkeiten setzen den »Volljuristen« voraus. Sollte es daher gelingen, den juristischen Bachelor als eine Zugangsqualifikation zu einer Vielzahl unterschiedlicher Berufsbilder zu entwickeln, wäre dies eine große Chance für eine Vielzahl von juristisch interessierten jungen Menschen, die sich schon nach wenigen Jahren direkt den beruflichen Herausforderungen stellen können. Eine weitere Gruppe könnte sich mit einem Masterstudiengang weiterspezialisieren und ganz bestimmte, vielleicht sogar durch die Kooperation der Firmen mit Hochschulen vorher bereits konkreter ausgestaltete Berufe ergreifen. Nur die Gruppe derjenigen, die tatsächlich den »Volljuristen« anstreben, werden sich dann nach der Masterprüfung der weiter-

7 HIS – Absolventenbefragung Jahrgang 1997, 5 Jahre nach dem 1. Staatsexamen, weitergehende Auswertung im Rahmen eines Vortrages von Herrn *Kolja Briedis* am 11.10.2007 in Recklinghausen zum Thema »Juristen in nichttraditionellen Berufsfeldern«.

gehenden staatlichen Prüfung unterziehen und durch das Referendariat auf die Tätigkeit als Richter, Staatsanwalt oder Rechtsanwalt vorbereitet. Diese Entwicklung hätte den Vorteil, dass all diejenigen, die bisher die juristische Ausbildung bis zum zweiten Staatsexamen durchlaufen mussten und erst dann feststellten, dass sie keine Anstellung als Richter, Staatsanwalt oder Jurist in der öffentlichen Verwaltung erhalten und auch als Anwälte nicht Fuß fassen können, bereits frühzeitig eine ihren Neigungen entsprechende juristische Tätigkeit ergreifen und ausüben können.

Diese Ausbildungsvarianten haben daher nicht nur die größere berufliche Vielfalt für sich, sie können auch zu einer Reduzierung der Anwaltszulassungen und damit zu einer ausgewogenen Weiterentwicklung der freien Advokatur führen. Dabei sei klarstellend angemerkt, dass diese Modelle eine zwanghafte Beschränkung der Zulassungszahlen nicht beabsichtigen. Aber es macht auch wenig Sinn, langfristig eine juristische Ausbildung zum »Volljuristen« anzubieten, die eine große Menge auch solcher »Volljuristen« produziert, die dann im Wettbewerbe um die Mandate schon nach kurzer Zeit wieder aussteigen und Berufe ausüben, die nicht einmal zwingend juristische Bezüge haben müssen. Diesen Absolventen sollte man schon früh andere Perspektiven eröffnen.

Die Entwicklung, die sich im Rahmen der Diskussion um die Bachelor und Masterabschlüsse für Juristen abzeichnet, bedeutet keine weitere Gefährdung des freien Berufes als Anwältin oder Anwalt, denn schon bisher sind die Volljuristen ohne Anwaltszulassung nicht vom Schutz der freien Advokatur erfasst. Wenn sich langfristig aus der weiteren Differenzierung der juristischen Tätigkeit ergibt, dass nur ein kleinerer Teil der juristisch ausgebildeten Absolventen den Beruf der Rechtsanwältin oder des Rechtsanwaltes ergreift, so ist es ausreichend, wenn diese Gruppe der zugelassenen Anwältinnen und Anwälte dem Begriff des freien Berufes und den damit verbundenen Rechten, aber auch Pflichten unterworfen ist. Um aber die anwaltliche Tätigkeit als Ausdruck der freien Advokatur dieser Systematik unterwerfen zu können, bedarf es klarer Grundsätze und auch gesetzlicher Regulierungen, die im Rahmen der satzungsgebenden Gewalt der Satzungsversammlung entwickelt, diskutiert und verabschiedet werden. Die dargestellte Diskussion über die Fortbildungspflicht für den allgemeinen Anwalt ist ein solches Beispiel, die vorangegangene Diskussion etwa zur Werbung oder der Führung von Tätigkeits- und Schwerpunktbereichen belegen dies ebenfalls.

Die so geschaffenen Rahmenbedingungen eines freien Berufes werden sich jeweils an Artikel 12 GG messen lassen müssen. Dabei wird zu berücksichtigen sein, dass Einschränkungen der Berufsausübungsfreiheit verfassungsrechtlich nur zulässig sind, wenn die Interessen des Gemeinwohls und der Grundsatz der Verhältnismäßigkeit beachtet werden.[8]

Unter Beachtung dieser Kriterien wird es darauf ankommen, dass die anwaltlichen Normgeber die Qualitätskriterien für die Berufsausübung nicht aus den Augen

---

8 BVerfGE 63, 266 (282 ff.).

verlieren, sondern dafür Sorge tragen, dass diese in möglichst deutlicher Weise konkretisiert werden.[9].

Werden diese Qualitätskriterien in den vorgegebenen verfassungsrechtlichen
Rahmen eingehalten, bestehen auch keine Bedenken, dass die freie Anwaltschaft den
Anforderungen an ihre Stellung als Organ der Rechtspflege im Rechtsstaat gerecht
wird und sie hierbei eine Position einnehmen kann, die einerseits durch Autonomie
andererseits aber auch durch Verantwortung gegenüber der Gesellschaft geprägt
wird.[10]

Nach Maßgabe dieser Überlegungen werden auch die Einflüsse des europäischen
Rechtes in adäquater Weise umgesetzt werden können, ohne das diesbezüglich eine
Gefährdung des freien Berufes zu befürchten ist.

Etwas anderes könnte sich allerdings dann entwickeln, wenn die durch das neu in
Kraft getretene Rechtsdienstleistungsgesetz geschaffenen Bereiche, in denen
Rechtsberatung auch durch »Laien« zulässig ist, sich ausweiten und die ausschließlich Anwältinnen und Anwälten vorbehaltenen Rechtsbereiche tangieren oder möglicherweise sogar durchdringen. Die Stellung der Anwaltschaft im rechtsstaatlichen
System würde durch solche Entwicklungen erheblich beeinträchtigt. Eine entsprechende Abgrenzung ist schon aus diesem Grunde notwendig und kann auf der
Grundlage der immer wieder zu betonenden Qualitätsanforderungen und einem ge-
sunden, selbstbewussten Selbstverständnis der deutschen Anwaltschaft in ihrer anwaltlichen Funktion auch ohne weiteres gewährleistet werden. Die Anwaltschaft,
und damit sind insbesondere die tatsächlich anwaltlich tätigen Kolleginnen und
Kollegen gemeint, ist aufgefordert, dafür Sorge zu tragen, dass der freie Beruf, der
eine Vielzahl von Vorzügen mit sich bringt, vor Angriffen aus dem Kreis der nicht
anwaltlichen Mitbewerber aber auch aus einer grundsätzlichen gesellschaftlichen
Entwicklung, die unter einem vermeintlich liberalen Deckmantel daherkommt, geschützt wird.

Die Stellung der Anwaltschaft in der Gesellschaft muss diesbezüglich nicht nur
aufrechterhalten werden, sondern auch und eher noch gestärkt werden. Hieran
werden alle anwaltlich interessierten Gruppen und Verbände mitarbeiten müssen.
Rechtsanwalt Dr. *Ulrich Scharf* hat in den vergangenen 31 Jahren auf allen Ebenen
seiner ehrenamtlichen Tätigkeit im Rahmen der Rechtsanwaltskammer Celle und
auch und insbesondere während seiner Amtszeit als Vizepräsident der Bundesrechtsanwaltskammer wesentlichen Anteil daran gehabt, dass die vorgenannten Aspekte immer wieder Gegenstand der Abwägung und Diskussion innerhalb der Anwaltschaft waren. Insbesondere zuletzt das Rechtsdienstleistungsgesetzt trägt
deutlich die Abgrenzungszüge, die in den Diskussionen mit den Vertretern des
Bundesjustizministeriums und der Legislative durch Rechtsanwalt Dr. *Ulrich Scharf*
als Vertreter der BRAK geführt wurden. Dabei ist besonders zu betonen, dass
Rechtsanwalt Dr. *Scharf* nicht nur den großen Wurf gesehen hat, sondern auch in

---

9 *Jäger* NJW 2004, 1496.
10 So schon *Jäger* AnwBl 2000, 475.

einer Vielzahl von Detaildiskussionen einzelne Passagen hinterfragt und häufig im Ergebnis eine Ergänzung oder Abänderung erreicht hat. Dieses letzte große Beispiel des Rechtsdienstleistungsgesetzes ist nur eines von vielen, die als Beleg für seine aufopferungsvolle Tätigkeit für die deutsche Anwaltschaft und insbesondere auch die Anwaltschaft im Bezirk des Oberlandesgerichts Celle herangezogen werden können. Rechtsanwalt Dr. *Ulrich Scharf* hat über Jahrzehnte hinweg die berufspolitische Diskussion in der Anwaltschaft begleitet und in vielen Bereichen wesentlich mit geprägt. Er hat damit in besonderer Art und Weise auch zum Schutz und der Weiterentwicklung des anwaltlichen Berufsbildes, als eines der klassischen freien Berufsbilder, beigetragen. Hierfür gebührt ihm besonderer Dank.

Zum Vertretungsverbot bei widerstreitenden Interessen

JÜRGEN RESTEMEIER

Für den Rechtsanwalt stellt das Vertretungsverbot bei widerstreitenden Interessen eine Schranke dar, die dem Abschluss eines Anwaltsvertrages entgegensteht. Ein Verstoß gegen das Vertretungsverbot kann für den Rechtsanwalt strafrechtliche[1], berufsrechtliche[2] und zivilrechtliche[3] Konsequenzen haben. Bei einem Interessenwiderstreit ist der Rechtsanwalt deshalb gehalten, das angetragene Mandat abzulehnen bzw. jede Tätigkeit einzustellen, sobald er den Konflikt erkennt. Speziell der Strafverteidiger wird ein angetragenes Wahlmandat nicht übernehmen oder im Falle einer Pflichtverteidigung der Bestellung entgegentreten, weil wichtige Gründe (§ 142 Abs. 1 S. 3 StPO) eine Verteidigung nicht zulassen.[4]

A. ZUM VERTRETUNGSVERBOT IM ALLGEMEINEN

Allgemein gehört die Beachtung des Verbots, widerstreitende Interessen zu vertreten, zu den zentralen anwaltlichen Berufsgrundsätzen. Die Verpflichtung zur gradlinigen und loyalen Berufsausübung ergibt sich aus einer Reihe von Vorschriften, deren genauer Regelungsgehalt jedoch außerordentlich umstritten ist.

I. In Betracht kommende Vorschriften

1. Parteiverrat

Nach § 356 Abs. 1 StGB macht sich wegen Parteiverrats (Prävarikation) strafbar, wer als Anwalt oder anderer Rechtsbeistand bei den ihm in dieser Eigenschaft anvertrauten Angelegenheiten in derselben Rechtssache beiden Parteien durch Rat oder Beistand pflichtwidrig dient. Die Vorschrift verlangt Vorsatz, wobei bedingter

---

1 Vgl. BGHSt 45, 148 m. Anm. *Dahs* NStZ 2000, 371.
2 Zur Spruchpraxis der anwaltlichen Berufsgerichte vgl. *Erb* Parteiverrat, 2005, S. 140 m. w. N.
3 Vgl. unten A. I. 3.
4 Vgl. BGHSt 48, 170 (173).

Vorsatz genügt.[5] Qualifiziert ist die Tat, wenn der Täter nach § 356 Abs. 2 StGB im Einverständnis mit der Gegenpartei zum Nachteil seiner Partei handelt.

Die Vorschrift des § 356 StGB stammt aus einer Zeit, in der Anwälte in Deutschland zum Teil noch staatliche Beamte waren. Nach Einführung der freien Advokatur 1878 ist die systematische Einordnung unter die Amtsdelikte des StGB (»30. Abschnitt. Straftaten im Amt«) gegenstandslos geworden. Insbesondere können aus der systematischen Stellung keine Folgerungen für die Auslegung des Tatbestandes gezogen werden.[6] § 356 StGB ist deshalb ein Fremdkörper unter den Amtsdelikten und wird heute ausschließlich als Berufsvergehen angesehen.[7]

Die Vorschrift wendet sich an Anwälte oder andere Rechtsbeistände. Anwälte sind zunächst alle im Inland zugelassenen Rechts- und Patentanwälte. Nach § 42 Abs. 1 EuRAG stehen für die Anwendung der Vorschrift des § 356 StGB »europäische Rechtsanwälte den Rechtsanwälten und Anwälten gleich«. Täter können aber auch Syndikusanwälte (§ 46 BRAO) sein, wobei nach h. M. darauf abzustellen ist, dass sie als unabhängige Rechtsanwälte tätig werden und nicht im Rahmen lediglich weisungsgebundener Syndikusdienste.[8] Zu den Rechtsbeiständen gehören u. a. Hochschullehrer (§ 138 Abs. 1 StPO) sowie die Angehörigen der steuerberatenden Berufe (§ 392 AO).[9]

2. Berufsrechtliche Vorschriften

§ 43a Abs. 4 BRAO enthält das Verbot, widerstreitende Interessen zu vertreten, und erhebt es ausdrücklich zu einer allgemeinen Grundpflicht anwaltlicher Berufsausübung. Spezielle Versagungsgründe für die Berufstätigkeit finden sich in §§ 45, 46 BRAO.

Weiter bestimmt § 3 Abs. 1 BORA, dass der Rechtsanwalt nicht tätig werden darf, wenn er eine andere Partei in derselben Rechtssache im widerstreitenden Interesse bereits beraten oder vertreten hat oder mit dieser Rechtslage in sonstiger Weise i. S. d. §§ 45, 46 BRAO beruflich befasst war. § 3 Abs. 2 BORA[10] erstreckt das Verbot auf Sozietätsmitglieder, d. h. auf alle Personen, die mit dem Rechtsanwalt in derselben Berufsausübungs- oder Bürogemeinschaft gleich welcher Rechts- oder Organisationsform verbunden sind. Das gilt nicht, wenn sich im Einzelfall die betroffenen Mandanten in den widerstreitenden Mandaten nach umfassender Information mit der Vertretung ausdrücklich einverstanden erklärt haben und Belange

---

5 Schönke/Schröder/*Cramer/Heine* StGB, 27. Aufl. 2006, § 356 Rn. 5 m. w. N.; *Tröndle/Fischer* StGB, 54. Aufl. 2007, § 356 Rn. 2a m. w. N.

6 Schönke/Schröder/*Cramer/Heine* (Fn. 5) § 356 Rn. 2.

7 BGHSt 20, 41 (42).

8 Schönke/Schröder/*Cramer/Heine* (Fn. 5) § 356 Rn. 5 m. w. N.; *Tröndle/Fischer* (Fn. 5) § 356 Rn. 2a m. w. N.

9 Schönke/Schröder/*Cramer/Heine* (Fn. 5) § 356 Rn. 7 m. w. N.; *Tröndle/Fischer* (Fn. 5) § 356 Rn. 2a m. w. N.

10 In der ab 1.7.2006 geltenden Fassung (BRAK-Mitteilungen 2006, 79 f.).

der Rechtspflege nicht entgegenstehen. Information und Einverständniserklärung sollen in Textform erfolgen. Die Abs. 1 und 2 gelten nach § 3 Abs. 3 BORA auch für den Fall, dass der Rechtsanwalt von einer Berufsausübungs- oder Bürogemeinschaft zu einer anderen Berufsausübungs- oder Bürogemeinschaft wechselt. Die Fassung der Vorschrift ist wesentlich bestimmt worden von der Sozietätswechslerentscheidung des Bundesverfassungsgerichts.[11]

Ergänzend ist auf die Standesregeln der Rechtsanwälte der Europäischen Gemeinschaft (CCBE) hinzuweisen.[12] Diese enthalten unter Ziff. 3.2.1 die Bestimmung, dass ein Rechtsanwalt mehr als einen Mandanten in der gleichen Sache nicht beraten, vertreten oder verteidigen darf, wenn ein Interessenkonflikt zwischen den Mandanten oder die ernsthafte Gefahr eines solchen Konfliktes besteht. Die CCBE sind nach Maßgabe des § 29 BORA in das deutsche anwaltliche Berufsrecht integriert.

3. Zivilrechtliche und berufsrechtliche Folgen des Verstoßes

Zivilrechtlich hat der Verstoß gegen § 356 StGB, §§ 43 a Abs. 4, 45, 46 BRAO die Nichtigkeit des Anwaltsvertrages zur Folge (§ 134 BGB), so dass kein Honorar verlangt werden kann und eine bereits entgegengenommene Vorschusszahlung gem. § 812 BGB zurückgezahlt werden muss.[13]

Im Falle einer Interessenkollision besteht berufsrechtlich die Pflicht zur Niederlegung nicht nur des zuletzt übernommenen Mandates sondern sämtlicher Mandate, § 3 Abs. 4 BORA.

II. Zu den Voraussetzungen des Vertretungsverbotes

1. Dieselbe Rechtssache

§ 356 Abs. 1 StGB setzt zunächst voraus, dass das erste und das zweite Mandat »in derselben Rechtssache« erteilt worden sind. Dieses Tatbestandsmerkmal findet sich z. B. auch in § 45 Abs. 1 Nr. 1 BRAO und in § 3 Abs. 1 BORA. In anderen Vorschriften wird dafür das Tatbestandsmerkmal »dieselbe Angelegenheit« verwendet, z. B. in §§ 45 Abs. 1 Nr. 4 und Abs. 2, 46 Abs. 2 BRAO. In § 43 Abs. 4 BRAO fehlt dieses Tatbestandsmerkmal, ist nach ganz h. M. aber als ungeschriebenes Tatbestandsmerkmal mitzulesen.[14] § 43a Abs. 4 BRAO ist also keine Vorschrift, die die

---

11 BVerfG NJW 2003, 2520; zur Neufassung des § 3 Abs. 2 BORA vgl. auch BVerfG BRAK-Mitteilungen 2006, 170 (171); kritisch *Hartung* NJW 2006, 2721.
12 CCBE = Commission Consultative des Barreaux de la Communauté Européenne; CCBE-Kommentierungen z. B. bei Hartung/*Lörcher* 3. Aufl. 2006, Nr. 3 und Henssler/Prütting/ *Federle/Fried* BRAO, 2. Aufl. 2004, Nr. 9.
13 Hartung/*Hartung* Anwaltliche Berufsordnung, 3. Aufl. 2006, § 3 Rn. 68; *Feuerich/Weyland* BRAO, 6. Aufl. 2003, § 45 Rn. 36 und § 46 Rn. 28.
14 *Feuerich/Weyland* (Fn. 13) § 43a Rn. 62; *Grunewald* AnwBl 2005, 437 (441).

Weitergabe sensibler Informationen aus beliebigen früheren Aufträgen und damit die anwaltliche Schweigepflicht betrifft, die gesondert in § 43a Abs. 2 BRAO geregelt ist,[15] sondern knüpft ebenso wie die übrigen Vorschriften über das Vertretungsverbot bei widerstreitenden Interessen an das Tatbestandsmerkmal »dieselbe Rechtssache« oder »dieselbe Angelegenheit« an.

a) Identischer Sachverhalt

Das Merkmal »dieselbe Rechtssache« ist möglicherweise missverständlich, weil es an die herkömmliche Einteilung in Rechtsgebiete denken lässt, z. B. an Mietsachen, Ehesachen, Strafsachen usw., so dass man geneigt sein könnte, das Vertretungsverbot auf eben diese (»dieselbe«) Rechtsstreitigkeit zu beschränken, also z. B. auf dieselbe Ehesache, dieselbe Mietsache, dieselbe Strafsache usw. – mit der Folge, dass die Übernahme weiterer Mandate als unbedenklich eingeschätzt wird, wenn es sich nur nicht um identische Rechtsgebiete bzw. identische Verfahren handelt. Für das Tatbestandsmerkmal »dieselbe Rechtssache« stehen jedoch tatsächliche Umstände im Vordergrund. Anknüpfungspunkt für das Vertretungsverbot ist zunächst der identische historische Vorgang, also der beiden Mandaten zugrunde liegende einheitliche Lebenssachverhalt.[16] Um einen solchen einheitlichen historischen Vorgang handelt es sich z. B. bei dem durch die Ehe begründeten Lebensverhältnis,[17] bei dem Verhältnis zwischen Vermieter und Mieter[18] oder bei einem Verkehrsunfall.[19]

b) Behandlung nach Rechtsgrundsätzen

Wird ein solcher Sachverhalt nach rechtlichen Grundsätzen behandelt, liegt eine »Rechtssache« vor, wobei es für das Vertretungsverbot nicht darauf ankommt, welchem Rechtsgebiet die Rechtsgrundsätze entnommen werden, also z. B. dem Familienrecht, Mietrecht, Strafrecht usw. Entscheidend ist, dass der Sachverhalt überhaupt nach Rechtsgrundsätzen behandelt wird. Dabei ist für die Identität der Rechtssache nicht entscheidend, ob die beteiligten Personen gewechselt haben, ob das Ausgangsverfahren durch Vergleich oder gütliche Einigung erledigt worden ist oder ob das Verfahren, die Verfahrensart und überhaupt die Rechtsgebiete gewechselt haben.[20]

---

15 Vgl. dazu *Henssler* NJW 2001, 1521 (1523).
16 Vgl. *Feuerich/Weyland* (Fn. 13) § 43a Rn. 63 m. w. N.; *Grunewald* AnwBl 2005, 437 (438) m. w. N.; Schönke/Schröder/*Cramer-Heine* (Fn. 5) § 356 Rn. 12 m. w. N.; *Tröndle/Fischer* (Fn. 5) § 356 Rn. 5 m. w. N.; zur Teilidentität vgl. OLG Hamburg NJW-RR 2002, 63.
17 BGHSt 17, 305; 18, 192; 20, 41; *Feuerich/Weyland* (Fn. 13) § 43a Rn. 63 m. w. N.; Henssler/*Prütting/Eylmann* (Fn. 12) § 43a Rn. 149 ff. m. w. N.
18 BGH NJW 1999, 3568; *Feuerich/Weyland* (Fn. 13)§ 43a Rn. 63.
19 BayObLG NJW 1995, 607; *Tröndle/Fischer* (Fn. 5) § 356 Rn. 5a.
20 Vgl. *Feuerich/Weyland* (Fn. 13) § 43a Rn. 63; *Tröndle/Fischer* (Fn. 5) § 356 Rn. 5 und 5a jeweils m. w. N.

Daraus folgt, dass es sich z. B. bei einer »Ehesache« und einer »Strafsache« durchaus um »dieselbe Rechtssache« handeln kann, wenn diese nur einen identischen Sachverhaltskern aufweist. Hat z. B. ein Rechtsanwalt die Ehefrau im Sorgerechtsverfahren vertreten und auftragsgemäß den Ehemann sexueller Handlungen am Kind beschuldigt, handelt es sich um »dieselbe Rechtssache«, wenn er später die Verteidigung des Ehemannes in dem Strafverfahren wegen dieses Sexualdeliktes führt.[21]

2. Interessenwiderstreit

Neben der Sachverhaltsidentität verlangt das Vertretungsverbot, dass ein »Interessenwiderstreit« vorliegt. In § 356 Abs. 1 StGB ist – im Gegensatz zu § 43a Abs. 4 BRAO – von einem »Interessenwiderstreit« nicht ausdrücklich die Rede, obwohl dieser Begriff im Mittelpunkt des Parteiverrats steht. Teilweise wurde dieses Merkmal aus den Tatbestandsmerkmalen »beide Parteien« und »dieselbe Rechtssache« hergeleitet, teilweise wurde § 356 StGB als Blankettgesetz aufgefasst, wobei das Merkmal »Pflichtwidrigkeit« durch die Regelungen des anwaltlichen Berufsrechts ausgefüllt wurde. Nach heute wohl h. M. ist dem normativen Tatbestandsmerkmal der Pflichtwidrigkeit der Interessenwiderstreit zu entnehmen.[22] Danach dient der Rechtsanwalt pflichtwidrig, wenn die Parteien widerstreitende Interessen haben. Ungeklärt ist jedoch die Frage, wie der »Interessenwiderstreit« inhaltlich zu bestimmen ist. Es werden objektive und subjektive Ansätze vertreten. Weiter ist streitig, ob ein abstrakter oder konkreter Interessenkonflikt vorliegen muss.

a) Ansätze zur Interessenbestimmung

Bei objektiver Bestimmung der Parteiinteressen entscheidet die wirkliche Interessenlage und nicht die Beurteilung durch die Parteien,[23] d. h. die Interessenbestimmung soll unabhängig vom Standpunkt der Parteien aufgrund der Beurteilung durch einen objektiven Dritten erfolgen (»wirkliche Interessenlage«).

Interpretiert man den Interessengegensatz subjektiv, so ist die jeweilige Zielrichtung der Parteien allein entscheidend .[24] Diese Auslegung schließt jede objektive Interessenlage aus. Entscheidend ist, welches Ziel die Parteien verfolgt wissen wollen, wieweit sich also bei Berücksichtigung des Auftragsinhaltes nach dem Willen des Auftraggebers die anwaltliche Treuepflicht erstrecken soll.[25]

---

21 *Dahs* Handbuch des Strafverteidigers, 7. Aufl. 2005, Rn. 82; *Tröndle/Fischer* (Fn. 5) § 356 Rn. 6 m. w. N.
22 *Hübner* in: Leipziger Kommentar zum Strafgesetzbuch, 12. Aufl. 2006, § 356 StGB Rn. 77 ff.; *Erb* (Fn. 2) S. 211 m. Fn. 59.
23 Z. B. BGHSt 5, 284 (287, 289 – 5. Strafsenat).
24 Z. B. BGHSt 5, 301 (307 – 4. Strafsenat); OLG Karlsruhe AnwBl 1998, 102 m. w. N.
25 BGHSt 5, 301 (307).

Wird dagegen der Interessengegensatz nach objektiven und subjektiven Kriterien bestimmt, dann entscheidet die durch den Auftrag der Parteien abgegrenzte wirkliche Interessenlage, die ihrerseits vom Willen der Parteien gestaltet wird.[26]

Schließlich wird vertreten, dass der Interessengegenstand je nach dem Streitstoff objektiv oder subjektiv zu bestimmen sei. Danach sei z. B. in bürgerlichrechtlichen Vermögensstreitigkeiten, die der Parteidisposition unterliegen, subjektiv nach dem Parteiwillen zu entscheiden. Dagegen komme im Strafrecht die objektive Bestimmung des Interessengegensatzes zum Zuge, weil der Verteidiger die Interessen des Angeklagten auf Freispruch oder auf eine milde Strafe verfolgt, dabei nicht den Weisungen seines Mandanten unterliegt, sondern auch den Interessen einer am Rechtsstaatsgedanken ausgerichteten Strafrechtspflege dient.[27]

b) Konfliktlage

Weiter wird darüber diskutiert, ob bereits jeder abstrakte Interessenkonflikt das Vertretungsverbot auslöst[28] oder ob der Interessengegensatz konkret zu verstehen ist, also in dem Sinne, dass die ernsthafte Gefahr eines aufbrechenden Konfliktes besteht.[29]

c) Tendenzen in der neueren Rechtsprechung

In der neueren Rechtsprechung zeichnet sich eine Tendenz zur subjektiv-konkreten Betrachtungsweise des Interessenkonfliktes ab.

aa) OLG Karlsruhe NJW 2002, 3561

In einer viel beachteten Entscheidung hat das OLG Karlsruhe mit Urteil vom 19.9.2002 einen Rechtsanwalt vom Vorwurf des Parteiverrats freigesprochen. Der Rechtsanwalt hatte in einer Ehesache zunächst beide Eheleute aufgrund deren gemeinsamen Auftrags ausschließlich über die Voraussetzungen und die Herbeiführung der von beiden Eheleuten übereinstimmend gewollten einverständlichen Scheidung der Ehe sowie den Unterhaltsanspruch beraten und den Unterhaltsanspruch berechnet. Später hatte er einen der Ehepartner vertreten und den Unterhaltsanspruch geltend gemacht. Das OLG Karlsruhe hat darin keine Pflichtwidrigkeit i. S. d. § 356 Abs. 1 StGB gesehen und den Interessengegensatz nicht abstrakt und von der objektiven Interessenlage der Partei her, sondern in der Weise bestimmt, welches Ziel die Partei – subjektiv – verfolgt haben will und welchen Inhalt der dem Rechtsanwalt erteilte Auftrag hat. Anvertraubar ist danach auch ein nur

---

26 *Tröndle/Fischer* (Fn. 5) § 356 Rn. 7 m. w. N.
27 Schönke/Schröder/*Cramer-Heine* (Fn. 5) § 356 Rn. 18 m. w. N.
28 vgl. *Eylmann* AnwBl 1998, 359 (362); für die im Verdacht der Beteiligung an einer Straftat stehenden Personen ausführlich *Dahs* NStZ 1991, 561 (563).
29 Vgl. die Formulierung unter Ziff. 3.2.1 CCBE.

begrenztes Interesse. Ausdrücklich knüpfte das OLG Karlsruhe an die subjektive Bestimmung des Interessenwiderstreits in BGHSt 5, 301 an. Danach ist es rechtlich möglich, dass ein Anwalt in derselben Rechtssache mehreren Beteiligten dient, deren Interessen sich tatsächlich widerstreiten, soweit sich die Interessen der Parteien in derselben Rechtssache vom Standpunkt der Beteiligten aus – also subjektiv – miteinander vereinigen lassen und soweit sie dem Rechtsanwalt die Wahrnehmung ihres gemeinsamen Interesses anvertraut haben. Es handelt sich dann für den Anwalt nicht um Gegenparteien oder um entgegengesetzte Interessen. Von einem Missbrauch des Vertrauens im Dienste des Gegners kann dann keine Rede sein. Sind also die Ziele, deren Verfolgung mehrere Beteiligte einem Rechtsanwalt anvertraut haben, nicht gegeneinander gerichtet, so verstößt dieser demgemäß nicht gegen die Bestimmung des § 356 StGB, wenn er beiden Parteien, obwohl sie tatsächlich entgegengesetzte Interessen haben, im gemeinsamen beiderseitigen Interesse dient.

bb) BVerfG NJW 2003, 2520

In seiner Entscheidung vom 3.7.2003 hatte das BVerfG in der sog. Sozietätswechslerentscheidung Gelegenheit, zum Begriff des Interessenwiderstreits Stellung zu nehmen. Es hat ausgeführt, dass die Definition, was den Interessen des eigenen Mandanten und damit zugleich der Rechtspflege dient, nicht abstrakt und verbindlich von Rechtsanwaltskammern oder Gerichten ohne Rücksicht auf die konkrete Einschätzung der hiervon betroffenen Auftraggeber vorgenommen werden darf. Daraus wird in der Literatur die Konsequenz gezogen, dass in erster Linie die Auftraggeber selbst bestimmen, ob sie ihre Interessen als gewahrt ansehen oder nicht und somit das Einverständnis der Auftraggeber für die Interessenbestimmung von grundlegender Bedeutung ist.[30]

cc) BAG NZA 2005, 168

In seinem Beschluss vom 25.8.2004 hatte das Bundesarbeitsgericht über das Vertretungsverbot bei widerstreitenden Interessen nach § 43a Abs. 4 BRAO zu entscheiden. Die Rechtsanwälte hatten gleichzeitig den Betriebsrat und das zu kündigende Betriebsratsmitglied im Beschlussverfahren gem. § 103 Abs. 2 BetrVG vertreten. Es hat ausgeführt, dass das Verbot des § 43a Abs. 4 BRAO auf die Vertretung widerstreitender rechtlicher Interessen aufgrund der konkreten Interessenlage beschränkt ist. Ein Interessengegensatz folgt maßgeblich aus der durch den Auftrag der Parteien abgegrenzten wirklichen Interessenlage, die ihrerseits vom Willen der Parteien gestaltet wird. Diese subjektive Sicht ist geboten, da § 43a Abs. 4 BRAO auch eine Schutznorm des Mandanten ist. Der Mandant und nicht der Anwalt bestimmt mit der Mandatserteilung, welche Interessen zu vertreten sind. Deshalb ist es in erster Linie Sache des Mandanten einzuschätzen, ob eine Interessenbeeinträchtigung kon-

---

30 *Grunewald* AnwBl 2005, 437 (439) m. w. N. in Fn. 29; vgl. auch *Erb* (Fn. 2) S. 189, 190.

kret droht. Erst wenn auf dieser subjektiven Grundlage ein Interessenwiderstreit festgestellt worden ist, ist der Tatbestand erfüllt. Das BAG folgt in seiner Argumentation weitgehend der neueren Literatur.[31]

3. Einverständnis und Einwilligung

Folgt man dieser Rechtsprechung, wonach die Parteien in den entschiedenen Fällen ihre Interessenlage subjektiv gestalten können, und überträgt man das Ergebnis allgemein auf solche Fälle, in denen der Streitstoff der Parteidisposition unterliegt, also insbesondere auf bürgerlichrechtliche Vermögensangelegenheiten, tritt die Frage in den Vordergrund, welche Auswirkungen Einverständnis und Einwilligung der Parteien dogmatisch auf den Straftatbestand des § 356 StGB haben.

a) Einverständnis

Bei Anerkennung subjektiver Gestaltung der jeweiligen Interessen, ist es durchaus möglich, dass eine Beschränkung oder bestimmte Ausrichtung des Auftrages den Interessengegensatz und damit die Pflichtwidrigkeit i. S. d. § 356 Abs. 1 StGB beseitigt. So fehlt ein subjektiver Interessengegensatz z. B., wenn der vom Gläubiger mit der Beitreibung einer Forderung beauftragte Rechtsanwalt auch vom Schuldner ein Mandat übernimmt, ein Moratorium mit allen übrigen Gläubigern herbeizuführen, sofern die vollständige Befriedigung des Erstmandanten vereinbart und dieser Erstauftrag auch erledigt ist.[32] An einem Interessengegensatz fehlt es ferner, wenn beide Parteien von dem Rechtsanwalt gemeinsam einen Rat verlangen oder einen Vergleichsvorschlag in Auftrag geben. Auch der Mediator dient in der Regel beiden Parteien und handelt wegen der subjektiven Begrenzung der Mandate bei Beratung beider Parteien nicht pflichtwidrig.[33] In diesen Fällen kann somit das Einverständnis der Mandanten den Tatbestand des Parteiverrats entfallen lassen.

b) Einwilligung

Die h. M. unterscheidet das tatbestandsausschließende Einverständnis und die rechtfertigende Einwilligung. Beide sind auch im Rahmen des Parteiverrates zu unterscheiden.[34] Der subjektive Ausschluss eines Interessenwiderstreits durch mehrere Parteien lässt zwar nach h. M. das Tatbestandsmerkmal der Pflichtwidrigkeit entfallen, das bedeutet aber nicht, dass das Rechtsgut des Parteiverrats disponibel wäre. Zwar ging das Reichsgericht ursprünglich davon aus, dass die Vorschrift das Ver-

---

31 Henssler/Prütting/*Eylmann* (Fn. 12) § 43a Rn. 145; *Henssler* NJW 2001, 1521 (1522); *Kleine-Cosack* BRAO, 4. Aufl. 2003, § 43a Rn. 103; *ders.* AnwBl 2005, 338.

32 OLG Karlsruhe NStZ-RR 97, 236; Schönke/Schröder/*Cramer/Heine* (Fn. 5) § 356 Rn. 18 a. E.

33 *Lackner/Kühl* StGB, 26. Aufl. 2007, § 356 Rn. 7; Schönke/Schröder/*Cramer/Heine* (Fn. 5) § 356 Rn. 19.

34 Dazu ausführlich *Erb* (Fn. 2) S. 203 ff.; zur sog. Einheitslösung *ders.* S. 205.

trauen der jeweiligen Partei in die Integrität des von ihr konkret gewählten Rechtsanwaltes schützt.[35] Danach wäre das Rechtsgut des § 356 StGB als Individualrechtsgut zu bestimmen mit der Folge, dass es zur Disposition des Auftraggebers steht. Nach heute ganz überwiegender Auffassung dient die Vorschrift aber auch dem Schutz kollektiver Rechtsgüter, wobei auf das Ansehen des Anwaltsstandes[36] oder weitergehend auf das Ansehen der gesamten Rechtspflege[37] abgestellt wird. Nach heute herrschender Rechtsprechung schützt § 356 StGB »das Vertrauen der Allgemeinheit in die Zuverlässigkeit und Integrität der Anwalt- und Rechtsbeistandschaft«[38]. Auch in der Literatur werden überwiegend kollektive Rechtsgüter in den Vordergrund gestellt, wobei zwischen der Integrität des Anwaltsstandes als Rechtsgut, der Funktionsfähigkeit der Rechtspflege sowie des Bestandes des Rechtswesens insgesamt unterschieden wird.[39] Nach ganz h. M. kommt deshalb eine rechtfertigende Einwilligung nicht in Betracht.

Eine neuere Auffassung betont die Kombination von Individualrechtsgut (individuelles Vertrauensverhältnis) und Kollektivrechtsgut (Rechtspflege) und geht von einem Vorrang des Individualrechtsgutes im Tatbestand des Parteiverrates aus.[40] Diese Auffassung gelangt zu dem Ergebnis, dass bei nicht fehlerhafter und nicht unbilliger Einwilligung (nicht »wider alle gebotene Vernunft«) ein Tatbestandsausschluss vorliegt.[41]

4. Sozietätserstreckung

§ 356 StGB ist auf den Rechtsanwalt zugeschnitten, der selbst widerstreitende Interessen vertritt, dem also die Rechtssachen selbst gleichzeitig oder sukzessiv anvertraut worden sind und der in Person die verbotenen Dienste erbracht hat. Nun kann sich eine Konfliktsituation innerhalb einer Sozietät auch in der Weise ergeben, dass ein Sozius die Interessen des Auftraggebers A und ein anderer Sozius in derselben Angelegenheit die Interessen des Auftraggebers B im entgegengesetzten Sinne vertritt. Ob sich diese Konfliktsituation aber für den einzelnen Rechtsanwalt als strafbarer Parteiverrat darstellt, hängt davon ab, wem die Mandate anvertraut worden sind.

Nach der Rechtsprechung des Bundesgerichtshofs in Zivilsachen ist im Zweifel davon auszugehen, dass die Mandatsübernahme durch einen einer Anwaltssozietät angehörenden Rechtsanwalt auch seine Sozien verpflichtet und die Sache somit allen

---

35 RG JW 1929, 3168; ausführlich *Erb* (Fn. 2) S. 95, 96 m. w. N. aus der Rechtsprechung des Reichsgerichts.
36 RGSt 71, 273; BGHSt 5, 301.
37 BGHSt 12, 96; auch BGHSt 15, 332 (336).
38 BVerfG NJW 2001, 3180 (3181); BGHSt 45, 148 (153).
39 Vgl. die Übersicht über die verschiedenen Literaturmeinungen bei *Erb* (Fn. 2) S. 98 ff.
40 *Erb* (Fn. 2) S. 187 ff.
41 *Erb* (Fn. 2) S. 203 ff., 212 ff., 224 ff., 263; vgl. auch *Grunewald* AnwBl 2005, 437 (439).

Sozien anvertraut ist.[42] Werden nun zwei entgegengesetzte Mandate jeweils allen Sozien erteilt, kann der Rechtsanwalt, der das zweite Mandat bearbeitet, Parteiverrat begehen, weil ihm bereits das erste Mandat mit anvertraut worden ist. Es ist aber nicht ausgeschlossen, dass auch innerhalb einer Sozietät das Mandatsverhältnis nur zu einem der Sozien begründet werden kann. Abzustellen ist allein darauf, wer nach dem ausdrücklich oder schlüssig erklärten Willen des Mandanten der Rechtsanwalt sein soll, von dem die Erfüllung der anwaltlichen Pflichten erwartet wird.[43] Ist eine solche ausdrückliche oder schlüssige Mandatsbeschränkung auf ein Mitglied der Sozietät erfolgt, schließt das die Anwendbarkeit des § 356 StGB für die übrigen Sozien aus.[44]

Für Straf- und Bußgeldverfahren hat das Bundesverfassungsgericht entschieden, dass diese Verfahren grundsätzlich personenbezogen sind und somit mehrere Anwälte einer Sozietät verschiedene in derselben Sache Beschuldigte verteidigen dürfen.[45] Dem steht auch nicht entgegen, dass die Strafprozessvollmacht auf den Namen aller Sozietätsmitglieder lautet, weil nur der Anwalt Verteidiger ist, der im Verfahren ausdrücklich oder konkludent als Verteidiger auftritt. Der BGH hat dazu entschieden, dass bereits der objektive Tatbestand des § 356 Abs. 1 StGB nicht vorliegt, wenn ein Rechtsanwalt einen Angeklagten verteidigt, gegen den sein Sozius für den Geschädigten Strafantrag gestellt hatte, wobei eine Vollmachtsurkunde vorgelegt wurde, in der sämtliche Rechtsanwälte der Sozietät genannt waren, darunter der Verteidiger und sein Sozius.[46] Es dürfte deshalb heute nahezu unstreitig sein, dass § 356 StGB nur auf denjenigen Rechtsanwalt Anwendung findet, der selbst in eigener Person in verschiedenen Mandatsverhältnissen steht und widerstreitende Interessen von Mandanten vertritt.[47]

Im anwaltlichen Berufsrecht ist streitig, ob sich eine Sozietätserstreckung bereits aus § 43a Abs. 4 BRAO ergibt, wonach ein Rechtsanwalt (Singular!) keine widerstreitenden Interessen vertreten darf.[48] Jedenfalls sieht § 3 Abs. 2 BORA[49] ausdrücklich eine Sozietätserstreckung vor, wonach das Vertretungsverbot bei widerstreitenden Interessen auch für alle in derselben Berufsausübungs- oder Bürogemeinschaft gleich welcher Rechts- oder Organisationsform verbundenen Rechtsanwälte gilt. Eine Ausnahme gilt nur, wenn sich im Einzelfall die betroffenen

---

42 BGHZ 56, 355.
43 BGH (Fn. 42) S. 358.
44 BGHSt 40, 188 (189); Schönke/Schröder/*Cramer/Heine* (Fn. 5) § 356 Rn. 9; *Tröndle/Fischer* (Fn. 5) § 356 Ziff. 3a.
45 BVerfGE 45, 354; 43, 79.
46 BGHSt 40, 188.
47 *Grunewald* AnwBl 2005, 437 (441) m. w. N. in Fn. 50.
48 Für eine Sozietätserstreckung *Grunewald* AnwBl 2005, 437 (441); gegen eine Sozietätserstreckung *Kleine-Cosack* AnwBl 2005, 338 (341) unter Hinweis darauf, dass § 43a Abs. 4 BRAO im Gegensatz zu den §§ 45 Abs. 3, 46 Abs. 3 BRAO gerade keine Sozietätserstreckungsklausel enthält, so dass § 43a Abs. 4 BRAO auch nicht entsprechend ausgelegt werden dürfe.
49 In der Neufassung vom 1.7.2006.

Mandanten in den widerstreitenden Mandaten nach umfassender Information mit der Vertretung ausdrücklich einverstanden erklärt haben und Belange der Rechtspflege nicht entgegenstehen. Information und Einverständniserklärung sollen in Textform erfolgen.[50] Ein Verstoß kann anwaltsgerichtlich geahndet werden (§ 113 Abs. 1 BRAO), wobei sämtliche Schuldformen vom Vorsatz bis zur leichten Fahrlässigkeit in Betracht kommen.[51]

B. Speziell zum Vertretungsverbot in Strafsachen

Bereits aus dem allgemeinen Überblick über das Vertretungsverbot hat sich ergeben, dass auch der Strafverteidiger Gefahr laufen kann, bei Übernahme einer Verteidigung widerstreitende Interessen zu vertreten, wenn er gleichzeitig oder zuvor z. B. in einer Ehesache für einen anderen Auftraggeber mit entgegengesetzter Zielrichtung tätig war. Umgekehrt kann das Vertretungsverbot ebenfalls eingreifen, wenn gleichzeitig oder im Anschluss an eine Strafverteidigung Aufträge aus anderen Rechtsgebieten an den Verteidiger herangetragen werden, die im Hinblick auf die Beteiligteninteressen mit der Verteidigertätigkeit nicht in Einklang gebracht werden können. Im Gegensatz zu diesen »gebietsübergreifenden« Kollisionsfällen geht es bei der jetzt zu behandelnden Fallgruppe um Interessenkonflikte von Auftraggebern speziell in Strafsachen, d. h. sowohl das Erstmandat als auch das Zweitmandat werden in Strafsachen erteilt.

I. Das verfahrensrechtliche Verbot der Mehrfachverteidigung

1. Mehrfachverteidigung von Beschuldigten

§ 146 StPO enthält das verfahrensrechtliche Verbot der Mehrfachverteidigung. Die Vorschrift bestimmt, dass ein Verteidiger nicht gleichzeitig mehrere derselben Tat (Tatidentität) Beschuldigte und in einem Verfahren (Verfahrensidentität) auch nicht gleichzeitig mehrere verschiedener Taten Beschuldigte verteidigen kann. Das Verbot gleichzeitiger Mehrfachverteidigung will bereits im Vorfeld jede Möglichkeit eines Interessenkonfliktes ausschalten. Dahinter steht die Prozesserfahrung, dass ein Verteidiger, der zwei Beschuldigte vertritt, die Verteidigung nicht sachgerecht fortführen kann, wenn der eine Beschuldigte, um sich zu entlasten, den anderen belastet oder belasten müsste.[52] Ein Verstoß gegen § 146 StPO führt dazu, dass der Verteidiger gem. § 146a Abs. 1 StPO zurückgewiesen wird, ohne dass eine konkrete Interessenkollision vorliegen müsste.

---

50 Zur verfassungsrechtlichen Unbedenklichkeit dieser Regelung vgl. BVerfG BRAK-Mitteilungen 2006, 170 (171); kritisch *Hartung* NJW 2006, 2721.
51 *Feuerich/Weyland* (Fn. 13) § 113 Rn. 7.
52 BVerfG NJW 1977, 99 f.

§ 146 StPO steht jedoch der sukzessiven Verteidigung nicht entgegen.[53] Diese setzt aber die rechtliche Beendigung der Verteidigerbeziehung zu dem früheren Mandanten voraus.[54] Ohne Verstoß gegen die verfahrensrechtliche Schranke des § 146 StPO kann der Verteidiger somit nacheinander mehrere derselben Tat Beschuldigte verteidigen. Außerdem verbietet § 146 StPO nicht die sog. Sozietätsverteidigung, d. h. die gleichzeitige Verteidigung einzelner Mitbeschuldigter durch jeweils einzelne Mitglieder einer Sozietät oder Rechtsanwaltsgesellschaft. Es ist verfahrensrechtlich unbedenklich, dass von den zusammengeschlossenen Rechtsanwälten aufgrund entsprechender Einzelvollmachten jeder einen anderen Mitbeschuldigten verteidigt.[55]

Damit ist aber nicht gesagt, dass jede sukzessive Verteidigung durch den Einzelanwalt oder jede Sozietätsverteidigung stets unbedenklich sind, denn die Frage, ob im Einzelfall beide Formen der Verteidigung materiellrechtlich einen Verstoß gegen das Vertretungsverbot darstellen,[56] ist damit nicht beantwortet. Neben § 146 StPO müssen daher immer auch zugleich § 356 StGB, § 43a Abs. 4 BRAO sowie § 3 BORA in Betracht gezogen werden.

2. Mehrfachvertretung von Nebenbeteiligten

Die Vorschrift des § 434 StPO gilt unmittelbar nur für den täterverschiedenen Einziehungsbeteiligten. Sie ist jedoch über entsprechende Verweisungen auch auf andere Nebenbeteiligte, z. B. auf täterverschiedene Verfallsbeteiligte (§ 442 StPO) und auf die Vertretung einer juristischen Person oder Personenvereinigung (JP/PV), gegen die nach § 30 OWiG eine Geldbuße verhängt werden soll (§ 444 StPO), anwendbar. Nach § 434 Abs. 1 S. 2 StPO sind die für die Verteidigung geltenden Vorschriften der §§ 137 bis 139, 145a bis 149 und 218 entsprechend anwendbar. Somit ist auch § 146 StPO bei der Vertretung von Nebenbeteiligten zu beachten.

So kann der Verteidiger des Beschuldigten z. B. nicht gleichzeitig die Rechte eines täterverschiedenen Einziehungsbeteiligten wahrnehmen.[57] Entsprechendes gilt für die gleichzeitige Verteidigung des Beschuldigten und die Vertretung anderer Nebenbeteiligter. § 146 StPO gilt auch innerhalb der jeweiligen Gruppe von Nebenbeteiligten, so dass bei Tatidentität nicht zugleich mehrere juristische Personen oder Personenvereinigungen vertreten werden können, wenn gegen ihre Leitungspersonen wegen derselben Anknüpfungstat ein Bußgeldverfahren durchgeführt wird.[58]

---

53 *Meyer-Goßner* StPO, 50. Aufl. 2007, § 146 Rn. 1; *Laufhütte* in: Karslruher Kommentar, StPO, 5. Aufl. 2003, § 146 StPO Rn. 1.
54 *Meyer-Goßner* (Fn. 53) § 146 Rn. 19; KK/*Laufhütte* (Fn. 53) § 146 Rn. 5 m. w. N.
55 BVerfG NJW 1977, 99 und 1629; BGH NStZ 1994, 490; OLG Karlsruhe NStZ 1999, 212 m. kritischer Anm. *Stark* S. 213); KK/*Laufhütte* (Fn. 53) § 146 Rn. 9; *Meyer-Goßner* (Fn. 53) § 146 Rn. 8.
56 Vgl. KK/*Laufhütte* (Fn. 53) § 146 Rn. 1.
57 OLG Düsseldorf NStZ 1988, 289.
58 *Meyer-Goßner* (Fn. 53) § 444 Rn. 12 (»... außer wenn sie vermögensmäßig trotz organisatorischer Trennung eine Einheit bilden«).

Unzulässig ist deshalb auch die gemeinsame Vertretung jeweils mehrerer Verfalls-beteiligter oder mehrerer Einziehungsbeteiligter.[59] Streitig ist, ob gleichzeitig ein Einziehungsbeteiligter und ein Verfallsbeteiligter vertreten werden können. Für die Zulässigkeit spricht, dass Verfall und Einziehung ihrem Wesen nach verschiedenar-tige Maßnahmen darstellen.[60]

Richtet sich das Verfahren gegen eine JP/PV wegen der Verhängung einer Geld-buße nach § 30 OWiG und im verbundenen Verfahren zugleich gegen die Leitungs-oder Kontrollperson, so ist streitig, ob der Verteidiger der natürlichen Person zugleich Vertreter des nebenbeteiligten Unternehmens sein kann. Für diesen Fall wird teilweise die Anwendbarkeit des § 146 StPO bejaht, weil bei dem Verbot der Mehrfachverteidigung eine Unterscheidung zwischen der Vertretung nach § 434 StPO und der Verteidigung von Beschuldigten/ Betroffenen nicht berechtigt sei, § 146 StPO differenziere nicht zwischen den Gruppen.[61] Dagegen hält das Bundes-verfassungsgericht die gemeinschaftliche Verteidigung/Vertretung für zulässig, § 146 StPO stehe nicht entgegen.[62]

Ebenso wie bei Mehrfachverteidigungen ist verfahrensrechtlich die sukzessive Vertretung mehrerer Nebenbeteiligter ebenso zulässig wie die gleichzeitige Vertre-tung durch verschiedene Sozietätsangehörige. Zwar steht § 146 StPO in diesen Fäl-len nicht entgegen. Materiellrechtlich kann jedoch ein Verstoß gegen das Vertre-tungsverbot bei widerstreitenden Interessen gem. §§ 356 StGB, 43 a Abs. 4 BRAO sowie § 3 BORA vorliegen.

II. Materiellrechtliche Probleme bei Mehrfachverteidigungen

1. Zum Begriff der »Partei«

Ob der Straftatbestand des § 356 StGB auf zwei in Strafsachen erteilte Mandate überhaupt Anwendung finden kann, könnte schon deshalb bezweifelt werden, weil der Begriff der »Partei« in § 356 Abs. 1 StGB zunächst an zivilprozessuale Konstel-lationen denken lässt. Das Reichsgericht hat die Vorschrift zwar grundsätzlich auch auf in Strafsachen erteilte Mandate angewendet, jedoch für die Eigenschaft als »Partei« vorausgesetzt, dass ein Rechtssubjekt zu einem anderen bezüglich dessel-ben Rechts oder derselben Pflicht eine widersprechende Stellung einnimmt, »so dass beide sich als streitende Teile in einem Verfahren denken lassen«[63]. Dementspre-chend hat die frühere Rechtsprechung solche Parteikonstellationen im Strafverfah-ren bejaht für den Angeklagten einerseits und den durch seine Tat Verletzten ande-

---

59 KK/*Boujong* (Fn. 59) § 434 Rn. 3.
60 *Meyer-Gossner* (Fn. 53) § 434 Rn. 5; vgl. auch KK/*Boujong* (Fn. 53) § 434 StPO Rn. 3 m. w. N.; a.A. Heidelberger Kommentar/*Kurth* StPO, 3. Aufl. 2001, § 434 Rn. 4.
61 Göhler/*König* OWiG, 14. Auflage 2006, § 88 Rn. 14.
62 BVerfG NJW 1977, 1629.
63 RGSt 66, 316 (321).

rerseits, selbst wenn dieser nicht als Privat- oder Nebenkläger auftrat, sondern nur die Strafanzeige erstattet hatte,[64] so dass der Rechtsanwalt, der beide vertreten hatte, sich wegen Parteiverrates strafbar machen konnte.[65]

Fraglich ist jedoch, ob dieser Parteibegriff auch für Mittäter, Teilnehmer oder Nebentäter einer Straftat gilt. Speziell für Teilnehmer an derselben strafbaren Handlung vertrat der BGH in einer frühen Entscheidung die Auffassung, dass zwischen diesen Personen keine vom Recht geschützten Beziehungen bestünden, die Gegenstand eines rechtlichen Verfahrens unter ihnen als »Parteien« sein könnte. Ihr Interesse am Ausgang des jeweils gegen den anderen Tatgenossen gerichteten Verfahrens sei rein tatsächlicher Natur und mache sie nicht zur Partei, dies auch dann nicht, wenn sie einander widerstreitende Positionen ins Strafverfahren einbrächten.[66]

Diese Auffassung wurde jedoch in der Folgezeit in mehreren OLG-Entscheidungen aufgegeben.[67] Nach dieser Rechtsprechung kann das Interesse der Beteiligten (Mittäter, Teilnehmer oder Nebentäter) über eine tatsächliche Klärung des Sachverhaltes und über das rein tatsächliche Interesse am Ausgang des Verfahrens dann hinausgehen, wenn das Bestehen und das Ausmaß der Verantwortlichkeit und der Tatschuld eines jeden von ihnen in einer Wechselbeziehung zur Verantwortlichkeit und Tatschuld des jeweils anderen steht. Geht die Verteidigung des einen zu Lasten des anderen, z. B. bei gegenseitiger Beschuldigung, bei Minderung des eigenen Tatanteils, bei widersprechenden Beweisanträgen usw., liegen nach dieser Rechtsprechung nicht lediglich tatsächliche Beziehungen zwischen den Beteiligten vor, sondern es handelt sich um eine Angelegenheit, in der über Beteiligung und Schuld zu entscheiden ist, also nach Rechtsgrundsätzen geurteilt wird. Danach können also Teilnehmer einer Straftat »Parteien in derselben Rechtssache« sein. Insoweit hat die Rechtsprechung einen deutlichen Wandel vollzogen. [68]

2. Bestimmung der Eigeninteressen

Während die ganz h. M. eine subjektive Begrenzung der Parteiinteressen dort zulässt, wo der Streitstoff der Parteidisposition unterliegt, also insbesondere in bürgerlichrechtlichen Vermögensangelegenheiten, wird für das Strafverfahren die Auffassung vertreten, dass eine subjektive Disposition des Angeklagten über seine

---

64 BGHSt 5, 284 (285); RGSt 49, 342 (344).
65 BGHSt 5, 284 (285); RGSt 49, 342 (344).
66 BGH bei *Kalsbach* AnwBl 1954, 187 (189); vgl. auch OLG Frankfurt NJW 1955, 880; so auch heute Schönke/Schröder/*Cramer/Heine* (Fn. 5) § 356 Rn. 14, wonach Mittäter, Nebentäter oder Teilnehmer gerade nicht »Partei« i. S. d. § 356 Abs. 1 StGB sein können.
67 OLG Oldenburg NStZ 1989, 533 (fahrlässige Nebentäterschaft); OLG Stuttgart NStZ 1990, 54 (Mitbeschuldigte derselben Straftat) m. Anm. *Geppert*; OLG Düsseldorf StV 1991, 251 (252) (sukzessive Verteidigung); OLG Zweibrücken NStZ 1995, 35 (Angeklagter und Zeuge als Alternativtäter) m. Anm. *Dahs* NStZ 95, 16.
68 vgl. dazu *Dahs* NStZ 1991, 561; *ders.* NStZ 1995, 16; *Geppert* NStZ 1990, 542; *Tröndle/Fischer* (Fn. 5) § 356 Rn. 6.

Interessen nicht möglich sei. Im Strafverfahren komme prinzipiell nur eine objektive Bestimmung der Interessen in Betracht, d. h. unabhängig vom Standpunkt der Auftraggeber. Der Verteidiger habe die Interessen des Angeklagten auf Freispruch oder günstige Strafe zu verfolgen, unterliege dabei nicht den Weisungen des Auftraggebers, sondern diene auch den Interessen einer am Rechtsstaatsgedanken ausgerichteten Strafrechtspflege.[69]

Nach anderer Auffassung ist nicht zwischen bürgerlichrechtlichen Vermögensangelegenheiten und Strafsachen zu unterscheiden. Allgemein – also auch in Strafsachen – bestimme sich das Interesse der Auftraggeber subjektiv von deren Zielsetzung her.[70] Entscheidend sei auch in Strafsachen, ob die Mandanten der Konfliktmandate mit der Tätigkeit des Strafverteidigers einverstanden seien. Zur Begründung wird angeführt, dass es nicht dem Normzweck des § 356 StGB entspreche, das Interesse der Allgemeinheit an der Wahrheitsfindung im Strafverfahren zu sichern und durchzusetzen.[71] Im Rahmen des § 356 StGB komme es darauf an, ob die Einwilligung des Auftraggebers als dessen autonome Entscheidung anzusehen sei und ob sie der Öffentlichkeit als billigenswert erscheine. Die Einwilligung des Auftraggebers sei nur dann als unbillig anzusehen, wenn die Rechtspflege durch die Doppelvertretung gefährdet erscheine, weil das Vertrauen der Allgemeinheit in deren Integrität leide.[72] Es bleibt abzuwarten, ob die Rechtsprechung die subjektive Bestimmung der Eigeninteressen auch im Strafverfahren anerkennt und gegebenenfalls in welchem Umfang.

3. Bestimmung der Konfliktlage

Folgt man der bisher h. M., wonach die Interessen der Auftraggeber speziell im Strafverfahren aus objektiver Sicht zu beurteilen sind, stellt sich die weitere Frage, ob jede abstrakte Möglichkeit eines Interessenkonfliktes ausreicht, um einen Interessenwiderstreit zu bejahen, oder ob eine konkrete Kollision vorliegen muss.

Dazu wird vertreten, dass bei der Verteidigung von Teilnehmern an einer Straftat (Täter, Mittäter, Teilnehmer, Nebentäter) bereits von vornherein strukturell ein Interessenwiderstreit bestehe. Es seien keine Fallkonstellationen ersichtlich, in denen nicht sozusagen institutionell, d. h. schon im Vorfeld strafrechtlicher Würdigung, verfahrensmäßiger Gestaltung und Wahl von Verteidigungsstrategie und -taktik inkongruente Interessen am Rechtsgang unter den Betroffenen vorliegen.[73] Die angeblich gleichgerichteten Interessen der Beteiligten befänden sich in einem »überaus labilen Gleichgewicht«, so dass der Verteidiger fortwährend prüfen müsse, ob der

---

69 OLG Karlsruhe NJW 2002, 3562; BGHSt 29, 106; Schönke/Schröder/*Cramer/Heine* (Fn. 5) § 356 Rn. 18 m. w. N.

70 *Erb* (Fn. 2) S. 230, 246; vgl. auch BGHSt 5, 301; 15, 334; *Tröndle/Fischer* (Fn. 5) § 356 Rn. 7.

71 *Mennicke* ZStW 112 (2000), 834 (865).

72 *Erb* (Fn. 2) S. 230.

73 *Dahs* NStZ 1991, 561 (563).

völlige Gleichklang der Ziele der Auftraggeber noch vorhanden sei. Deshalb sei das Vertretungshindernis bereits bei lediglich potentieller, d. h. abstrakter Interessenkollision gegeben.[74]

Nach zutreffender Auffassung ist der Interessenkonflikt hingegen auch in Strafsachen konkret zu bestimmen. Die abstrakte bzw. potentielle Gefahr einer Interessenkollision reicht nicht aus. Zum Pflichtverteidigerrecht hat der BGH die Ablehnung der Bestellung eines vom Beschuldigten bezeichneten Rechtsanwalts zum Pflichtverteidiger ausdrücklich nur bei der konkreten Gefahr einer Interessenkollision in einem Fall sukzessiver Mehrfachverteidigung für geboten gehalten. Die Bestellung darf nicht allein mit Rücksicht auf die abstrakte Gefahr einer Interessenkollision abgelehnt werden, die sich für einen Verteidiger allein daraus ergeben kann, dass er die Verteidigung eines Beschuldigten übernimmt, obgleich er zuvor schon einen anderen derselben Tat Beschuldigten verteidigt hat. Dies folgert der BGH aus der Gleichwertigkeit von Wahl- und Pflichtverteidigung.[75]

Dasselbe Ergebnis wird über eine verfassungskonforme Auslegung von § 356 StGB, § 43 a Abs. 4 BRAO erreicht. Beide Vorschriften schränken das Grundrecht der freien Berufsausübung der Rechtsanwälte nach Art. 12 Abs. 1 GG ein. Die verfassungsrechtlich gebotene Verhältnismäßigkeit dieser Beschränkung im Interesse der Rechtspflege sowie eindeutiger und gradliniger Rechtsbesorgung erfordert es, nur im konkreten Fall die Schranke des Vertretungsverbotes eingreifen zu lassen.[76] Der Schutzzweck des Vertretungsverbotes wird bereits erreicht, wenn der Rechtsanwalt verpflichtet ist, seine Mandate niederzulegen, sobald der Konflikt konkret aufbricht. Lediglich die abstrakte Möglichkeit eines Interessenwiderstreites reicht deshalb für das Vertretungsverbot nicht aus.[77]

---

74 *Eylmann* AnwBl. 1998, 359 (362); *Dahs* NStZ 1991, 561 (563).
75 BGHSt 48, 170 (173 f.).
76 BVerfG NJW 2003, 2520 (2521).
77 *Kleine-Cosack* AnwBl. 2005, 338 (339 f.); *Kleine-Cosack* (Fn. 31) § 43a Rn. 101.

RVG – Gerichtsstandsvereinbarung des Rechtsanwaltes – Negativer Kompetenzkonflikt

– Ein neues »Problem« – trium virat in der Rechtsprechung? –

HERBERT P. SCHONS

A.

»Viel Feind, viel Ehr« heißt es und wenn man diesen Satz auf das RVG überträgt, so ist der Vergütungsrechtsreform, die *Dr. Ulrich Scharf* maßgeblich begleitet, letztendlich wohl auch ebenso maßgeblich mit durchgesetzt hat, ein ehrenvolles, ja ein gutes Gesetz geworden.

Es war in der Tat *Dr. Ulrich Scharf*, der durch sein nimmer müdes Werben für dieses Gesetz, einen maßgeblichen Beitrag dafür geleistet hat, dass es zum 1.7.2004 im wesentlichen so in Kraft treten konnte, wie es Vertreter der Anwaltschaft mit konzipiert hatten. Noch auf der Jahreshauptversammlung der Bundesrechtsanwaltskammer in Hamburg gelang es ihm, bei den dortigen Teilnehmern durch ein überzeugendes Plädoyer geradezu einem Handelsvertreter gleich – wenn der Käufer nein sagt, fängt der Verkauf erst an – eine breite Zustimmung für eine in der Tat völlig neuen Gebührenordnung der Anwaltschaft herbeizuführen. Der Widerstand – insbesondere in der Anwaltschaft – war groß. Die Abschaffung der so genannten dritten Gebühr, der Beweisgebühr, wurde und wird teilweise auch heute noch lauthals beklagt und zunächst ging man davon aus, dass die im Gesetz untergebrachten Kompensationen für den Wegfall der Beweisgebühr nicht ausreichend sein würden, die Liquidation der Beweisgebühr auszugleichen oder gar zu einer Gebührenanhebung zu führen, die es rund 10 Jahre nicht gegeben hatte. Die letzten Jahre haben das Gegenteil erwiesen.

Das RVG führt – die richtige Anwendung vorausgesetzt – zu spürbaren Umsatzsteigerungen, was selbst von jenen Rechtsanwälten kaum noch bezweifelt wird, die den Verlust der Beweisgebühr immer noch bedauern. Die Folgen des Gesetzes waren gleichwohl gravierender, als man voraussehen konnte.

Obgleich alle interessierten Kreise über Jahre hinweg ausreichend Gelegenheit hatten, ihre Vorstellungen und Bedenken gegen das Gesetz einzubringen, setzte die wahre – spürbare – Kritik erst ein, nachdem das RVG am 1.7.2004 in Kraft getreten war.

Die Kfz-Versicherungsbranche verabschiedete sich von der üblichen Regulierungspraxis, anwaltliche Regulierungsschreiben mit einer Mittelgebühr, bzw. mit einer reduzierten Mittelgebühr von 1,3 problemlos zu honorieren. Rechtsstreitigkeiten und umfangreiche Korrespondenz waren die Folge. Gerichte hatten mit dem Gesetz kaum nachvollziehbare Verständnisschwierigkeiten und immer wieder musste der BGH eingreifen um dem klaren Gesetzeswortlaut Geltung zu verschaffen.[1]

Besonders hart reagierten die Rechtsschutzversicherungen. Noch bevor das Gesetz in Kraft getreten war, wurde es in ganzseitigen Anzeigen diffamiert und der Anwaltschaft wurden Rationalisierungsabkommen angeboten, die die Veränderungen des RVG schlichtweg ignorierten.[2] Parallel zu diesen Rationalisierungsabkommen drängten die Rechtsschutzversicherer in den Beratungsbereich und suchten die freie Anwaltswahl ad absurdum zu führen.[3]

Gleichzeitig wurden Anwaltsrechnungen nunmehr geradezu regelmäßig einer kritischen Überprüfung zugeführt, so dass das Thema »Honorarklage« oder besser »Vergütungsklage« eine Bedeutung erhielt, die bislang unbekannt war. Während die Mandanten selbst ganz offensichtlich mit den neuen gesetzlichen Vorschriften durchaus leben konnten, wurden Rechtsanwälte jedenfalls gezwungen, ihre Vergütungsansprüche klageweise gegen die Mandanten gerichtlich zu verfolgen, die rechtsschutzversichert waren. Sinnvollerweise geschah und geschieht dies in der Weise, dass man nicht für die eigene Partei den Deckungsprozess gegen den Rechtsschutzversicherer führt, sondern – nach Rücksprache mit diesem – gegen den eigenen Mandanten. Dies hat den Vorteil, dass in derartigen Verfahren stets ein Gebührengutachten der zuständigen Rechtsanwaltskammer eingeholt werden muss, während nach überwiegender – wenn auch falscher – Auffassung eine solche Notwendigkeit nicht gegeben ist, wenn gegen einen erstattungspflichtigen Dritten, also auch den Rechtsschutzversicherer geklagt wird.[4]

Zusammengefasst lässt sich also feststellen, dass das RVG sicherlich zum einen dazu geführt hat, dass sich die Anwaltschaft weitaus intensiver als bisher mit dem eigenen Vergütungsrecht beschäftigen muss und dass andererseits die Frage eine besondere Bedeutung erlangt, wo, d.h. an welchem Gerichtsstand die Vergütung einzuklagen ist.

---

1 *Schons* AGS 2007, Heft 12, S. II und III (Editorial).
2 *Schons* NJW 2004, 2952 ff.; s. auch *Hansens* RVG-Report 2005, 134; *Madert* AGS 2005, 225 ff.
3 *Schons* BRAK-Magazin, Ausgabe 4/2007, 8 f.
4 Vgl. zu dieser Problematik zunächst BGH DVBl. 1969, 204; Schneider/Wolf/*Rick* RVG, 3. Aufl. 2006, § 14 Rn. 87; Gerold/Schmidt/v. Eicken/*Madert* RVG, 17. Aufl. 2006, § 14 Rn. 35; andere Ansicht *Schons* NJW 2005, 1024 (1025); 3089 und 3091; so jetzt auch *Teubel* in: Münchener Anwaltshandbuch Vergütungsrecht, 2007, § 43 Rn. 45 m. überzeugender Begründung.

B.

Honorarklagen, so relativ selten sie in den ersten Jahrzehnten der Nachkriegszeit vorgekommen sein mögen, wurden in der Regel am Gerichtsstand der betroffenen Kanzlei geführt. In Rechtsprechung und Literatur bestand Übereinstimmung darin, dass der Rechtsanwalt seine anwaltliche Dienstleistung am Ort der Kanzlei erbrachte und demgemäß auch berechtigt war, den Auftraggeber, wo immer er wohnen oder geschäftsansässig sein möchte, verklagen konnte.[5] Angesichts dieser klaren Sach- und Rechtslage wurde in Formularbüchern sogar ausdrücklich dazu angeraten, auf überflüssige Gerichtsstandsvereinbarungen in Mandatsbedingungen zu verzichten.[6]

I. Praktisch pünktlich zum Inkrafttreten des RVG änderte der BGH zur völligen Überraschung aller beteiligten Kreise seine jahrzehntelange bewährte Rechtsprechung und stellte nunmehr fest, dass Gebührenforderungen von Rechtsanwälten in der Regel nicht gemäß § 29 ZPO am Gericht des Kanzleisitzes geltend gemacht werden können. Alle insoweit betroffenen Zivilsenate hätten auf Rückfrage des entscheidenden 10. Senats erklärt, dass gegen diesen Paradigmenwechsel keine durchgreifenden Bedenken bestünden.[7]

In der Literatur wurde auf diese überraschende Entscheidung damit reagiert, dass man zumindest für eine Rechtsanwalts-GmbH (Kaufmann) empfahl, mit einem Unternehmer in einer Vergütungsvereinbarung eine Gerichtsstandsvereinbarung zu treffen, die den Kanzleisitz als Gerichtsstand vorsieht.[8]

Dieser Auffassung folgend, sind die Möglichkeiten von Rechtsanwälten, ihre zahlungsunwilligen Mandanten – oder die hinter ihnen stehenden Rechtsschutzversicherungen – am Kanzleisitz gerichtlich in Anspruch zu nehmen, höchst eingeschränkt. Viele Kanzleien dürften überwiegend über Verbraucher als Auftraggeber verfügen und darüber hinaus wird auch noch die Meinung vertreten, selbst mit einem Kaufmann oder Unternehmer könne die Anwaltskanzlei nur dann wirksam eine Gerichtsstandsvereinbarung treffen, wenn die Anwaltskanzlei selbst kaufmännisch organisiert sei (also GmbH oder AG).[9]

Im Hinblick auf die Änderung der Rechtsprechung des BGH hat sich inzwischen erfreulicherweise eine maßgebliche Auffassung in der Literatur herausgebildet, wonach auch andere berufliche Zusammenschlüsse von Rechtsanwälten und auch Ein-

---

5 Vgl. zur bisherigen Rechtslage *Madert/Schons* Die Vergütungsvereinbarung des Rechtsanwaltes, 3. Aufl. 2006, S. 145; vgl. auch die Vorauflage *Madert* Die Honorarvereinbarung des Rechtsanwaltes, 2. Aufl. 2002, S.160, 179 mit weiteren Nachweisen in Fn. 67.

6 Vgl. auch hier *Madert* Die Honorarvereinbarung des Rechtsanwaltes, 2. Aufl. 2002, S. 160; anders: *Madert/Schons* Die Vergütungsvereinbarung des Rechtsanwaltes, 3. Aufl. 2006, S. 126.

7 BGHZ 157, 20 (28) = NJW 2004, 54 f. (56).

8 Vgl. auch hier: *Madert/Schons* (Fn. 6) S. 126.

9 MüKo/*Patzina* ZPO, 3. Aufl. 2008, § 38 Rn. 17; ebenso bis zur 24. Aufl. Zöller ZPO.

zelanwälte ebenso prorogationsfähig sind wie Anwälte, die eine GmbH oder AG betreiben.[10] Zutreffend führt *Zöller* hierzu aus:

»Ist der Erfüllungsort – Gerichtsstand am Kanzleisitz im Hinblick auf den dem Mandanten zukommenden »Schuldnerschutz« gemäß §§ 12, 13 ZPO »eine vom Gesetz nicht gedeckte Privilegierung« wie es der BGH sieht, so können dem Berufsangehörigen die vollen Rechte (hier: § 38 I) als Unternehmer (§ 14 BGB) nicht vorenthalten werden und kann er im Verhältnis zu seinen Mandanten nicht seinerseits in der Rolle des »Verbrauchers« gedrängt werden.«

Diese in jeder Hinsicht zutreffende und überzeugende Beurteilung wird allerdings in Zukunft so lange Probleme bereiten, als Gerichte von der veränderten Rechtssituation nicht Kenntnis nehmen wollen und es dann zu Kompetenzkonflikten zwischen den angerufenen Gerichten kommen kann. Erste – nicht gerade ermutigende – Erfahrungen liegen seit jüngstem vor. So hatte sich das LG Hamburg in einer nicht veröffentlichten Entscheidung nach monatelangem Austausch von umfangreichen Schriftsätzen in einem umfangreich begründeten 9-seitigen Beschluss der hier dargestellten Auffassung von Zöller u.a. angeschlossen und den Rechtstreit an das Landgericht verwiesen, das in der Gerichtsstandsvereinbarung vereinbart worden war.

Obgleich derartige Entscheidungen (s.u.) bekanntlich verbindlich und unwiderruflich sind, wurde die Sache durch das nunmehr zuständige Landgericht mit der Begründung zurückgegeben, der mehrseitige Beschluss des Landgerichts Hamburg sei reine Willkür.

Was dann folge. war eine Art Justizposse, die wiederzugeben den Rahmen dieser Abhandlung sprengen wollte.

Jedenfalls stellte das nunmehr für das Verfahren nach § 36 Zf. 6 ZPO zuständige HansOLG in einer ebenfalls nicht veröffentlichten Entscheidung vorn 18.1.2008 fest, die Auffassung eines der namhaftesten ZPO-Kommentare (Zöller) und anderer bedeutenden Autoren sei nicht einmal vertretbar, sondern reine Willkür, was Endell immerhin mit Rechtsbeugung übersetzt wissen will.[11]

Dieser meines Erachtens fehlerhafte Senatsbeschluss des HansOLG, der die Möglichkeit einer teleologischen Reduktion offenbar ebenso leugnet, wie die ausdrücklich verneinte Möglichkeit einer verfassungskonformen Auslegung eines Gesetzestextes wird hoffentlich ein Einzelfall bleiben, zudem er mit der Rechtsprechung des BGH (vgl. hierzu unten), kaum vereinbar erscheint.

Folgt man also auch weiterhin der von Zöller jetzt eröffneten Möglichkeit des Abschlusses von Gerichtsstandsvereinbarungen auch für Einzelkanzleien oder Sozietäten natürlich nach wie vor dort ihre Grenzen findet, wo der Auftraggeber

---

10 Vgl. hierzu eingehend: Zöller/*Vollkommer* ZPO, 26. Aufl. 2007, § 38 Rn. 18 mit zahlreichen Nachweisen; ebenso *Krügermeyer-Kalthoff/Reutershan* MDR 2001, 1216 [12.–119]; de lege ferenda auch *Balthasar* JuS 2004, 571 [573]. Für eine teleologische Reduktion des § 38 Abs. 2 ZPO dahingehend, dass Nichtkaufleute für sie günstige Gerichtsstandsvereinbarung treffen können auch: *Wagner* Prozessverträge, 1998, S. 560 f.; *Stöber* AGS 9/2006, 413 ff.

11 *Endell* DRiZ 2003, 135.

selbst Verbraucher ist. Dem Schutzzweck der Norm folgend kann die Möglichkeit, eine Gerichtsstandvereinbarung vorab zu treffen, dem Einzelanwalt oder auch der Sozietät ja nur deshalb eröffnet werden, weil die zitierte Rechtsprechung des BGH zu einer weit reichenden Gleichstellung des Freiberuflers mit dem Kaufmann geführt hat und demgemäß schon der Gleichheitsgrundsatz eine gleiche zivilprozessuale Behandlung verlangt und ferner ein zugelassener Rechtsanwalt wohl kaum schützenswerter ist als ein Kaufmann.

Andererseits muss klargestellt werden, dass der nunmehr auch dem Einzelanwalt und der Sozietät eröffnete Weg zur wirksamen Gerichtsstandsvereinbarung keine »Einbahnstraße« ist, Gerichtsstandsvereinbarungen also auch dann möglich sind, wenn auf beiden Seiten des Mandatsvertrages ein Anwalt steht. Wenn eine Sozietät oder ein Einzelanwalt im Ausnahmefall also einmal einen Kollegen – etwa in einem Haftpflichtfall – gegen einen anderen Kollegen oder auch gegen einen ehemaligen Auftraggeber vertritt, so können diese beiden Anwälte ebenfalls rechtswirksam nach der hier eingenommenen zutreffenden Auffassung eine Gerichtsstandsvereinbarung treffen, da dann beide Vertragsparteien Rechtsanwälte und somit im Sinne von § 38 ZPO Kaufleuten gleichgestellt sind.

Dem kann auch nicht entgegengehalten werden, dass die von Zöller und anderen eröffnete Möglichkeit von Gerichtsstandsvereinbarungen für Einzelanwälte und Sozietäten nur die Fälle betrifft, bei denen der Rechtsanwalt der Auftragnehmer ist. Eine derartige Differenzierung lässt sich weder aus dem Gesetzestext noch aus den Zitaten herauslesen. Vielmehr ist darauf abzustellen, welche fachliche bzw. berufliche Qualifikation die jeweilige Vertragspartei aufweist und allenfalls kann es noch darauf ankommen, ob das Mandat die berufliche oder die private Sphäre des Auftraggebers trifft.

Ist also auf Auftraggeberseite die berufliche Situation der Partei als Rechtsanwalt betroffen, so ist diese Partei ebenso so prorogationsfähig wie der den Auftrag entgegennehmende Einzelanwalt.

II. Solange diese neuere und weitere Beurteilung von Prorogationsmöglichkeiten in der Rechtsprechung noch nicht festen Fuß gefasst hat, wird man vermehrt mit Kompetenzstreitigkeiten zwischen beteiligten Gerichten rechnen müssen.

So gibt es Fallkonstellationen, bei denen eine Anwaltskanzlei – aus welchen Gründen auch immer – trotz wirksamer Gerichtsstandsvereinbarung etwa mit einem Kaufmann diesen an dessen Wohnsitz verklagt und der sich – aus welchen Gründen auch immer – dagegen mit der Begründung wehrt, er habe eine wirksame Vereinbarung dahingehend getroffen, so dass Gerichtsstand und zwar ausschließlicher Gerichtsstand der Kanzleisitz der Anwaltssozietät sei.

Gelingt es diesem Mandanten, das Gericht des Wohnsitzes von der eigenen Unzuständigkeit zu überzeugen und verweist das Gericht daraufhin den Rechtsstreit an das Gericht des Kanzleisitzes so ist dieser Verweisungsbeschluss nach § 281 BGB für das verweisende Gericht unwiderruflich und für das annehmende Gericht – jedenfalls in der Regel – verbindlich.

Glaubt nun das »neue« Gericht seinerseits nicht zuständig zu sein und zwar unter Berücksichtigung des Wortlautes von § 38 ZPO und hält sich demgemäß aufgrund – vermeintlich – unwirksamer Gerichtsstandsvereinbarung seinerseits für unzuständig, so kommt es zu einem so genannten negativen Kompetenzkonflikt.

Es gilt dann zu untersuchen, wie ein derartiger negativer Kompetenzkonflikt zu lösen ist.

C.

Von einem negativen Kompetenzkonflikt spricht man, wenn sich mehrere Gerichte in einem rechtshängigen Verfahren durch rechtskräftige (unanfechtbare) Entscheidungen für – hier örtlich – unzuständig erklärt haben, eines der beteiligten Gerichte aber in Wahrheit zuständig ist.[12]

I. In der Regel erfolgt die Lösung des Konfliktes über § 36 Nr. 6 ZPO und bei ordnungsgemäßer Sachbehandlung wird das Gericht, an das verwiesen wurde, und das sich gleichwohl nicht für zuständig hält direkt an das Bestimmungsgericht die Akten leiten um Zeitverzögerungen zu verhindern. Zu Recht wird allerdings in der Literatur kritisiert, dass immer wieder einige Gerichte die Akte mit einem Ablehnungsbeschluss an das Gericht zurücksenden, welches den angeblich falschen Verweisungsbeschluss erlassen hat. Dies geschieht dann wohl in der trügerischen Hoffnung, das erste Gericht werde seinen Irrtum einsehen und den Prozess fortsetzen oder jedenfalls sich nicht durch eine Vorlage bei dem Bestimmungsgericht blamieren wollen.[13] Trügerisch ist diese Hoffnung, dass das erste Gericht den Prozess – wieder aufnimmt, weil dies gesetzlich ja unzulässig wäre. Der Beschluss des ersten Gerichts, das verwiesen hat, ist verbindlich und auch – wie noch auszuführen sein wird – formell rechtskräftig und damit schließlich für das verweisende Gericht unwiderruflich. Da es insoweit gebunden ist, kann es den eigenen Verweisungsbeschluss selbst dann nicht zurückzunehmen, wenn es den Verweisungsbeschluss im Nachhinein für falsch halten sollte.[14]

In der Regel können solche Fehler natürlich durch die Parteien korrigiert werden. Auch dann, wenn das zweite Gericht die Akten – zu Unrecht – an das erste Gericht als Bestimmungsgericht zurückgesandt hat, besteht noch die Möglichkeit, die Bestimmung des tatsächlich zuständigen Gerichts durch das hierfür zuständige OLG nach § 36 Nr. 6 ZPO herbeizuführen. Das entsprechende Antragsrecht steht hierbei beiden Parteien ausdrücklich zu.[15] In der Regel liegen die Voraussetzungen für eine Zuständigkeitsbestimmung in einer solchen Situation auch stets vor, da jedenfalls im

---

12 BGH NJW 1995, 534; BayObLGZ 1988, 306; Zöller/*Vollkommer* (Fn. 10) § 36 Rn. 22.
13 *Fischer* NJW 1993, 2417 ff. (2418).
14 Vgl. hierzu nur *Zimmermann* ZPO, 7. Aufl. 2005, § 281 Rn. 18.
15 Vgl. auch hier: Zöller/*Vollkommer* (Fn. 10) § 37 Rn. 1.

Sinne von § 36 Nr. 6 ZPO zwei »rechtskräftige« Entscheidungen beurteilt werden können. Die Rechtskraft der Entscheidung des Verweisungsgerichts ergibt sich durch den nach § 281 Abs. 2 S. 2 ZPO unanfechtbaren Verweisungsbeschluss und für die »Rechtskraft« der Entscheidung des zurückverweisenden Gerichts genügt eine allseits bekannt gemachte und abschließende Entscheidung der angeblichen eigenen Unzuständigkeit.[16] Es besteht auch Übereinstimmung darüber, dass auch grob fehlerhafte Beschlüsse unmittelbar dem Bestimmungsgericht zur Überprüfung vorgelegt werden können.[17]

II. Gleichwohl verlangen fehlerhafte Rückverweisungsbeschlüsse nicht immer, dass der Weg über § 36 Nr. 6 ZPO sofort zu beschreiten ist. Ist der etwa anzugreifende Verweisungsbeschluss nicht nur fehlerhaft, sondern grob fehlerhaft, so ist stets daneben und zusätzlich das Rechtsmittel der sofortigen Beschwerde gegeben.[18]

Ein solcher grober Rechtsfehler liegt z. B. vor, wenn die Verweisung des Rechtsstreites unter Verletzung des rechtlichen Gehörs vorgenommen wird. In einem solchen Fall hat das Beschwerdegericht den angefochtenen Verweisungsbeschluss aufzuheben und die Sache zurückzuverweisen.[19]

Ein derartiger grober Verstoß liegt etwa vor, wenn einer Partei der gesetzliche Richter (Art. 101 Abs. 1 GG) entzogen wird. So darf der Rückverweisungsbeschluss des Landgerichts etwa nicht durch die Kammer erfolgen, wenn es nicht zuvor zu einer Vorlage durch den Einzelrichter und zu dem erforderlichen Beschluss der Kammer über die Übernahme gekommen ist.[20] Fehlerhaft ist auch der umgekehrte Fall, wenn etwa der originäre Einzelrichter über die Rückverweisung entscheidet, obgleich beide Parteien zuvor Abgabe an die Kammer beantragt haben und der Einzelrichter es gleichwohl unterlässt, über diese Anträge vorab zu entscheiden.

Derart gravierende Fehler passieren inzwischen erschreckend häufig und führen dann stets dazu, dass ein schwerer Verfahrensmangel vorliegt.[21] Solche Fehler wirken sich auch auf die Zuständigkeit des Beschwerdegerichts (vgl. § 568 Abs. 1 S. 1 ZPO) aus, was dazu führt, dass dieses nicht selbst entscheiden kann; es muss aufgehoben und rückverwiesen werden.[22]

Die Möglichkeit, grobe Rechtsfehler zunächst über die sofortige Beschwerde beseitigen zu lassen, gibt dem rückverweisenden Gericht dann auch nochmals die

---

16 BGHZ 102, 338 f. (340); BGHZ 104, 363 f. (366); BGH NJW 2002, 3634 f.; OLG Brandenburg NJW 2004, 740 f.
17 Baumbach/Lauterbach/*Hartmann* ZPO, 65. Aufl. 2007, § 36 Rn. 38.
18 Vgl. hierzu zunächst grundlegend: *Fischer* NJW 1993, 2420; *Zimmermann* (Fn. 13) § 281 Rn. 29.
19 Vgl. beispielhaft OLG München, MDR 95, 1264 f.
20 Vgl. zum Verfahren: MüKo/*Deubner* Aktualisierungsband, 2. Aufl. 2002, § 348 Rn. 21–23.
21 Vgl. auch hier: *Zimmermann* (Fn. 13) § 281 Rn. 29.
22 Siehe auch *Egon Schneider* Praxis der neuen ZPO, 2003, S. 234 unter Hinweis auf OLG Celle in OLGReport 2003, 8; ebenso OLG München in einer unveröffentlichten Entscheidung vom 22.8.2007, 15 W 1631/07.

Möglichkeit, den eigenen Rechtsstandpunkt hinsichtlich der Rückverweisung zu überdenken und es ggf. bei der vom ersten Gericht vorgenommenen Verweisung zu belassen und sich selbst als zuständig anzuerkennen. Bleibt das rückverweisende Gericht hingegen bei der einmal eingenommenen Auffassung und hält sich weiterhin für unzuständig, so wird das Bestimmungsgericht, also das zuständige OLG die Zuständigkeit abschließend festlegen müssen.

D.

Sobald die Akten dem Bestimmungsgericht, also dem zuständigen OLG vorliegen, kommt es ausschließlich und nur noch darauf an, ob der ursprüngliche Verweisungsbeschluss des ersten Gerichts ausnahmsweise »seine Verbindlichkeit verlieren kann oder nicht«. Diese Frage ist in Rechtsprechung und Literatur höchst umstritten.[23]

Seit die herrschende Meinung unter strengsten Voraussetzungen Ausnahmen zulässt, sind diese in der Regel selten anzutreffen. Nicht verbindlich sind etwa Verweisungsbeschlüsse, bei denen es an einer vorherigen Anhörung beider Parteien gefehlt hat. Selten ist es auch, dass ein wichtiger Gesichtspunkt in dem entsprechenden Verweisungsbeschluss überhaupt nicht erwähnt wird. In der Regel bleiben für die Unverbindlichkeit eines Verweisungsbeschlusses nur die Fälle der so genannten Willkür übrig, die aber im Grunde genommen dem Vorwurf der Rechtsbeugung gleichgestellt werden können.[24]

Bekannt geworden ist etwa eine Entscheidung des BGH, der einen Verweisungsbeschluss für willkürlich erklärte, weil das Gericht offenbar eine bereits vor längerer Zeit vorgenommene Gesetzesänderung nicht zur Kenntnis genommen hatte, mit der gerade solche Verweisungen unterbunden werden sollten. Der BGH führt dann an der entscheidenden Stelle weiter aus:

> »Mochte die Fortsetzung der alten Praxis trotz geänderter Rechtslage noch für eine gewisse Übergangszeit hinzunehmen sein, so kann das doch nicht mehr gelten, nachdem die Gesetzesänderung seit annähernd zwei Jahren bekannt, seit mehr als neun Monaten in Kraft und inzwischen auch in den meisten einschlägigen Kommentaren berücksichtigt ist.«[25]

Weitere seltene Beispiele für objektive »Willkür« bringt der Vorsitzende am Oberlandesgericht Brandenburg *Christian Tommbrink*, der objektive Willkür nur in folgenden Fallgestaltungen sieht: Wenn die ausgesprochene Verweisung nach der grundlegenden Systematik des Gerichts im Verfassungs- und Zivilprozessrecht gar nicht vorgesehen ist (z.B. an ein OLG in erster Instanz); sich aus dem Akteninhalt

---

23 Vgl. insoweit die Übersicht bei Zöller/*Greger* (Fn. 10) § 281 Rn. 17, sowie auch hier *Fischer* NJW 1993, 2417 ff.
24 Vgl. etwa *Endell* DRiZ 2003, 135.
25 Zitiert nach *Fischer* NJW 1993, 2420.

ausdrückliche Hinweise auf die Zuständigkeit des verweisenden Gerichts, etwa durch Parteivortrag zur diesbezüglichen Rechtslage, ergeben und der Verweisungsbeschluss sich hiermit nicht auseinandergesetzt hat; das verweisende Gericht ausweislich des Akteninhaltes zu erkennen gegeben hat, dass es sich eigentlich durchaus für zuständig hält, auch nicht wirklich von der Zuständigkeit des angewiesenen Gerichts ausgeht, die Sache also einfach nur los werden wollte.

Demgegenüber spricht schon der erste Anschein gegen die Annahme von (objektiver) Willkür, wenn sich die Beurteilung der Zuständigkeit im Ergebnis als vertretbar darstellt (ohne dass es dabei auf die Begründung ankommt); der Verweisungsbeschluss eingehend begründet worden ist (auch wenn dabei von einer – bislang – einhelligen oder noch herrschenden Ansicht abgewichen wird);

das verweisende Gericht einen relevanten Gesichtspunkt nur schlicht übersehen hat und hierauf ausweislich des Akteninhaltes auch von keiner Weise hingewiesen worden war; die Verweisung an das andere Gericht auf das freie deutliche Begehren beider Parteien zurückgeht.[26]

Und weiter: Keine Rückverweisung ist möglich wegen eines Rechtsirrtums oder eines Fehlers. Dies gilt selbst dann nicht, wenn die Verweisung unzulässig war, ja nicht einmal bei Verletzung der ausschließlichen Zuständigkeit ist eine Rückverweisung zulässig.[27] Selbst bei einer gesetzwidrigen Verweisung ist eine Rückverweisung nicht zulässig.[28] Auch dann, wenn das verweisende Gericht ausschließlich zuständig war, muss das Gericht übernehmen, an das verwiesen wurde.[29]

In diesem Zusammenhang ist *Hartmann* in Baumbach/Lauterbach/Hartmann zu zitieren:

> »Man sollte doch sehr zögern, einem Gericht das Fehlen jeder gesetzlichen Grundlage auch nur objektiv vorzuwerfen. Es könnte sich ein eigener Denkfehler bei solcher Kritik eingeschlichen haben«[30].

Dem trägt die Rechtsprechung des BGH deutlich Rechnung und führt die Untergerichte immer wieder auf den Pfad der ordnungsgemäßen Bearbeitung zurück. So hatte der BGH Veranlassung, dem AG München folgendes wortwörtlich »ins Stammbuch zu schreiben«:

> »Dieses (AG München) ist an den Verweisungsbeschluss des AG Peine gebunden (§ 281 Abs. 1 S. 2 ZPO). Die vom AG München dagegen erhobenen Bedenken greifen nicht durch. Zwar trifft zu, dass die Voraussetzung einer nach § 38 ZPO wirksamen Gerichtstandsvereinbarung, von deren Vorliegen das AG Peine die Verweisung des Rechtsstreites hätte abhängig machen müssen, bislang nicht dargetan sind. Es ist nicht ersicht-

---

26 Vgl. zum Ganzen mit zahlreichen Rechtsprechungsnachweisen: *Tommbrink* NJW 2003, 2364 ff. (2366).
27 OLG Düsseldorf Rpfl 1972, 102; OLG Frankfurt Rpfl 1979, 390; BayObLG NJW-RR 2002, 1152.
28 BGH NJW-RR 2002, 2474.
29 Thomas/Putzo/*Reichold* ZPO, 27. Aufl. 2005, § 281 Rn. 11; s. a. Thomas/Putzo/*Putzo* § 36 Rn. 25.
30 Baumbach/Lauterbach/*Baumbach* (Fn. 16) § 281 Rn. 39.

lich, dass der Beklagte bei Zustandekommen des Vertrages, aus dem der Kläger die Klageforderung herleitet Vollkaufmann war.

An der Bindungswirkung des Verweisungsbeschlusses ändert dies aber nichts.

Nach § 281 Abs. 2 S. 1 ZPO sind Verweisungsbeschlüsse unanfechtbar.

Sinn und Zweck der Regelung ist es, im Interesse der Prozessökonomie einer Verzögerung und Verteuerung der Verfahren durch Zuständigkeitsstreitigkeiten vorzubeugen. Dies entzieht auch einen sachlich zu Unrecht ergangenen Verweisungsbeschluss und die diesem Beschluss zugrundeliegende Entscheidung über die Zuständigkeit grundsätzlich jeder Nachprüfung (BGHZ 2, 278, 279 f. ständige Rechtsprechung).«[31]

Der BGH, das wird aus der zitierten Entscheidung deutlich, erklärt einen Verweisungsbeschluss also auch dann für verbindlich und für unwiderruflich, wenn man im Rahmen von § 38 ZPO – möglicherweise – Vollkaufmannseigenschaft zu Unrecht, ja vielleicht sogar grob rechtsfehlerhaft angenommen hat.

Damit ist dann nun wirklich mit letzter erfrischender Deutlichkeit klargestellt, dass es demgemäß auch völlig uninteressant ist, ob die bei *Zöller* vorzufindende – zutreffende – Rechtsauffassung nur dann gilt, wenn auf Auftragnehmerseite ein Rechtsanwalt steht oder auch dann – im Einklang mit dem Schutzzweck der Norm – wenn auf Auftraggeberseite statt eines Kaufmannes ein zugelassener Rechtsanwalt tätig war.

Damit lässt sich abschließend feststellen, dass eine Rückverweisung stets unzulässig ist und bleibt, wenn das verweisende Gericht nach sorgfältiger und begründeter Prüfung entschieden hat, unabhängig davon, ob diese Prüfung im Ergebnis richtig war oder nicht. Sofern ein rückverweisendes Gericht also den Rückverweisungsbeschluss bei derartigen Fallkonstellationen auf eine sofortige Beschwerde hin nicht selbst aufhebt, ist gem. § 36 II ZPO eine Vorlage an das zuständige Bestimmungsgericht (OLG) vorzunehmen, dass in dieser Funktion dann den ersten Verweisungsbeschluss wieder in Kraft setzen kann.[32]

31 BGHZ 102, 338 (340).
32 Vgl. BayObLG FamRZ 1985, 617; BGH FER 1997, 89.

Der Selbstbehalt

– Ein Beispiel für den Reformbedarf der Berufshaftpflichtversicherung der Rechtsanwälte –

ULRICH STOBBE

A.

Die Berufshaftpflichtversicherung der Rechtsanwälte muss neu konzipiert werden. Das ist insbesondere aus zwei Gründen unumgänglich.

Das auf dem § 51 BRAO und den derzeit geltenden im wesentlichen deckungsgleichen Allgemeinen und Besonderen Versicherungsbedingungen jedenfalls der deutschen Berufshaftpflichtversicherer beruhende Deckungskonzept der Berufshaftpflichtversicherung ist in mehrfacher Hinsicht nicht mit den gesetzlichen Vorgaben des vollständig novellierten Versicherungsvertragsgesetzes vereinbar, das am 1.1.2008 für alle nach diesem Zeitpunkt abgeschlossenen Versicherungsverträge und ab 1.1.2009 für alle Altverträge gilt, soweit Art. 1 Abs. 1 EGVVG nichts anderes bestimmt.[1] Dies betrifft z. B. die Beratungs-, Informations- und Dokumentationspflichten im Vorfeld des Vertragsschlusses (§§ 6, 7 Reform – VVG), die Neuregelung der vorvertraglichen Anzeigepflichten (§ 19 ff. Reform – VVG), die Neuregelung der Rechtsfolgen von Obliegenheitsverletzungen, die beschränkte Einführung eines gesetzlichen Direktanspruchs des Geschädigten gegen den Versicherer (§ 115 Abs. 1 Reform – VVG) sowie den durch die teilweise Aufhebung des Abtretungsverbotes (§ 108 Abs. 2 Reform – VVG) durch Abtretung des Freistellungsanspruchs an den Geschädigten ermöglichten Direktanspruch.

Vor allem aber erfordert die durch die Rechtsprechung des BGH grundlegend geänderte Haftungsverfassung der Gesellschaft bürgerlichen Rechts und damit auch der Rechtsanwaltssozietät[2] eine Neukonzipierung des versicherungsrechtlichen Deckungsschutzes für die Sozietät. Diese ist nach der zitierten Rechtsprechung, ohne juristische Person zu sein, rechts- und parteifähig, soweit sie durch Teilnahme am Rechtsverkehr eigene Rechte und Pflichten begründet. Nicht mehr die Sozien in gesamthänderischer Verbundenheit sondern die Sozietät selbst ist nunmehr Partner des Anwaltsvertrages ist. Sie haftet primär für ihre Verbindlichkeiten mit dem Ge-

---

1 Gesetz zur Reform des Versicherungsvertragsgesetzes v. 23.11.2007, BGBl. I 2007 S. 2631 ff. sowie das Einführungsgesetz vom selben Tage BGBl. I 2007 S. 2666 ff.
2 BGH NJW 2001, 1056; 2003, 1445 und 1803; 2004, 836; 2007, 2490; BGH AnwBl 2006, 208: dazu näher *K. Schmidt* NJW 2005, 2801 ff.

sellschaftsvermögen. Für Schlechterfüllungsschäden, die einer ihrer Sozien zu vertreten hat, haftet sie analog § 31 BGB. Für ihre Verbindlichkeiten haften die Sozien analog § 128 HGB gesamtschuldnerisch auch mit ihrem Privatvermögen. Wer in eine Sozietät eintritt, haftet auch für Verbindlichkeiten, die vor seinem Eintritt begründet wurden (§ 130 HGB analog). Dem entspricht das derzeitige Deckungskonzept der Berufshaftpflichtversicherung nicht.[3] Es beruht auf der herkömmlichen Herrn Dr. Scharf aufgrund seiner jahrzehntelangen anwaltlichen, ehrenamtlichen und berufspolitischen Arbeit vertrauten Auffassung, die alle die Sozietät betreffenden Rechte und Pflichten den Sozien zuordnet.

Wie das neue Versicherungskonzept zu gestalten wäre, zeichnet sich bisher nicht ab. Die Diskussion darüber steckt noch in den Anfängen. Auch die Versicherer haben angeblich noch kein neues Konzept in der Schublade, obwohl Art. 1 Abs. 3 EGVVG ihnen das Recht einräumt, in Altverträgen die Allgemeinen Versicherungsbedingungen zum 1.1.2009 einseitig zu ändern, soweit diese von den Vorschriften des Reform – VVG abweichen.

Die Entwicklung auch nur der Grundzüge eines Deckungskonzept, das den Vorgaben des Reform – VVG und der geänderten Haftungsverfassung der Sozietät entspricht, würde Zweck und Rahmen eines Beitrags zu dieser Festschrift überschreiten. Der nachstehende Beitrag befasst sich deshalb mit einem eher unscheinbaren Institut des Versicherungsvertragsrechts, auf das wir in verschiedenen Versicherungssparten treffen, z. B. in vielen Erscheinungsformen der Haftpflichtversicherung, der Kasko-, oder der privaten Krankenversicherung und eben auch in den Berufshaftpflichtversicherungen der rechts- und wirtschaftsberatenden Berufe. Es hat im Laufe der Geschichte der Vermögensschaden – Haftpflichtversicherung einen bemerkenswerten Bedeutungswandel erfahren und erfährt durch das Reform – VVG eine weitere wesentliche Änderung. An ihm ist beispielhaft – im Kleinformat – zu veranschaulichen, welche berufsrechtliche Arbeit in nächster Zeit zur Änderung der BRAO zu leisten sein wird. Die Rede ist vom sog. Selbstbehalt, und zwar vom Selbstbehalt in der Berufshaftpflichtversicherung der Rechtsanwälte.

B.

Selbstbehalt ist der Teil des versicherten Schadens, den der Versicherer aufgrund einer mit dem Versicherungsnehmer getroffenen Vereinbarung nicht zu ersetzen hat,[4] den also der Versicherungsnehmer selbst tragen muss. § 51 Abs. 5 BRAO lässt die Vereinbarung eines Selbstbehalts bis zu 1 v. H. der Mindestversicherungssumme von derzeit 250 000,00 € zu. Von dieser berufsrechtlichen Erlaubnis haben alle Ver-

3 Dazu *Sassenbach* AnwBl 2006, 306; *Grams* BRAK-Mitt. 2002, 61; Henssler/Prütting/ *Stobbe* BRAO, 3. Aufl. (in Vorbereitung) Rn. 85 ff.
4 Prölss/*Martin* VVG, 27. Aufl. 2004, § 56 Rn. 9.

sicherer Gebrauch gemacht.[5] Die einschlägigen Versicherungsbedingungen weichen nur unwesentlich voneinander ab. Die einen sehen einen festen Selbstbehalt von bis zu 2500,00 €,[6] die anderen von der Schadenshöhe abhängige Staffelungen innerhalb der Bandbreite bis zum Höchstbetrag von 2500,00 € vor.

Der Selbstbehalt hat seine historische Wurzel in der regierungsamtlichen Ablehnung, auf die die Haftpflichtversicherung der Rechtsanwälte für durch schuldhafte Verletzung von Vertrags- und Berufspflichten verursachte Vermögensschäden im wilhelminischen Kaiserreich stieß. Sie schien mit der herausgehobenen Stellung des Rechtsanwalts als Person des öffentlichen Vertrauens nur schwer vereinbar zu sein. Das kaiserliche Aufsichtsamt verfügte deshalb 1906, es müsse Bedacht darauf genommen werden, dass eine Abschwächung der Gewissenhaftigkeit in der Erfüllung der Amts- und Berufspflichten vermieden werde. Da es an ausreichenden Erfahrungen darüber fehle, inwieweit die Haftpflichtversicherung einem fahrlässigen Verhalten der Versicherten Vorschub leiste, eine Schwächung des Verantwortungsgefühls jedoch keineswegs ausgeschlossen sei, müsse überall da, wo die Ausübung bestimmter Amts- und Berufspflichten besonders qualifiziert erachteten Personen vorbehalten sei, die Haftpflichtversicherung nur in einer Form zugelassen werden, die einerseits ausreichenden Schutz gegen größere Vermögensverluste biete, andererseits aber für den Versicherten die Gefahr eines fühlbaren Verlustes nicht gänzlich beseitige.[7]

Ob der Selbstbehalt jemals diesen erzieherischen Zweck erfüllt hat, kann man nur mutmaßen. Vor der Begrenzung des Selbstbehaltes durch § 51 Abs. 1 BRAO im Jahre 1994 auf 1 v. H. der Mindestversicherungssumme wurden höhere Selbstbehalte vereinbart, und kam zum Selbstbehalt noch der sog. Gebühreneinwurf hinzu. Der Versicherungsnehmer sollte nicht nur einen Teil des Schadens selbst tragen; er sollte auch die Gebühren, die er in der Sache verdient hat, in der er einen Haftpflichtanspruch ausgelöst hat, nicht behalten dürfen. Beides zusammengenommen konnte schon einen herben Vermögensverlust bewirken, der Anlass zu größerer Achtsamkeit gab. Der Gebühreneinwurf ist als Sonderform des Selbstbehaltes entfallen. Allerdings schließen die Versicherungsbedingungen den Anspruch auf Rückforderung von Gebühren vom Versicherungsschutz aus.[8] Soweit der Rückfor-

---

5 So die Zusammenstellung von Gräfe/Brügge/*Gräfe* Vermögensschaden-Haftpflichtversicherung, 2006, D Rn. 351.

6 Nach § 3 II Nr. 4 AVB Allianz wird der Versicherungsnehmer an der Summe, die aufgrund richterlichen Urteils oder eines vom Versicherer genehmigten Anerkenntnisses oder Vergleichs zu bezahlen ist (Haftpflichtsumme) mit einem Selbstbehalt von 1500,00 € beteiligt. § 3 II Nr. 4 AVB Gerling beträgt der Selbstbehalt mindestens 250,00 € und höchstens 1 500,00 €. Innerhalb dieser Bandbreite wird der Selbstbehalt gestaffelt: Von den ersten 5 000,00 € Haftpflichtsumme 90 %, vom Mehrbetrag bis 45 000,00 Haftpflichtsummer € 97,5 %, darüber 100 %. (so der gegenwärtige Stand der ins Internet gestellten AVB).

7 VerKAP 1906, 60 ff. zitiert nach Gräfe/Brügge/*Gräfe* (Fn. 5) D Rn. 351.

8 § 3 II Nr. 5 wortgleich AVB Allianz u. Gerling.

derungsanpruch Teil des Schlechterfüllungsschadens ist, muss er also zusätzlich vom Versicherungsnehmer getragen werden.

Für den Gesetzgeber der BRAO-Novelle des Jahres 1994 hatte der Selbstbehalt vor allem den Zweck, den Versicherer nicht mit Bagatellschäden zu belasten. Wie aus der Versicherungswirtschaft zu hören ist, werden Schäden bis zur Höhe von 2500,00 € keineswegs selten gemeldet. Allgemein zugängliche statistische Erfassungen gibt es nicht.

In der Kasko- oder privaten Krankenversicherung z. B. bewirkt die Deckungsbeschränkung aufgrund des Selbstbehalts eine Beitragsminderung. Inwieweit er diesen Effekt wenigstens kalkulatorisch auch in der Berufshaftpflichtversicherung der Rechtsanwälte hat, bleibt dem Außenstehenden verschlossen. Die Beitragskalkulation ist ein wohl gehütetes Geheimnis der Versicherer. Wie von ihnen zu hören ist, sei der Selbstbehalt zwar im Einzelfall gering, bilde jedoch aufgrund der Menge der Schadensfälle ein erhebliches Entlastungspotential. Allgemein zugängliches statistisches Material darüber gibt es ebenso wenig wie über die Zahl der regulierten Schadensfälle sowie über die Durchschnitts- und Gesamthöhe der Entschädigungsleistungen pro Jahr. Von Versicherern ist lediglich zu hören, dass jeder 4. Rechtsanwalt[9] bzw. jeder 6. bis 7. Rechtsanwalt[10] einmal jährlich einen Schaden meldet. Nicht zu erfahren ist, wie viele Meldungen zu Schadensregulierungen führen. Welches Entlastungspotential tatsächlich im Selbstbehalt steckt, ist für den Außenstehenden deshalb nicht erkennbar. Der Gesetzgeber des Reform-VVG scheint der Argumentation der Versicherungswirtschaft ohne nähere Nachprüfung gefolgt zu sein. In der Begründung zu § 114 Reform-VVG heißt es thesenhaft, ein Bedürfnis für Deckungsbegrenzungen durch Risikoausschlüsse oder Selbstbehalte sei insoweit anzuerkennen, als dadurch für die Versicherer das Risiko tragbar werde und Rückversicherungsschutz erlangt werden könne.[11] Größere Transparenz wäre für die anstehende Diskussion über die Neukonzipierung der Berufshaftpflichtversicherung sachdienlich.

Die Entlastung des Versicherers von Bagatellschäden bewirkt der Selbstbehalt nur unvollkommen. Unterschreitet der Haftpflichtanspruch den Selbstbehalt, bleibt der Versicherer gleichwohl zur Prüfung und ggf. Abwehr des Haftpflichtanspruchs verpflichtet, ohne die Kosten dieser Tätigkeit auf den Versicherungsnehmer abwälzen zu können. Die Gegenmeinung[12] verkennt, dass der Selbstbehalt nur die Freistellungsverpflichtung des Versicherers begrenzt. Außerdem entfällt der Selbstbehalt, wenn bei Geltendmachung des Schadens die Zulassung des Rechtsanwalts aus Alters- oder Krankheitsgründen erloschen ist. Das Gleiche gilt, wenn Schadenser-

9 So eine Auskunft der Allianz.
10 So eine Auskunft von HDI-Gerling.
11 BT-Drs. 16/3945 S. 88.
12 *Brieske* AnwBl 1995, 225 (230); wie hier Gräfe/Brügge/*Gräfe* (Fn. 5) Rn. 338; zum Meinungsstand *Späte* Haftpflichtversicherung, 1993, § 3 Rn. 61.

satzansprüche gegen die Erben des Versicherungsnehmers geltend gemacht werden (§ 3 Nr. 4 Abs. 2 AVB).

Der Selbstbehalt ist von der Haftpflichtsumme, nicht von der Versicherungssumme abzuziehen. Übersteigt die Haftpflichtsumme die Versicherungssumme von z. B. 250 000,00 € um 1000,00 € hat der Versicherer eine Entschädigung von (251 000,00 € ./. 1500,00 € =) 249 500,00 € zu zahlen und der Versicherungsnehmer 1500,00 € aufzubringen. Verbleibt dem Versicherungsnehmer ein von der Pflichtverletzung unberührter Honoraranspruch gegen den Geschädigten, kann er mit diesem gegen dessen nach der Versicherungsleistung verbleibenden Schadensersatzanspruch aufrechnen.

Nach § 51 Abs. 1 S. 2 BRAO muss die Berufshaftpflichtversicherung zu den nach Maßgabe des VAG der Bundesanstalt für Finanzdienstleistungen eingereichten Versicherungsbedingungen abgeschlossen und aufrechterhalten werden. Der Versicherer schuldet demgemäß Versicherungsschutz nach Maßgabe dieser Bedingungen. Die Vereinbarung des Selbstbehalts ist Bestandteil dieser Bedingungen, und der Versicherer deshalb berechtigt, die an den Geschädigten zu zahlende Entschädigung um den Selbstbehalt zu kürzen. Den Selbstbehalt muss der Geschädigte vom haftpflichtigen Rechtsanwalt einfordern.

Er trägt das Risiko, dass dieser den Selbstbehalt nicht aufbringen kann.

C.

Dies gilt ab Inkrafttreten des Reform-VVG nicht mehr. Im langwierigen rund siebenjährigen Gesetzgebungsverfahren zur Reform des Versicherungsvertragsgesetzes schien sich auch im Interesse der Harmonisierung innerhalb der Europäischen Union die Auffassung durchzusetzen, in allen Haftpflichtversicherungen, zu deren Abschluss eine Verpflichtung durch Rechtsvorschrift begründet ist (sog. Pflichtversicherungen), müsse der Geschädigte den Versicherer unmittelbar in Anspruch nehmen können (Direktanspruch).[13] Erst unmittelbar vor der Verabschiedung des Gesetzes im Bundestag ruderte der Rechtsausschuss zurück und beschränkte den Direktanspruch auf die Fälle, in denen die Rechtsverfolgung für den Geschädigten ohne Direktanspruch erheblich erschwert ist. Abgesehen vom Direktanspruch nach dem Pflichtversicherungsgesetz räumt § 115 Abs. 1 Reform – VVG einen Direktanspruch nur ein, wenn über das Vermögen des Versicherungsnehmers das Insolvenzverfahren eröffnet oder der Eröffnungsantrag mangels Masse abgewiesen worden ist, ein vorläufiger Insolvenzverwalter bestellt (§ 115 Abs. 1 Nr. 2) oder der Aufenthalt des Versicherungsnehmers unbekannt ist (§ 115 Abs. 1 Nr. 3).

---

13 Näher dazu der Abschlussbericht der VVG – Kommission zu Ziff. 1.3.1.1.5, S. 83 f. (www.bmi.bund.de).

Allerdings kann ein Direktanspruch nach dem Reform – VVG auch rechtsge-schäftlich begründet werden. § 108 Reform – VVG schränkt nämlich das Verbot, über Ansprüche des Versicherungsnehmers gegen den Versicherer vor deren end-gültiger Feststellung zu verfügen (§ 7 III AVB) ein. Nach Abs. 2 dieser Bestimmung darf die Abtretung des Freistellungsanspruchs des Versicherungsnehmers gegen den Versicherer an den Geschädigten durch Allgemeine Versicherungsbedingungen nicht mehr ausgeschlossen werden. Der Rechtsanwalt kann den Mandanten also nach Inkrafttreten des Reform – VVG durch Abtretung seines Freistellungsan-spruchs in die Lage versetzen, seine Ansprüche unmittelbar gegen den Versicherer geltend zu machen, zumal der Freistellungsanspruch mit der Abtretung – wie schon bisher durch Pfändung und Einziehung[14] – in einen Zahlungsanspruch übergeht.

Waren bis zur Einführung des Direktanspruchs im Streitfall die Haftpflichtfrage im Haftpflichtprozess zwischen dem Geschädigtem und dem von ihm in Anspruch genommenen Rechtsanwalt und die versicherungsrechtlichen Deckungsfragen im Deckungsprozess zwischen Versicherungsnehmer und Versicherer zu klären, ist bei Geltendmachung des Direktanspruchs beides nunmehr in einem Verfahren zu klä-ren. Für den Geschädigten birgt das Risiken; denn er hat keinen Einblick in das Versicherungsvertragsverhältnis. Dem tragen § 158 c Abs. 1 VVG a. F. und § 117 Abs. 1 Reform – VVG Rechnung. Danach kann der Versicherer gegen den Direkt-anspruch nicht einwenden, er sei dem Versicherungsnehmer gegenüber nicht oder nur teilweise zur Leistung verpflichtet. Die Vorschrift gilt jedoch nur für die sog. kranken Versicherungsverhältnisse, in denen der Versicherer z. B. wegen grob fahrlässiger Obliegenheitsverletzung des Versicherungsnehmers diesem gegenüber ganz oder teilweise leistungsfrei ist. Sie ändert nichts daran, dass der Versicherer auch dem Geschädigten gegenüber nur im Rahmen des bedingungsgemäß verein-barten Versicherungsschutzes, d. h. z. B. unter Berücksichtigung der vereinbarten Risikoausschlüsse, leistungspflichtig ist. Die Regelung soll den Geschädigten inso-weit nicht besser stellen als den Versicherungsnehmer. Danach müsste sich der Ge-schädigte auch den im Versicherungsvertrag ausbedungenen Selbstbehalt entgegen-halten lassen. Für den Selbstbehalt trifft § 114 Abs. 2 S. 2 Reform-VVG jedoch eine Sonderregelung. Er kann nach dieser Vorschrift dem Direktanspruch nach den §§ 115 Abs. 1 i. V. mit § 117 Abs. 1 Reform – VVG nicht entgegengehalten werden. Der vom Geschädigten unmittelbar in Anspruch genommene Versicherer wird da-mit hinsichtlich des Selbstbehaltes auf den Rückgriff beim Versicherungsnehmer verwiesen. Nicht mehr der Geschädigte sondern er trägt nunmehr das Risiko der Insolvenz des Versicherungsnehmers.[15] Diesem wiederum ist dadurch die Möglich-keit genommen, mit einem ggf. noch bestehenden Honoraranspruch gegen die Schadensersatzforderung des Geschädigten aufzurechnen.

---

14 OLG Düsseldorf VersR 1983, 626; BGH VersR 1983, 945; Prölss/*Martin* (Fn. 4) § 156 Rn.11.
15 Kommissionsbericht ebenda Nr. 1.3.1.1.5 S. 83 a. E..

Wird der Direktanspruch geltend gemacht, haften Versicherer und Versicherungsnehmer dem Geschädigten als Gesamtschuldner (§ 115 Abs. 1, S. 4 Reform – VVG). In ihrem Verhältnis zueinander ist der Versicherer allein verpflichtet, soweit er dem Versicherungsnehmer aus dem Versicherungsverhältnis zur Leistung verpflichtet ist; soweit eine solche Verpflichtung nicht besteht, ist der Versicherungsnehmer allein verpflichtet (§ 116 Abs. 1 Reform – VVG). Im Rahmen dieses Gesamtschuldnerausgleichs ist in den Fällen des Direktanspruchs nunmehr der Selbstbehalt zu realisieren. Ob er unter diesen Umständen noch ein wirtschaftlich sinnvolles Institut ist oder sein Nutzen von den Kosten seiner Einforderung weitgehend aufgezehrt wird, werden die Versicherer zu prüfen haben.

Allerdings besteht der Direktanspruch in der Berufshaftpflichtversicherung der Rechtsanwälte nur in den beiden vorgenannten Fallgruppen der Insolvenz des Rechtsanwalts und seines unbekannten Aufenthalts (§ 115 Abs. 1 Nr. 2 und 3 Reform – VVG), und diese kommen in der Anwaltschaft derzeit (noch) selten vor. Die Besserstellung des Geschädigten durch die Regelungen der §§ 115 Abs. 1, 117 Abs. 1 und 114 Abs. 2 Reform – VVG beschränkt sich mithin auf Ausnahmefälle. In der großen Mehrzahl der Fälle bleibt nach dem Reform – VVG alles beim Alten, trägt also der Geschädigte in Höhe des Selbstbehaltes weiterhin das Insolvenzrisiko. Diese Regelung war nicht ausbalanciert. Das hat der Gesetzgeber erkannt. Noch bevor das Reform – VVG im Bundesgesetzblatt stand, empfahl der Rechtsausschuss des Bundestages in seiner Sitzung vom 10.10.2007 eine Änderung u. a. des § 114 Abs. 2 S. 2 des Reform – VVG.[16] Sie erfolgte durch das Zweite Gesetz zur Änderung des Pflichtversicherungsgesetzes und anderer versicherungsrechtlicher Vorschriften vom 10.12.2007[17] (Art. 3) – im Folgenden »Änderungsgesetz« genannt – dahin, dass ein Selbstbehalt dem geschädigten Dritten ausnahmslos nicht entgegengehalten werden kann.[18] Nach Inkrafttreten des Reform-VVG und dieser seiner Änderung durch das vorgenannte Gesetz kann der Versicherer die an den Geschädigten zu zahlenden Entschädigung nicht mehr um den Selbstbehalt kürzen. Er muss ihn vom Versicherungsnehmer einfordern. Der Gesetzgeber hat damit dem Schutzzweck der Pflichtversicherung, den Geschädigten vor dem Risiko der Zahlungsunfähigkeit des haftpflichtigen Versicherungsnehmers insoweit zu schützen, als ihm eine Versicherungsleistung bis zur Höhe der Mindestversicherungssumme garantiert wird, mit dem die nach § 51 BRAO mögliche Kürzung der Entschädigungsleistung um einen Selbstbehalt ohnehin nicht vereinbar war, Rechnung getragen.

---

16 BT-Drs. 16/6627 S. 4.
17 BGBl. I 2007 S. 2833 (2834).
18 BT-Drs. 16/6627 S. 13: Nachdem ein allg. Direktanspruch nicht beschlossen worden sei, habe dies zur Folge, dass sich der Dritte, der keinen Direktanspruch besitze, einen Selbstbehalt entgegenhalten lassen müsse. Eine solche Schlechterstellung des Geschädigten sei nicht beabsichtigt.

Die bisher gängige Praxis, die Versicherungsleistung um den Selbstbehalt zu kürzen, hat also nach Inkrafttreten der Reform – VVG i. d. F. des Änderungsgesetzes keine gesetzliche Grundlage mehr. 51 Abs. 5 BRAO scheidet als gesetzliche Grundlage aus; denn er lässt nur die Vereinbarung eines Selbstbehaltes zu. Wem gegenüber und wie der Selbstbehalt geltend zu machen ist oder gemacht werden darf, lässt die Vorschrift offen. Sie kollidiert deshalb auch nicht mit dem Verbot des § 114 Abs. 2 Reform – VVG i. d. F. von Art. 3 des Änderungsgesetzes, den Selbstbehalt dem Anspruch des Dritten entgegenzuhalten. Die schon deshalb verfehlte Annahme, § 51 Abs. 5 BRAO gehe als Spezialvorschrift der Regelung des § 114 Abs. 2 Reform – VVG vor, lässt sich auch nicht auf die Gesetzesbegründung stützen, der Gesetzgeber habe zum Selbstbehalt eine Regelung nur für die Fälle treffen wollen, »in denen, anders als z. B. § 51 Abs. 5 BRAO und § 19a Abs. 4 BNotO, die die Pflichtversicherung anordnende Rechtsvorschrift keine ausdrückliche Bestimmung« treffe. Damit ist nur gesagt, dass die Vereinbarung eines Selbstbehaltes auch dort zulässig sein soll, wo sie nicht bereits gesetzlich zugelassen ist. Hinsichtlich der Geltendmachung des Selbstbehaltes verbleibt es dagegen bei dem ausnahmslosen Verbot des § 114 Abs. 2 S. 2 Reform – VVG i. d. F. des Änderungsgesetzes.

§ 51 Abs. 1 S. 2 BRAO scheidet als gesetzliche Grundlage ebenfalls aus. Danach muss die Berufshaftpflichtversicherung zwar zu den der BAFin eingereichten Versicherungsbedingungen geschlossen werden. Die Vorschrift setzt jedoch, ohne dies zum Ausdruck zu bringen, die Wirksamkeit der Bedingungen voraus. Soweit die AVB den Abzug des Selbstbehaltes von der an den Geschädigten zu zahlenden Entschädigung vorsehen, sind oder werden sie mit Inkrafttreten des Reform – VVG i. d. F. des Änderungsgesetzes unwirksam (§ 307 Abs. 2 Nr. 1 BGB). Da das Reform – VVG für sog. Altverträge erst am 1.1.2009 in Kraft tritt, und Anspruchsteller nicht wissen können, ob der Rechtsanwalt, von dem sie Schadensersatz verlangen, einen Alt- oder Neuvertrag hat, müssen sie noch bis zum Ende des laufenden Jahres damit rechnen, dass die Ihnen zugestandene oder zuerkannte Haftpflichtsumme um den Selbstbehalt gekürzt wird.

D.

Die Bundesrechtsanwaltskammer, der Deutsche *Anwalt*verein und die Versicherungswirtschaft sind – das sollte am Beispiel des Selbstbehalts demonstriert werden – aufgerufen, zügig ein zeitgemäßes Deckungskonzept für die Berufshaftpflichtversicherung zu entwickeln. Der Gesetzgeber wird ihnen diese Vorleistung nicht abnehmen, sondern auf deren Erledigung warten. Der Rechtsanwalt Dr. *Ulrich Scharf* wird an dieser Aufgabe als einflussreicher und Einfluss nehmender Präsident der Rechtsanwaltskammer Celle nicht mehr an vorderster Front teilnehmen. Er scheidet aus diesem von ihm mit bewundernswertem Engagement und bemerkenswerter

Effektivität wahrgenommenem Amt aus. Dass er die Diskussion um die Novellierung der BRAO nur aus der Ferne unberührt beobachten wird, ist allerdings angesichts seines jahrzehntelangen unermüdlichen und unverdrossenen Einsatzes für die Rechtsanwaltschaft auch nicht zu erwarten. Das nährt die Hoffnung des Verfassers, Herrn Dr. *Scharf* auch künftig auf anwaltsrechtlichem Terrain zu begegnen.

Anwendungsvorrang des Europarechts

– Erinnerung an eine in Vergessenheit geratene (?) Rechtsprechung des Bundesverfassungsgerichts

VOLKERT VORWERK

A.

In seinem in der Fachliteratur bisher unbeachtet gebliebenen Beschluss vom 18.1.2005[1] hat der XI. Zivilsenat des Bundesgerichtshofes (BGH) unter Berufung auf die Rechtsprechung des Gerichtshofes der Europäischen Gemeinschaften (EuGH) die Ansicht vertreten, deutsche Gerichte seien

> »[...] zur Nichtanwendung zwingenden, nationalen, einer richtlinienkonformen Auslegung nicht zugänglichen Gesetzesrechts nicht befugt.«

Aus dieser – wie zu zeigen sein wird – unzutreffenden Sicht folgert der XI. Zivilsenat, dass auch eine Vorlage an den EuGH ausscheide, wenn das nationale Recht richtlinienkonformer Auslegung nicht zugänglich sei. Das nationale Gericht sei gehindert, dem aus der Feststellung der Unvereinbarkeit der nationalen Norm mit dem Gemeinschaftsrecht resultierenden Nichtanwendungsbefehl des EuGH Folge zu leisten.[2]

Im »Quelle – Verfahren«, das der EuGH vor kurzem durch Urteil vom 17.4.2008 abgeschlossen hat,[3] hat die Beklagte

---

1 BGH, Beschl. v. 18.1.2005 – XI ZR 54/04, Umdruck S. 4; ebenso Beschl. v. 18.1.2005 – XI ZR 66/04, Umdruck S. 4. Der VIII. Zivilsenat teilt die Ansicht des XI. Zivilsenats offenbar nicht. Er hat im Quelle – Verfahren – Fn. 3 – seine Vorlagefrage dem EuGH vorgelegt, obwohl er in der Begründung des Vorlagebeschlusses ausdrücklich ausgeführt hat, dass einer europarechtskonformen Auslegung des nationalen Rechts der eindeutige Wortlaut des Gesetzes, sowie der in den Gesetzesmaterialien zum Ausdruck gekommene Wille des Gesetzgebers entgegensteht, vgl. BGH, Vorlagebeschluss v. 18.6.2006 VIII ZR 200/05, NJW 2006, 3200 (3201), Tz. 12.
2 BGH, Beschl. v. 18.1.2005 – XI ZR 54/04, Umdruck S. 3, 4; Beschl. v. 18.1.2005 – XI ZR 66/04, Umdruck S. 3, 4. In anderen Fällen hat der XI. Zivilsenat ausdrücklich dahinstehenlassen, ob ein Gesetz den Vorgaben der europäischen Richtlinie genügt, weil » [...] angesichts des klaren Gesetzeswortlauts für eine richtlinienkonforme Auslegung kein Raum [sei].«, vgl. BGH, Urt. v. 14.10.2003 – IX ZR 134/02, WM 2003, 2328 (2331); Urt. v. 29.4.2003 – XI ZR 201/02, WM 2004, 21 (23).
3 EuGH, Urt. v. 17.4.2008 – Rs. C- 404/06,NJW 2008, 1433; vgl. auch den Vorlagebeschluss des BGH v. 16.8.2006 – VIII ZR 200/05, NJW 2006, 3200.

– ob dies unter Berufung auf die Entscheidung des XI. Zivilsenats vom 18.1.2005 geschehen ist, ist nicht deutlich geworden –

argumentiert, die dem Verfahren zugrunde liegende Vorlage des BGH an den EuGH sei nicht zulässig, weil der BGH aus verfassungsrechtlichen Gründen gehindert sei, einer Auslegung der Richtlinie durch den EuGH zu folgen, die im Widerspruch zum klaren Wortlaut des nationalen Gesetzes stehe.[4]

Die Entscheidung des XI. Zivilsenats vom 18.5.2008 gibt ebenso wie die Argumentation der vom Vorlageverfahren betroffenen Beklagten im Quelle – Verfahren Anlass, eine vermutlich in Vergessenheit geratene Rechtsprechung des BVerfG erneut ins Bewusstsein zurückzurufen.

B.

Die der Entscheidung des XI. Zivilsenats zugrunde liegende Überlegung ist nicht neu. Schon 1985 hatte sich der Bundesfinanzhof (BFH) darauf berufen, dass die in Art. 20 Abs. 3 GG niedergelegte Bindung der Gerichte an Recht und Gesetz einer Nichtanwendung des Gesetzes auch dann entgegenstehe, wenn das nationale Gesetz gegen das Gemeinschaftsrecht verstößt.[5] Die Entscheidung des EuGH lege zwar inhaltlich verbindlich[6] Gemeinschaftsrecht aus; die Entscheidung des EuGH selbst erlaube dem nationalen Gericht aber nicht, im Rahmen seiner Entscheidungsfindung im konkreten Rechtsstreit von dem ihm durch das Verfassungsrecht vorgeschriebenen Recht abzuweichen.[7] Diese Ansicht teilt das Bundesverfassungsgericht (BVerfG) – wie zu zeigen seien wird – nicht.

---

4 EuGH (Fn. 3) Tz. 18.
5 Vgl. BFH, Urt. v. 25.4.1985 – V R 123/84, NJW 1985, 2103 (2104). In jenem Fall war eine inhaltlich klare Richtlinie zur Harmonisierung der Rechtsvorschriften der Mitgliedsstaaten über die Umsatzsteuer von der Bundesrepublik nicht fristgerecht umgesetzt worden. Der EuGH, dem vom Finanzgericht die Frage der Vereinbarkeit des nationalen Rechts mit der Richtlinie zur Vorabentscheidung vorgelegt worden war, hatte entschieden, dass sich der Kläger unmittelbar auf die Richtlinie berufen könne, die nicht mit dem nationalen Recht vereinbar sei. Das Finanzgericht hatte daraufhin der Klage stattgegeben. Der BFH hat diese Entscheidung in der Revisionsinstanz aufgehoben.
6 Der BFH spricht davon, dass sich »Die Bindungswirkung der gem. Art. 177 EWGV ergehenden Interpretationsentscheidungen des EuGH für das jeweilige Ausgangsverfahren sachlich auf den Inhalt des Gemeinschaftsrechts [bezieht].«
7 BFH, Urt. v. 25.4.1985 – V R 123/84, NJW 1985, 2103 (2104).

C.

Der XI. Zivilsenat beruft sich zur Stütze seiner Ansicht auf die Rechtsprechung des EuGH,[8] die, wie der XI. Zivilsenat formuliert, den nationalen Gerichten die Verpflichtung zu richtlinienkonformen Verhalten nur im Rahmen ihrer Zuständigkeit auferlegt. Eine Stütze für die Ansicht des XI. Zivilsenats kann die von ihm zitierte Rechtsprechung allerdings nicht sein. Die Rechtsprechung des EuGH enthält vielmehr eine das Völkerrecht beherrschende Selbstverständlichkeit:[9] Souveränitätsrechte, die die Mitgliedsstaaten im Rahmen des Beitritts zur Europäischen Gemeinschaft nicht aufgegeben haben, stehen ihnen auch nach dem Beitritt weiterhin zu.

Inhalt der Aussage des EuGH, auf die sich der XI. Zivilsenat in seiner Entscheidung vom 18.1.2005 beruft, ist lediglich, dass die Mitgliedsstaaten frei entscheiden können, welche nationalen Gerichte[10] über die Nichtanwendung des nationalen Rechts im Falle der Kollision zwischen Gemeinschaftsrecht und nationalem Recht entscheiden dürfen. Ob das Gemeinschaftsrecht das nationale Recht verdrängt, ist demgegenüber nach völkerrechtlichen Grundsätzen zu beurteilen. Hat der jeweilige Mitgliedsstaat seine Souveränität in Teilbereichen aufgegeben und sich völkerrechtlich verpflichtet, sein Recht – wiederum in einem Teilbereich – dem der Gemeinschaft zu unterwerfen, regelt – im weitesten Sinne – das Verfahrensrecht, welches Gericht auszusprechen hat, dass das nationale Recht nicht anzuwenden sei. Ist das nationale Recht wegen Unvereinbarkeit unanwendbar, ist im zweiten Schritt aufgrund der Regeln des materiellen Gemeinschaftsrechts zu entscheiden, ob das Gemeinschaftsrecht unmittelbare Rechtswirkung auf die Rechtsbeziehung hat, über die zu entscheiden ist;[11] oder: durch die Nichtanwendbarkeit des nationalen Rechts eine Lücke im nationalen Recht entsteht, die durch Generalklauseln[12] des nationalen Rechts auszufüllen sind.[13]

---

8 EuGH, Urt. v. 5.10.2004 – Rs. C-397/01 bis C-403/01, NJW 2004, 3547 (3549) – Pfeiffer, Tz. 114, 116; Urteil vom 10.4.1984 Rs. C – 14/83, Slg. 1984, 1891– von Colson und Kamann, Tz. 26, 28; Urt. v. 13.11.1990 – Rs. C- 106/89, Slg. 1990, 4135, – Marleasing Tz. 8; Urt. v. 27.6.2000 – Rs. C-240/98 und C-244/98, Slg. 2000, 4941– Océano, Tz. 30 bis 32; Urt. v.13.7.2000 – Rs. C-456/98, Slg. 2000, 6007 – Centrosteel, Tz. 16, 19.

9 Vgl. zum Prinzip der begrenzten Einzelermächtigung im EG – Vertrag, nach der die Gemeinschaft nur solche Materien regeln darf, die ihr im Vertrag ausdrücklich zugewiesen sind *Calliess/Ruffert* 3. Aufl. 2007, Art. 5 EGV Rn. 8 ff.

10 Auf die deutschen Gerichtsstrukturen übertragen etwa das Verfassungsgericht oder die Fachgerichte.

11 Diese Frage liegt dem Vorlagebeschluss des Bundesarbeitsgerichts vom 27.6.2006 – 3 AZR 352/05, BAGE 118, 340 zugrunde. Von der umstrittenen Frage, inwieweit vom nationalen Gesetzgeber nicht umgesetzte Vorgaben des Gemeinschaftsrechts auch Verpflichtungen für Private begründen können(vgl. dazu *Calliess/Ruffert* (Fn. 9) Art. 249 EGV Rn. 90, 93, Streinz/*Schroeder* 2003, Art. 249 EGV Rn. 18) ist jedoch die – zunächst zu prüfende – Frage, ob das nationale Recht im Verhältnis zum Gemeinschaftsrecht überhaupt Anwendung findet, deutlich zu trennen.

12 Vgl. zur Berücksichtigung des Gemeinschaftsrecht im Rahmen der Anwendung der zivilrechtlichen Generalklauseln Staudinger/*Sack* Neubearb. 2003, § 138 BGB Rn. 44; vgl. zur

Halten wir uns dies vor Augen, offenbart die Entscheidung des XI. Zivilsenats, die Ausgangspunkt unserer Betrachtung ist (s. A), die Erkenntnis, dass die mit dem Beitritt des einzelnen Mitgliedsstaats zur EG notwendig verbundenen rechtlichen Folgen der Aufgabe der eigenen Souveränität in den sog. sektoralen Bereichen[14] vielerorts nicht ins Bewusstsein gerückt sind.

D.

I. So wie der XI. Zivilsenat in seiner Entscheidung vom 18.1.2005 inzident, hatte schon der BFH 1985 ausdrücklich betont, durch Art. 20 Abs. 3 GG an Recht und Gesetz gebunden zu sein. Zu dem die nationalen Gerichte bindenden Recht gehört jedoch, kraft wirksamer Übertragung von Hoheitsbefugnissen,[15] zu denen auch die Rechtssetzungsbefugnis der Europäischen Gemeinschaft gehört, auch das Gemeinschaftsrecht. Das BVerfG hat in seiner auf die Verfassungsbeschwerde gegen das Urteil des BFH (s. B) ergangenen Entscheidung[16] dazu ausdrücklich festgehalten:

> [...] ... seit dem Inkrafttreten des gemeinsamen Marktes [müssen] die deutschen Gerichte auch solche Rechtsvorschriften anwenden, die zwar einer eigenständigen außerstaatlichen Hoheitsgewalt zuzurechnen sind, aber dennoch aufgrund ihrer Auslegung durch den Europäischen Gerichtshof im innerstaatlichen Raum unmittelbare Wirkung entfalten und entgegenstehendes nationales Recht überlagern und verdrängen; denn nur so können die den Bürgern des Gemeinsamen Marktes eingeräumten subjektiven Rechte verwirklicht werden.

An anderer Stelle heißt es dazu weiter:

> »Art. 24 Abs. 1 GG ordnet zwar nicht schon selbst die unmittelbare Geltung und Anwendbarkeit des von der zwischenstaatlichen Einrichtung gesetzten Rechts an, noch regelt er unmittelbar das Verhältnis zwischen diesem Recht und dem innerstaatlichen Recht, etwa die Frage des Anwendungsvorrangs. [...] Art. 24 Abs. 1 GG ermöglicht indessen von Verfassungs wegen, Verträgen, die Hoheitsrechte auf zwischenstaatliche Einrichtungen übertragen, und dem von solchen Einrichtungen gesetzten Recht Geltungs- und Anwendungsvorrang vor dem innerstaatlichen Recht der Bundesrepublik Deutschland durch einen entsprechenden innerstaatlichen Anwendungsbefehl beizulegen. Dies ist für die Europäische Gemeinschaft und das auf ihrer Grundlage von den Gemein-

Berücksichtigung des Gemeinschaftsrechts im Rahmen einer – ebenfalls wertausfüllungsbedürftigen – Ermessensvorschrift des Verwaltungsrechts BVerwG, Urt. v. 23.4.1998 – 3 C 15/97, NJW 1998, 3728 (3730) – Alcan.
13 Vgl. zur Einwirkung des Verfassungsrechts auf das einfache Recht bei der Interpretation von Generalklauseln und anderer »Einbruchstellen« der Grundrechte in das Bürgerliche Recht BVerfG, Urt. v. 15.1.1958 – 1 BvR 400/51, BVerfGE 7, 198 (206); Beschl. v. 11.5.1976 – 1 BvR 671/70; BVerfGE 42, 143 (146).
14 Vgl. dazu Calliess/Ruffert/*Kahl* (Fn.9) Art. 94 EGV Rn. 3.
15 Die generelle Übertragung von Hoheitsbefugnissen durch den EU – Vertrag genügt den verfassungsrechtlichen Anforderungen des Grundgesetzes, vgl. BVerfG, Urt. v. 12.10.1993 – 2 BvR 2134, 2159/92, BVerfGE 89, 155 (181, 188 ff.) – Maastricht.
16 BVerfG, Beschl. v. 9.6.1971 – 2 BvR 225/69, BVerfGE 31, 145 (174).

schaftsorganen gesetzte Recht durch die Zustimmungsgesetze zu den Verträgen gemäß Art. 24 Abs. 1, 59 Abs. 2 Satz 1 GG geschehen. Aus dem Rechtsanwendungsbefehl des Zustimmungsgesetzes zum EWG – Vertrag, der sich auf Art. 189 Abs. 2 EWGV erstreckt, ergibt sich die unmittelbare Geltung der Gemeinschaftsverordnungen für die Bundesrepublik Deutschland und ihr Anwendungsvorrang gegenüber innerstaatlichem Recht.«[17]

II. Diese zum EWG – Vertrag ergangenen Ausführungen des BVerfG gelten auch für den EU – Vertrag in der Fassung des Vertrags von Maastricht.[18] Europäisches Recht ist daher »»nationales Recht««, an das die nationalen Gerichte verfassungsrechtlich ebenso gebunden sind, wie an das Recht, das das nationale Parlament als nationaler Souverän verabschiedet hat.

E.

I. Wird Recht durch mehrere Gesetzgeber[19] gesetzt, kann es zu Überschneidungen und Widersprüchen zwischen den Regelungen kommen, die vom jeweiligen Gesetzgeber verabschiedet worden sind. Die Kollision zwischen innerstaatlichem und Gemeinschaftsrecht ist bei allen verbindlichen Rechtsakten[20] der Gemeinschaft möglich.[21]

II. Zur Lösung des Widerspruchs zweier geltender Rechtsregeln, hier der Normen des nationalen und des Gemeinschaftsrechts, bedarf es einer Kollisionsregelung.[22]

---

17 BVerfG, Beschl. v.22.10.1986 – 2 BvR 197/83, BVerfGE 73, 339 (375).
18 BVerfG, Urt. v. 12.10.1993 – 2 BvR 2134, 2159/92, BVerfGE 89, 155, 181 (188 ff.) – Maastricht.
19 Vgl. im nationalen Recht etwa zu Überschneidungen zwischen Bundes- und Landesrecht im Bereich der konkurrierenden Gesetzgebungsbefugnis nach Art. 72 Abs. 3 GG Maunz/Dürig/*Korioth,* Lfg. 50, 6.2007, Art. 31 GG Rn. 26.
20 Vgl. Art. 249 Abs. 1 bis 4 EGV. Lediglich bei den rechtlich unverbindlichen Empfehlungen und Stellungnahmen nach Art. 249 Abs. 5 EGV scheidet eine Kollision mit zwingendem innerstaatlichen Recht begrifflich aus.
21 Vgl. etwa zur Kollision eines nationalen Gesetzes mit einer EG – Verordnung EuGH, Urt. v. 26.4.1988 – Rs. C-74/86, Slg. 1988, 2139 – Kommission/Deutschland, Tz. 10; Urt. v. 15.10.1986 – Rs. C-168/85, Slg. 1986, 2945 – Kommission/Italien. Da die EG – Verordnung in den Mitgliedstaaten der Union unmittelbar gilt, Art. 249 Abs. 2 S. 2 EGV, wird die Wirkung der Verordnung zwar durch entgegenstehendes nationales Recht nicht unmittelbar beeinträchtigt. Die Verpflichtung der Mitgliedstaaten, das der Verordnung entgegenstehende nationale Gesetz aufzuheben ergibt sich jedoch daraus, dass die betroffenen Normadressaten über die ihnen eröffnete Möglichkeit, sich auf das Gemeinschaftsrecht zu berufen, in einem Zustand der Ungewissheit gelassen werden, vgl. EuGH, a.a.O. Diese Rechtsunsicherheit kann die Wirksamkeit des Gemeinschaftsrechts beeinträchtigen.
22 Vgl. zur dogmatischen Einordnung des Anwendungsvorrangs auch *Funke* DÖV 2007, 733 (739).

Kollisionsregelungen sind – wie Art. 31 GG zeigt[23] – auch dem nationalen Recht vertraut. Im EG – Vertrag fehlt allerdings eine ausdrückliche Kollisionsnorm.[24] Das BVerfG entnimmt die Kollisionsregel deshalb dem ungeschriebenen Grundsatz des primären Gemeinschaftsrechts:

> [...] Rechtsakten des Gemeinschaftsrechts kommt für den Fall eines Widerspruchs zu innerstaatlichem Gesetzesrecht auch vor deutschen Gerichten der Anwendungsvorrang zu. Dieser Anwendungsvorrang gegenüber späterem wie früherem nationalem Gesetzesrecht beruht auf einer ungeschriebenen Norm des primären Gemeinschaftsrechts, der durch die Zustimmungsgesetze zu den Gemeinschaftsverträgen in Verbindung mit Art. 24 Abs. 1 GG der innerstaatliche Rechtsanwendungsbefehl erteilt worden ist.[25]

III. Kollisionsregeln eröffnen, wie das BVerfG in seiner hier maßgebenden Entscheidung formuliert hat,[26] eine Verwerfungskompetenz[27]. Neben dem Begriff der Verwerfungskompetenz stehen – unterschiedslos gebraucht – die Begriffe Geltungs- und Anwendungsvorrang des Gemeinschaftsrechts[28] vor dem innerstaatlichen Recht. Das Nebeneinander jener Begriffe ist missverständlich und erschwert das Verständnis der Aufgabenverteilung zwischen nationalen Gerichten, dem BVerfG und dem EuGH.

1. Aufgaben und Kompetenzen der einzelnen Staatsorgane sind der Staatsverfassung zu entnehmen. Durch Art. 100 Abs. 1 GG ist den Fachgerichten die Entscheidung darüber, ob ein Legislativakt mit den inhaltlichen Vorgaben der Verfassung übereinstimmt, verwehrt; sie sind an das von ihnen als gültig hinzunehmende Gesetz gebunden; ihnen steht lediglich die Vorlagekompetenz nach Art. 100 Abs. 1 GG zu.

2. Entsprechende Grundsätze gelten für das Gemeinschaftsrecht. Die Kompetenz, einen Verstoß gegen das Gemeinschaftsrecht festzustellen, obliegt ausschließlich

---

23 Vgl. zur Parallele dieser Bestimmung mit dem Anwendungsvorrang des Gemeinschaftsrechts Streinz/*Schröder* (Fn. 11) Art. 249 EGV Rn. 42.
24 Eine solche Rechtsregel aufzustellen wäre auch nur dem nationalen Gesetzgeber gestattet, weil im System der von den Mitgliedsstaaten abgeleiteten Rechtssetzungskompetenzen der Gemeinschaft nur dieser befugt wäre, sein eigenes Recht im Rang zurückzusetzen.
25 BVerfG, Beschl. v. 8.4.1987 – 2 BvR 687/85, BVerfGE 75, 223 (244); Urt. v. 28.1.1992 – 1 BvR 1025/82, BVerfGE 85, 191 (204).
26 Vgl. BVerfG, Beschl. v. 9.6.1971 – 2 BvR 225/69, BVerfGE 31, 145 (175); so auch die Formulierung in den Entscheidungen BVerfG, Beschl. v. 31.5.1990 – 2 BvL 12, 13/88, 2 BvR 1436/87, BVerfGE 82, 159 (191); Beschl. v. 14.9.1992 – 2 BvR 1214/92, Tz. 2; zitiert nach juris.
27 Vgl. zum Begriff *Umbach/Clemens* 2002, Art. 100 GG Rn. 34; *Maunz/Dürig* (Fn. 19) Art. 100 GG Rn. 1.
28 Vgl. zum Unterschied zwischen Geltungs- und Anwendungsvorrang *Funke* DÖV 2007, 734 ff.; *Callies/Ruffert* (Fn. 9) Art. 249 GG Rn. 24.

dem EuGH.[29] Deshalb ist es den nationalen Gerichten[30] auch nicht gestattet, darüber zu entscheiden, ob das (Gemeinschafts)Recht, das im Verfahren angewendet werden soll, wirksam ist, die Gemeinschaft demnach die Rechtssetzungskompetenz hatte. Die Anwendungsprärogative über das Gemeinschaftsrecht ist nach den Regeln des EGV dem EuGH überantwortet.[31] Nur er kann abschließend über die Auslegung des Gemeinschaftsrechts entscheiden und damit inzident über die Vereinbarkeit nationalen Rechts mit dem Gemeinschaftsrecht befinden.[32]

3. Die Entscheidung des EuGH, wie das Gemeinschaftsrecht auszulegen ist, berührt deshalb die »»Wirksamkeit«« des nationalen Rechts im verfassungsrechtlichen Sinne nicht. Der EuGH[33] und die Literatur[34] betonen vielmehr stets, dass durch die Nichtanwendung innerstaatlichen Rechts durch die nationalen Gerichte die allgemeine Rechtsgeltung und Wirksamkeit des nationalen Rechts – anders als etwa bei der Nichtigerklärung einer Norm durch das BVerfG – nicht in Frage gestellt wird; es unterbleibt lediglich die Anwendung jenes Rechts im konkreten Fall. Es gibt daher auch – entgegen der missverständlichen Formulierung des BVerfG – keine Verwerfungskompetenz im eigentlichen Sinne im Falle der Unvereinbarkeit des nationalen Rechts mit dem Gemeinschaftsrecht. Die Nichtanwendung des nationalen

---

29 Vgl. Art. 230 EGV.
30 Entgegen der Auffassung des BFH im Urteil vom 25.4.1985 – V ZR 123/84, NJW 1985, 2103 (2104).
31 Art. 234 Abs. 1 lit. a EGV.
32 Der EuGH formuliert regelmäßig, dass das Gemeinschaftsrecht einer nationalen Regelung, wie sie das vorlegende Gericht dargestellt habe, entgegenstehe; vgl. etwa EuGH, Urt. v. 13.9.2007 – Rs. C-307/05, Slg. 2007, 7109 – Alonso; Urt. v. 19.4.2007 – Rs. C-356/05, Slg. 2007, 3067 – Farrell; Urt. 6.6.2006 – Rs. C-439/04, Slg. 2006, 6161 – Kittel. Durch diese Formulierung trifft er begrifflich nur eine Aussage über das Gemeinschaftsrecht und überlässt die Feststellung, dass das nationale Recht mit dem Gemeinschaftsrecht unvereinbar ist dem vorlegenden nationalen Gericht; vgl. dazu Calliess/Ruffert/*Wegener* (Fn. 9) Art. 234 EGV Rn. 5.
33 Vgl. etwa EuGH, Urt. v. 22.10.1998 – Rs. C 10/97 bis C 22/97, Slg. 1998, 6837, – IN.CO.GE '90 Srl, Tz. 20. In diesem Fall hatte sich die italienische Regierung darauf berufen, dass eine nationale Bestimmung des Abgabenrechts nichtig sei, weil der EuGH sie in einem früheren Verfahren für mit dem Gemeinschaftsrecht nicht vereinbar erklärt hatte. Folglich sei das italienische Finanzgericht, vor dem die Kläger die Rückerstattung der von ihnen geleisteten rechtswidrigen Abgabe begehrten, nicht zur Entscheidung über den Rechtsstreit und die erneute Vorlage an den EuGH befugt, weil sich die Rückerstattung der rechtsgrundlos geleisteten Zahlungen nach den Bestimmungen des allgemeinen Zivilrechts richte, für das die ordentlichen Gerichte zuständig seien. Demgegenüber hat der EuGH ausdrücklich betont, dass die Unvereinbarkeit des innerstaatlichen Rechts mit dem Gemeinschaftsrecht nicht dazu führe, dass diese Vorschrift inexistent ist.
34 Vgl. *Funke* DÖV 2007, 734 ff.; *Callies/Ruffert* (Fn. 9) Art. 249 GG Rn. 24; für einen Geltungs- statt eines bloßen Anwendungsvorrangs Streinz/*Schröder* (Fn. 11) Art. 249 EGV Rn. 42.

Rechts erstreckt sich – im Konflikt zwischen nationalem und Gemeinschaftsrecht – nur auf den jeweils zu entscheidenden Einzelfall.[35]

IV. Wem die Verwerfungskompetenz entsprechend der Diktion des BVerfG zusteht, also die Entscheidung über die Unanwendbarkeit der nationalen Norm, hatte das BVerfG recht bald nach dem Beitritt der Bundesrepublik zur Europäischen Wirtschaftsgemeinschaft (EWG) zu entscheiden, aus der die EG hervorgegangen ist.[36] Entzündet hat sich der Streit an Art. 101 GG.

Im Rahmen des Vorrangs des Gemeinschaftsrechts haben die nationalen Gerichte die Vorlagepflicht des Art. 234 EGV[37] zu beachten. In Fragen der Auslegung des Gemeinschaftsrechts ist der EuGH der gesetzliche Richter im Sinne des Art. 101 GG.[38] Die Kontrolle, ob die obersten Bundesgerichte ihrer sowohl aus dem EG – Vertrag als auch aus dem Verfassungsrecht folgenden Pflicht, Fragen der Auslegung des Gemeinschaftsrechts dem EuGH vorzulegen, auch tatsächlich nachkommen, nimmt das BVerfG nach wie vor wahr;[39] Art. 93 Abs. 1 Nr. 4a GG in Verbindung mit § 90 Abs. 1 BVerfGG eröffnet der betroffenen Partei die Verfassungsbeschwerde, wenn das Fachgericht Art. 234 Abs. 3 EGV missachtet hat.

V. Zwei Entscheidungen des BVerfG, die die Rüge der Verletzung des Anspruchs auf den gesetzlichen Richter zum Gegenstand hatten, weisen dem nationalen Richter den Weg, wie er zu verfahren hat, wenn nationales Recht in unvereinbarem Widerspruch zum Gemeinschaftsrecht steht, die Grundsätze richterlicher Auslegung der Norm demnach nicht mehr zum Ziel führen, dem Gemeinschaftsrecht Geltung zu verschaffen.

1. Im Falle der Unvereinbarkeit einer nationalen, dem Steuerrecht zuzuordnenden Norm hatte der BFH eine Vorabentscheidung des EuGH eingeholt und der Vor-

---

35 So ausdrücklich das BVerfG in seiner Entscheidung v. 9.6.1971 – 2 BvR 225/69, BVerfGE 31, 145 (174, 175); vgl. auch *Funke* DÖV 2007, 733 (735) m. w. N.

36 Durch den Vertrag von Maastricht ist die »Europäische Wirtschaftsgemeinschaft« in »Europäische Gemeinschaft« umbenannt worden, ohne dass dadurch die Identität dieser Organisation verändert worden wäre, Calliess/Ruffert/*Wichard* (Fn. 9) Art. 1 EGV Rn. 1; vgl. auch *Grabitz/Hilf/von Bogdandy/Nettesheim* Maastrichter Fassung, EL 7 Art. 1 EGV Rn. 4.

37 Verpflichtet zur Vorlage an den EuGH ist nach Art. 234 Abs. 3 EGV nur das nationale Gericht, dessen Entscheidungen selbst nicht mehr mit Rechtsmitteln des innerstaatlichen Rechts angefochten werden können. Die übrigen Gerichte können vorlegen, müssen aber nicht. Vgl. zur Vorlagepflicht im Einzelnen auch Calliess/Ruffert/*Wegener* (Fn. 9) Art. 234 EGV Rdnr. 23 ff.; Streinz/*Ehricke* (Fn. 11) Art. 234 EGV Rn. 39 ff.

38 BVerfG, Beschl. v. 22.10.1986 – 2 BvR 197/83, BVerfGE 73, 339 (366); Beschl. v. 8.4.1987 – 2 BvR 687/85, BVerfGE 75, 223 (233); Beschl. v. 31.5.1990 – 2 BvL 12, 13/88, BVerfGE 82, 159 (192); st. Rspr.

39 Vgl. dazu etwa aus jüngerer Zeit BVerfG, Beschl. v. 20.9.2007 – 2 BvR 855/06, NJW 2008, 209 (211); Beschl. v. 7.12.2006 – 2 BvR 2428/06, NJW 2007, 1521; Beschl. v. 14.7.2006 – 2 BvR 264/06, WM 2006, 1724 (1725).

abentscheidung selbst Vorrang vor dem nationalen Steuerrecht eingeräumt. Der unterlegene Verfahrensbeteiligte hatte das BVerfG angerufen und die Verletzung des Art. 101 Abs. 1 GG gerügt. Gegenüber jener Rüge hat das BVerfG in seiner Entscheidung vom 9.6.1971[40] ausgeführt:

> Verfassungsrechtliche Bedenken dagegen, daß der Bundesfinanzhof dem Art. 95 EWGV auf der Grundlage der gemäß Art. 177 EWGV eingeholten Vorabentscheidung des Europäischen Gerichtshofs vom 16. Juni 1966 den Vorrang vor entgegenstehendem deutschen Steuerrecht eingeräumt hat, bestehen nicht. Denn durch die Ratifizierung des EWG-Vertrages (vgl. Art. 1 des Gesetzes vom 27. Juli 1957 – BGBl. II S. 753 –) ist in Übereinstimmung mit Art. 24 Abs. 1 GG eine eigenständige Rechtsordnung der Europäischen Wirtschaftsgemeinschaft entstanden, die in die innerstaatliche Rechtsordnung hineinwirkt und von den deutschen Gerichten anzuwenden ist (vgl. BVerfGE 22, 293 (296)). Die im Rahmen seiner Kompetenz nach Art. 177 EWGV ergangene Entscheidung des Europäischen Gerichtshofs zur Auslegung des Art. 95 EWGV war für den Bundesfinanzhof verbindlich. Art. 24 Abs. 1 GG besagt bei sachgerechter Auslegung nicht nur, daß die Übertragung von Hoheitsrechten auf zwischenstaatliche Einrichtungen überhaupt zulässig ist, sondern auch, dass die Hoheitsakte ihrer Organe, wie hier das Urteil des Europäischen Gerichtshofs, vom ursprünglich ausschließlichen Hoheitsträger anzuerkennen sind.
>
> Von dieser Rechtslage ausgehend müssen seit dem Inkrafttreten des Gemeinsamen Markts die deutschen Gerichte auch solche Rechtsvorschriften anwenden, die zwar einer eigenständigen außerstaatlichen Hoheitsgewalt zuzurechnen sind, aber dennoch aufgrund ihrer Auslegung durch den Europäischen Gerichtshof im innerstaatlichen Raum unmittelbare Wirkung entfalten und entgegenstehendes nationales Recht überlagern und verdrängen; denn nur so können die den Bürgern des Gemeinsamen Markts eingeräumten subjektiven Rechte verwirklicht werden.
>
> Nach der Regelung, die das Verhältnis zwischen Gesetzgebung und Rechtsprechung im Grundgesetz gefunden hat, gehört es zu den Aufgaben der rechtsprechenden Gewalt, jede im Einzelfall anzuwendende Norm zuvor auf ihre Gültigkeit zu prüfen (vgl. BVerfGE 1, 184 [197]). Steht eine Vorschrift im Widerspruch zu einer höherrangigen Bestimmung, so darf sie das Gericht auf den von ihm zu entscheidenden Fall nicht anwenden. Dies gilt nur insoweit nicht, als die Verwerfungskompetenz bei Unvereinbarkeit formellen nachkonstitutionellen Rechts mit dem Grundgesetz gemäß Art. 100 Abs. 1 GG dem Bundesverfassungsgericht vorbehalten ist. Zur Entscheidung der Frage, ob eine innerstaatliche Norm des einfachen Rechts mit einer vorrangigen Bestimmung des Europäischen Gemeinschaftsrechts unvereinbar ist und ob ihr deshalb die Geltung versagt werden muss, ist das Bundesverfassungsgericht nicht zuständig; die Lösung dieses Normenkonflikts ist daher der umfassenden Prüfungs- und Verwerfungskompetenz der zuständigen Gerichte überlassen.
>
> Im Rahmen dieser Kompetenz durfte der Bundesfinanzhof dem auf den Streitfall anzuwendenden § 7 Abs. 4 UStG die Gültigkeit für eine Einfuhr aus einem Mitgliedsland der Europäischen Wirtschaftsgemeinschaft insoweit aberkennen, als diese Norm nach seiner Überzeugung Art. 95 EWGV widersprach. Damit vollzog er lediglich diejenige auf den Einzelfall bezogene Korrektur des innerstaatlichen Rechts, die erforderlich war, um der unmittelbaren Wirkung des Art. 95 EWGV für den einzelnen Bürger und dem Vorrang dieser Norm vor entgegenstehendem nationalen Recht Geltung zu verschaffen.

---

40 BVerfG, Beschl. v. 9.6.1971 – 2 BvR 225/69, BVerfGE 31, 145 (173).

2. Die Bundesrepublik Deutschland hat im Anschluß an den in der Entscheidung des BVerfG vom 9.6.1971 zitierten »EWG-Vertrag« den Vertrag zur Gründung der Europäischen Gemeinschaft in der Fassung von Amsterdam vom 2.10.1997[41] (EGV) ratifiziert mit der Folge, dass jener Vertrag für die Bundesrepublik Deutschland am 1.5.1999 ebenfalls verbindlich geworden ist.[42] Für die Entscheidungen, die der EuGH nach Inkrafttreten des EGV getroffen hat, kann daher nichts anderes gelten, als in der Entscheidung des BVerfG vom 9.6.1971 niedergelegt ist.

3. In seiner für die Nichtanwendung nationalen Rechts bedeutsamen zweiten Entscheidung vom 31.5.1990[43] hat das BVerfG ferner deutlich gemacht, dass das national letztinstanzlich entscheidende Fachgericht über eine Vorabentscheidung (Art. 234 Abs. 3 EGV) seine Bindung an die Rechtsprechung des EuGH herbeiführen muss, wenn das Fachgericht den Konflikt zwischen Europäischem Recht und entgegenstehendem nationalen Recht nicht anders zu lösen weiß. In der Entscheidung vom 31.5.1990[44] betont das BVerfG nämlich ausdrücklich, dass eine Verletzung des Art. 101 Abs. 1 Satz 2 GG vorliegt, wenn

> […] »… das letztinstanzliche Hauptsachegericht in seiner Entscheidung bewußt von der Rechtsprechung des EuGH zu entscheidungserheblichen Fragen abweicht und gleichwohl nicht oder nicht neuerlich vorlegt (bewußtes Abweichen ohne Vorlagebereitschaft; vgl. BVerfGE 75, 223).«

F.

I. Die Überlegung des XI. Zivilsenats im Beschluß vom 18.1.2005, dass eine Vorlage an den EuGH nicht in Betracht kommt, wenn das nationale Recht eine richtlinienkonforme Auslegung nicht ermöglicht, stellt sich demnach als sog. »bewußtes Abweichen ohne Vorlagebereitschaft« i.S.d. der Rechtsprechung des BVerfG[45] dar (s. E IV 2.). Jene Verweigerung verletzt Art. 101 Abs. 1 S. 2 GG. Dies folgt auch aus der Entscheidung des BVerfG vom 8.4.1987,[46] in der es wie folgt heißt:

> Rechtsakten des Gemeinschaftsrechts kommt für den Fall eines Widerspruchs zu innerstaatlichem Gesetzesrecht auch vor deutschen Gerichten der Anwendungsvorrang zu. Dieser Anwendungsvorrang gegenüber späterem wie früherem nationalem Gesetzesrecht beruht auf einer ungeschriebenen Norm des primären Gemeinschaftsrechts, der durch die Zustimmungsgesetze zu den Gemeinschaftsverträgen in Verbindung mit Art. 24 Abs. 1 GG der innerstaatliche Rechtsanwendungsbefehl erteilt worden ist (vgl. BVerfGE 31, 145 [173 ff.]; Scheuner, Der Grundrechtsschutz in der Europäischen Gemeinschaft

---

41 ABl. Nr. C 340, S. 1, BGBl. 1999, II 416.
42 BGBl. 1999, II 296.
43 BVerfG, Beschl. v. 31.5.1990 – 2 BvL 12, 13/88, 2 BvR 1436/87, BVerfGE 82, 159 (195 f.).
44 BVerfG, Beschl. v. 31.5.1990 – 2 BvL 12, 13/88, 2 BvR 1436/87 a.a.O., S. 195.
45 BVerfG, Beschl. v. 31.5.1990 – 2 BvL 12, 13/88, 2 BvR 1436/87 a.a.O.
46 BVerfG, Beschl. v. 8.4.1987 – 2 BvR 687/85, BVerfGE 75, 223 (244, 245).

und Verfassungsrechtsprechung, AöR 100 (1975), S. 30 [40 f.]). Art. 24 Abs. 1 GG enthält die verfassungsrechtliche Ermächtigung für die Billigung dieser Vorrangregel durch den Gesetzgeber und ihre Anwendung durch die rechtsprechende Gewalt im Einzelfall (BVerfGE 73, 339 (375); Scheuner, a.a.O., S. 44; Tomuschat in: Kommentar zum Bonner Grundgesetz, Art. 24 (Zweitbearb.), Rdnr. 76 mit zahlreichen weiteren Nachweisen).

Wollte der Bundesfinanzhof der Rechtsauffassung des Gerichtshofs gleichwohl nicht folgen, so wäre er, da die Auslegung der Sechsten Umsatzsteuerrichtlinie des Rates für ihn entscheidungserheblich war, gemäß Art. 177 Abs. 3 EWGV zu einer neuerlichen Vorlage an den Gerichtshof verpflichtet gewesen.

[...] Dieser Verpflichtung zur neuerlichen Vorlage an den Gerichtshof gemäß Art. 177 Abs. 3 EWGV hat sich der Bundesfinanzhof in objektiv willkürlicher Weise entzogen: Verweigert sich ein letztinstanzliches Gericht dieser Vorlagepflicht bezüglich derjenigen Rechtsfragen, die bereits Entscheidungsgegenstand einer im selben Verfahren ergangenen Vorabentscheidung des Europäischen Gerichtshofs waren, so ist das eine Verletzung des Art. 101 Abs. 1 Satz 2 GG, wie immer im übrigen der Maßstab der Willkür im Hinblick auf Verstöße gegen die Vorlagepflicht aus Art. 177 EWGV zu fassen sein mag.

II. Die Nichtanwendung nationalen, dem Gemeinschaftsrecht entgegenstehenden Rechts erfordert allerdings nicht stets eine Vorlage an den EuGH.[47]

1. Die Rechtsprechung des EuGH läßt die Nichtanwendung nationalen Rechts ohne Vorlage an den EuGH zu, wenn die maßgebende Rechtsfrage in der Rechtsprechung des EuGH geklärt ist[48] oder die richtige Auslegung des Gemeinschaftsrechts derart offenkundig ist, dass keinerlei Raum für vernünftige Zweifel an der Beantwortung der sich stellenden Frage bleibt und die Prognose möglich ist, dass weder die Gerichte der übrigen Mitgliedsstaaten noch der EuGH Zweifel an der gefundenen Antwort haben würden.[49]

2. Auch das innerstaatliche Recht lässt die Nichtanwendung ohne Vorlage an den EuGH zu. In seiner Entscheidung vom 31.5.1990[50] verweist das BVerfG auf die Rechtsprechung des EuGH und macht im Rahmen seiner Erwägungen deutlich, dass auch das nationale Recht unter den vom EuGH genannten Voraussetzungen (s. F II 1.) keine Vorlage an den EuGH fordert, wenn das nationale Recht wegen des

---

47 A. A. *Hummel* NVwZ 2008, 36 (41).

48 Vgl. dazu EuGH, Urt. v. 6.10.1982 – Rs. C-283/81, Slg. 1982, 3415 – C.I.L.F.I.T, Tz. 14; Urt. v. 4.11.1997 – Rs. C-337/95, Slg. 1997, 6013, Tz. 29; vgl. auch BFH, Urt. v. 23.11.2000 – V R 49/00, Tz. 26 ff. Den Grund für die Ausnahme von der im EG – Vertrag angeordneten Vorlagepflicht der letztinstanzlich zur Entscheidung berufenen Gerichte sieht der EuGH darin, dass die Vorlagepflicht ihren Sinn verliert, wenn die vorzulegende Frage durch eine früher ergangene Entscheidung des EuGH bereits geklärt ist. Dabei brauchen die im Verfahren strittigen Fragen nicht vollkommen mit denjenigen identisch zu sein, die der EuGH einer Klärung zugeführt hat, wenn eine gesicherte Rechtsprechung des EuGH vorliegt.

49 EuGH, Urt. v. 6.10.1982 – Rs. C-283/81, Slg. 1982, 3415 – C.I.L.F.I.T, Tz. 16. Ausführlich zu dieser sog. »acte – Claire – Doktrin« Streinz/*Ehricke* (Fn. 11) Art. 234 EGV Rn. 44; Caliess/Ruffert/*Wegener* (Fn. 9) Art. 234 EGV Rn. 28.

50 BVerfG, Beschl. v. 31.5.1990 – 2 BvL 12, 13/88, 2 BvR 1436/87, BVerfGE 82, 159 (193 ff.).

Widerspruchs zum Gemeinschaftsrecht nicht angewendet werden soll. Dass die Entscheidung über die Nichtanwendung vom Fachgericht in diesen Fällen in eigener Kompetenz zu treffen ist, folgt aus der schon erwähnten (s. E V 1.) Entscheidung des BVerfG v. 9.6.1971,[51] in der es – wie oben zitiert – im entscheidenden Teil der Begründung wie folgt heißt:

> [...] Nach der Regelung, die das Verhältnis zwischen Gesetzgebung und Rechtsprechung im Grundgesetz gefunden hat, gehört es zu den Aufgaben der rechtsprechenden Gewalt, jede im Einzelfall anzuwendende Norm zuvor auf ihre Gültigkeit zu überprüfen (vgl. BVerfGE 1, 184 [197]). Steht eine Vorschrift im Widerspruch zu einer höherrangigen Bestimmung, so darf sie das Gericht auf den von ihm zu entscheidenden Fall nicht anwenden.
> [...] Zur Entscheidung der Frage, ob eine innerstaatliche Norm des einfachen Rechts mit einer vorrangigen Bestimmung des Europäischen Gemeinschaftsrechts unvereinbar ist und ob ihr deshalb die Geltung versagt werden muß, ist das Bundesverfassungsgericht nicht zuständig; die Lösung dieses Normenkonflikts ist daher der umfassenden Prüfungs- und Verwerfungskompetenz der zuständigen Gerichte überlassen.

G.

Fazit: Die Entscheidung des XI. Zivilsenats, die Ausgangspunkt der Betrachtung ist, verletzt nicht nur den Vorrang des Gemeinschaftsrechts, sondern auch den durch Art. 101 Abs. 1 GG verfassungsrechtlich gewährten Anspruch auf den gesetzlichen Richter.

---

51 BVerfG, Beschl. v. 9.6.1971 – 2 BvR 225/69, BVerfGE 31, 145 (174 f.)

Richterliche Erkenntnis oder Erkenntnisverfahren – zur Rolle der Rechtsanwälte für die Rechtsfindung

CHRISTIAN WOLF / CHRISTOPH KNAUER

A. EINLEITUNG

Kaum etwas kennzeichnet das Wirken *Ulrich Scharfs* als langjährigen Präsidenten der Rechtsanwaltskammer Celle und Vizepräsidenten der Bundesrechtsanwaltskammer mehr, als der Umstand, dass auf dem Festakt der Rechtsanwaltskammer Celle anlässlich seiner Verabschiedung als Kammerpräsident die Präsidenten der Bundesrechtsanwaltkammer *Axel Filges* und des Deutschen Anwaltvereins *Hartmut Kilger* nicht nur gesprochen, sondern erstmals eine gemeinsame Rede gehalten haben. In dieser haben beide unter Berufung auf die Ausführungen *Hassemers* auf dem Anwaltstag in Berlin die Zugehörigkeit der Rechtsanwaltschaft zur Justizfamilie betont.[1]

Einundzwanzig Jahre nach den »Bastille-Entscheidungen« des Bundesverfassungsgerichts und ca. dreißig Jahre nach der von Hannover bzw. Celle ausgehenden Diskussion,[2] ob der Rechtsanwalt Organ der Rechtspflege oder Interessenvertreter ist, soll über diese Frage erneut nachgedacht werden. Schwerpunkt des vorliegenden Beitrages ist jedoch nicht »das große Bild«, die Funktion der Anwaltschaft in unserer Gesellschaft als Ganzes,[3] sondern dessen Stellung im Verfahren.

Die grundsätzliche Diskussion über die Rolle des Rechtsanwalts als Organ der Rechtspflege hat zwei unterschiedliche Schwerpunkte. Auslöser waren in den siebziger Jahren die problematischen Auswirkungen des anwaltlichen Standesrechts auf die Strafverteidigung. Insbesondere in politischen Strafverfahren führte dieses dazu, dass die Verteidiger häufig an zwei Fronten zu kämpfen hatten, nämlich im eigentlichen Strafverfahren und im Anschluss daran vor dem Ehrengericht.[4] Ist der Rechtsanwalt als Organ der Rechtspflege dazu verpflichtet, Garant eines prozessordnungsgemäßen Strafverfahrens zu sein und damit für die Einhaltung der prozessrechtlichen Bestimmungen zu sorgen? Mit anderen Worten: Zeigt die Organ-

---

1 *Hassemer* AnwBl 2008, 413 ff.
2 Vgl. *Holtfort* KJ 1977, 313 ff.; *Holtfort* in: ders. (Hrsg), Strafverteidiger als Interessenvertreter, 1979, S. 37 ff.
3 Überzeugend die Klarstellung bei *Gaier* BRAK-Mitt. 2006, 1 (4 f.), s. dazu auch *Knauer* FS Widmaier, 2008, S. 300 f.
4 Vgl. hierzu aus der Sicht eines Betroffenen, *Heinrich Hannover* Die Republik vor Gericht, 2005, S. 397 ff.

stellung dem Rechtsanwalt für sein anwaltliches Wirken engere Grenzen auf, als die einschlägigen Vorschriften der StPO oder des StGB es tun?

Den zweiten Schwerpunkt der Diskussion bildet die Frage der Kommerzialisierung der Anwaltschaft. So wird gefragt, ob die Rechtsanwälte noch länger Organ der Rechtspflege oder bereits Dienstleister bzw. Kaufleute sind.[5] Politisch betrachtet hat diese »In-Frage-Stellung« der Organstellung des Rechtsanwalts unterschiedliche Wurzeln.[6]

Bezogen auf die Grundsatzfrage, ob der Rechtsanwalt Organ der Rechtspflege ist, haben beide Facetten eine Gemeinsamkeit. Es fehlt ihnen an einem klaren Verständnis, wie sich die Tätigkeit des Rechtsanwalts auf das prozessuale Ergebnis (Urteil) auswirkt. Der Vorwurf *Stürners* an die Anwaltschaft, sie sei ein Berufsstand ohne eigene Grundkonzeption,[7] ist deutlich grundsätzlicher an die Rechtswissenschaft insgesamt zu adressieren. Aus der Perspektive eines Historikers postuliert *Siegrist*, dass der staatliche Umgang mit den Rechtsanwälten schon immer problematisch war, weil diese über weite Strecken dasselbe tun, wie die Gerichte. Denn auch der Rechtsanwalt beschäftige sich mit der Erhebung von Tatsachen, der Umformulierung komplexer Sachverhalte in die Rechtssprache und mit der juristischen Würdigung des Falls.[8]

Wie unklar die Rolle des Rechtsanwalts für die Rechtsfindung ist, ergibt sich auch aus der Diskussion um die Funktion des Anwaltszwangs im Zivilprozess.[9] Allgemein gesprochen wird dem Anwaltszwang (vor allem oder lediglich auch) die Funktion zugesprochen, die Gerichte zu entlasten, indem der Prozessstoff für die Gerichte aufbereitet wird.[10] Zum Teil wird sogar angenommen, dass der Anwaltszwang rechtspolitisch bedenklich sei[11] oder es wird die Abschaffung des Anwaltszwangs für die erste Instanz gefordert.[12]

Ginge es aber lediglich darum, die Gerichte zu entlasten, kämen diese ohne Rechtsanwälte als Prozessvertreter zu demselben Ergebnis, nur vielleicht auf deutlich mühevollerem Weg. Führte man diesen Gedanken konsequent zu Ende, so wären Rechtsanwälte nur Gehilfen des Gerichts. Damit würde man unmittelbar an die Prozessrechtsreform *Friedrich II.* von Preußen und dessen Assistenzräte anknüpfen, wonach die Advokaten nicht Söldner der Parteien, sondern »Gehülfen« des Gerichts sein sollten.[13]

---

5 *Hellwig* AnwBl. 2008, 213 ff.; hierzu auch *Knauer/Wolf* BRAK-Mitt., 2007, 142 ff.
6 *Holtfort* in: ders. (Fn. 2) S. 37 ff. Vgl. aber auch die Beschreibung der Vertretertheorie als neoliberalistisch bei R. *Paulus* NStZ 1992, 305 f. Allgemein zur Vertretertheorie, *Salditt* in: Widmaier, Münchener Anwaltshandbuch, 2006, § 1 Rn. 27 ff.
7 *Stürner* FS Busse, 2005, S. 297 ff.
8 *Siegrist* Advocat, Bürger, Staat, 1996, S. 63.
9 Vgl. einseits *Stürner* JZ 1986, 1089 ff. und anderseits *Zuck* JZ 1993, 500 ff.
10 Wieczorek/Schütze/*Steiner* ZPO und Nebengesetze, Großkommentar, 3. Aufl. 1994, § 78 Rn. 1; *v. Mettenheim* in: Münchener Kommentar zur Zivilprozessordnung, Bd. 1, 2008, § 78 Rn. 3 m.w.N.
11 *Schlosser* Zivilprozessrecht, Bd. 1, Erkenntnisverfahren, 2. Aufl. 1991, Rn. 277.
12 *Jauernig* Zivilprozessrecht, 29. Aufl. 2007, § 16 I.
13 *Siegrist* (Fn. 8) S. 41.

Hinter alledem steht aber ein weitaus grundsätzlicheres Problem. Die Rolle des Rechtsanwalts als Organ der Rechtspflege lässt sich nur richtig einordnen und klären, wenn man sich über die Funktion des Prozesses selbst Klarheit verschafft. Geht es im Prozess darum, das bereits feststehende Recht lediglich auszusprechen oder geht es im Prozess darum, das Recht für den konkret zu entscheidenden Rechtsfall erst zu gewinnen? In letzterem Fall käme dem Rechtsanwalt bei der Rechtsfindung eine entscheidende Mitwirkungsrolle zu. Man könnte ihn als Organ der Rechtspflege schon rein logisch nicht auf eine ontologisch verstandene wahre Rechtslage verpflichten, welche erst im Verfahren herauszubilden und zu konstituieren ist.[14]

Ulrich Scharf, dem der Festschriftbeitrag gewidmet ist, war und ist OLG-Anwalt. Es liegt daher nahe, die Frage, warum Rechtsanwälte Organ der Rechtspflege sein sollen, einmal anders zu stellen. Wir unterscheiden zwar im Zivilprozess das Erkenntnisverfahren vom Vollstreckungsverfahren, jedoch beschäftigen wir uns kaum mit der Frage, wie der Richter zu seiner Erkenntnis kommt.

B. DIE SUCHE NACH DER WAHRHEIT

I. Wahrheit und Gerechtigkeit als Prozesszweck

Welchen Zweck man mit dem Prozess verfolgt, lässt sich für den Strafprozess einfacher und deutlicher feststellen als im Zivilprozess. Nach § 244 Abs. 2 StPO ist das Gericht zur Erforschung der Wahrheit verpflichtet. Die Erforschung der Wahrheit wird deshalb herkömmlich als übergeordneter Grundsatz des Strafprozesses angesehen.[15] Die Verpflichtung des Gerichts, die Wahrheit zu erforschen, beherrsche damit das Strafverfahren.[16] Die Ermittlung des wahren Sachverhalts sei ein zentrales Anliegen des Strafprozesses.[17] Zwischen dem wirklichen Sachverhalt und dem vom Richter vorgestellten Sachverhalt soll Übereinstimmung hergestellt werden.[18] Die Wahrheit lasse sich nicht in einen materiellen und formalen oder prozessualen Wahrheitsbegriff aufspalten. Grundsätzlich sei der wahre Sachverhalt, so wie er sich zugetragen habe, maßgeblich.[19] Es wird also aus der Perspektive der h.M. und der st. Rspr. die materielle Wahrheit des Strafprozesses als ontologische Wahrheit verstanden.[20]

---

14 Vgl. *Paulus* NStZ 1992, 305 (309 f.).
15 *Gollwitzer* in: Löwe/Rosenberg, STPO und Gerichtsverfassungsgesetz, Großkommentar, 25. Aufl. 1998, § 244 Rn. 38.
16 BGH NJW 1957, 598 f.
17 BVerfG NStZ 1987, 419.
18 *Spendel* JuS 1964, 465 f.
19 BGH NJW 2007, 2419 (2422) zum Wahrheitsbegriff dieser Entscheidung bereits *Knauer* FS Widmaier (Fn. 3) S. 291 ff.
20 *Paulus* NStZ 1992, 305 (309 f.); *ders.* FS Spendel, 1992, S. 687 (688 ff.).

Für den Zivilprozess gilt in dem hier interessierenden Sinne im Grunde das Selbe. Zwar wird der zivilprozessuale Wahrheitsbegriff als formaler Wahrheitsbegriff dem strafrechtlichen Wahrheitsbegriff entgegen gesetzt, weil die Parteien über die Grundsätze der Parteidisposition und Verhandlungsmaxime den Sachverhalt bestimmen können.[21] Daher käme es im Zivilprozess nicht auf den »wahren tatsächlichen Sachverhalt« an, sondern entscheidend sei, was die Parteien unstreitig stellten.[22] Ob dieser Ansicht zuzustimmen ist, ist durchaus zweifelhaft.[23] Nach § 138 ZPO unterliegen die Parteien der Wahrheitspflicht.[24] Diese ist – jedenfalls zum größten Teil – auch strafrechtlich abgesichert.[25] Ihre Rechtfertigung finden die Verhandlungs-[26] und Dispositionsmaxime[27] in der Annahme, im Zivilprozess würde sich die materielle Wahrheit besser durchsetzen als in einem vom Untersuchungsgrundsatz beherrschten Prozess.[28]

Daneben wird der Dispositionsgrundsatz auch mit der Privatautonomie gerechtfertigt. Nur soweit die Parteien ihre materiellrechtliche Beziehung verändern können, können sie auch – trotz der Wahrheitspflicht – über ihren Parteivortrag disponieren.[29]

Im hier interessierenden Sinne kommt es jedoch nicht darauf an, in welchem Umfang sich das Ergebnis des Zivilprozesses durch den Verhandlungs- und Dispositionsgrundsatz von der materiellen Wahrheit entfernt. Denn selbst wenn man unterstellt, im Zivilprozess sei aus diesem Grunde die Wahrheit nur ein zufälliges Resultat,[30] geht auch dieser wie der Strafprozess davon aus, dass es in der Beweisaufnahme darum geht, die Wahrheit zu erforschen und dies auch erfolgreich möglich sei. Der Verhandlungs- und Dispositionsgrundsatz – wenn er denn zu einem von der materiellen Wahrheit des Strafprozesses abweichenden Ergebnis führen sollte – setzt zu einem früheren Zeitpunkt ein. Er mag dazu führen, dass die Parteien dem Gericht z.B. aus Vereinfachungsgründen[31] einen etwas entschlackten Sachverhalt präsentieren. Soweit der Sachverhalt aber zwischen den Parteien streitig bleibt, hält der Zivilprozess gleichfalls an der grundsätzlichen Ermittelbarkeit der materiellen Wahrheit fest.

---

21 Vgl. zum Beispiel *Kühne* Strafprozessrecht, 7. Aufl. 2007, Rn. 953.
22 *Hergenröder* Zivilprozessuale Grundlagen richterlicher Rechtsfortbildung, 1995, S. 132 f. Bereits *Wach* Vorträge über die Reichs-Civil-Prozeßordnung, 1896, S. 148 f. sprach davon, dass im Zivilprozess die Wahrheit nur ein zufälliges Resultat sei.
23 Vgl. bereits die Kritik bei *Gaul* AcP 168 (1968), 27 (49 f.) zum missverstandenen formalen Wahrheitsprinzip des Zivilprozesses.
24 MüKo-ZPO/*Wagner* (Fn. 10) § 138 Rn. 2 f.
25 *Fischer* StGB und Nebengesetze, Kommentar, 55. Aufl. 2008, § 263 Rn. 24.
26 *Rosenberg/Schwab/Gottwald* Zivilprozessrecht, 16. Aufl. 2004, § 77 Rn. 8.
27 *Rosenberg/Schwab/Gottwald* (Fn. 26) § 77 Rn. 9.
28 Vgl. *Gaul* AcP 168 (1968), 27 (50).
29 *Wagner* Prozessverträge, 1998, S. 628 ff.
30 *Wach* (Fn. 22) S. 148 f.
31 *Wagner* (Fn. 29) S. 628 ff.

Gleiches gilt für die Rechtsanwendung. Zwar ist auch für den Zivilprozess strittig, in welchem Umfang die Parteien das Gericht an eine bestimmte Rechtsansicht binden können.[32] Jedoch wird auch im Zivilprozess davon ausgegangen, dass es ein richtiges Ergebnis der Rechtsanwendung gäbe. Am deutlichsten wird dies in den Schriften von *Ronald Dworkin* zum Ausdruck gebracht. *Dworkin* geht davon aus, dass auch in schwierigen Fällen (so genannte hard cases) nur eine richtige Lösung existiere. Die richterliche Entscheidung sei durch Regeln und Prinzipien vollständig determiniert. Allerdings bedient sich *Dworkin* zur Begründung seiner These einer juristischen Kunstfigur, der des Richters Herkules, welcher mit allen nur denkbaren intellektuellen Fähigkeiten ausgestattet ist und dessen Entscheidungsfindung keine zeitlichen Limits gesetzt sind.[33]

Unabhängig davon, ob man die These *Dworkins* ontologisch[34] oder lediglich als regulatives Leitideal begreift,[35] geht die überwiegende Meinung davon aus, dass es Aufgabe des Zivilprozesses sei, auf den historischen Sachverhalt die materielle Privatrechtsordnung fehlerfrei anzuwenden.[36] Aufgabe des Zivilprozesses sei es, so wird formuliert, auf der Grundlage der Wahrheit das materielle Recht zu verwirklichen.[37] Damit einher geht die Vorstellung, es gäbe unabhängig vom Prozess eine materielle Privatrechtsordnung, die den zu entscheidenden Fall eindeutig löst. Aufgabe des Prozesses sei es nur, diese bereits außerhalb des Prozesses bestehende Lösung aufzudecken. In diesem Sinne kommt dem Prozessrecht keine eigenständige Bedeutung zu. Das Prozessrecht wird daher als bloßes technisches Ordnungsrecht, bar jeglichen Ewigkeitswerts,[38] auf reinen Zweckmäßigkeitsüberlegungen beruhend begriffen.[39]

II. Gerechtigkeit als Verfahrensgerechtigkeit

Die überwiegende Meinung misst dem Verfahren also eine untergeordnete Bedeutung zu. Es gibt, so lässt sie sich noch einmal zusammenfassen, eine unabhängig vom Prozess feststehende Rechtswirklichkeit, die der Prozess festzustellen hat. Scheitert der Prozess daran, wurde objektiv falsch entschieden. Empirisch betrach-

---

32 *Wagner* (Fn. 29) S. 635.
33 *Dworkin* Talking Rights Seriously, 1978, passim.
34 So *Dworkin* selbst, (Fn. 33) S. 291 ff. Hierzu *Langenbucher* Die Entwicklung und Auslegung von Richterrecht, 1996, S. 38 und *Auer* Materialisierung, Flexibilisierung, Richterfreiheit, 2003, S. 89.
35 Z.B. *Canaris* Richtigkeit und Eigenwertung in der richterlichen Rechtsfindung, 1993, S. 41.
36 Vgl. *Gilles* FS Schiedermair, 1976, S. 183 (190 ff.).
37 Vgl. z.B. *Gaul* AcP 168 (1968), 27 (53).
38 *Friedrich Stein* Grundriß des Zivilprozeßrechts und Konkursrechts, 2. Aufl. 1924, Vorwort, S. III.
39 Vgl. hiergegen *Wagner* (Fn. 29) S. 144 m.w.N. der h.M., sowie *Gilles* FS Schiedermair, (Fn. 36) S. 183 (192).

tet lässt sich diese Ansicht, nach der es im Prozess nur darum geht, die objektiv feststehende richtige Rechtsansicht zu verkünden, kaum halten. Zumindest muss man ja einräumen, dass es bei der Rechtsfindung zu Fehlurteilen kommt.[40] *Luhmann* hat daher dem Verfahren eine andere Bedeutung zugeschrieben. Im Verfahren gehe es nicht darum, die richtige Entscheidung zu entdecken, sondern den Richterspruch zu legitimieren. Hierzu hat die unterlegene Partei im Prozess soviel zeremonielle Arbeit zu leisten, dass sie nach der Entscheidung nicht mehr Solidarität für ihren Rechtsstandpunkt einfordern kann.[41]

Zwischen dem Zynismus *Luhmanns* und der ontologischen Wahrheitsfiktion gibt es jedoch einen Mittelweg, der sich sowohl auf die Feststellung der historischen Wahrheit als auch auf die Rechtsanwendung bezieht.

Soll es Aufgabe des Prozesses sein, die historische Wahrheit abzubilden, lassen sich die verschiedenen Beweisverwertungsverbote[42] und Zeugnisverweigerungsrechte[43] nicht erklären. So ist z.B. nach § 80 ZPO oder §§ 164, 314 Satz 2 ZPO nur der Beweis durch Urkunden zulässig oder gem. § 445 Abs. 2 ZPO die Parteivernehmung für den Gegenbeweis unzulässig. Unzulässig ist z.B. auch die Vernehmung eines Zeugen, der berechtigterweise sein Zeugnis verweigert hat oder der über sein Zeugnisverweigerungsrecht nicht belehrt wurde. Auch Aussagen, die gegen eine Geheimhaltungspflicht verstoßen, dürfen gem. § 383 Abs. 3 ZPO nicht verwertet werden. Sämtliche Beweisverwertungsverbote und Zeugnisverweigerungsrechte schränken die Erkenntnismöglichkeit über den historischen Sachverhalt zugunsten anderer höherwertiger Rechtsgüter ein.[44] Das Prozessrecht hat folglich nicht die Aufgabe den historischen Sachverhalt möglichst exakt abzubilden, sondern, wie *Paulus* es formuliert hat, diesen rechtstaatlich-justizförmig zu konstituieren.[45]

Die Überlegungen treffen nicht nur für die Erfassung des Tatbestandes als Entscheidungsgrundlage zu, sondern gelten auch für die Rechtsanwendung. Dem Prozess lässt sich nur dann eine ausschließlich dienende Rolle zuweisen, wenn man davon ausgeht, dass das Recht bereits vor dem Prozess, wie es *Christensen/Kudlich* formulieren, fertig im Buche stand und der Prozess nur noch dazu dient, den Betroffenen das Recht pädagogisch zu vermitteln.[46] Die semantische Form unserer Gesetze erreicht jedoch niemals eine Bestimmtheit, welche dem Richter nur noch die algorithmische Anwendung ermöglichen würde.[47] Der Figur von *Dworkins*

---

40 Vgl. nur *Gaul* AcP 168 (1968), 27 (53 ff.).
41 *Luhmann* Legitimation durch Verfahren, 2. Aufl. 1975, S. 27ff.
42 *Rosenberg/Schwab/Gottwald* (Fn. 26) § 77 Rn. 19 ff.
43 *Rosenberg/Schwab/Gottwald* (Fn. 26) § 77 Rn. 22 ff.
44 *Neumann* ZStW 101 (1989), 52 (60 f.) m.w.N.
45 *Paulus* NStZ 1992, 305 (309 f.); *ders.* FS Spendel (Fn. 20) S. 687 ff. Für den Strafprozess gilt dies durch die Beweisverwertungsverbote ebenso.
46 *Christensen/Kudlich* Gesetzesbindung: Vom vertikalen zum horizontalen Verständnis, 2007, S. 203.
47 *Habermas* KJ 1987, 1 (11).

Herkules,[48] der auch schwierige Fälle (hard cases) eindeutig lösen könne, wurde zu Recht entgegengehalten, dass er ein »loner« sei. Das Spannungsverhältnis zwischen der regulativen Leitidee der einen einzigen richtigen Entscheidung auch in hard cases und der Fallibilität der tatsächlichen Entscheidungspraxis ist, wie *Habermas* es fordert, durch das Verfahren, also die Struktur der Argumentationsprozesse, aufzulösen.[49] An die Stelle einer monologischen Beziehung zwischen Richter und Gesetz hat das streitige Verfahren zu treten, in dem Parteien und Richter um die Bedeutung der Worte kämpfen.[50] Um eine gemeinsame Basis für den »Streit um Worte« zu haben, müssen die Parteien des Rechtsstreits ihre »Rechtsmeinung« auf deren Gültigkeit hin zur Überprüfung stellen. Hierin liegt ein notwendiger Schritt der Distanzierung von der eigenen Meinung. Diese Distanzierung bezeichnen *Christensen/Kudlich* als den Übergang vom Meinen zur thetischen Rede.[51] Übertragen auf den Rechtsstreit bedeutet dies, dass erst im konkreten Rechtsstreit das »Gesetz« aus dem Gesetzestext zu produzieren ist. Gesetze, so *Christensen*, werden in keinerlei Sinn »nur angewendet«. Sie sind immer erst in die entscheidende Norm für den Fall umzuwandeln. Im Prozess versuchen die Parteien das Gesetz für ihre jeweiligen Interessen einzunehmen, den Begriffen des Gesetzes eine entsprechend ihren Interessen strategisch »richtige« semantische Bedeutung zuzuschreiben. Es findet ein Kampf ums Recht im Raum der Sprache statt.[52] Die semantische Wortbedeutung, die der Gegner verwendet, soll diskreditiert werden und die eigene soll sich im Kampf ums Recht behaupten. In diesem Sinne liegt die Bedeutung des rechtlichen Gehörs darin, den Betroffenen Einfluss auf die Sprache der Urteilsentscheidung zu geben: »Wenn dagegen diese Sprache schon vorher feststeht, haben wir kein Recht vor uns, sondern nur sprachlich verbrämte Gewaltausübung.«[53]

Die Notwendigkeit sich von der eigenen (Rechts-) Position ein Stück weit zu distanzieren, um sie der Überprüfung im semantischen Kampf um die Bedeutung der Gesetzesworte zuzuführen, erfolgt regelmäßig im gerichtlichen Verfahren. Diese Distanzierung von der eigenen Position, ohne die der Prozess der Argumentation nicht begonnen werden kann, setzt ein Stück innerer Distanz zu Rechtsstreit und Unabhängigkeit voraus. Hierin liegt eine mitentscheidende Funktion der Rechtsanwälte im Rechtsstreit. *Christensen/Kudlich* haben in diesem Zusammenhang auf den lateinischen Wortstamm von Postulationsfähigkeit hingewiesen. Im Prozess tritt das »postulare«, das Behaupten, an die Stelle des bloßen Meinens.[54]

---

48 *Dworkin* (Fn. 33) passim.
49 *Habermas* Faktizität und Geltung, 1992, S. 272 ff.
50 *Christensen/Kudlich* Theorie richterlichen Begründens, 2001, S. 55 ff.
51 *Christensen/Kudlich* (Fn. 50) S. 241 ff.
52 *Christensen* Die Paradoxie richterlicher Rechtsbindung, in: Lerch (Hrsg.), Die Sprache des Rechts, Bd. 2, 2005, S.1, 81.
53 *Christensen* (Fn. 52) S. 91.
54 *Christensen/Kudlich* (Fn. 50) S. 257 f.

Die Ansicht von *Christensen/Kudlich* findet im Übrigen ihre deutliche Parallele in der Bildung der »herrschenden Meinung«[55] und stellt damit die Anschlussfähigkeit zur juristisch-wissenschaftlichen Diskussion her. Die Idee, dass die richtige Interpretation des Gesetzestextes nicht objektiv als Größe feststeht, sondern wandelbar ist und sich im Konzert der jeweiligen Stimmen herausbildet, liegt jeder wissenschaftlichen Diskussion zugrunde. Dabei lässt sich sicherlich die herrschende Meinung nicht durch rein quantitatives Zählverfahren ermitteln[56]. Der Diskurs in der Fachgemeinschaft wird, wiewohl wünschenswert, nicht immer herrschaftsfrei sein. Gleichwohl ist anzuerkennen, dass die argumentative Auseinandersetzung die Bildung einer herrschenden Meinung erst ermöglicht. Das »richtige Ergebnis« kann folglich nicht durch subjektiv-individuelle Leistungen des Einzelnen hervorgebracht werden, sondern bedarf, um herrschende Meinung zu werden, der Übereinstimmung und Anerkennung mit den Argumenten der (meisten oder jedenfalls zahlreicher) anderen Diskutanten.[57]

III. Rückwirkungen auf das Verfahren und die Tätigkeit des Rechtsanwalts

Welche Rückwirkungen hat dies nun auf das Verfahrensverständnis und die Rolle des Rechtsanwalts im Verfahren? Zunächst ist noch einmal darauf hinzuweisen, dass die methodisch-theoretische Position von der Rechtserkenntnis entscheidend für das Prozessrechtsverständnis ist. Wer von einem syllogisch-deklaratorischen Rechtsanwendungsmodell ausgeht, wie dies z.B. *Beling* tut,[58] kann dem Prozess keine eigenständige Bedeutung zuweisen. Die materielle Rechtslage hätte in diesem Modell bereits vor dem Prozess festgestellt werden können. Genauso könnte das materielle Recht dann aber auch nach diesem, also zu einem späteren Zeitpunkt, festgestellt werden. Hierauf hat *Marxen* zu Recht hingewiesen.[59]

Jedoch muss der Prozess für die Rechtsfindung in dem Augenblick große Bedeutung gewinnen, in dem man von der mangelnden Eindeutigkeit des materiellen Rechts und dem Unvermögen, den historischen Sachverhalt ontologisch abzubilden, ausgeht. Das dynamische Prozessrechtsverständnis von *Goldschmidt*[60] hat hier seine Wurzeln.

Zwar fehlt es bislang an einer allgemeinen Rechtsprechungstheorie, welche auch die Einflüsse und das Mitwirken der Rechtsanwälte erklärt.[61] Jedoch lässt sich ei-

---

55 Zum Begriff der herrschenden Meinung *Althaus* Die Konstruktion der herrschenden Meinung in der juristischen Kommunikation, 1994, S. 35 ff.
56 Vgl. hierzu *Althaus* (Fn. 55) S. 41 f.
57 Vgl. hierzu auch *Strauch* in: Lerch (Hrsg.), Die Sprache des Rechts, Bd. 2., 2005, S. 479, 502.
58 *Beling* Reichsstrafprozeßrecht, 1928, S. 119, 235 ff., 277 ff., 414; *ders.* Lehre vom Tatbestand, 1930, S. 20 ff.
59 *Marxen* Straftatsystem und Strafprozess, 1983, S. 98 ff.
60 Vgl. z.B. *Goldschmidt* Der Prozess als Rechtslage, 1925, S. 160 f. Hierauf hat *Schöneborn* Strafprozessuale Wiederaufnahmeproblematik, 1980, S. 23 ff., hingewiesen.
61 Vgl. *Wenzel* NJW 2008, 345 (348); *Strauch* in: Lerch (Fn. 57) S. 502.

nem Missverständnis bei der Beurteilung der anwaltschaftlichen Tätigkeit entgegentreten. Der Anwalt als Organ der Rechtspflege kann nicht, wie dies vielfach angenommen wird,[62] auf eine bereits außerhalb des Prozesses feststehende Wahrheit und Gerechtigkeit verpflichtet werden, wenn diese erst im Prozess selbst generiert wird.

Allerdings folgt hieraus für die Tätigkeit des Rechtsanwalts, auch bei grundsätzlicher Anerkennung einer Organfunktion, fokussiert auf den Strafverteidiger, folgendes:

Bezogen auf die Rechtsfindung ist es erforderlich, dass ein Übergang vom Meinen zur thetischen Rede erfolgt, weil nur so der Prozess des Argumentierens begonnen werden kann. Hierin gründet sich auch die notwendige Unabhängigkeit des Rechtsanwalts als Organ der Rechtspflege zum eigenen Mandanten.[63] Ein Anwalt, insbesondere ein Verteidger, der sich so mit den Interessen des eigenen Mandanten identifiziert, dass er über das bloße Meinen nicht hinauskommt, und der die professionelle Distanz zu den Belangen des Mandanten verloren hat, vermag dem Mandanten nicht mehr durch die thetische Rede Gehör im Prozess zu verschaffen. Auch das Sachlichkeitsgebot nach § 43 a Abs. 3 BRAO findet hierin seine innere Berechtigung.

Zugleich ist damit die Frage der Wahrheitpflicht in Bezug auf die Rekonstruktion des historischen Sachverhalts in ein neues Licht gerückt. Zwar kann der Verteidiger, wenn die Ermittlung der Wahrheit gerade Ziel des Verfahrens ist, nicht auf eine außerhalb des Verfahrens bereits feststehende ontologische Wahrheit verpflichtet werden. Jedoch muss auch bei der Ermittlung des Tatbestandes der Übergang zur thetischen Rede erfolgen. Im Gegensatz zum Angeklagten, der auch lügen darf, trifft den Verteidiger zwar nicht eine Wahrheitpflicht, sondern richtiger ein Lügeverbot.[64] Der Verteidiger kann dem Beschuldigten nur dann ernsthaft beistehen, wenn Gericht und Staatsanwaltschaft ihn als seriöses Gegenüber erleben. Die eine Lüge, mit welcher der Verteidiger »auffliegt«, wird jede weitere Verteidigungshandlung dem Misstrauen der Justiz aussetzen und damit für den Kampf des Verteidigers kontraproduktiv machen.[65] Schon deshalb erfordert ein realistisches Verteidigerbild ein klares Bekenntnis zum Lügeverbot.[66]

Diese Herleitung findet ihre Stütze in dem als Kern der Organtheorie übrig gebliebenen Verständnis der Verteidigung als rechtsstaatlichem Garant für die Durch-

---

62 Insbesondere für den Strafverteidiger, vgl. die ausführlichen Nachweise bei *Knauer* FS Widmaier (Fn. 3) S. 299 ff.

63 Vgl. zur Unabhängigkeit gegenüber dem Mandanten, *Gaier* BRAK-Mitt. 2006, 2 (3 f.).

64 *Knauer* FS Widmaier (Fn. 3) S. 305.

65 Ähnlich *Beulke* Die Strafbarkeit des Verteidigers, 1989, S. 20 f.; zust. etwa *Widmaier* in: 50 Jahre BGH-Festgabe aus der Wissenschaft, 2000, S.1043 (1048); siehe auch *Roxin* FS Hanack, 1990, S. 1 (13), wonach die auf der Vertrauenswürdigkeit beruhende Effektivität der Verteidigung irreparablen Schaden nehmen würde, wenn das Gericht von Rechts wegen Äußerungen des Strafverteidigers als zweckmäßige Lügen ansehen dürfe.

66 *Knauer* FS Widmaier (Fn. 3) S. 305.

setzung der Unschuldsvermutung, wie es bezogen auf die Wahrheitspflicht nicht wörtlich, aber immanent der StPO innewohnt.[67]

Zu Recht ist das Verteidigerleitbild aus dem Grundsatz des »fair trial« gefolgert worden.[68] Dies mag auf den ersten Blick verwundern, dient dieser Grundsatz in erster Linie gerade dem Schutz des Beschuldigten und der Wahrnehmung der Verteidigerrechte; eine Bindung des Verteidigers scheint dies ins Gegenteil zu verkehren.[69] Doch dort, wo der Verteidiger, ohne staatlichen Pflichten i.S. einer Amtspflicht zu unterliegen, auf Augenhöhe mit den Mitgliedern der Justiz agieren will, muss auch er sich dem Grundsatz des »fair trial« oder m.a.W. den Bedingungen der thetischen Rede unterwerfen.

C. FAZIT

I. Der Rechtsanwaltschaft wird vorgeworfen, dass sie ein Berufsstand ohne eigenes Grundkonzept sei. Zum Teil wird in Frage gestellt, ob es notwendig sei, dass Rechtsanwälte bei der erstinstanziellen Urteilsfindung überhaupt mitwirken müssen. Die Rolle, die die Rechtsanwälte für die Rechtsfindung spielen, ist unklar.

II. Dahinter steht jedoch ein weitaus grundsätzlicheres Problem. Unklar ist nicht nur die Rolle der Rechtsanwälte für die gerichtliche Rechtsfindung, sondern die Rolle der gerichtlichen Rechtsfindung als solche. Bezogen auf den Zivilprozess wird zwar allgemein zwischen Erkenntnis- und Vollstreckungsverfahren unterschieden, eine Theorie der richterlichen Erkenntnis fehlt jedoch.

III. Der h.M. liegt ein Verfahrensverständnis zugrunde, bei dem das Verfahren für die Rechtserkenntnis sowohl bei den Rechtsfragen als auch bei der Ermittlung des historischen Sachverhalts keine Rolle spielt. Das materielle Recht sei in diesem Sinne bereits fertig den Büchern zu entnehmen, es wird im Prozess den Parteien lediglich pädagogisch vermittelt. Vergleichbares gelte für den Tatbestand. Der feststehende historische Sachverhalt werde im Prozess der Entscheidung zugrunde gelegt. Dies gelte nach der h.M. uneingeschränkt in dem der materiellen Wahrheit verpflichteten Strafprozess, mit der Verhandlungs- und Dispositionsmaxime geschuldeten Einschränkungen jedoch auch für den Zivilprozess.

IV. Dieses Bild des Prozesses entspricht nicht der empirischen Realität. Darüber hinaus lässt sich das Bild, bezogen auf die Ermittlung des historischen Sachverhalts, bereits nicht mit den Beweisverwertungsverboten und Zeugnisaussageverweige-

---

67 *Knauer* FS Widmaier (Fn. 3) S. 306.
68 *Bottke* ZStW 96, 731 (750 ff.); *ders.* JR 1984, 300; ebenso *Rieß* FS Karl Schäfer, 1980, S. 155 (202); a.M. wohl LR/*Kühne* (Fn. 15) Einl. H, Rn. 113.
69 In diesem Sinne auch *Krekeler* NStZ 1989, 147.

rungsrechten in Einklang bringen. Bezüglich der Ermittlung des anzuwendenden Rechts trägt dieses überkommene Bild nicht der semantischen Unbestimmtheit unserer Gesetze Rechnung, welche niemals eine Bestimmtheit erreichen, die die Rechtsanwendung zur bloßen algorithmischen Berechnung werden lässt.

V. Was Not tut ist, sowohl in Bezug auf die Ermittlung des entscheidungserheblichen Tatbestandes als auch auf die konkrete Rechtsanwendung, eine Besinnung auf das Leistbare. Die Figur von *Dworkins* Herkules verleitet auch als regulative Leitfigur den Richter nur dazu, den Dialog mit den Parteien und deren Rechtsanwälten zu verweigern, weil das Ergebnis ohnehin schon ohne den Prozess feststehen würde.

VI. Bezogen auf die Klärung der Rechtfragen ist ein argumentativer Prozess des Dialogs erforderlich, welcher von den Prozessvertretern eine thetische Rede erfordert, also ein Kampf um die semantische Bedeutung der rechtlichen Begriffe.

VII. Hierdurch wird einer rationalen Argumentation keine Absage erteilt, sondern diese gerade eingefordert. Allerdings ist das Ergebnis im Prozess nicht eine subjektiv-individuelle Leistung eines Einzelnen (Richters), sondern das Ergebnis eines Argumentationsprozesses. Hierin gleicht der Prozess im Einzelfall dem juristischen Diskurs zur Etablierung der herrschenden Meinung. Auch diese ist nicht das Ergebnis einer subjektiv-individuellen Leistung eines Einzelnen, sondern der Übereinstimmung und Anerkennung mit den Argumenten der Mitdiskutanten geschuldet.

VIII. Bezogen auf die Ermittlung des historischen Sachverhalts gilt, dass es nicht darum gehen kann, einen ontologisch verstandenen »wahren Sachverhalt« im Prozess abzubilden, sondern immer nur um den rechtsstaatlich-justizförmige erfassten Sachverhalt. Allerdings unterliegt der Verteidiger dabei einem Lügeverbot. Das Lügeverbot ist das Gegenstück zur thetischen Rede. Ein Verteidiger, den man der Lüge im Verfahren überführt, hat seine Glaubwürdigkeit verspielt.

IX. Die Organstellung des Rechtsanwalts gründet sich also in einer dialogisch, argumentativ verstandenen Mitwirkung des Rechtsanwalts an der Rechtsfindung der Gerichte. Diese Mitwirkung ist Teil der rechtsstaatlichen Funktion der Anwaltschaft als Ganzes.

Vita

DR. ULRICH SCHARF

4.7.1938	in Königsberg/Ostpreußen geb.
	Schulbesuch in Stade/Elbe
	Studium an den Universitäten Göttingen, Bonn und Paris
	Promotion im internationalen Arbeitsrecht
22.7.1968	Zulassung als Rechtsanwalt
3.4.1990 bis 31.7.2008	Bestellung zum Notar
	Tätigkeitsschwerpunkte im gewerblichen Rechtsschutz, Urheberrecht, Presserecht, Anwalts- und Notarhaftung, Makler- und Handelsvertreterrecht, Gesellschaftsrecht, Kapitalanlagerecht, Wettbewerbsrecht
	Fremdsprachen: englisch und französisch
1977	Mitglied im Vorstand der RAK Celle
1977–1979	Mitglied in Abt. 6 (Standesaufsicht/Notarvergehen)
1978–1998	Mitglied in Abt. 4 (Wirtschaftspolitik/Gebührenreform)
1979	Mitglied im Präsidium der RAK Celle
1983	1. Vizepräsident der RAK Celle
1983–1995	Vorsitzender in Abt. 11 (später Abt. 4) (Gebührenstreitigkeiten und -gutachten)
30.5.1995	Präsident der RAK Celle
1995–1998	Vorsitzender in Abt. 1 Berufs- und Rechtspolitik
1998–1999	Mitglied in Abt. 1b (wirtschaftliche Belange)
1999–2007	Vizepräsident der Bundesrechtsanwaltskammer
seit 2000	Mitglied in Abt. 2 (wirtschaftliche Belange der Anwaltschaft)
seit 2004	Mitglied in Abt. 11 (internationale Beziehungen und grenzüberschreitendes Berufsrecht)
Mai 2004–Mai 2005	Präsident des Verbandes Europäischer Rechtsanwaltskammern (FBE)
Mai 2005–Mai 2006	Président sortant der FBE
21.5.2008	Beendigung der Präsidentschaft/Ausscheiden aus dem RAK-Vorstand
	Mitarbeit in dem DAV-Ausschuss »Justizreform«
	Private Interessen: Bildende Kunst (jahrelang Vorsitzender eines Kunstvereins), Theater, Jazz

Autorenverzeichnis

Dr. Reinhardt Berner
Rechtsanwalt und Notar in Verden.

Hans Joachim Brand †
Rechtsanwalt und Vorsitzender der Rechtsanwaltskammer Celle a. D.

Dr. Wolfgang Burrack
Rechtsanwalt in Celle

Prof. Dr. Hermann Butzer
Inhaber des Lehrstuhls für Öffentliches Recht, insbesondere Recht der staatlichen Transfersysteme, sowie Direktor des Instituts für Prozessrecht und anwaltsorientierte Ausbildung der Leibniz Universität Hannover

Marcus Creutz
Rechtsanwalt und Freier Journalist in Garmisch-Partenkirchen

Prof. Dr. Reinhard Gaier
Richter des Bundesverfassungsgerichts und Honorarprofessor an der Leibniz Universiät Hannover

Dr. Margarete Gräfin von Galen
Rechtsanwältin in Berlin

Stephan Göcken
Rechtsanwalt in Berlin und Sprecher der Geschäftsführung, Bundesrechtsanwaltskammer, Berlin

Dr. Peter Götz von Olenhusen
Präsident des Oberlandesgerichts, Celle

Micha Guttmann
Rechtsanwalt in Köln

Elisabeth Heister-Neumann
Niedersächsische Kultusministerin
(von 2003 bis 2008 Niedersächsische Justizministerin), Hannover

Martin W. Huff
Rechtsanwalt in Leverkusen, Geschäftsführer der Rechtsanwaltskammer Köln

Dr. Joachim Jahn
Wirtschaftsredakteur der F.A.Z. und Lehrbeauftragter der Universität Mannheim, Frankfurt/M.

Dr. Matthias Kilian
Rechtsanwalt in Köln, Vorstand des Soldan Instituts für Anwaltmanagement

Dr. Christoph Knauer
Rechtsanwalt in München und Lehrbeauftragter an der Ludwig-Maximilians-Universität München

Dr. Gerhart Kreft
Vorsitzender Richter am Bundesgerichtshof a.D., Karlsruhe

Axel Plankemann
Rechtsanwalt in Hannover

Dr. Thomas Remmers
Rechtsanwalt in Celle und Präsident der Rechtsanwaltskammer Celle

Dr. Jürgen Restemeier
Rechtsanwalt und Notar in Osnabrück, Präsident des Niedersächsischen Anwaltsgerichtshofs in Celle

Ekkehard Schäfer
Rechtsanwalt in Ravensburg, Präsident der Rechtsanwaltskammer Tübingen, Vizepräsident der Bundesrechtsanwaltskammer,

Herbert P. Schons
Rechtsanwalt und Notar, 1. Vizepräsident der Rechtsanwaltskammer in Düsseldorf

Hans Christian Schwenker
Rechtsanwalt in Celle

Anke Stachow
Freie Journalistin in Essen

Prof. Dr. Jutta Stender-Vorwachs, LL.M. (USA, UVirg.)
Lehrstuhl für Öffentliches Recht, Völker- und Europarecht, Leibniz Universität Hannover

Dr. Ulrich Stobbe
Rechtsanwalt in Hannover

Peter Ströbel
Rechtsanwalt in Stuttgart, ehem. Präsident der Rechtsanwaltskammer Stuttgart

Alfred Ulrich
Rechtsanwalt in Düsseldorf

Dr. Volkert Vorwerk
Rechtsanwalt beim BGH, Karlsruhe

Justizrat Dr. Norbert Westenberger
Rechtsanwalt in Mainz, Präsident der Rechtsanwaltskammer für den Oberlandesgerichtsbezirk Koblenz, Vizepräsident der Bundesrechtsanwaltskammer

Dr. Thomas Westphal
Rechtsanwalt in Celle

Klaus Wilde
Vizepräsident des Landessozialgerichts a.D., Hannover

Prof. Dr. Christian Wolf
Inhaber des Lehrstuhls für Bürgerliches Recht, Deutsches, Europäisches und Internationales Zivilprozessrecht, sowie geschäftsführender Direktor des Instituts für Prozess- und Anwaltsrecht der Juristischen Fakultät der Leibniz Universität Hannover.

Brigitte Zypries
Bundesministerin der Justiz und Mitglied des Deutschen Bundestages, Berlin/Darmstadt